세무조사실무 가이드북
실전편

개인·개인사업자·법인CEO도 꼭 알아야 하는

세무조사 실무 가이드북

Tax investigation
Practical affairs
Guide Book

실전편

세무사 신방수 지음

매일경제신문사

프롤로그

대한민국에서 세금을 내는 개인이나 기업들이 가장 두렵게 생각하는 것 중 하나가 바로 세무조사가 아닐까 싶다. 언제든지 그 대상이 될 수 있고 이 과정에서 막대한 세금이 추징될 수 있기 때문이다. 물론 대응할 수 있는 조직이 갖춰진 대기업이라도 세법이 워낙 방대하고 불분명한 경우가 많아 과세를 당하는 일들이 자주 발생하고 있다. 그럼에도 불구하고 세무조사를 당하는 개인이나 기업들은 세무조사에 대한 정보에 대해 너무 어두워 무방비 상태로 지내다 보니 늘 좌불안석의 상태에 놓여 있는 경우가 많다. 그 결과 정작 세무조사 등이 진행되면 손쓸 틈도 없이 막대한 손실을 입을 수 밖에 없는 것이 작금의 현실이다.

이 책은 각종 세무조사에 대해 염려하는 대한민국의 모든 개인과 기업을 위해 그들이 어떻게 하면 세무조사의 굴레에서 벗어나 안전한 거래와 사업을 영위할 수 있는지에 초점을 맞추고, 이를 위해 세무리스크의 정체가 무엇인지, 어떻게 하면 이를 예방할 수 있는지 그리고 실제 세무조사 등이 나왔을 때 어떤 식으로 대처할 것인지 등에 대한 다양한 가이드라인을 제시하기 위해 집필했다. 그렇다면 이 책은 어떤 점들이 뛰어날까?

첫째, 세무리스크에 관련된 모든 주제를 다루었다

이 책은 총 Part 04로 구성되었다. Part 01에서는 세무조사 원인이 되는 세무리스크(Tax Risk)에 대한 기본적인 지식을 습득하는 관점에서 다양한 주제들을 다루었다. 탈세와 절세 그리고 조세회피가 구체적으로 어떤 모습인지, 그에 대한 불이익은 무엇인지를 분석했다. 이와 아울러 세무리스크가 발생하는 원인에 맞는 예방법을 정교하게 분석했다. 실무적으로 알아둬야 할 과세예고 통지와 과세전적부심사청구제도 등에 대해서도 살펴보았다. Part 02에서는 개인에 관련된 세무리스크 문제를 총 정리했다. chapter 01과 chapter 02는 양도소득세에 대해, chapter 03과 chapter 04는 상속·증여세에 대해 세무리스크를 예방하는 방법과 세무조사대책에 대해 분석했다. 이 Part를 잘 정리하면 각종 계약이나 신고 전에 세무리스크를 확인하게 되어 사후에 발생하는 세무조사 등을 확실히 피할 수 있고 더 나아가 불복이 제기된 경우에는 승소확률을 크게 높일 수 있을 것으로 기대한다. Part 03에서는 개인사업자들에 대한 세무리스크 문제를 살펴보았다. chapter 01과 chapter 02는 부가가치세에 대한 세무리스크 예방법과 세무조사대책을 실었다. 물론 이 부가가치세는 법인과도 관련이 있으므로 법인사업자들도 이에 관심을 두어야 한다. 한편 chapter 03과 chapter 04에서는 종합소득세와 관련된 세무리스크 예방법과 이에 대한 세무조사대책을 살펴보았다. 개인사업자들에 대한 세무조사 대상자 선정은 주로 신고성실도 평가에 의한 경우가 많은데 이에 대한 분석시스템은 어떻게 작동되는지에 대해서도 살펴보았다. 마지막으로 Part 04에서는 법인사업자와 관련된 세무리스크 문제를 살펴보았다. chapter 01에서는 법인에 대한 각종 세무리스크 예방법에 대해 그리고 chapter 02에서는 법인과 관련된 다양한 세무조사대책에 대해 살펴보았다. 법인의 경우 주로 부당행위계산의 부인규정에 의해 세무조사나 불복 등이 많이 발생한다는 점에 착안해 이에 대한 정보를 많이 가미했다.

둘째, 실전에 필요한 다양한 사례를 들어 문제해결을 쉽게 하도록 하였다
이 책을 포함한 세무가이드북 시리즈는 모든 문제를 '상황 → Case → Solution → Consulting → 실전연습'의 형태로 정리하고 있다. 그런데 기존에 나와 있는 세무조사관련 책은 너무 이론적으로 되어 있어 실무 적용 시 어려움이 많았다. 이러한 점에 착안해 이 책 한 권으로 모든 세무리스크와 대처법을 커버할 수 있도록 사례중심으로 최적의 솔루션(Solution)을 제공하고자 하였다. 특히 각 장마다 제시된 'Case(사례)'는 실무에서 아주 중요하게 다루어지는 내용들로 문제해결을 어떤 식으로 하는지에 대한 방법을 체계적으로 제시하고 있다. 필자 등 세무전문가가 현장에서 문제를 어떤 식으로 해결하는지를 지켜보는 것만으로도 이와 유사한 문제를 손쉽게 해결할 수 있을 것이다. 한편 'Consulting'은 세무조사실무에서 알아두면 좋을 정보들을 제공하고 있으며, '실전연습'은 이전단계에서 공부한 내용들을 실전에 적용하는 과정을 그리고 있다. 그리고 실무적으로 더 알아두면 유용할 정보들은 'Tip'이나 '실력 더하기'란을 신설해 정보의 가치를 더했다. 또한 곳곳에 요약된 핵심정보와 각종 예규나 판례 등을 정리해 실무적용 시 적응력을 높이기 위해 노력했다. 이러한 과정을 통해 독자들은 세무리스크에 대한 모든 문제를 해결할 수 있는 능력을 키울 수 있게 될 것이다.

셋째, 실질적인 세무리스크 감소를 위해 필요한 정보를 총 망라했다

세무리스크는 어느 날 갑자기 찾아오는 것이 아니라 과거에 발생한 것들이 현재시점에서 가시화된 것에 불과하다. 따라서 이를 줄이기 위해서는 현재시점에서 정확한 의사결정을 내려야 한다. 하지만 세법이 워낙 광범위하고 실타래처럼 얽히고설켜 있어 이를 단번에 풀어내는 것이 쉽지 않는 것이 현실이다. 이 책은 초보자의 관점에서 일단 세무리스크의 정체를 파악하고 과거 및 현재에서 어떤 식으로 노력해야 하는지, 세무리스크가 현실화되었을 때 어떻게 대처해야 하는지 이에 대해 집중적으로 조명하고 있다. 그리고 다양한 세무조사사례를 군데군데 실어 실무자들이 경각심을 가질 수 있도록 했다. 또한 실제 현장에서 보면 대부분의 납세자들은 정보의 사각지대에 놓여있어 세무조사가 왜 나오는지 등에 대해 잘 모른다. 이러한 답답함을 없애기 위해 과세관청이 세무조사 대상자 선정 시 주요 잣대로 삼고 있는 신고성실도가 무엇이고, 어떤 절차에 의해 선정되는지 등도 아울러 살펴보았다. 더 나아가 관할 세무서 등에서 날라 온 각종 안내문에 대해 어떻게 대처할 것인지 등에 대해서도 심도 있게 분석을 했다. 이외에도 세무조사 후 불복절차에 돌입했을 때 승소를 위한 핵심 포인트는 무엇인지, 입증책임은 어떻게 되는지 그리고 승소를 위해서는 어떻게 해야 하는지 등에 대한 내용도 최대한 포함했다.

이 책은 지금까지 나온 세무가이드북 시리즈의 완결판에 해당한다. 그래서 이 책은 세무에 관한한 종합예술로 불러도 될 만큼 높은 완성도를 가지고 있다고 자부한다. 개인 및 개인사업자, 법인사업자 등에 대한 모든 세금문제를 아우르는 동시에 이들에게 치명상을 입힐 수 있는 세무리스크의 본질을 추출하고 그에 맞는 해법을 제시하고 있기 때문이다. 내용 또한 실무자의 관점에서 아주 쉽고 체계적으로 되어 있어 일반개인은 물론이고 개인사업자 그리고 법인CEO, 더 나아가 세무회계업계 종사자, 자산관리자, 법률분야 종사자 등 모든 사람들이 볼 수 있을 것으로 기대한다. 다만, 독자에 따라서는 기본기가 약할 수 있는데, 이때에는 이 책의 자매서인 세무가이드북 시리즈와 함께 읽어보기 바란다. 만약 책을 읽다가 책에 대한 궁금한 내용이 있다면 필자가 운영하고 있는 네이버 카페(신방수세무사의 세테크, http://cafe.naver.com/shintaxpia)를 통해 궁금증을 해소하기 바란다. 이곳에는 다양한 정보가 가득하고 세무상담 등을 실시간으로 할 수 있는 장점이 있다.

이 책은 필자가 15년 이상의 집필활동과 다양한 실무경험을 통해 얻은 정보들을 종합해 필자의 시각에 따라 정리한 실무서에 해당한다. 세무조사 등에 대한 이론은 국세청 홈페이지 등에서 언제든지 볼 수 있어 이에 대한 내용을 책에다 싣는 것은 의미가 없어 과감하게 생략했다. 또한 실무자들의 입장에서는 이론보다는 실전에서의 해결능력이 중요하므로 철저히 실무중심으로 편집했다. 다만, 세무조사실무에서 미처 알기 힘든 미세한 부분에 대해서는 필자의 능력이 미치지 못한 바, 이에 대해서는 세무조사 분야에서 탁월한 실적을 쌓고 세무전문가의 관점에서 원고를 검토해준 신재현·이미영·김재현세무사님, 역삼지역세무사회장을 역임한 박연종세무사님, 국세청에서 근무하고 있는 최재천 조사관님의 도움을 받았다. 이 분들에게 감사의 말씀을 전한다. 이외에도 독자의 관점에서 원고를 진지하게 검토해준 아내 배순자와 세무법인 정상의 임직원분들, 그리고 늘 아낌없는 성원을 해주는 네이버 '신방수세무사의 세테크' 카페회원분들에게도 감사의 말씀을 드린다.

아무쪼록 이 책이 납세자들에게는 세무리스크에 스스로 대처할 수 있는 힘을 제공하는 동시에 과세관청에게는 더욱 공정하고 투명하게 세무행정을 집행할 수 있는 계기가 되었으면 한다.

독자들의 건승을 기원한다.

역삼동 사무실에서
세무사 신방수

차 례

프롤로그 … 4
세무조사실무 가이드북 실전편 조사솔루션 … 12
나의 세무조사실무 지수 파악하기 … 13

 **기본편**

chapter 01 세무리스크 파악하기

세무조사가 나오는 이유 … 18
▶ 세무조사의 확률을 높이는 경우 … 22
세무리스크(세무위험)의 정체 … 24
▶ 국세부과 제척기간 … 28
탈세와 절세, 조세회피행위의 구분 … 32
탈세행위에 대한 불이익 … 36
조세회피행위에 대한 불이익 … 40
▶ 절세를 위한 조세전략이 세무리스크를 증가시키는 사례들 … 45
【실력 더하기】 국세기본법상 가산세(감면 포함) … 48
▶ 실무상 오류가 발생하는 이유와 불이익 그리고 그에 따른 대처법 … 52

chapter 02 세무리스크 대처법

각종 세무신고 시의 세무리스크 대처법 … 54
▶ 정부부과제도와 신고납세제도 … 57
과거연도에 발생한 세무리스크 대처법 … 59
▶ 수정신고는 어떻게 할까? … 63
평소의 세무리스크 대처법 … 66
▶ 평소의 세무리스크 예방법 … 70
현실화된 세무리스크 대처법 … 74
▶ 세무조사 시 체크리스트, 세무조사 절차와 대응방법 등 … 78
【실력 더하기】 과세예고 통지서(또는 세무조사결과 통지서) 대처법 … 87
【실력 더하기】 세무조사와 불복 시의 입증책임 … 93

PART 02 개인편

chapter 01 양도소득세 세무리스크 예방법
- 양도소득세 비과세관련 세무리스크 … 98
- 양도가액관련 세무리스크 … 103
- 취득가액·필요경비관련 세무리스크 … 109
- 세액계산관련 세무리스크 … 115
  ▶ 양도소득세 계산구조로 본 세무리스크 예방법 … 120
- 양도소득세 신고관련 세무리스크 … 122
- 【실력 더하기】 양도소득세 세무조사사례 … 126
  ▶ 양도소득세와 실질과세의 원칙 … 132

chapter 02 양도소득세 세무조사대책
- 양도소득세 신고안내문을 받은 경우 … 134
  ▶ 8년 자경농지에 대한 감면요건 … 139
- 양도소득세 해명자료 제출안내문을 받은 경우 … 142
- 양도소득세 과세예고 통지서를 받은 경우 … 147
- 양도소득세 세무조사 사전 통지서를 받은 경우 … 151
- 【실력 더하기】 양도소득세 불복사례 연구 … 156
  ▶ 조세법의 기본원칙(조세법률주의와 조세평등주의) … 160

chapter 03 상속·증여세 세무리스크 예방법
- 상속·증여재산가액관련 세무리스크 … 162
- 상속·증여채무공제관련 세무리스크 … 167
- 상속·증여세 신고관련 세무리스크 … 173
  ▶ 상속·증여세 계산구조로 본 세무리스크 예방법 … 178
- 【실력 더하기】 상속·증여세 세무조사사례 … 182

chapter 04 상속·증여세 세무조사대책
- 상속·증여세 신고안내문을 받은 경우 … 188
  ▶ 상속·증여 과세자료의 생성과 분류 및 처리 … 192
- 상속·증여세 해명자료 제출안내문을 받은 경우 … 195
- 상속·증여세 과세예고 통지서를 받은 경우 … 200
- 상속·증여세 세무조사 사전 통지서를 받은 경우 … 204
- 【실력 더하기】 상속·증여세 불복사례 연구 … 209

개인사업자편

chapter 01 **부가가치세 세무리스크 예방법**

매출세액관련 세무리스크 … 218
▶ 세금계산서관련 세무리스크 예방법 … 222
매입세액관련 세무리스크 … 226
▶ 매입세액공제의 모든 것 … 230
부가가치세 신고관련 세무리스크 … 232
▶ 부가가치세 계산구조로 본 세무리스크 예방법 … 235
【 실력 더하기 】 부가가치세 세무조사사례 … 236

chapter 02 **부가가치세 세무조사대책**

부가가치세 신고안내문을 받은 경우 … 242
부가가치세 해명자료 제출안내문을 받은 경우 … 246
▶ 부가가치세 세원관리와 과세자료 처리법 등 … 250
부가가치세 과세예고 통지서를 받은 경우 … 254
부가가치세 세무조사 사전 통지서를 받은 경우 … 259
【 실력 더하기 】 부가가치세 불복사례 연구 … 264

chapter 03 **종합소득세 세무리스크 예방법**

수입금액관련 세무리스크 … 268
▶ 매출 관리법(수정신고 포함) … 272
비용관련 세무리스크 … 277
▶ 필요경비 관리법(성실신고확인대상사업자에 대한 필요경비 사후검증 포함) … 281
종합소득세 신고관련 세무리스크 … 285
▶ 개인사업자의 부동산취득과 세무리스크 관리법 … 289
【 실력 더하기 】 종합소득세 세무조사사례 … 291
【 실력 더하기 】 종합소득세 신고성실도를 높이는 방법 … 295
【 실력 더하기 】 업종별 종합소득세 세무리스크 관리방법 … 300

chapter 04 종합소득세 세무조사대책

종합소득세 신고안내문을 받은 경우 … 302
▶ 종합소득세 사전신고 안내와 사후검증 … 306
종합소득세 해명자료 제출안내문을 받은 경우 … 310
종합소득세 과세예고 통지서를 받은 경우 … 316
종합소득세 세무조사 사전 통지서를 받은 경우 … 321
▶ 개인사업자의 세무조사대응 핵심 포인트 … 326
【실력 더하기】 종합소득세 불복사례 연구 … 329

PART 04 법인사업자편

chapter 01 법인세 세무리스크 예방법

매출계정관련 세무리스크 … 338
비용계정관련 세무리스크 … 344
자산·부채·자본계정관련 세무리스크 … 348
▶ 가지급금과 가수금의 세무리스크 예방법 … 352
법인세 신고관련 세무리스크 … 356
【실력 더하기】 법인세 세무조사사례 … 361
【실력 더하기】 부당행위계산의 부인과 세무조사의 관계 … 367

chapter 02 법인세 세무조사대책

법인세 신고안내문을 받은 경우 … 372
▶ 법인세 과세자료 처리 … 376
법인세 해명자료 제출안내문을 받은 경우 … 379
법인세 과세예고 통지서를 받은 경우 … 387
법인세 세무조사 사전 통지서를 받은 경우 … 391
▶ 법인 신고성실도 분석시스템(세무조사 대상자 선정기준) … 396
소득금액 변동 통지서 처리법 … 399
【실력 더하기】 법인세 불복사례 연구 … 404

부　록　　불복이유서 작성요령 … 409

세무조사실무 가이드북 실전편 조사솔루션

PART 구성	Chapter 구성	핵심 주제들
PART 01 기본편	Chapter 01 세무리스크 파악하기 Chapter 02 세무리스크 대처법	· 세무조사가 나오는 이유 · 세무리스크의 정체 · 탈세·절세, 조세회피행위의 구분 · 가산세 감면 · 각종 세무리스크 대처법 · 세무조사 절차와 대응법
PART 02 개인편	Chapter 01 양도소득세 세무리스크 예방법 Chapter 02 양도소득세 세무조사대책 Chapter 03 상속·증여세 세무리스크 예방법 Chapter 04 상속·증여세 세무조사대책	· 양도소득세 및 상속·증여세에 대한 각종 세무리스크 예방법 · 양도소득세/상속·증여세 세무조사사례 · 신고안내문/해명안내문에 대한 대처법 · 과세예고 통지서에 대한 대처법 · 세무조사 사전통지서에 대한 대처법 · 양도소득세/상속·증여세 불복사례
PART 03 개인사업자편	Chapter 01 부가가치세 세무리스크 예방법 Chapter 02 부가가치세 세무조사대책 Chapter 03 종합소득세 세무리스크 예방법 Chapter 04 종합소득세 세무조사대책	· 부가가치세 및 종합소득세에 대한 각종 세무리스크 예방법 · 부가가치세/종합소득세 세무조사사례 · 신고안내문/해명안내문에 대한 대처법 · 과세예고 통지서에 대한 대처법 · 세무조사 사전통지서에 대한 대처법 · 부가가치세/종합소득세 불복사례
PART 04 법인사업자편	Chapter 01 법인세 세무리스크 예방법 Chapter 02 법인세 세무조사대책	· 법인세에 대한 세무리스크 예방법 · 법인세 세무조사사례 · 신고안내문/해명안내문에 대한 대처법 · 과세예고 통지서에 대한 대처법 · 세무조사 사전통지서에 대한 대처법 · 법인세 불복사례

부 록 : 불복이유서 작성요령

나의 세무조사실무 지수 파악하기

세무조사는 개인 및 기업의 세무관리에 있어 매우 중요한 요소다. 이 책을 읽는 독자들의 세무조사에 대한 지수(정답 3개 이하 : 불량, 4~7개 : 보통, 8개 이상 : 우수)는 얼마나 되는지 점검해보자.

구분	질문	정답(O, ×)
1	탈세는 세법을 간접적으로 침해하는 행위를 말한다.	
2	세무조사는 5년마다 나오는 것이 원칙이다.	
3	조세범칙조사의 경우 세금추징 외에 형벌의 제재를 받을 수 있다.	
4	이의신청을 한 후에 바로 조세소송을 진행할 수 있다.	
5	양도소득세를 무신고한 경우의 국세부과 제척기간은 5년이다.	
6	상속추정제도가 적용되면 인출금에 대한 사용처 입증은 과세관청이 해야 한다.	
7	사업자는 PCI시스템에 의해 세무조사 대상자로 선정되기도 한다.	
8	성실신고확인대상사업자는 세무조사를 받지 않아도 된다.	
9	법인은 외형에 따라 세무조사의 대상자가 된다.	
10	법인이 대표이사에게 지급한 상여는 세법상 한도가 있다.	

정답

1. ×, 직접적으로 침해하는 행위를 말한다.
2. ×, 반드시 그렇다고 볼 수 없다. 세무조사 선정기준은 훨씬 더 다양하다.
3. O, 조세범칙조사란 조세범칙사건에 대하여 행하는 조사활동을 말한다.
4. ×, 이의신청을 한 경우에는 심사청구나 심판청구를 거친 후에 조세소송이 가능하다.
5. ×, 7년이다.
6. ×, 납세의무자인 상속인이 이에 대해 해명을 해야 한다.
7. O, PCI시스템은 소득지출분석시스템을 말한다.
8. ×, 신고내용이 불성실하면 세무조사의 대상이 된다.
9. ×, 외형 및 신고성실도 등을 종합해 선정한다.
10. O, 한도를 벗어난 부분은 손금불산입(상여)된다.

PART 01

기본편

이번 '기본'편에서는 먼저 개인이나 개인사업자 그리고 법인사업자에게 세무조사의 원인이 되는 세무리스크(세무위험)에 대해 알아본다. 세무리스크는 주로 탈세와 조세회피행위에서 발생하는데, 이를 예방하기 위해서는 이들과 절세행위를 정확히 구분할 수 있어야 한다. 한편 세무리스크는 시시각각 발생하는데, 어떤 식으로 이에 대처해야 하는지를 아는 것도 매우 중요하다. 이와 아울러 세무조사에 대한 기초지식도 중요하다. 이편은 앞으로 개인이나 개인사업자 그리고 법인사업자에 대한 세무조사에서 제대로 대응할 수 있는 기틀을 제공하게 될 것이다. 차분하게 정리해보자.

〈핵심주제〉

Chapter 01 세무리스크 파악하기

이 장에서 다루고 있는 핵심주제들은 다음과 같다.

- 세무조사가 나오는 이유를 알아본다.
- 절세와 탈세, 조세회피행위를 구분하는 방법을 알아본다.
- 탈세에 대한 세법상의 불이익 제도를 알아본다.
- 조세회피행위에 대한 세법상의 불이익 제도를 알아본다.
- 가산세(감면 포함)에 대해 알아본다.

Chapter 02 세무리스크 대처법

이 장에서 다루고 있는 핵심주제들은 다음과 같다.

- 각종 세무신고 시의 세무리스크에 대한 대처법을 알아본다.
- 과거에 발생한 세무리스크에 대한 대처법을 알아본다.
- 평소의 세무리스크에 대한 대처법을 알아본다.
- 세무리스크가 현실화된 경우의 대처법을 알아본다.
- 세무조사 시 체크리스트와 그에 대한 대응법 등을 알아본다.
- 과세예고 통지서와 세무결과 통지서에 대한 대처법을 알아본다.
- 과세전적부심사제도에 대해 알아본다.
- 세무조사와 불복 시 입증책임에 대해 알아본다.

chapter 01

세무리스크 파악하기

세무조사가 나오는 이유

상황 세무조사(稅務調査)는 평소 존재하는 세무리스크(Tax Risk, 세무위험)가 현실화된 사건으로써 세금업무에 대해 국세공무원 등이 이에 대해 조사하는 것을 말한다. 이 과정에서 개인이나 기업 등이 세법을 위반해 세무처리를 한 경우 세금이 추징되는 한편 조세범처벌법에 의한 처벌을 받기도 한다. 그렇다면 세무조사는 왜 나오는 것일까?

Case K씨는 고소득사업자에 해당하는데, 최근에 다음과 같은 행위들이 있었다. 물음에 답하면?

- 해외여행을 자주 다녀왔다.
- 10억원 대의 주식투자를 하고 있다.
- 1억원 대의 고급승용차를 타고 있다.
- 10억원 대의 고급주택에 살고 있다.

☞ **물음 1** : 위와 같은 정보는 과세관청이 내부적으로 파악하고 있는가?
☞ **물음 2** : 위와 같은 상황에서 세무조사가 나올 가능성은 얼마나 되는가?
☞ **물음 3** : K씨가 세무조사를 예방하기 위해서는 어떻게 하는 것이 좋은가?

Solution 위의 물음에 대해 순차적으로 답을 찾아보면 다음과 같다.

· **물음 1의 경우**

그렇다. 국세청 통합 전산망(TIS*, Tax Integrate System)에는 각 부처에서 수집된 개인에 대한 다양한 세원정보가 수집되어 보관 중에 있다. 예를 들어 주택을 취득한 경우에는 법원 등으로부터 수집된 등기관련 정보(가격 등)가 그대로 들어가 있다.

* 국세청 내부 전산망에는 납세자가 신고한 자료는 물론이고 과세자료법 등에 의해 수집된 막대한 세원정보들이 들어 있다. 예를 들어 입출국기록도 알 수 있는데 이 같은 자료는 세무조사 대상자 선정 때 참고자료로 활용되고 있는 실정이다.

· 물음 2의 경우

일반적으로 앞에서 본 요소들은 세무조사의 가능성을 높이는 역할을 한다. 하지만 이러한 행위가 있다고 해서 무조건 조사를 하는 것은 자본주의 사회에서 문제가 있다. 문제는 소득을 제대로 신고했느냐는 것이다. 따라서 소득을 제대로 신고한 경우라면 조사의 가능성은 그렇게 높지 않을 것이다.

· 물음 3의 경우

본인의 신고소득 대비 생활수준이 적정한지 점검해야 한다. 현재 국세청에서는 소득지출분석시스템(PCI*, Property, Consumption and Income Analysis System)을 도입해 본인의 신고소득 대비 지출수준이 큰 경우에 소득탈루혐의자로 보고 세무조사를 진행하는 경우가 많다.

* 최근 5년간의 소득과 지출(부동산이나 주식, 회원권, 신용카드 등의 지출) 수준을 비교해 탈루소득을 적발하는 시스템을 말한다. 개인사업자나 법인사업자 세무조사 대상자 선정 시 중요한 역할을 담당한다.

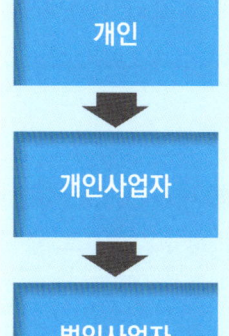 세무조사가 나오는 이유를 개인, 개인사업자, 법인사업자로 구분해 살펴보면 다음과 같다.

개인
- 양도소득세의 경우 신고내용에 오류나 탈루가 있는 경우
- 상속세나 증여세의 경우 신고내용을 확정시키기 위한 경우
- 자금출처조사 등에 의해 증여세 탈루혐의가 포착된 경우

↓

개인사업자
- 부가가치세나 종합소득세 신고서의 신고내용에 오류나 탈루가 있는 경우
- 탈세제보 등이 있는 경우
- 기획조사 등에 의해 선정된 경우(저소득률, 고소득자, 현금수입업종, 빈번한 해외여행 등)

↓

법인사업자
- 부가가치세나 법인세 신고서의 신고내용에 오류나 탈루가 있는 경우
- 탈세제보 등이 있는 경우
- 기획점검 및 기획조사 등에 의해 선정된 경우(사회적 지탄 등)

※ 일반적으로 기업에 대한 세무조사가 나오는 경로

사전 안내문	→	사후검증	→	세무조사
성실신고안내		· 수입금액 · 경비 · 소득률 등		· 정기조사 · 수시조사

실전연습 K사업자는 서울 강남에서 대학입시학원을 경영하고 있는데, 수강생 수에 관할 시·군·구청에 신고한 1인당 교습료를 곱해 종합소득세 신고를 했다. 물음에 답하면?

☞ **물음 1** : 수강생 수가 연간 1,000명이고 1인당 교습비가 20만원이라면 수입(매출)은 2억원이다. 이 금액이 정확한 수입인가?
☞ **물음 2** : 연간 수강생과 교습료 현황 자료가 과세관청 등에도 통보되고 있는데, 이는 어떤 법률에 근거한 것인가?
☞ **물음 3** : K사업자에 대한 세무조사의 가능성은?

위의 물음에 대해 순차적으로 답을 찾아보면 다음과 같다.

· **물음 1의 경우**

그렇지 않을 가능성이 높다. 관할 시·군·구청에 신고한 것과 실제 수입과의 차이가 날 수 있다. 수강생 수에서 차이가 날 수도 있고 1인당 교습료가 실제와 차이가 날 수 있기 때문이다.

· **물음 2의 경우**

이는 과세자료법*에 근거하고 있다. 이 법에서는 과세자료의 제출·관리 및 활용에 관한 여러 가지 사항을 규정하고 있다. 사례의 경우 다음과 같은 자료를 정기적으로 과세관청에 제출하도록 하고 있다.

* 이 법은 국세청에 통보되는 각종 과세자료에 대한 제출 등에 대한 내용을 담고 있다. 법제처 홈페이지(www.law.go.kr)에서 관련 규정을 볼 수 있다.

■ 과세자료의 제출 및 관리에 관한 법률 시행규칙 [별지 제14호서식] 〈개정 2013.2.23.〉

개인과외교습자의 신고·변경신고에 관한 자료

신고일 (변경일)	개인과외교습자에 관한 사항			교습 과목	1인당 교습료				신고 및 변경 사유
	성명	주민등록 번호	주소		구분	인원 (명)	월수업료 (원)	시간당 수업료(원)	
					초				
					중				
					고				

· 물음 3의 경우

학원의 경우 차명계좌 등을 활용해 수입을 탈루한 예가 상당히 많아 세무조사의 가능성이 매우 높다. 학원에 대한 세무조사는 다음과 같은 관점에서 이루어진다.

☑ 수입금액 누락 여부 조사(강사료 등 축소를 통한 매출누락 등 조사)
☑ 가공경비 계상이나 가사경비 계상 여부
☑ 업계 평균 대비 신고소득률 적정 여부 등
☞ 수입금액을 줄여 신고하는 경우 소득률을 맞추기 위해 학원강사 등의 급여를 축소하여 신고하는 경우도 있다.

Tip 세무조사 시 쟁점이 되는 세금항목(세목)

세무조사 시 쟁점이 되는 세목을 나열하면 다음과 같다. 재산관련 세제는 개인에게 적용되는데, 개인사업자나 법인의 CEO 등도 사업자인 동시에 개인이므로 사업관련 세제와 동시에 조사를 받는 경우도 있다.

구분	사업관련	재산관련
① 개인	–	양도소득세, 상속세, 증여세
② 개인사업자	부가가치세, 종합소득세	
③ 법인사업자	부가가치세, 법인세, 지방세	

PART 01
기본편

Chapter 01
세무리스크
파악하기

▶ 세무조사의 확률을 높이는 경우

세무조사는 당하는 자의 입장에서는 매우 괴로운 일이다. 조사기간 동안 일상생활이 마비되고 세무조사 결과에 따라 막대한 재산상 손실을 입는 경우가 많기 때문이다. 따라서 개인이든 기업이든 세무조사를 피하고 싶은 것이 인지상정이다. 하지만 현실은 그렇게 녹록치 않다. 아래에서 열거된 내용들은 세무조사의 확률을 높이는 예들에 해당한다. 세무조사를 피하고 싶다면 이러한 유형들에 대해서는 미리 대책을 마련해 두는 것이 좋을 것이다.

1. 개인
- ☑ 특수관계인 간에 거래를 한 경우
- ☑ 다운계약서 등의 작성 행위가 있는 경우
- ☑ 매매회수가 빈번한 경우
- ☑ 양도가액이 높은 경우
- ☑ 취득가액이 시세보다 높은 경우
- ☑ 대재산가의 집안에서 양도나 증여, 상속 등이 발생한 경우
- ☑ 고액의 상속이나 증여가 있는 경우
- ☑ 거액의 토지 보상금을 수령한 경우
- ☑ 금융소득 종합과세를 적용받은 경우
- ☑ 특정 이슈에 대한 기획조사가 있는 경우 등

2. 개인사업자
- ☑ 매출액이 높은 경우(일반적으로 10억원 이상)
- ☑ 신고성실도가 낮은 경우
- ☑ 호화생활을 하는 경우(고가주택 취득, 잦은 출국 등)
- ☑ 신고소득률이 낮은 경우
- ☑ 명백한 과세자료가 있는 경우
- ☑ 고액의 상가를 세대원들이 취득하는 경우

- ☑ 자료상과 거래한 경우
- ☑ 탈세제보가 있는 경우
- ☑ 적격증빙 수취가 많이 부족한 경우
- ☑ 탈세의 사각지대에 있는 업종을 영위하는 경우
- ☑ 현금수입업종, 고소득직군에 해당하는 경우
- ☑ 사회적으로 지탄을 받은 경우
- ☑ 사업자가 사망한 경우
- ☑ 개·폐업을 반복하는 경우(고액거래 후 폐업한 경우)
- ☑ 기획조사에 의한 경우 등

3. 법인사업자

- ☑ 매출액이 높은 경우(일반적으로 30억원 이상)
- ☑ 대기업집단(대법인)에 해당하는 경우
- ☑ 신고성실도가 낮은 경우
- ☑ 장기간 조사를 받지 않은 경우
- ☑ 명백한 과세자료가 있는 경우
- ☑ 대표이사 등 임원의 개인지출이 큰 경우
- ☑ 비상장기업에서 상장기업으로 전환된 경우
- ☑ 합병/분할 등에 의해 세제지원을 받은 경우
- ☑ 자료상과 거래한 경우
- ☑ 특수관계인의 업체와 거액의 거래를 한 경우
- ☑ 사회적인 지탄의 대상이 된 경우
- ☑ 해외거래가 많은 기업에 해당하는 경우
- ☑ 주식의 매매나 증여 등이 있는 경우
- ☑ 대주주가 사망한 경우
- ☑ 빈번하게 납세지를 옮기는 경우
- ☑ 기획조사에 의한 경우 등

세무리스크(세무위험)의 정체

상황 세무리스크는 세무문제로 인해 세금이 추징될 가능성을 의미한다. 개인이든 기업이든 가리지 않고 세법에 위배된 행위를 하면 다양한 형태로 세금이 추징될 수 있다. 세무조사는 이러한 세무리스크를 강제적으로 확인하는 과정이므로 평소에 세무리스크를 줄이려는 노력들이 필요하다. 그렇다면 세무리스크는 구체적으로 어떤 모습을 하고 있는지 살펴보자.

Case 아래와 같은 거래가 있었다. 물음에 답하면?

- 비사업자인 K씨는 3년 전에 양도가액을 5억원에서 3억원으로 축소해 신고했다.
- 개인사업자인 L씨는 11년 전에 소득을 10억원만큼 축소해 신고했다.
- J법인은 P대표이사에게 1억원 상당의 퇴직금을 정당한 사유없이 중간정산했다.

☞ **물음 1** : K씨는 어떤 세무리스크를 가지고 있는가?
☞ **물음 2** : L씨는 어떤 세무리스크를 가지고 있는가?
☞ **물음 3** : J법인과 P대표이사는 어떤 세무리스크를 가지고 있는가?

Solution 위의 물음에 대해 순차적으로 답을 찾아보면 다음과 같다.

· **물음 1의 경우**

K씨는 양도가액을 허위로 신고한 것인 만큼 향후 세무조사 등에 의해 세금이 추징될 수 있는 위험이 있다. 허위로 신고하는 경우에는 과세관청이 세금을 부과할 수 있는 기간(국세부과 제척기간)이 10년이기 때문이다. 이때 추징되는 세금은 본세와 가산세(신고불성실가산세와 납부불성실가산세)가 된다. 이외 조세범처벌법을 적용받을 수 있다.

☞ 국세부과 제척기간은 세무조사실무를 이해하는 데 매우 중요한 항목이다. 이에 대해서는 바로 뒤(28페이지)에서 자세히 살펴볼 것이다.

· 물음 2의 경우

세무리스크가 없다. 허위로 신고한 경우에 적용되는 국세부과 제척기간(사례의 경우 10년)이 지났기 때문이다.

· 물음 3의 경우

임원에게 지급되는 중간정산 퇴직금은 세법상 인정되지 않는 것이 원칙이며, 따라서 법인이 임원에게 지급한 중간정산 퇴직금은 업무무관 가지급금으로 보게 된다. 그 결과 양측에 다음과 같은 불이익이 발생한다. 이러한 것도 세무리스크의 일종에 해당한다.

법인	대표이사
· 법인세 과세(가지급금에 대한 인정이자(4.6%) 익금산입)	· 근로소득세 과세(4.6%상당의 이자를 대표이사의 상여로 봄)

Consulting 세무리스크가 발생하는 대표적인 이유를 정리하면 다음과 같다.

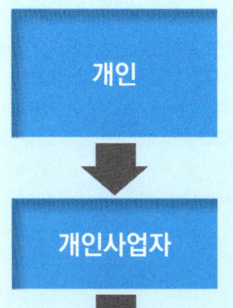

개인
- 계약서를 허위로 제출했다.
- 위장이혼을 한 후 부동산을 양도했다.
- 자경감면을 위한 서류를 조작해 양도소득세 감면을 받았다.

개인사업자
- 매출을 누락했다.
- 가공경비를 장부에 계상했다.

법인사업자
- 특수관계인과 저가거래를 했다.
- 대표이사가 법인자금을 사적으로 사용했다.

※ 기업의 세무리스크를 증가시키는 대표적인 사례들
- ☑ 세금계산서를 제대로 발급하지 않았다.
- ☑ 특수관계인과 매출·매입거래가 고액으로 있었다.
- ☑ 임원 퇴직급여가 과대계상되었다.
- ☑ 대표이사와 관련된 가지급금이 있다.
- ☑ 세액감면을 잘못 적용했다.
- ☑ 불공정하게 증자하여 특정한 주주가 이익을 보았다.

실전연습

K씨와 그의 배우자는 다음과 같이 계획을 세워 거래를 실행했다. 물음에 답하면?

> · 시세가 5억원인 상가를 배우자에게 5억원에 증여(해당 상가는 10년 전에 2억원에 매입함)
> · 배우자가 증여받은 후 바로 제3자에게 5억원에 양도

☞ **물음 1** : K씨의 배우자가 양도하는 경우 규제가 없다면 양도소득세는 얼마인가?
☞ **물음 2** : K씨 부부가 봉착하고 있는 세무리스크는?
☞ **물음 3** : K씨 부부가 세무리스크로 부담하는 세금은 얼마인가? 단, 과소신고에 의한 신고불성실가산세율은 10%를 적용한다.
☞ **물음 4** : K씨 부부가 세무리스크를 줄이기 위해서는 어떤 조치가 필요한가?

위의 물음에 대해 순차적으로 답을 찾아보면 다음과 같다.

· **물음 1의 경우**
없다. 양도가액과 취득가액이 5억원으로 동일하기 때문이다.

· **물음 2의 경우**
배우자로부터 증여받은 부동산을 5년 내에 양도하면 취득가액 이월과세제도가 적용된다. 그 결과 양도소득세 계산 시 취득가액은 당초 증여자가 취득한 가액으로 하기 때문에 이를 잘못 적용하면 가산세 등이 추징되는 위험이 뒤따르게 된다.

· 물음 3의 경우

이월과세가 적용되면 당초 증여자가 취득한 가액을 취득가액으로 하기 때문에 증여에 의해 양도소득세가 줄어들지 않는다. 또한 신고불성실가산세 등이 부과된다. 사례의 경우 과소신고에 따른 신고불성실가산세율이 10%라면 다음과 같이 총 세금이 결정된다(단, 지방소득세는 제외).

구분	본세	신고불성실가산세(10%)	계
양도가액	5억원		
-취득가액	2억원		
=양도차익	3억원		
-장기보유 특별공제	9,000만원		
=양도소득금액	2억 1,000만원		
-기본공제	250만원		
=과세표준	2억 750만원		
×세율	38%		
-누진공제	1,940만원		
=산출세액	5,945만원	594만 5,000원	6,539만 5,000원

· 물음 4의 경우

이를 위해서는 K씨의 배우자가 상가를 증여받은 날로부터 5년 이후에 이를 양도해야 한다. 5년 이후에 양도하면 이월과세제도가 적용되지 않기 때문이다. 따라서 이렇게 양도하면 배우자가 증여받은 가액을 양도소득세 계산 시 취득가액으로 할 수 있다.

※ 이월과세제도의 요약

배우자나 직계존비속으로부터 증여받은 날로부터 5년 내에 증여받은 부동산을 양도 시 이 제도가 적용된다.
☑ 취득가액 → 당초 증여자의 취득가액으로 계산
☑ 장기보유 특별공제 → 당초 증여자가 취득한 기간으로부터 기산

▶▶ 국세부과 제척기간

'국세부과 제척기간'은 정부에서 세금을 부과할 수 있는 기간을 말하는데, 이 개념은 납세자나 과세관청의 입장에서 매우 중요하다. 수년 전에 발생한 거래에 대해서도 현재시점에서 조사 등이 진행되면 그에 따라 막대한 세금 등이 추징될 수 있기 때문이다. 물론 탈세를 하면 언제라도 세금을 추징할 수 있게 하는 것이 맞겠지만 법의 안정성 등의 이유로 세법에서 이에 대한 기간을 별도로 정하고 있다. 이하에서는 세무조사실무를 다룰 때 매우 중요한 국세부과 제척기간에 대해 알아보자.

1. 상속·증여세 부과제척기간

상속세와 증여세는 무상으로 이전되는 재산에 대해 부과되는 세금을 말한다. 그런데 이러한 상속과 증여는 거래당사자 간에 이해관계가 일치되므로 담합이 가능해 신고를 누락하는 경우가 많다. 그래서 세법은 다음과 같이 국세부과 제척기간을 정하고 있다.

- ☑ 무신고의 경우 → 15년을 적용
- ☑ 부정행위에 의한 신고 → 15년을 적용
- ☑ 부정한 행위에 의해 포탈한 상속세 또는 증여세의 재산가액이 50억원 초과 시 → 과세관청이 안 날로부터 1년 이내(특례, 사실상 평생의 개념이 됨)
- ☑ 이외의 사유 → 10년을 적용

☞ 위에서 언급된 '부정행위'란 다음 어느 하나에 해당하는 행위로 조세의 부과와 징수를 불가능하게 하거나 현저히 곤란하게 하는 적극적인 행위를 말한다(조세범처벌법 제3조 제6항).
- 이중장부의 작성 또는 장부의 거짓 기록
- 거짓 증명 또는 거짓 문서의 작성 및 수취
- 장부와 기록의 파기
- 재산의 은닉이나 소득·수익·행위·거래의 조작 또는 은폐
- 고의적으로 장부를 작성하지 아니하거나 비치하지 아니하는 행위 또는 계산서, 세금

계산서 또는 계산서합계표, 세금계산서합계표의 조작
· 전사적 기업자원관리 설비의 조작 또는 전자세금계산서의 조작
· 그밖에 위계에 의한 행위 또는 부정한 행위

여기서 알아둘 것은 조세범처벌법상의 '부정행위'로 확정하기 위해서는 해당 행위가 일단 ① 위의 열거된 항목에 해당하고 ② 조세의 부과와 징수를 불가능하게 하거나 현저히 곤란하게 하는 적극적인 행위*가 있어야 한다. 따라서 <u>부정행위인지 아닌지에 대해서는 과세관청의 사실판단이 중요하다.</u>

* 적극적인 행위는 이중계약서 작성, 허위증빙 수취 등의 행위가 수반된다. 이러한 행위가 없다면 적극적 행위에 해당되지 않아 앞의 부정행위에 의한 세법을 적용할 수 없다(판례 등을 통해 이 부분에 대해 알아보기 바란다. 세무조사 및 불복 시 포인트에 해당한다).

☞ 세법을 해석하다 보면 '과세관청의 사실판단 사항'이란 문구를 많이 접한다. 이는 전적으로 세무공무원에게 판단의 재량권을 준 것으로 볼 수 있는데, 이에 대한 남용의 소지가 있다. 따라서 납세자의 권익보호를 위해서는 가급적 재량권을 남용하지 않도록 그 범위를 축소하는 한편 법 규정이 애매모호한 경우에는 과세관청 등이 사전에 명확한 해석(예규 등)을 내려주는 것이 좋다. 납세자의 입장에서는 명확한 해석에 따라 업무처리를 하는 것이 세무리스크를 방지할 수 있는 이점이 있다.

2. 소득세·법인세·부가가치세 부과제척기간

소득세(양도소득세 포함)나 법인세 또는 부가가치세 같은 세목은 거래상대방과의 담합의 가능성이 낮다. 따라서 앞의 상속세나 증여세와는 다른 체계로 이 기간을 정하고 있다. 소득세를 과소신고하는 경우에는 일반적으로 5년이나 부정행위에 의해 무신고나 과소신고하는 경우에는 10년이 된다.

☑ 부정행위에 의한 신고(무신고·과소신고) → 10년을 적용
☑ 일반 무신고의 경우 → 7년을 적용
☑ 이외의 사유(일반과소신고 등) → 5년을 적용

※ **종합소득세 부과제척기간**(서면1팀-794, 2006.6.16.)*

법정신고기한 내에 과세표준신고서를 제출한 경우 종합소득세의 국세부과 제척기간은 5년간이나, 사기 기타 부정한 행위로 국세를 포탈하거나 환급·공제받은 경우에 해당된다면 10년간의 국세부과 제척기간이 적용되며 귀 질의가 이에 해당하는지는 납세의무자의 고의, 부정행위의 적극성, 방법 및 정도 등을 종합적으로 확인해서 판단해야 함.

* 예규 : 세법에 규정되지 않는 내용들에 대한 유관기관(국세청, 기획재정부 등)의 해석을 말한다. 예규는 법적 구속력이 없으나 실무적으로 판단의 기준이 된다는 점에서 중요성이 있다. 예규는 최근의 것이 앞선다. 이 때 새로운 예규는 새로운 예규가 생성된 이후의 납세의무가 성립된 것부터 적용한다. 다만, 법령을 위반하거나 감사원법에 의한 감사에 의해 시정요구를 받은 경우에는 예규와 무관하게 과세될 수 있다는 점에 유의해야 한다. 참고로 대법원의 판례는 해당 사건만을 기속한다. 따라서 판례의 취지를 적용받고 싶을 때에는 별도로 소송을 해야 한다. 다만, 대법원의 판례에 따라 세법이 개정되거나 해석이 변경된 경우에는 소송 없이도 이를 적용받을 수 있다. 참고로 세무조사나 불복실무에서는 국세청이나 조세심판원의 심사례나 심판례, 그리고 대법원의 판결 등을 두루 섭렵해야 그에 대한 대응력이 높아질 것이다.

3. 지방세 부과제척기간

지방세 세목은 앞의 국세 중 두번째 항목과 유사하게 규정되어 있다.

- ☑ 부정행위에 의한 신고 → 10년을 적용
- ☑ 무신고의 경우 → 7년을 적용
- ☑ 이외의 사유 → 5년을 적용

4. 특례 부과제척기간

조세쟁송 등이 있는 경우에는 앞에서와 같이 특정시점을 정해 기간을 정하는 것이 힘들다. 따라서 다음과 같은 특례 부과제척기간을 두고 있다.

- ☑ 조세쟁송의 경우 → 그 결정(또는 판결)이 확정된 날로부터 1년이 지나기 전까지
- ☑ 상호합의의 경우 → 그 상호합의가 종결된 날로부터 1년이 지나기 전까지(주로 국가간의 조세조약에서 발생함)
- ☑ 경정청구*의 경우 → 후발적 사유에 의한 경정청구가 있는 경우에는 경정청구일로부터 3개월이 지나기 전까지
- ☑ 명의대여 사실이 확인된 경우 → 실제로 사업을 경영한 자에게 경정결정이 있거나 판결이 확정되는 날로부터 1년 이내

* 경정청구란 세법상의 기준보다 과대하게 신고·납부한 경우 초과신고한 분에 대해 환급 등을 청구하는 제도를 말한다. 보통 경정청구기간은 5년이 주어진다. 이에 상대적인 제도에는 수정신고가 있다.

☞ 사업자등록 명의를 대여하는 경우에는 사실상 제척기간이 없는 셈이 된다(단, 배우자간 명의대여는 예외적으로 인정).

사례

P씨는 탈루한 사업소득으로 10년 이상 만기를 가진 금융상품에 가입했다. 10년 후에 금융상품에 대한 원리금을 수령한 경우 세법상 문제는 없는가?

사업소득에 대한 소득세 부과제척기간에 대해 묻고 있다. 앞에서 보면 소득세를 탈루한 경우 최장 10년 정도의 부과제척기간이 적용되고 있다. 따라서 금융상품의 불입원천이 10년 전에 발생한 자금에 의한 것임이 입증되면 소득세를 추징할 수 없게 된다.

memo

탈세와 절세, 조세회피행위의 구분

상황 세무리스크가 높으면 높을수록 세무조사의 가능성이 높아진다. 그렇다면 무조건 세무조사가 나올까? 그렇지 않다. 상식적으로 봐도 세무조사는 탈세행위나 조세회피행위에 대해 진행되는 것이 옳다. 절세는 법을 지키는 것인 만큼 문제될 것이 없다. 하지만 현실은 이러한 세 가지 행위를 제대로 구별하는 것이 쉽지 않다. 결국 이를 잘 구분하는 것이 세무조사에 대응을 잘 할 수 있는 지름길이 될 수밖에 없다.

Case 다음의 거래는 탈세와 절세, 조세회피행위 중 어디에 해당하는가?

① 계약서를 허위로 작성해 양도소득세 신고를 했다.
② 장기보유 특별공제를 많이 받기 위해 잔금일자를 조정했다.
③ 사업자가 매출을 축소해 신고했다.
④ 법인이 대표이사에게 무이자로 자금을 대여했다.

Solution 위의 물음에 맞춰 답을 찾아보면 다음과 같다.

· ①의 경우

탈세에 해당한다. 탈세는 세법을 정면으로 위반한 행위에 해당한다.

☞ '탈세'에 해당하면 세금추징은 물론이고 조세범처벌법에 의한 처벌을 받을 수 있다. 여기에서 처벌이란 징역형과 벌금형을 말한다.

· ②의 경우

절세에 해당한다. 장기보유 특별공제는 보유기간에 따라 공제율이 달라지므로 매도자는 잔금지급일 등을 조절하여 보유기간을 합법적으로 정할 수 있다.

☞ '절세'는 세법에 충실하여 처리한 만큼 아무런 문제가 없다.

· ③의 경우

탈세에 해당한다. 매출누락행위는 사업자의 대표적인 탈세행위에 해당한다.

· ④의 경우

조세회피행위에 해당한다. 법인의 자금을 특수관계인인 대표이사에게 무이자로 빌려 준 경우 이는 법인의 자산을 부당하게 지출하는 것이 된다. 따라서 이를 조세회피행위로 보아 법인에게는 법정이자(인정이자)만큼 익금으로 보아 과세하고, 대표이사에게는 상여로 보아 근로소득세를 과세하게 된다.

☞ '조세회피행위'에 해당하면 세금을 추징하는 것으로 끝낸다. 조세범처벌은 받지 않는다.

Consulting 절세와 탈세 그리고 조세회피에 대한 개념과 세무상 위험을 정리하면 다음과 같다.

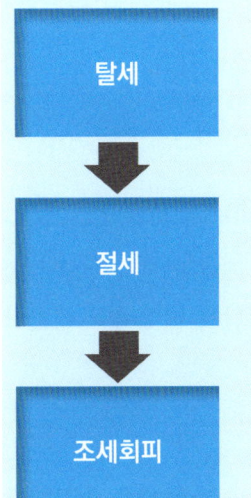

탈세
- 탈세란 조세법을 직접적으로 침해(비합법적, 비합리적)하는 것을 말한다.
- 사법상 거래는 무효에 해당한다.
- 본세추징·가산세부과가 되는 한편, 형사처벌(징역형 또는 벌금형)을 받을 수 있다.

절세
- 절세란 조세법을 정당하게 이용(합법적, 합리적)하는 것을 말한다.
- 절세행위에 대해서는 세금추징 등이 발생하지 않는다.

조세회피
- 조세회피행위란 조세법을 간접적으로 침해(합법적, 비합리적)하는 것을 말한다.
- 사법상 거래는 유효하나, 과세표준을 세법에 따라 다시 계산한다(부당행위계산의 부인제도 등 적용).
- 본세 추징이나 가산세가 부과되나 형벌의 제재는 없다.

☞ 세무조사 시 세금추징은 탈세와 조세회피행위에서 발생한다. 그러므로 탈세와 조세회피행위가 바로 세무리스크의 실체라고 할 수 있다. 따라서 세무조사를 예방하기 위해서는 세무리스크의 실체에 대해 정확히 이해해야 한다. 특히 이 중 조세회피행위를 잘 파악하는 것이 중요하다.

input	output	result
특수관계인과의 거래	세금부담 감소	조세회피행위에 해당되어 세법규제를 받음.*

* 사법상의 거래는 유효하다(탈세는 무효).

실전연습

1. 서울 강남에 거주하고 있는 신부자씨는 부동산 임대업을 영위하고 있다. 하지만 그는 부가가치세 등의 신고의무를 제대로 이행하고 있지 않다. 임차인이 부가가치세 간이사업자라서 세금계산서를 받지 않기 때문인데 향후 문제가 없을까?

그렇지 않다. 임대료에 대한 부가가치세와 소득세가 탈루되고 있는 만큼 이 사실이 과세관청에 알려질 경우 임대기간 동안 탈루된 세금이 한꺼번에 적출될 가능성이 있다(임차인이 탈세사실을 고발하는 경우도 있다). 그래서 임대사업자들은 제대로 세금계산서를 발행하고 신고하는 것이 좋다.

2. K씨는 (주)성장의 대표이사다. 그는 자신이 보유하고 있는 건물을 법인에 무상으로 이용하게 하였다. 이 경우 세무상 문제점은?

K씨와 (주)성장은 세법상 특수관계인에 해당한다. 따라서 둘의 거래를 통해 부당하게 세금을 감소시키는 경우에는 조세회피가 발생했으므로 부당행위에 해당되어 세법상 제재를 받게 된다.

☑ K씨
임대소득이 축소되므로 시가인 임대료를 기준으로 부가가치세와 소득세를 추징하게 된다.

☑ (주)성장

(주)성장의 입장에서는 법인의 소득이 축소되기는커녕 오히려 소득이 증가하게 되어 조세회피가 발생한 것이 아닌 것으로 보아 세법상 제재를 받지 않는다.

☞ 세법상 부당행위로 인해 세금이 추징되는 경우에는 특수관계인과의 거래를 통해 조세가 부당하게 감소되어야 한다. 이러한 제도를 '부당행위계산의 부인제도'라고 하는데 개인의 양도소득세나 개인사업자의 종합소득세, 법인사업자의 법인세 등에 산재해 있다. 이 제도는 조세평등주의를 실현하기 위한 것으로 앞으로 경제상황이 복잡해질수록 중요성이 한층 더 커질 것으로 보인다. 납세자는 세법에 규정되지 않은 새로운 방법을 동원해 세부담 감소를 시도하게 되고 이에 맞서 과세관청은 이 원칙을 적용할 가능성이 높아지기 때문이다(조세법률주의와 조세평등주의에 대해서는 160페이지 참조). 세무리스크를 줄이기 위해서는 이 제도에 밝아야 한다. 이에 대해서는 Part 04(법인편)에서 좀 더 자세히 살펴보기로 한다.

memo

탈세행위에 대한 불이익

상황 '탈세'란 고의로 사실을 왜곡하는 등의 불법적인 방법을 동원해서 세금부담을 줄이려는 행위를 말한다. 예를 들면, 과세표준의 허위신고, 과세물건의 은닉, 세무공무원에 대한 매수 등에 의한 세부담의 회피 등이 있다. 이러한 행위에 대해서는 당연히 세무조사가 뒤따르며 그 금액이 과도한 경우에는 조세범으로 처벌을 받을 수 있다.

Case K씨는 현재 의료업종을 영위하고 있다. 그는 전년도 소득에 대해 다음과 같이 신고를 했다. 물음에 답하면?

① 매출누락 : 1억원(발생원인 : 고의)
② 가사비용계상 : 5,000만원(발생원인 : 판단 오류)
③ 부적절한 조세감면 : 1,000만원(발생원인 : 무지)

☞ **물음 1** : K씨의 세율이 38%인 경우 추가로 예상되는 본세는 얼마인가?
☞ **물음 2** : 위의 경우 신고불성실가산세율은 어떻게 적용되는가? 단, 여기에서 가산세는 납부세액을 기준으로 한다.

Solution 위의 물음에 순차적으로 답을 찾아보면 다음과 같다.

· 물음 1의 경우

매출누락과 가사비용은 소득금액을 증가시키므로 이에 세율을 곱해 추징세액을 계산한다. 한편 조세감면 배제분은 곧바로 산출세액을 증가시키므로 이 둘에 대해 다음과 같이 추징세액을 계산할 수 있다.

구분	금액	적용세율	추징세액(본세)
· 소득금액 증가에 의한 추징세액	1억 5,000만원	38%	5,700만원
· 조세감면 배제로 인한 추징세액	1,000만원	–	1,000만원
계			6,700만원

· 물음 2의 경우

과소신고한 경우에 적용되는 신고불성실가산세는 일반적으로 10%이나 부정행위에 해당하는 경우에는 40%가 된다. 사례에서는 ①의 경우에만 부정행위에 해당한다고 하면 ①은 발생한 납부세액의 40%*, ②와 ③은 10%의 신고불성실가산세율이 적용된다.

* 복식부기의무사업자는 납부세액의 40%와 수입금액기준×14/10,000 중 큰 금액으로 한다(부정행위에 대한 불이익을 극대화하기 위해 이러한 규정을 두었다). 사례에서는 납부세액을 기준으로 적용한다고 가정했다.

☞ 위에서 언급된 '부정행위'는 앞서도 보았듯이 아래의 어느 하나에 해당하는 행위로 조세의 부과와 징수를 불가능하게 하거나 현저히 곤란하게 하는 적극적인 행위를 말한다(사실판단 사항).
· 이중장부의 작성 등 장부의 거짓 기록
· 거짓 증명 또는 거짓 문서의 작성 및 수취
· 재산의 은닉이나 소득·수익·행위·거래의 조작 또는 은폐 등

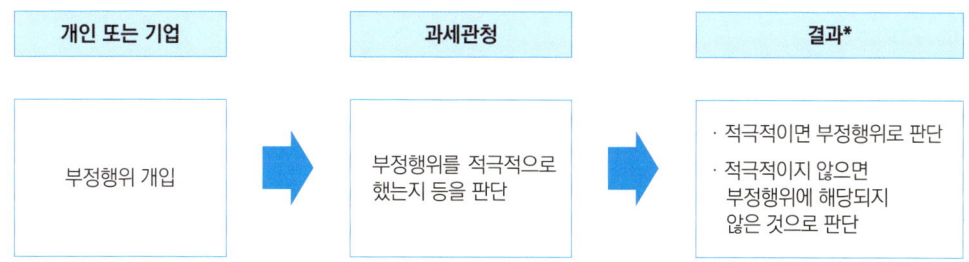

* 가산세율을 10%로 적용받는 것과 40%로 적용받는 것은 큰 차이가 있다. 따라서 실무에서는 부정행위가 착오 등의 사유로 발생했음을 입증해 10%의 가산세율을 적용받도록 노력하는 것이 중요하다(세무조사 및 불복 포인트에 해당함).

Consulting   개인과 개인사업자 그리고 법인사업자가 계약서 조작 등 부정행위를 통해 탈세를 하면 다음과 같은 불이익이 있다.

가산세의 부과
- 탈세행위(부정행위)에 의한 무신고 및 과소신고 시는 원칙적으로 40%[*1]의 가산세가 적용된다.
※ 일반무신고(과소신고)는 10%[*2] 임.

⬇

조세범처벌
- 조세범처벌법 제3조 제6항에 의한 부정행위 시에는 벌금형과 징역형을 받을 수 있다.
- 조세범처벌절차법에 의해 범칙조사를 받고 그 결과에 따라 고발이나 통고처분 등의 범칙처분[*3]을 받게 된다.

⬇

국세부과 제척기간의 확대
- 부정행위에 의한 국세부과 제척기간은 15년(상속·증여세), 10년(소득세 등)이 된다.
※ 일반적인 국세부과 제척기간은 5~10년임.

[*1] 개인사업자 중 복식부기의무사업자와 법인은 납부세액의 40%와 수입금액의 14/10,000 중 큰 금액을 가산세액으로 한다(∵불이익을 극대화하기 위해서다. 결손이 나서 세금이 없는 경우에도 가산세가 부과될 수 있다).

[*2] 개인사업자 중 복식부기의무사업자와 법인이 무신고 시 납부세액의 20%와 수입금액의 7/10,000 중 큰 금액을 가산세액으로 한다(일반과소신고 시는 납부세액의 10%로만 가산세를 부과한다).

[*3] 조세범처벌법 제3조에는 부정행위에 의한 조세포탈 등에 대한 처벌규정을 두고 있으며, 조세범칙조사결과 이중장부, 허위계약, 증빙서류 허위작성, 부정세금계산서 수수, 기업자금 변칙유출, 상습적인 부동산 투기 등과 같은 악의적이고 고의적인 조세 포탈범은 고발, 통고처분 등의 범칙처분을 받게 된다(조세범처벌절차법 제13조 등).

실전연습   K씨는 상속세 신고 시 피상속인의 채무내역서를 첨부해 신고했는데 일부 채무액이 사인(개인)간 채무액이라 하여 관할 세무서로부터 인정을 받지 못했다. 이 경우 신고불성실가산세는 10%인가, 40%인가?

위의 물음에 대해 순차적으로 답을 찾아보자.

STEP1 쟁점은?
상속세 신고 때 사인간의 채무가 부인당하면 상속세가 추징되는데 이때 신고불성실가산세율이 10%인가, 40%인가가 쟁점이 된다.

STEP2 세법규정은?
납세의무자가 법령에 정한 바에 따라 국세의 과세표준 또는 세액으로 신고·납부해야 할 것을 국세의 부과와 징수를 불가능하게 하거나 현저히 곤란하게 하는 부정 행위의 고의적, 적극적 행위는 부정과소신고가산세(40%)가 적용된다.

STEP3 결론은?
부인당한 사인(개인)간의 채무액에 대하여 부정행위에 따른 고의적, 적극적 행위가 있었는지의 여부는 과세관청이 조사사실에 근거하여 사실판단한다. 따라서 그 판단 결과에 따라 일반과소신고가산세를 적용할지 아니면 부정과소신고가산세를 적용할지가 결정된다.

☞ 실무적으로 40%의 가산세는 매우 과중하다. 따라서 일반과소신고가산세가 적용되도록 노력하는 것이 좋을 것으로 보인다.

memo

조세회피행위에 대한 불이익

상황 '조세회피행위'는 조세부담을 감소시키려는 행위가 법 규정과 직접적으로 상충되지는 않으나 조세부과의 취지 및 법정신에 위배되는 것이라는 점에서 탈세와는 구분된다. 이하에서는 조세회피행위에 대해 좀 더 알아보자.

Case K씨는 의료업을 영위하는 사업자에 해당한다. 이번에 병원을 확장하면서 대주주로 있는 법인으로부터 사업장을 임차했다. 물음에 답하면?

☞ **물음 1** : K씨가 임대료를 시가보다 고가로 해당 법인에게 지급하면 세법상 어떤 문제가 발생하는가?
☞ **물음 2** : 시가인 임대료는 어떻게 알 수 있는가?
☞ **물음 3** : 시가인 임대료가 없다면 어떻게 임대료를 정해야 하는가?

Solution 위의 물음에 대해 순차적으로 답을 찾아보면 다음과 같다.

· 물음 1의 경우

특수관계인간에 시가로 임차하지 아니하고 고가의 임대료를 지급하는 경우에는 소득세법 제41조에 따른 부당행위계산의 부인제도가 적용된다.

※ 관련 규정 : 부당행위계산의 부인(소득세법 제41조)
납세지 관할 세무서장 또는 지방국세청장은 출자공동사업자의 배당소득, 사업소득 또는 기타소득이 있는 거주자의 행위 또는 계산이 그 거주자와 특수관계인과의 거래로 인하여 그 소득에 대한 조세 부담을 부당하게 감소시킨 것으로 인정되는 경우에는 그 거주자의 행위 또는 계산과 관계없이 해당 과세기간의 소득금액을 계산할 수 있다.

☞ 소득세법상 부당행위계산의 부인제도는 배당소득, 사업소득, 기타소득에 대해서만 적용된다. 따라서 법인의 대표이사가 무이자로 법인에게 자금을 대여한 경우, 이러한 제도가 적용되지 않는다.

· 물음 2의 경우

시가에 해당하는 적정임대료는 당해 거래와 유사한 상황에서 당해 거주자와 특수관계 없는 불특정 다수인과 계속적으로 거래한 가격 또는 특수관계인이 아닌 제3자간에 일반적으로 거래한 가격이 있는 경우에는 그 가격을 말한다. 이 경우 적정임대료의 산정은 그 자산의 위치·규모·이용상황·사용범위 등 구체적인 사실관계 등을 관할 세무서장이 조사·확인해 판단한다(서면1팀-55, 2006.01.17.).

☞ 과세관청의 판단에 대한 재량권이 있음을 보여주는 대목이다. 따라서 이러한 재량권에 의해 과세가 되지 않기 위해서는 그에 대한 반박자료를 잘 갖춰놔야 한다 (세무조사 및 불복 포인트).

· 물음 3의 경우

시가가 없거나 불분명한 경우에는 다음의 금액을 순차적으로 적용하여 계산한다(소득세법 시행령 제98조 제4항 등).

☑ 감정가액(1개가 있는 경우도 가능. 2개 이상인 경우에는 평균가액)
☑ 상속세및증여세법(상증법)상의 평가액(유사한 재산의 매매사례가액 등)

하지만 위와 같은 방법으로도 시가를 알 수 없는 경우에는 아래와 같이 계산한다.

☑ (자산시가×50%-전세금 또는 보증금)×정기예금이자율(2017년 이후 1.6%, 수시변동)

☞ 특수관계인간에 임대료를 정할 때에는 감정을 받거나 유사한 부동산의 임대요율을 찾아 제시하거나 그게 여의치 않으면 정기예금이자율을 적용하면 될 것이다. 그런데 여기서 문제는 정기예금이자율을 적용하면 임대료수준이 주위 부동산보다 낮게 평가된다는 것이다. 이럴 때 과세관청은 주변의 임대료 시세를 조사해 이를 기준으

로 과세할 수 있으므로 이러한 상황에서는 차라리 감정평가를 받아 진행하는 것도 나쁘지 않을 것으로 보인다. 물론 감정평가를 받았다고 해서 무조건 인정하는 것은 아니다. 감정평가도 어디까지나 합리적이어야 한다(조작 등이 있는 경우에는 인정을 받지 못함에 유의해야 한다).

Consulting 　개인과 개인사업자 그리고 법인사업자가 특수관계인과의 거래를 통해 세금을 부당하게 회피하는 경우에는 다음과 같은 불이익이 있다.

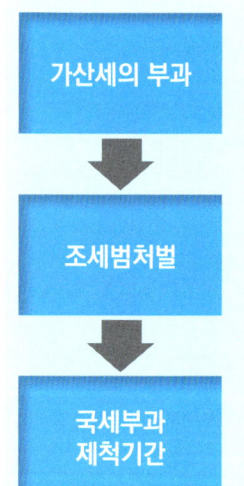

- **가산세의 부과**
  - 조세회피행위에 의한 무신고 및 과소신고 시는 일반적으로 10%의 가산세율이 적용된다.
  ※ 단, 예외적으로 부정무신고 및 과소신고 시에는 40%가 적용됨.

- **조세범처벌**
  - 조세회피행위 시는 조세범처벌법상의 처벌은 받지 아니한다.

- **국세부과 제척기간**
  - 조세회피행위에 의한 국세부과 제척기간은 일반적으로 5년(소득세·법인세)~10년(상속·증여세)이 적용된다.
  ※ 부정행위에 의한 국세부과 제척기간은 10년(소득세·법인세)~15년(상속·증여세)임.

※ 조세회피행위도 부정신고가산세가 적용될까(국세청)?

종전에 부당행위계산의 부인제도를 적용할 때에는 조세회피의 의사와 관계없이 결과적으로 조세회피의 결과가 발생되었다면 고율의 과소신고가산세를 적용했다. 하지만 현재는 악의적인 신고의무 위반에 대하여 가산세를 중과하기 위해 부정과소신고가산세가 적용되는 신고위반의 유형을 개정했다(2006.12.30. 개정된 국세기본법 시행령 제27조 제2항). 따라서 부당행위계산의 부인제도를 적용하여 과세하는 경우라도 개정 전과 달리 개정 후에는 납세자가 조세회피의 의사를 가지고 행한 경우에만 부정과소신고가산세가 적용된다고 해석하는 것이 타당할 것으로 보인다.

PART 01 기본편
Chapter 01 세무리스크 파악하기

실전연습

L사업자는 자신이 대표이사로 있는 법인과의 거래를 통해 시가보다 높은 가격으로 법인에 납품했다. 해당 법인은 특수관계인과의 거래를 통해 세금을 부당하게 낮추게 되어(∵원가가 높아지므로) 법인세법상 부당행위계산의 부인규정을 적용받아 세금을 추징받게 되었다. 물음에 답하면?

☞ **물음 1** : 시가보다 높게 책정된 가격이 1억원이라면 개인과 법인에 주는 영향은?
☞ **물음 2** : 이 경우 신고불성실가산세는 얼마인가?
☞ **물음 3** : 법인에게 부당행위계산의 부인규정이 적용되면 조세범으로 처벌을 받는가?

위의 물음에 순차적으로 답을 찾아보면 다음과 같다.

· **물음 1의 경우**

개인의 경우에는 수입과대로 인해 오히려 세금이 증가한다. 따라서 부당행위의 문제는 없다. 하지만 법인의 경우에는 매입과대로 인해 원가가 높아져 세금이 축소되는 것이 일반적이다. 따라서 특수관계인과의 거래를 통해 세부담을 축소시켰으므로 법인에게 부당행위계산의 부인규정이 적용된다.

돌발퀴즈!

법인에 대해서는 얼마만큼의 세금이 늘어날까? 이 법인이 신고한 소득금액은 1억원이었다.
매출원가 중 1억원만큼 손비로 인정되지 않은 식으로 처리하므로 경정된 소득금액은 2억원이 된다. 따라서 증가된 소득금액의 10%인 1,000만원가량 법인세가 증가된다.

· **물음 2의 경우**

앞에서 보았듯이 악의적인 신고의무 위반에 대하여 부정과소신고가산세가 적용되므로, 납세자가 조세회피의 의사를 가지고 행한 경우에는 부정신고가산세(40%)가 적용될 수 있다. 하지만 실무적으로 이에 대한 사실판단이 쉽지 않아 경미한 경우에는 10%의 가산세가 부과될 것으로 보인다.

돌발퀴즈!

과세관청이 40%의 부정가산세를 부과하는 경우에 납세자가 대응할 수 있는 방법은?
불복을 제기해 해당 행위가 정상적인 행위임을 주장해야 한다. 조세불복 시 핵심 포인트가 된다.

· **물음 3의 경우**

부당행위계산의 부인규정은 세법을 정면으로 위배하는 것이 아닌 만큼 조세범으로 처벌하기는 힘들다. 즉 법을 어기지 않았으므로 처벌은 피할 수 있다는 것이다.

 Tip 세법상 특수관계인의 범위

세법은 특수관계를 이용한 부당거래를 방지하기 위해 각 세법마다 특수관계인의 범위를 달리 지정해 다양한 규제를 하고 있다. 예를 들어 법인세법에서는 주주나 임직원 등이 법인과 거래를 비정상적으로 한 경우 부당행위계산의 부인제도를 적용한다.

특수관계인의 범위에 대해서는 각 세법(국세기본법 시행령 제20조, 법인세법 제52조, 법인세법 시행령 제43조·제87조·제129조·제132조, 소득세법 제96조, 소득세법 시행령 제98조·제183조의2, 상속세및증여세법 시행령 제24조의2~제33조, 조세특례제한법 시행령 제10조 제항, 국제조세조정에관한법률 제2조 등)을 참조하기 바란다. 참고로 이러한 특수관계인의 범위는 다음과 같은 기준을 사용해 정하는 것으로 보인다.

- ☑ 친족 관계(예 : 6촌 이내의 혈족, 4촌 이내의 인척 등)
- ☑ 경제적 관계(예 : 임원, 사용인 등)
- ☑ 경영지배 관계(예 : 법인 경영에 실질적인 지배력을 행사하는 주주, 법인 등)

특이하게 상속세및증여세법상의 특수관계인에는 '퇴직 후 5년이 지나지 않은 임원'도 포함하고 있다. 하지만 다른 세법에서는 이러한 규정이 들어 있지 않은 것으로 보인다. 부당행위계산의 부인제도에 대한 자세한 내용은 Part 04를 참조하자.

PART 01
기본편

Chapter 01
세무리스크
파악하기

▶▶ 절세를 위한 조세전략이 세무리스크를 증가시키는 사례들

개인이든 기업이든 세금을 절약하기 위해 다양한 전략을 수행할 수 있다. 그런데 이 과정에서 무리수를 두면 세무조사 등에 의해 세금추징이 발생할 수 있다. 이하에서는 절세를 위한 조세전략이 세무리스크를 증가시키는 사례들을 알아보자. 더 자세한 것들은 뒤에서 순차적으로 살펴볼 것이다.

1. 개인

☑ **양도소득세 과세소득을 비과세소득으로 처리한 경우**

상황	세법적용
· 양도소득세 과세가 됨에도 비과세로 위장한 경우 ☞ 주로 세대분리 위장, 명의신탁 등의 방법이 동원됨.	· 자료를 입수해 비과세가 타당한지를 점검한다. · 명의신탁 등에 대해서도 점검한다.

☞ 비과세 박탈 시 가산세 추징이 뒤따르며 명의신탁 등의 경우에는 관련 기관에 해당 사실이 통보된다.

☑ **증여를 가족간의 매매로 처리한 경우**

상황	세법적용
· 가족간에 매매한 경우	· 증여추정제도를 두어 유상거래임이 명백하지 않으면 증여세를 부과한다.

☑ **양도소득을 사업소득으로 처리한 경우**

상황	세법적용
· 양도소득임에도 불구하고 사업소득으로 처리한 경우 ☞ 세율 및 필요경비처리 면에서 양도소득세보다 사업소득세가 유리함.	· 양도행위가 사업성이 있는지를 점검한다.

45

☑ 배당소득을 분산해 처리한 경우

상황	세법적용
· 배당소득을 가족간에 분산해 처리한 경우	· 금융자산의 원주인이 누구인지, 자금출처조사 등을 진행한다.

☑ 사전에 재산을 줄여 상속세를 신고한 경우

상황	세법적용
· 상속이 발생하기 전에 재산을 줄이는 경우	· 상속개시일로 소급하여 10년 전의 것은 상속재산에 합산한다. · 은닉을 한 경우에는 상속추정제도를 두어 이를 방지한다.

2. 개인사업자

☑ 명의를 차용해 사업자등록을 한 경우

상황	세법적용
· 남의 명의를 빌려 사업자등록을 한 경우 ☞ 소득의 분산 등의 이유로 허위등록을 하는 경우가 많음(단, 배우자의 경우에는 예외적으로 명의차용해 등록하는 것을 인정).	· 원래 사업자에게 소득을 귀속시켜 과세한다.

☑ 공동사업을 허위로 한 경우

상황	세법적용
· 공동사업을 허위로 하는 경우	· 세부담의 분산을 위해 거짓으로 사업자등록하는 경우 지분율이 큰 사업자로 소득을 합산하는 공동사업합산과세제도를 적용한다. ☞ 투자에 의한 배당금은 사업소득이 아닌 배당소득에 해당됨에 유의

☑ 무상임대 등을 한 경우

상황	세법적용
· 가족 등에게 무상임대나 저가임대를 한 경우	· 시가인 임대료를 기준으로 과세한다.

3. 법인사업자

☑ **개인경비를 법인경비로 처리한 경우**

상황		세법적용
· 개인의 경비를 법인의 경비로 처리한 경우		· 해당자의 상여 등으로 처리한다.

☑ **임원의 근로소득을 퇴직소득으로 처리한 경우**

상황		세법적용
· 임원의 근로소득을 퇴직소득으로 처리한 경우		· 퇴직소득에 대한 한도를 두어 세금이 저렴한 퇴직소득으로 처리하는 것을 방지한다.

☑ **특수관계에 있는 해외법인에게 저가판매로 판매한 경우**

상황		세법적용
· 특수관계에 있는 해외법인 등에게 저가판매한 경우 등		· 일종의 부당행위계산의 부인제도인 이전가격 세제*를 적용한다.

* 이는 국내 기업이 외국에 있는 특수관계인과 거래하면서 가격을 조작해 탈세하는 것을 방지하기 위해 정상가액으로 과세하는 제도를 말한다. 세율이 낮은 특수관계에 있는 외국의 기업에 정상가액에 미달하게 수출하는 경우 국내에서는 이익이 축소되어 세금이 줄어드는 한편, 외국의 기업도 저렴한 세율로 인해 세금이 축소되어 국가간의 조세회피를 방지하는 효과가 있다.

memo

| 실력 더하기 | 국세기본법상 가산세(감면 포함) |

가산세는 세법에서 정하고 있는 의무를 불이행함에 따라 세법에서 정한 일종의 벌칙을 부담하는 것을 말한다. 세무리스크가 현실화되었을 때 발생하는 경우가 대부분이다. 그런데 가산세율은 거래금액의 %로 정해져 있는 경우가 대부분이다 보니 가산세액이 상상 외로 큰 경우가 있다. 그래서 개인이나 기업들은 어떤 거래를 할 때 가산세의 내용을 충분히 이해할 필요가 있다. 이하에서는 국세기본법상 가산세(감면 포함)에 대해 알아보자. 이는 모든 국세(소득세, 법인세 등)에 공통적으로 적용되는 가산세를 말한다.

1. 국세기본법상 가산세 종류

가산세는 각 세법(부가가치세법, 소득세법, 법인세법, 상속세및증여세법 등)에서 규정하고 있으나, 다음의 가산세는 국세에 공통적인 사항으로 국세기본법에서 정하고 있다. 따라서 가산세는 각 세목별로도 살펴봐야 한다.

종류			가산세액 : MAX(㉠, ㉡)	
			㉠ 납부세액기준	㉡ 수입금액 기준
① 신고관련 가산세	· 무신고 가산세	부정무신고*	40%	14/10,000
		일반무신고	20%	7/10,000
	· 과소신고가산세	부정과소신고*	40%	14/10,000
		일반과소신고	10%	-
	· 초과환급신고가산세	부정초과환급신고*	40%	-
		일반초과환급신고	10%	-
② 납부관련 가산세	· 납부·환급불성실 가산세	미납·미달납부	1일 3/10,000	-
		초과환급		-

* 국제거래에서 발생한 부정행위로 인한 무신고·과소신고에 대한 가산세율은 60%가 적용된다. 한편 부정행위는 이중장부의 작성, 장부의 거짓 기록, 거짓 증명 또는 거짓 문서, 거짓증명 등의 수취, 그밖의 부정한 행위 등을 사유로 조세를 탈루하는 경우를 말한다.

① 신고관련 가산세

위의 신고관련 가산세 중 무신고는 법정신고기한 내에 신고를 하지 않은 경우, 과소신고는 해당 기간에 신고는 했으나 세법에 미달하게 신고한 경우, 초과환급은 세법의 기준보다 초과해 환급을 받았을 때 부과한다. 무신고 시의 가산세는 최소 20%~최대 40%로 부과되며, 과소신고와 초과환급은 10% 또는 40%가 적용된다. 다만, 여기서 한 가지 알아둘 것은 종합소득세나 법인세 신고관련 가산세는 ㉠ 납부세액기준과 ㉡ 수입금액기준 중 큰 금액으로 이를 부과한다는 것이다(무신고와 부정무신고·과소신고 등 세 가지의 경우만 적용). 이러한 가산세 적용은 주로 법인과 개인사업자 중 복식부기의무 대상자(매출액이 업종별로 3억원, 1.5억원, 7,500만원 이상인 자)에 한한다. 따라서 규모가 영세한 개인사업자들은 ㉠ 납부세액기준만을 적용하게 된다.

참고로 위 ㉠ 납부세액기준에 의한 가산세는 산출세액이 아닌 추가로 납부하여야 할 세액(납부세액, 즉 산출세액-세액공제와 세액감면-기납부세액을 말함)을 기준으로 적용한다. 종전에는 산출세액을 기준으로 계산했으나 이 경우 추가 납부세액이 없어도 가산세가 발생하는 모순점이 있어 최근 납부세액 기준으로 개정하기에 이르렀다.

☞ 개인사업자와 법인이 무신고 또는 과소신고한 경우에는 무기장가산세가 별도로 부과될 수 있다. 세법은 이러한 무기장가산세와 신고불성실가산세가 동시에 적용되는 경우 큰 가산세를 부과하고 같은 경우에는 신고불성실가산세를 부과하도록 하고 있다. 이에 대해서는 275페이지에서 살펴보자.

② **납부(환급)불성실가산세**
이 가산세는 미납부 등의 세액에 대해 다음과 같이 적용된다.

> 납부불성실가산세=미납부·과소납부·초과환급액×미납부 등 기간×3/10,000

사례

K씨는 다운계약서를 작성해 양도소득세를 신고했다. 이후 세무서로부터 이에 대한 사실이 적발되어 양도소득세 본세로 1,000만원 추징이 예상되었다. 이 경우 관련 가산세는 얼마나 될까? 단, 세법상 미납부기간은 500일이다.

이 경우 가산세는 두 가지가 있다.
☑ 신고불성실가산세 → 부정행위에 의한 경우이므로 40%의 세율이 적용된다. 따라

서 가산세는 400만원이 된다.
- ☑ 납부불성실가산세 → 미납세액에 미납기간 500일과 가산세율 3/10,000(연간 10.95%)을 곱한다. 따라서 가산세는 150만원이 된다.

참고로 위의 가산세는 국세부과 제척기간 내에서 발생하며, 각 세법에서 정하고 있는 기타의 가산세도 추가된다(예 : 세금계산서관련 가산세 등).

2. 국세기본법상 가산세의 감면

가산세는 개인이나 기업에 상당한 치명타를 안길 수 있다. 그래서 세법은 일정한 사유에 해당하면 가산세를 감면하고 있다. 아래의 내용들은 실무상 상당히 중요하다.

① 천재지변 등이 발생한 경우

천재지변 등 기한연장 사유(국세기본법 제6조)에 해당하는 경우에는 가산세를 아예 부과하지 않는다. 기업 등에게 부득이한 상황이 발생한 경우 가산세 감면은 당연하다.

② 납세자가 의무를 이행하지 않는 것에 정당한 사유가 있는 경우

납세자에게 납세의무이행을 기대하는 것이 무리라고 할 만한 사정이 있는 때에도 가산세를 아예 부과하지 않는다. 참고로 세법에 대한 무지나 착오 등은 이에 해당하지 않는다.

☞ 실무적으로 이러한 규정에 따라 가산세가 없는 경우도 있다. 예를 들어 기한후신고나 수정신고에 대한 안내문을 보낼 때 자발적 신고를 권유하기 위해 가산세면제 등의 조건을 붙인 경우도 있다.

③ 수정신고를 한 경우

법정신고기한 전에 신고한 자가 법정신고기한이 경과한 후에 수정신고하는 경우에는 다음과 같이 가산세를 감면한다. 일단 수정신고만 하고 납부는 뒤에 하는 경우에도 이 규정을 적용한다.

구분	감면율
· 법정신고기한이 지난 후 6개월 이내 자발적으로 수정신고한 경우	50%
· 법정신고기한이 지난 후 6개월 초과 1년 이내에 자발적으로 수정신고한 경우	20%
· 법정신고기한이 지난 후 1년 초과 2년 이내에 자발적으로 수정신고한 경우	10%

☞ 여기서 주의할 것은 '과세표준과 세액을 경정할 것을 미리 알고 과세표준수정신고서를 제출한 경우'에는 감면을 배제한다는 것이다. 예를 들어 세무공무원이 조사에 착수(유선 포함)한 것을 알고 제출한 경우, 관할 세무서로부터 과세자료 해명 통지를 받고 이를 제출한 경우에는 가산세 감면이 적용되지 않는다.

④ **기한후신고를 한 경우**
법정신고기한 후에 기한후신고를 한 경우에는 다음과 같이 감면한다. 일단 기한후신고만 하고 납부는 뒤에 하는 경우에도 이 규정을 적용한다.

구분	감면율
· 법정신고기한이 지난 후 1개월 이내 기한후신고를 한 경우	무신고가산세×50%
· 법정신고기한이 지난 후 1개월 초과 6개월 이내에 기한후신고를 한 경우	무신고가산세×20%

☞ '과세표준과 세액을 결정할 것을 미리 알고 기한후과세표준신고서를 제출한 경우'에는 이와 관련된 감면을 배제한다.

돌발퀴즈!

사업자가 장부를 작성하지 않은 상태에서 기한후신고를 조기에 하는 경우 무기장가산세를 감면받을 수 있을까?
그렇지 않다. 무기장가산세에 대해서는 감면규정이 적용되지 않는다.

⑤ **과세전적부심사 결정·통지 지연 및 지연제출을 한 경우**

구분	감면율
· 과세전적부심사 결정·통지기간에 그 결과를 통지하지 않은 경우	결정·통지 지연에 의한 납부불성실·환급불성실 가산세×50%
· 세법에 따른 제출, 신고 등의 기한이 지난 후 1개월 이내에 해당 세법에 따른 제출 등의 의무를 이행하는 경우	제출 등의 의무위반에 의한 가산세×50%

▶▶ 실무상 오류가 발생하는 이유와 불이익 그리고 그에 따른 대처법

개인이든 기업이든 경리조직이 잘 갖춰졌든 아니든, 세무회계와 관련해 다양한 오류가 상시적으로 발생하는 일이 잦다. 그런데 문제는 이러한 오류가 발생하면 대부분 세무회계에 영향을 주게 되고 그에 따라 가산세 등의 불이익을 받게 된다는 것이다. 그렇다면 오류가 발생하는 이유와 불이익, 그리고 그에 따른 대처법은 무엇일까?

1. 오류가 발생하는 이유
세무회계에서 발생하는 오류는 경미한 오류와 중대한 오류로 구분해볼 수 있다.

(1) 경미한 오류
경미한 오류는 계산상의 실수, 무지 등으로 인한 세법적용의 오류 등으로 인해 발생한다. 이러한 오류에 의한 금액은 일반적으로 미미한 경우가 많다.

(2) 중대한 오류
중대한 오류는 적극적으로 탈세행위를 하거나 세법 등을 정면으로 위반해 세금을 적게 납부하거나 과도한 환급 등을 받을 때 발생한다. 비교적 금액이 큰 경우가 많다.

2. 오류 유형에 따른 불이익
오류 유형에 따른 불이익을 알아보면 다음과 같다.

구분	과세관청의 대응	가산세	국세부과 제척기간	조세범처벌법
· 경미한 오류	자발적 수정신고 기회 부여	일반가산세(10%) 적용	일반적인 제척기간 적용	적용되지 않음.
· 중대한 오류	해명요구, 현장방문, 세무조사 등 실시	부정가산세(40%) 적용	부정행위에 따른 제척기간 적용	적용됨.

3. 납세자의 대처법
오류가 발생하면 납세자는 과세관청에서 연락이 오기 전에 수정신고를 하는 것이 가장 좋다. 이에 대해 정리하면 다음과 같다.

구분	수정신고 시	효과
· 경미한 오류	· 일반가산세 부과	· 가산세 감면 가능
· 중대한 오류	· 일반가산세 부과 가능	· 가산세 감면 가능 · 일반적인 제척기간 적용 가능성↑ · 조세범처벌법상 처벌 미적용 가능성↑

☞ 부정행위에 의한 오류라도 과세관청이 알기 전에 미리 수정신고의 형태를 취하게 되면 부정이 아닌 일반가산세를 적용할 가능성이 높아진다.

chapter 02

세무리스크 대처법

각종 세무신고 시의 세무리스크 대처법

상황 과세관청의 각종 세무조사 등에 대한 방어를 위해서는 기본적으로 각 세목에 대해 신고하는 방법을 알아둬야 한다. 신고하는 방법에 따라 가산세 부과 및 감면 등이 결정되고 다양한 세금문제가 파생하기 때문이다.

Case K씨는 다음과 같은 신고를 앞두고 있다. 물음에 답하면?

① 상가를 2018년 3월 1일(잔금청산일)에 양도했다.
② 부친으로부터 1억원을 증여받았다. 증여일은 2018년 2월 1일이다.
③ 2017년 실적에 대한 종합소득세를 신고하려고 한다. K씨는 성실신고사업자에 해당한다.

☞ 물음 1 : ①의 양도소득세는 언제까지 예정신고를 해야 하는가? 그리고 상가에 부과된 부가가치세는 언제까지 신고해야 하는가?
☞ 물음 2 : ②의 증여세를 법정기한 내 신고하지 못했다. 이 경우 수정신고를 할 수 있는가?
☞ 물음 3 : ③의 종합소득세는 언제까지 신고해야 하는가?

Solution 위의 물음에 대해 순차적으로 답을 찾아보면 다음과 같다.

· 물음 1의 경우

양도소득세는 양도일이 속한 달의 말일로부터 2개월 내에 예정신고 및 납부를 해야 한다. 여기서 양도일은 보통 잔금청산일을 의미하므로 법정신고기한은 2018년 5월 31일이 된다. 한편 폐업에 따른 부가가치세는 폐업일이 속하는 달의 말일로부터 25일 내에 신고해야 한다. 따라서 2018년 4월 25일이 부가가치세의 신고기한이 된다.

· 물음 2의 경우

증여세는 증여일이 속한 달의 말일로부터 3개월(상속세는 상속개시일이 속하는 달의 말일로부터 6개월) 내에 신고 및 납부를 해야 한다. 따라서 2018년 5월 31일까지 신고 및 납부를 해야 한다. 그런데 신고를 누락한 경우에는 수정신고 아닌 기한후신고를 해야 한다. 수정신고는 법정기한 내 신고한 자만이 할 수 있기 때문이다.

· 물음 3의 경우

K씨가 성실신고확인대상사업자*인 경우에는 다음 해 5월 1일~6월 30일 사이에 신고 및 납부할 수 있다. 성실신고확인사업자는 두 달간의 신고기간이 주어진다.

* 성실신고확인제도는 전년도의 수입금액이 15억원(도·소매업 등), 7.5억원(제조업 등), 5억원(부동산임대업·서비스업 등) 이상 시 매출과 경비에 대해 세무대리인이 검증하도록 하는 제도를 말한다. 이 제도의 적용으로 인해 매출누락이 억제되는 한편 경비의 투명성이 제고된다.

Consulting 법정신고기한 내에 신고한 내용에 대해 오류가 발생해 세금을 덜 낸 경우에는 만일 수정신고(돌려받는 경우에는 경정청구)를 기한 내 신고하지 못한 경우에는 기한후신고를 해야 한다.

예정·확정신고
- 법정신고기한 : 각 세목별로 다양하게 정해져 있다.
- 법정신고기한을 벗어나 신고한 경우 : 무신고에 따른 가산세(20% 또는 40%)*를 부과한다.

수정신고
- 세법 기준에 따른 것보다 세금을 적게 납부했을 때 신고하는 방법을 말한다.
- 법정신고기한 내에 신고한 경우에만 신고할 수 있다.
- 법정신고기한 후 2년 내에 수정신고하면 가산세를 10~50% 감면한다.

기한후신고
- 법정신고기한 내에 신고하지 않는 자(무신고자)는 과세관청이 과세표준과 세액을 결정해 통지하기 전까지 할 수 있다.
- 법정신고기한 후 6개월 내에 신고하면 가산세를 20~50% 감면한다.

* 법인 및 개인사업자 중 복식부기의무자는 일반무신고 시 Max[20%, 수입금액의 7/10,000], 부정무신고 시 Max[40%, 수입금액의 14/10,000]로 가산세를 부과한다.

☞ 경정청구제도는 세금을 세법에 의한 금액보다 많게 신고해 납부한 경우 이를 돌려받을 수 있는 제도를 말한다. 법정신고기한 경과 후부터 5년(후발적 사유는 3개월)간 이 제도를 활용할 수 있다.

실전연습 아래는 K기업의 이번 기에 신고한 소득세(법인세) 내역이다. 물음에 답하면?

구분	전기	당기	비고
수입금액	50억원	70억원	20억원 증가
복리후생비	3억원	5억원	2억원 증가
소득금액	5억원	3억원	2억원 감소
신고소득률	10%	4.29%	5.71%p감소
동종업계 평균소득률	10%	10%	-

☞ **물음 1**: K기업이 당기에 신고한 소득률은 어떤 문제점이 있는가?
☞ **물음 2**: K기업이 개인기업이라면 세무조사가 나올 가능성이 있는가?
☞ **물음 3**: K기업의 복리후생비는 동종 업계에 비해 과다한 수준이다. 이 경우 어떤 문제점이 있는가? 위의 물음1과 2와는 독립적이다.

위의 물음에 대해 순차적으로 답을 찾아보면 다음과 같다.

· **물음 1의 경우**

K기업이 속한 업종의 평균소득률에 한참 미달하게 신고해 세무리스크가 상당히 많이 증가되었다고 할 수 있다. 그 결과 세무조사의 위험성이 올라가게 된다.

· **물음 2의 경우**

일단 소득률이 하락되었다고 무조건 세무조사가 나온다고 단정 지을 수는 없다. 다만, 이러한 소득률 하락은 세무조사의 단초가 될 수 있다.

· **물음3의 경우**

다른 사항은 무시하고 복리후생비의 경우만 본다면 가공이나 가사경비의 계상 가능성이 있으므로 관할 세무서에서는 그 부분에 대해서 소명을 요구할 수도 있다.

▶▶ 정부부과제도와 신고납세제도

세법에서는 납세의무가 성립되더라도 바로 과세할 수 없도록 하고 있다. 납세의무의 내용이 실현되려면 납세의무의 내용(과세표준과 세액 등)이 구체적으로 확인되어야 하기 때문이다. 세법은 이를 '납세의무의 확정'이라고 한다. 일반적으로 납세의무는 과세관청과 납세의무자에 의해 확정된다. 즉 정부부과제도를 채택하고 있는 상속세나 증여세, 종합부동산세는 정부가 확정하고, 나머지의 세목은 납세자가 스스로 확정하게 된다. 다만, 후자의 경우 납세자가 신고를 하지 않으면 정부가 2차적으로 납세의무를 확정시키게 된다. 이러한 내용을 정리하면 다음과 같다.

구분	정부부과제도	신고납세제도	
① 적용되는 세목	상속·증여세 등	소득세·법인세·부가가치세 등	
② 납세의무 확정권리	과세관청	원칙 : 납세자	예외 : 납세자가 무신고 시는 과세관청
③ 확정의 효력 발생시기	과세관청으로부터 과세표준과 세액에 대한 결정통지서 등이 납세자에게 도달 시	납세자가 과세관청에 신고서 제출 시	과세관청으로부터 과세표준과 세액에 대한 결정통지서가 납세자에게 도달 시

사례

다음 항목에 대한 과세표준과 세액은 누가 확정하는가?

① K씨는 양도소득세를 법정신고기한 내에 신고했다.
② L씨는 상속세를 법정신고기한 내에 신고했다.
③ L법인은 법인세 신고기한 때 신고를 하지 않았다.

이상의 내용을 바탕으로 앞에서 제기된 문제들에 대한 답을 찾아보자.

· ①의 경우

양도소득세는 신고납세항목이므로 1차적으로 납세자가 확정한다. 사례의 경우 신고를 제대로 했으므로 신고서 제출 시 납세의무가 확정되었다.
☞ 관할 세무서에서는 확정효력이 부여된 신고서를 대상으로 사후검증을 실시해 신고서의 내용이 정당한지를 따져본다.

· ②의 경우

상속세는 정부부과항목이므로 정부가 확정한다. 따라서 납세자가 제출한 서류는 단순한 서류제출에 불과하다.
☞ 이러한 이유로 상속세나 증여세를 스스로 신고하더라도 관할 세무서에서 납세의무를 확정해야 하기 때문에 다양한 세무조사가 발생한다.

· ③의 경우

법인세는 신고납세제도항목이므로 1차적으로 납세자에게 확정의 권한이 주어진다. 그러나 납세자가 스스로 신고를 하지 않았으므로 2차적으로 과세권자가 확정하게 된다.

memo

과거연도에 발생한 세무리스크 대처법

상 황 세무조사는 이론적으로 세금을 부과할 수 있는 기간 내의 거래 등을 대상으로 이루어질 수 있다. 따라서 세무조사가 뒤늦게 발생하면 본세는 물론이고 신고불성실에 따른 가산세와 납부불성실가산세의 부담이 매우 커질 수 있다. 그러므로 과거에 발생한 거래들에 대해서는 현재시점에서 세무상 문제점 등을 파악하고 이에 대비를 해두는 것이 여러 모로 안전하다.

Case (주)LK에서 3년 전에 다음과 같은 일들이 발생했다. 물음에 답하면?

① LK는 대표이사에게 10억원을 무이자로 대여했다.
② 3년 전에 법인세를 신고했으나 세무상 결손금이 1억원이 발생해 내는 세금은 없었다.
③ LK는 가공경비로 3억원을 장부에 계상했다.

☞ **물음 1** : ①의 경우, 세무상 어떤 문제가 있을까?
☞ **물음 2** : ②의 경우, 결손이 발생해 세금을 내지 않았지만 사후적으로 문제가 없을까?
☞ **물음 3** : ③의 경우, 이로 인해 세무조사가 나올까?

Solution 물음에 대해 순차적으로 답을 찾아보면 다음과 같다.

· **물음 1의 경우**

법인의 자금을 특수관계인인 대표이사에게 무이자로 빌려주는 것은 법인의 자산을 부당하게 유출한 것에 해당한다. 세법은 이러한 상황을 규제하기 위해 세법에서 정한 인정이자(4.6%) 상당액을 법인의 익금으로 보아 법인세를 과세하고, 대표이사가 이를 상여로 받은 것으로 보아 근로소득세를 과세한다. 사례의 경우 연간 4,600만원 정도가 익금 및 소득처리가 되어야 한다. 만일 이러한 부분이 법인세 신고서상에 반영되지 않은 경우 세무리스크가 존재하게 된다.

· 물음 2의 경우

그렇지 않다. 결손이 발생한 것은 내부적으로 무엇인가 문제가 있다고 판단되어 조사의 대상이 될 수 있다.

· 물음 3의 경우

가공경비를 계상하였다고 하더라도 이를 세무서에서 바로 감지할 수 없는 경우가 많다. 따라서 다른 요인에 의해 세무조사가 실제 진행된 경우에 이 부분이 적발될 가능성이 높다.

☞ 과세관청은 세무조사 전에 개인사업자나 법인이 신고한 내용에 가공경비 등이 계상되었는지를 밝혀내기 위해 다양한 분석을 하고 있다(예 : 무증빙분석시스템 등).

Consulting 세무조사는 국세부과 제척기간 내의 모든 사업연도의 거래에 대해 조사를 할 수 있다. 하지만 실무에서는 모든 기간을 대상으로 하지 않는다. 그렇다면 언제 발생한 것이 세무리스크가 가장 클까? 그리고 이에 대한 대책은 무엇일지 알아보자.

1~2년 내
· 세무조사의 가능성이 매우 높다.
· 세무조사 시 쟁점이 될 만한 것들에 대해 즉시 대책을 세워 둔다.

↓

3~5년 내
· 세무조사의 가능성이 비교적 높다.
· 세무조사 진단기법 등을 활용해 문제점을 파악해 개선책을 강구한다.

↓

5년 이전
· 세무조사의 가능성이 비교적 낮다.
· 일상적인 정도의 대비가 필요하다.

☞ 세무조사는 정해진 시기를 예측할 수 없으므로 평소에 세무리스크를 관리하는 것이 좋다.

실전연습 ㈜과거의 3년 전의 거래에 대한 내용이다. 물음에 답하면?

<자료>
· 수입금액 : 1억원 누락(단, 회사로 입금되었음)
· 접대비 한도초과액인 접대성 경비를 복리후생비로 계상 : 2,000만원
· 추징 시 법인세율은 20%이며, 신고불성실에 따른 가산세율은 10%로 하기로 하되 납부불성실가산세는 없는 것으로 한다.

☞ **물음 1** : 이 거래는 세법상 어떤 문제점이 있는가?
☞ **물음 2** : 추징예상세액은?
☞ **물음 3** : 이에 대한 대책에는 어떤 것들이 있을까?

물음에 대해 순차적으로 답을 찾아보면 다음과 같다.

· **물음 1의 경우**
수입금액 누락과 접대성 경비를 변칙적으로 복리후생비로 계상한 것은 법인세를 탈루한 것에 해당한다. 따라서 세무조사 시 이에 대해 세금(가산세 포함)이 추징될 것으로 보인다.

· **물음 2의 경우**
자료를 토대로 추징예상세액을 계산하면 다음과 같다.

구분	금액	비고
추가 소득금액	1억 2,000만원	
×법인세율	20%	
=산출세액(본세)	2,400만원	
+신고불성실가산세(10% 가정)	240만원	
=계	2,640만원	

· 물음 3의 경우

과거에 발생한 거래 중 오류가 발생한 경우에는 다음과 같이 대처하는 것이 좋다.

☑ **중대한 오류**

수정신고를 하는 것이 좋다. 수정신고는 세무서에서 연락이 오기 전까지 가능하다.
→ 사례의 경우 매출누락이 이에 해당한다. 이러한 매출누락이 대부분 실수에 의한 경우라면 자발적으로 수정신고를 하도록 한다. 이 경우에는 신고불성실가산세에 대한 감면이 가능하다. 다음의 표를 참조하자.

내용	감면율
· 법정신고기한이 지난 후 6개월 이내 자발적으로 수정신고한 경우	50%
· 법정신고기한이 지난 후 6개월 초과 1년 이내에 자발적으로 수정신고한 경우	20%
· 법정신고기한이 지난 후 1년 초과 2년 이내에 자발적으로 수정신고한 경우	10%

☞ 의도적인 매출누락의 경우에는 무방비 상태로 그대로 가는 경우가 많다. 이러한 상황에서는 세무리스크가 그대로 존속하게 된다.

☑ **경미한 오류**

추후 세무조사 시에 대응해도 큰 문제는 없다. 사소한 오류는 대기업에도 존재한다.
→ 사례의 경우 접대비를 복리후생비로 계상한 것은 의도적인 처리라고 볼 수 있다. 이미 세무리스크를 어느 정도 감수한 사안이므로 그냥 넘어가는 경우가 일반적이다. 물론 추후 조사에 의해 세금추징이 될 수도 있다(현장에서는 나중에 세무조사 시 추징할 세액을 미리 남겨놓은 식으로 실무처리를 하는 경우가 있다. 세무조사 시 얼마간의 세금을 추징당할 것을 예상하여 처리를 한다는 것이다. 씁쓸한 대목이 아닐 수 없다).

 **모의세무조사란?**

과거에 발생한 세무리스크에 대해 세무진단 등을 통해 위험을 줄이는 실무적인 기법을 말한다.

▶ 수정신고는 어떻게 할까?

수정신고란 세법 기준에 따른 것보다 세금을 적게 납부한 경우 이를 바로잡는 제도다. 세금을 적게 신고하면 향후 세무조사와 가산세 등에 대한 압박감이 있을 수 있다. 이러한 경우 수정신고가 해결책이 된다. 다만, 수정신고는 법정신고기한 내 정상적으로 신고한 자만이 할 수 있도록 그 자격을 부여하고 있다. 따라서 법정신고기한 내 신고하지 않은 경우에는 기한후신고제도를 이용해야 한다. 수정신고의 절차는 다음과 같다(국기법 제45조).

1. 수정신고 적격자
법정신고기한 내 과세표준을 신고한 자만이 수정신고를 할 수 있다. 따라서 무신고의 경우나 법정신고기한 후에 신고한 자는 제외됨에 유의하여야 한다.

2. 수정신고의 사유
수정신고는 과세표준신고서에 기재된 과세표준 및 세액이 세법에 의해 신고해야 할 과세표준 및 세액에 미달하는 때, 세법에 의한 환급세액을 초과하여 받은 때, 세무조정 과정에서의 누락 등의 사유로 인하여 불완전한 신고를 한 때로 한정하고 있다. 통상적으로 세법의 기준보다 과소신고한 경우에 이용되는 제도라고 할 수 있다.

3. 수정신고 기한
관할 세무서장이 당해 과세표준과 세액을 결정*1하거나 경정*2하기 전까지 수정신고를 할 수 있다.

*1 결정 : 정부부과세목의 경우 과세관청이 과세표준과 세액을 결정한다. 결정을 해야 납세의무가 확정된다.
*2 경정 : 신고내용에 오류 등이 있는 경우 과세관청이 경정(更正, 새롭게 고친다는 뜻)한다.

4. 수정신고의 방법
수정신고 사유가 발생하면 '과세표준수정신고서 및 추가자진납부계산서(다음 서식 참조)'를 관할 세무서장에게 제출한다. 한편 부족세액과 가산세는 수정신고와 함께 납부해야 한다.

5. 수정신고의 효력

법정신고기한 경과 후 6월 이내에 수정신고를 하면 신고불성실가산세를 50%(6개월 초과 1년 이내 20%, 1년 초과 2년 이내 10%) 감면받을 수 있다. 다만, 해당 국세에 관해 세무공무원이 조사에 착수한 것을 알고 수정신고를 하는 경우에는 감면대상에서 제외한다.

구분	내용
· 신고 적격자	법정신고 기한 내에 신고를 한 자
· 신고 사유	신고한 세액 등이 세법에 의한 것에 미달할 때
· 신고 기한	관할 세무서장이 고지하기 전까지
· 기타	법정신고 기한 후 6개월 내에 신고·납부하는 경우 신고불성실가산세를 50%(6개월~1년은 20%, 1년~2년은 10%) 감면

☞ 반대로 과세관청으로부터 세금을 돌려받을 때에는 경정청구제도를 이용한다. '통상적인 경정 등 청구'는 법정신고기한 후 5년 내에, '후발적 사유*로 인한 경정청구'는 그 사유가 발생한 것을 안 날로부터 3개월 이내 청구할 수 있다. 경정 등의 청구 사유가 발생하면 '결정 또는 경정청구서'를 관할 세무서장에게 제출한다.

* 후발적 사유란 쟁송 등이 발생한 경우를 말한다.

memo

과세표준수정신고서 및 추가자진납부계산서			처리기간
			즉 시

신고인	① 성 명		② 주민등록번호 -	③ 사업자등록번호
	④ 주소(거소) 또는 영업소		⑤ 전화번호	
	⑥ 상 호			

시 고 내 용

⑦ 법 정 신 고 일		⑧ 최초신고일	
⑨ 수 정 신 고 사 유			
구 분	최 초 신 고	수 정 신 고	
⑩ 세 목			
⑪ 과 세 표 준			
⑫ 산 출 세 액			
⑬ 가 산 세 액			
⑭ 공제 및 감면세액			
⑮ 납 부 할 세 액			
⑯ 기 납 부 세 액			
⑰ 자 진 납 부 세 액			
⑱ 추가 자진납부세액			

국세기본법 시행령 제25조 및 제26조의 규정에 의하여 위와 같이 신고하고
이에 따라   원을 자진납부합니다.

년   월   일
신고인   (서명 또는 인)
세무서장   귀하

구비서류: 최초신고서사본 및 자진납부계산서(수정된 내용을 함께 기입합니다)	수 수 료
※ 이 용지는 무료로 배부합니다.	없 음

접 수 증 (과세표준수정신고 및 추가자진납부계산서)

성 명		주 소		
첨 부 서 류			접 수 자	
1. 최초신고서사본 ( )				
2. 자진납부계산서 ( )			접수일자인	

PART 01
기본편

Chapter 02
세무리스크 대처법

평소의 세무리스크 대처법

상황   세무리스크는 과거에 처리된 업무에서 100% 발생한다. 따라서 현재의 세무회계처리가 잘못되면 과거의 일로 변하기 때문에 현재 시점에 발생하는 각종 거래 등에 대해서는 세무문제를 미리 검토하는 습관을 가져야 한다. 이러한 관점에서 평소의 세무리스크 대처법을 알아보자.

Case   서울 강남구에서 병원을 운영하는 김성철씨는 조만간 50억원짜리 상가건물을 구입할 계획을 가지고 있다. 이 중 20억원만큼의 부채를 조달할 예정이다. 물음에 답하면?

☞ **물음 1**: 김씨는 자금출처조사를 받을 가능성이 있는가?
☞ **물음 2**: 김씨의 사업소득현황이 다음과 같을 때 자금출처조사 시 문제가 되는 금액은?

구분	2013년	2014년	2015년	2016년	2017년	계
세후이익	3억원	4억원	3억원	4억원	3억원	17억원

☞ **물음 3**: 자금출처조사 후 사업체에 대한 세무조사로 연결될 수 있을까?
☞ **물음 4**: 자금출처조사 없이 바로 세무조사가 진행될 수 있을까?

Solution   위의 물음에 대해 순차적으로 답을 찾아보면 다음과 같다.

· 물음 1의 경우

부동산을 취득하는 경우에는 자금출처조사 배제기준(나이 및 세대기준 등으로 정해져 있음. 대략 5,000만원~3억원 이하수준)에 해당하지 않으면 누구라도 그 대상이 된다. 사례의 경우 50억원짜리 상가이므로 당연히 조사대상에 해당한다.

· 물음 2의 경우

소명부족액은 다음과 같이 13억원이 된다.

총구입액	소명금액	소명부족액
50억원	37억원*	13억원

* 부채 20억원 + 병원소득 17억원 = 37억원

· 물음 3의 경우

출처가 미확인된 금액이 13억원이므로 이에 대한 출처를 파악하기 위해 사업장에 대한 세무조사를 실시할 수 있다.

· 물음 4의 경우

PCI시스템에 의해 세무조사로 선정될 수 있다. 탈루소득금액은 최종적으로 실제 소득자에 귀속되어 부동산, 주식 등 재산증가 및 해외여행 등 소비지출로 나타나므로, 이 분석시스템을 활용하면 지능적 탈세수단에 보다 효과적으로 대처할 수 있다.

Consulting

실무적으로 기업과 관련된 세금은 상당히 복잡하다. 모든 거래에 대해 세법이 관여하고 있기 때문이다. 따라서 실무자들은 다음과 같은 순서대로 세무문제를 검토해야 낭패를 당하지 않는다.

부가가치세법 위배 여부 검토
- 세금계산서를 제날짜에 정확히 발급했는지 그리고 부가가치세를 정확히 환급받았는지 등을 검토해야 한다.
  → 이를 위배한 경우에는 상당한 금액의 가산세를 피할 수 없을 것이다.

↓

법인세(소득세)법 위배 여부 검토
- 법인세법(법인), 소득세법(개인)에서 규정한 내용들을 준수했는지를 각 항목별로 검토해야 한다.
- 특히 조세감면을 받은 경우에는 사후관리 등에 신경을 써야 한다.

↓

개인소득 형성 여부 검토
- 기업에서 지출한 돈이 개인의 소득에 해당되면 근로소득에 포함될 수 있다.
- 기업에서 지출한 돈이 증여에 해당되면 개인에게 증여세가 부과될 수 있다.

☞ 개인사업자나 법인이 지출할 때에는 업무관련성, 적격증빙 수취, 거래상대방에 대한 입금 여부 등이 확인되어야 사후에 문제가 없다.

실전연습 K기업은 자동차제조회사다. 최근에 각 공장별로 사내체육대회를 개최했다. 이 행사를 위해 편성된 예산이 무려 3억원 정도가 된다. 물음에 답하면?

☞ **물음 1** : 체육복과 기념타월의 제작비가 1억원 정도인데, 이 경우 어떤 증빙을 받아야 하는가?
☞ **물음 2** : 체육복 등에 대한 부가가치세가 대략 1,000만원이라면 환급이 되는가?
☞ **물음 3** : 직원에게 지급된 포상금은 근로소득에 포함되는가?

위의 물음에 대해 순차적으로 알아보자.

· **물음 1의 경우**
당연히 세금계산서를 받아야 한다.

· **물음 2의 경우**
일단 업무용으로 체육복을 구입했으므로 환급이 가능하다. 그런데 세법은 구입한 재화를 임직원에 대해 지급한 경우에는 이를 부가가치세법상 재화의 공급으로 보도록 하고 있다. 따라서 체육복 등을 받은 종업원 등에게 부가가치세를 징수해야 한다. 하지만 현실적으로 회사가 이에 대한 부가가치세를 징수하는 것이 쉽지 않으므로 징수를 포기하게 된다. 따라서 실무적으로는 1,000만원에 대한 매입세액을 불공제로 실무처리를 한다.

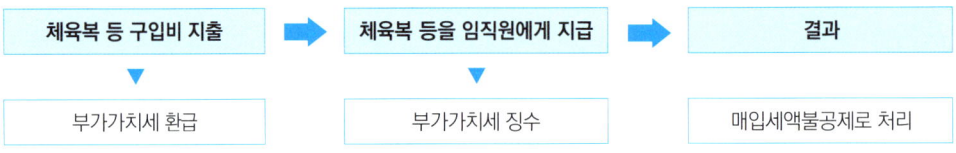

☞ 이 경우도 세무리스크도가 상당히 높은 유형에 해당한다. 부가가치세 매입세액공제를 받는 선에서 검토를 끝내는 경우가 많기 때문이다. 결국 이러한 유형의 세무리스크를 낮추기 위해서는 사전에 이러한 문제에 대해 치밀한 검토(전문가의 의견서 첨부)를 할 수밖에 없을 것이다.

· **물음 3의 경우**

근로자들이 회사로부터 금전을 받으면 원치적으로 근로소득에 해당한다. 다만, 세법은 야유회, 체육대회에 참가한 직원들에게 지급하는 시상금은 기타소득으로 보아 과세한다. 근로의 제공행위와 무관하게 소득이 발생했기 때문이다.

☞ 이 경우 원천징수 등을 하지 않았다면 향후 원천징수 불이행에 따른 가산세 추징 및 개인에 대한 근로소득세 과세를 피할 수 없게 된다. 이러한 것도 세무리스크의 한 유형이다.

memo

▶▶ 평소의 세무리스크 예방법

개인이든 기업이든 세무리스크가 제로인 경우는 없다. 아무리 굴지의 대기업에서 전문팀을 가지고 있다고 하더라도 마찬가지다. 하루에도 새롭고 다양한 사례들이 속속 발생하다 보니 세법이 이를 따라잡는 것이 불가능하기 때문이다. 세무리스크는 누구나 가질 수밖에 없는데 결국 이 위험을 줄이기 위해서는 미리 대비책을 최대한 세워 두는 것이다.

1. 정형화된 거래

평소에도 자주 발생되는 거래의 경우에는 매뉴얼을 통해 관리하는 것이 세무리스크를 예방하는 방법이 된다. 또한 사후에 발생하는 세무조사나 불복 시 입증할 수 있는 자료 등을 미리 확보해두는 것도 좋을 것으로 보인다.

☑ 매출관련
- 계약서 작성 및 보관(공사도급 계약서 등에 인지가 첩용되었는지 별도 점검)
- 세금계산서 발급방법(수정세금계산서 포함)
- 대금 입금방법 등

☑ 매입 및 경비관련
- 계약서 구비
- 적격 영수증(세금계산서, 계산서, 신용카드 매출전표 등) 수취
- 입금처에 대한 사업자등록증 사본, 통장사본 등 징구
- 기타 부득이하게 무자료로 거래한 경우에는 거래사실확인서 등 징구

☞ 기 발생한 것에 대해서는 세무진단 등을 통해 세무리스크를 계량화할 수 있다.

2. 비정형화된 거래

비정형화된 거래(신규 프로젝트 등)는 일상적인 거래가 아니므로 사전에 충분히 세무리스크를 검토해 거래에 임하는 것이 필요하다. 특히 과세관청이나 그 상위기관의 유

권해석, 심판례나 판례 등을 갖추어 두면 향후 세무조사나 불복 시에 유리할 수 있다.

☑ 고액거래인 경우
· 전문가 등의 검토
· 불확실한 경우에는 질의회신제도(아래) 등을 이용

☑ 특수관계인과의 거래인 경우
· 거래에 대한 타당성 검토 및 시가 관련 서류(계약서, 감정평가서 등) 징구

☑ 비과세나 세액감면의 경우
· 그에 대한 근거 등을 사전 검토(전문가의 검토의견서 등 보관)

※ 질의회신 및 세법해석 사전답변 신청서 활용법과 효력
명확한 해석 사례가 없거나 세무쟁점이 발생하면 질의회신(국세청 해당과) 또는 세법해석 사전답변(국세청 법령해석과)을 신청해 이에 대한 문제를 해결하는 것이 좋다. 특히 '세법해석 사전답변'제도는 질의한 사실관계와 답변내용에 따라 세무처리를 할 경우 국세청이 답변에 반하는 처분을 하지 못하는 구속력이 부여된다.

※ 서면질의 우편신청
(우 : 30128) 세종특별자치시 노을6로 8-14 (나성동) 국세청(정부세종2청사 국세청동)
　　　　 [처리부서명 기입]

☞ 신청대상에 해당하지 않는 질의의 경우
· 보완요구에 대해 보완하지 아니한 경우
· 과세예고 통지, 세무조사결과 통지 및 납세고지서와 관련된 사항을 질의하는 경우
· 과세전적부심사, 조세불복, 행정소송이 진행 중인 사항을 질의하는 경우
· 세법해석 사전답변 신청을 한 사항을 질의한 경우

서 면 질 의 신 청 서

1. 민원인 인적사항			
① 상 호 (법 인 명)		② 성 명 (대 표 자)	
③ 주민등록번호 (사업자등록번호)		④ 전 화 번 호 (휴 대 폰 번 호)	
⑤ 전 자 우 편 (E-mail 주소)			
⑥ 주 소 (사 업 장)			

2. 대리인 인적사항			
⑦ 구 분	☐세무사, ☐공인회계사, ☐변호사, ☐기타(민원인과의 관계 :) ※ 대리인이 법무법인(「변호사법」 제89조의6제3항에 따른 법률사무소 포함), 세무법인, 회계법인에 소속된 경우에는 반드시 법인명과 법인의 대표자 성명, 사업자등록번호를 기재하시기 바랍니다.		
⑧ 상 호 (법 인 명)		⑨ 성 명 (대 표 자)	
⑩ 생 년 월 일 (사업자등록번호)		⑪ 담 당 자 (연 락 처)	
⑫ 전 자 우 편 (E-mail 주소)			
⑬ 주 소 (사 업 장)			

3. 신청내용 (내용이 많은 경우 뒷면 양식에 따라 별지로 기재)
(뒷면 기재)

위와 같이 질의합니다.

　　　　　　　　　　　　년　　월　　일

　　　민원인 성명(대표자) :　　　　　　(서명 또는 인)
　　　대리인 성명(대표자) :　　　　　　(서명 또는 인)

국세청장 귀하

1. 민원인의 성명·주소 등 인적사항 또는 신청내용이 분명하지 아니한 경우에는 「민원사무처리에 관한 법률 시행령」 제2조제1항제3호에 따라 답변이 제한될 수 있습니다.
2. 공동신청한 경우 공동신청인은 별지로 작성하시기 바랍니다.

※ 개인정보보호법 제24조에 의한 고유식별정보 수집·이용 동의 요청
　○ 수집·이용 목적 : 세법해석 서면질의 처리
　○ 수집 대상 고유식별정보 : 주민등록번호
　○ 보유·이용 기간 : 영구
　○ 신청인은 동의를 거부할 권리가 있으며, 거부할 경우 불이익(신청서의 반려)이 있을 수 있습니다.
　　☞ 상기 내용에 대해 동의함 ☐　동의하지 않음 ☐

※ '서면질의'와 '세법해석 사전답변' 비교(국세청)

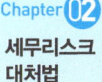

PART 01
기본편

Chapter 02
세무리스크
대처법

구분	서면질의	세법해석 사전답변
목적	· 민원인의 세법해석과 관련한 일반적 질의에 대한 답변으로 세무상 궁금증 해소	· 민원인이 자신의 개별적 구체적 세법해석질의에 대해 명확한 답변을 받아 세무신고의 적정성 확보
정의	· 민원인이 세법해석과 관련된 일반 사항에 대해 국세청장에게 서면으로 질의하는 것 * 「법령사무처리규정」 제2조 제9호	· 민원인 실명으로 자신의 특정한 거래와 관련된 세법해석을 국세청장에게 요구해 명확한 답변을 받는 것 · 법정신고기한 전에 구체적인 사실관계를 기재한 신청서 제출 * 「법령사무처리규정」 제2조 제10호
성격	· 민원사무(법령질의사항)로써 국세청의 유권해석에 해당	· 민원사무(법령질의사항)로써 국세청의 유권해석에 해당
신청자	· 본인 또는 위임받은 자	· 본인 및 위임받은 세무대리인
신청기한	· 제한 없음(법정신고기한·불복여부 등과 상관없이 언제나 가능)	· '사전'(법정신고기한 前)
신청대상	· 세법해석에 대한 사항이면 제한 없이 신청 가능	· 이미 사실관계가 확정되었거나 조만간 확정될 것이 확실한 민원인 본인의 특정거래에 대한 세법해석 사항(가정의 사실관계에 기초한 질의, 사실판단사항 등 제외) * 사실관계 확인을 위한 증빙 제출 要
효력	· 과세관청을 구속하지는 않으나 종사직원의 세법 적용 판단기준이 되므로 사실상 외부효력 가짐. · '일반론적 견해표명'에 해당되어 통상 신의성실원칙* 적용 안됨.	· 과세관청을 구속함을 훈령에 명시(답변내용을 신뢰하고 사실대로 거래를 이행한 경우 답변에 반하는 처분 못함) * 「법령사무처리규정」 제25조 · '공적 견해표명'에 해당해 신의성실원칙 적용

* 신의성실원칙이 적용되려면 과세관청의 공적인 견해표명이 있어야 하는데 국세청 '소득 22601-1539('90.7.20)'은 소득세법상 전속계약금은 기타소득에 해당한다는 일반론적 견해표명에 불과해 신의성실원칙이 적용되지 않는다(대법원 2000두5203, 2001.4.24. 외)고 하고 있다.
일반적으로 조세법률 관계에서 과세관청의 행위에 대해 신의성실원칙이 적용되기 위한 요건은 다음과 같다(국세기본법 집행기준 15-0-2). 이 원칙이 적용되면 과세관청의 처분은 본래 적법한 것임에도 불구하고 이 원칙위반으로 인해 취소될 수 있는 행정처분이 된다.
1. 과세관청이 납세자에게 신뢰의 대상이 되는 공적인 견해표명을 하였을 것
2. 과세관청의 견해표명이 정당하다고 신뢰한 데 대하여 납세자에게 귀책사유가 없을 것
3. 납세자가 그 견해표명을 신뢰하고 이에 따라 무엇인가 행위를 하였을 것
4. 과세관청이 예전의 견해표명에 반하여 처분을 함으로써 납세자의 이익이 침해되는 결과가 초래되었을 것

현실화된 세무리스크 대처법

상황 개인이나 기업에게 세무리스크가 현실화된 경우는 주로 세무조사가 발생한 때다. 실제 아무리 투명하게 세무처리를 한 경우라도 세무조사가 진행되면 세금추징이 일어날 수밖에 없는 것이 현실이다. 한편 이러한 세무조사 외에도 다양한 형태의 세무리스크가 현실화된 경우도 있다. 예를 들어 수정신고안내문을 받거나 과세자료 해명요구를 받은 경우, 과세예고 통지서 등을 받은 때이다. 이하에서 이러한 내용에 대해 알아보자.

Case ㈜K기업은 중견기업체로 올해 매출 1,000억원(작년 800억원)을 달성했다. 물음에 답하면?

☞ 물음 1 : K기업이 매출증가로 인해 세무조사의 가능성이 높아지는가?
☞ 물음 2 : K기업은 5년 전에 세무조사를 받았다. 올해나 내년에 세무조사를 받을 가능성은?

Solution 위의 물음에 대해 순차적으로 답을 찾아보면 다음과 같다.

· 물음 1의 경우

세무조사 선정 시에 매출수준은 매우 중요하다. 매출이 높을수록 세법상 다양한 문제들이 파생될 가능성이 높고 그리고 그에 따라 추징세액도 커진다고 여겨져 세무조사 대상자 선정 시 주요 잣대로 삼을 수 있기 때문이다. 매출수준과 세무조사 대상자 선정기준과의 관계를 대략적으로 파악하면 다음과 같다.

구분	세무조사 대상자 선정 시
· 1억원 이하	법인의 세무조사 면제기준(개인은 조사가능)
· 100억원 이하	세무조사 기간이 20일 이내로 제한되는 기준
· 500억원 초과	법인의 경우 지방청 조사국에서 조사가 되는 기준(일선 세무서로 위임가능)
· 3,000억원 초과	법인의 경우 5년 주기 순환조사 원칙기준(그 이하는 신고성실도 평가와 무작위추출방식으로 선정함)

· **물음 2의 경우**

K기업이 매출 1,000억원을 달성한 경우이므로 이 경우에는 매출이 상대적으로 크고 장기미조사 업체에 해당하므로 세무조사 대상자로 선정될 가능성이 높다.

Consulting 세무리스크가 현실화되는 유형에 따라 대처방법을 정리하면 다음과 같다.

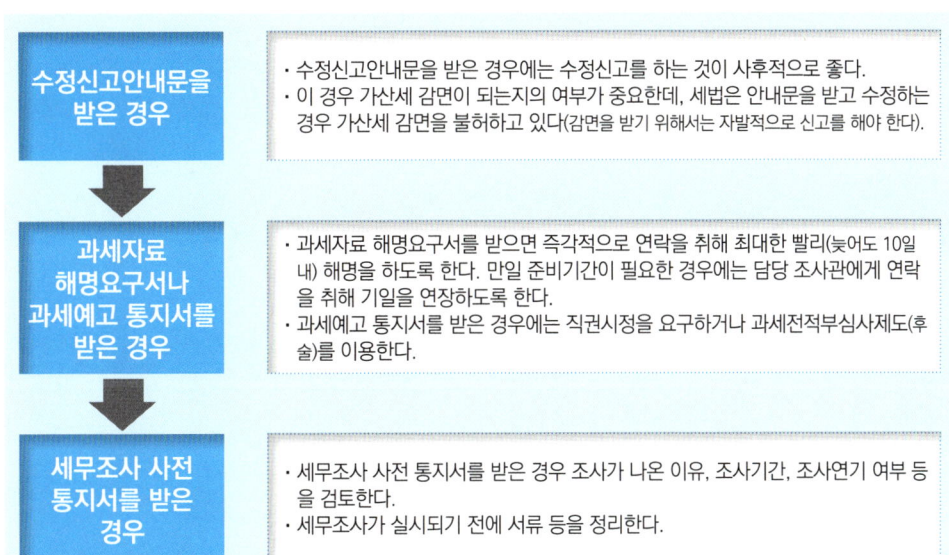

※ **세무리스크가 현실화되는 경로**

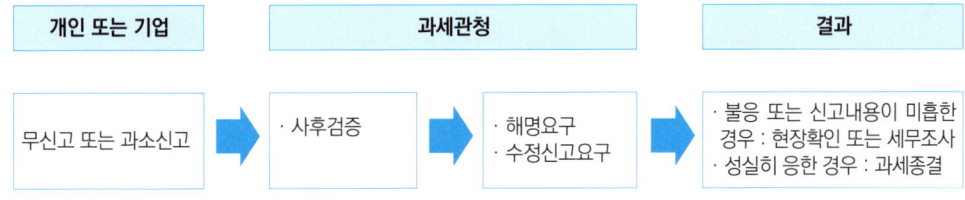

실전연습

(주)K기업은 다음과 같은 세무조사 사전 통지서를 받았다. 물음에 답하면?

수신자
(경유)
제목 **세무조사 사전 통지**

귀하(귀사)에 대한 세무조사를 실시하기에 앞서 아래와 같이 알려드립니다.
(근거 : 「국세기본법」 제81조의7 제1항 및 같은 법 시행령 제63조의6)

납 세 자	상호 (성명)		사업자등록번호 (생년월일)	
	사업장 (주소)			
조사대상 세목				
조사대상 과세기간		년 월 일 ~ 년 월 일		
조사 기간		년 월 일 ~ 년 월 일		
조사 사유		정기조사		
조사 제외 대상	세목 :	과세기간 :	범위 :	

☞ **물음 1** : (주)K기업의 세무조사 이유는 무엇인가?
☞ **물음 2** : 세무조사 연기는 할 수 없는가?
☞ **물음 3** : (주)K기업은 세무조사 시 어떤 점에 역점을 두어 방어할 것인가?

위의 물음에 대해 순차적으로 답을 찾아보면 다음과 같다.

· 물음 1의 경우

세무조사 사전 통지서상의 '조사사유'란을 보면 조사이유가 나온다. (주)K기업은 '정기조사'의 일환으로 세무조사가 시작된 것으로 보인다.

· 물음 2의 경우

세무조사 사전 통지서를 보면 다음과 같은 사유가 발생한 경우에는 연기를 할 수 있다고 되어 있다.

- ☑ 화재, 그 밖의 재해로 사업상 심각한 어려움이 있을 때
- ☑ 납세자 또는 납세관리인의 질병, 장기 출장 등으로 세무조사가 곤란하다고 판단될 때
- ☑ 권한 있는 기관에 장부, 증거서류가 압수되거나 영치되었을 때
- ☑ 위의 규정에 준하는 사유가 있을 때

☞ 세무조사를 연기하고자 하는 경우에는 담당 조사공무원과 상의해 처리하면 된다.

· 물음 3의 경우

세무조사가 나온 경우에는 먼저 적법한 절차에 의한 세무조사인지, 중복조사인지, 조사사유는 무엇인지, 세무서에서 나온 것인지 지방청에서 나온 것인지, 이를 연기할 것인지 등을 미리 검토해야 한다. 그리고 세무조사가 정당하다면 세무조사 절차에 맞게 대처해 세부담이 최소화가 되도록 하는 것이 좋다(다음 페이지 참조).

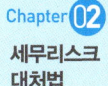

PART 01
기본편

Chapter 02
세무리스크
대처법

memo

▶ 세무조사 시 체크리스트, 세무조사 절차와 대응방법 등

1. 세무조사 시 체크리스트

납세자는 세무조사가 나올 때 다음과 같은 내용들을 순차적으로 점검하는 것이 좋다.

구분	내용	점검
1	세무조사 이유는 무엇인가?	세무조사 사전 통지서상에 기재된 내용을 확인한다.
2	중복조사는 아닌가?	중복조사는 무효에 해당한다.
3	세무조사 사전 통지는 적법했는가?	적법하지 않은 세무조사 통지(교부 생략 가능. 국기령 제81조의 7 참조)에 의한 세무조사는 무효에 해당한다.
4	세무조사 종류는 어떻게 되는가?	세무조사 사전 통지서로 확인한다. 일반적으로 개인사업자나 법인사업자는 통합조사로 기록된다.
5	서류는 예치되는가?	장부 등을 압수하는 경우에는 상황이 상당히 심각하다는 것을 말해준다(장부보관 절차는 국기령 제63조의 1 참조).
6	세무조사 대상연도는 언제부터 언제까지인가?	일반적으로 1~2개연도(수시조사는 3~5년)나 국세부과 제척기간(통상 5년)까지 연장가능하다.
7	세무조사 기간은 얼마나 되는가?	아래 참조
8	세무조사를 관할하는 곳은 어디인가?	지방청조사가 강도가 세다.
9	세무조사 진행인원은 몇 명인가?	지방청과 일선세무서마다 차이가 있다.
10	세무조사는 연기할 수 있는가?	연기사유에 해당되어야 가능하다.

2. 세무조사 절차와 대응방법

세무조사는 다음과 같은 일련의 절차에 따라 진행된다. 납세자는 이러한 절차에 맞게 대응해야 소기의 목적을 달성할 수 있다.

절차	과세관청의 업무플로우	납세자의 대응방법
준비조사	사전분석(주로 국세청 전산망 TIS위주로 분석)	-
예비조사	조사착수 전 일정기간(15~30일 전)에 세무조사에 필요한 내용 조사(탈세 등 정보자료, 금융자료 등) 및 과세자료 인수	-

▼		
세무조사 사전 통지	착수 15일전까지 송달(현재는 직접교부 원칙)	· 세무조사 연기 등 검토 · 자료보완 · 세무대리인 선정
▼		
세무조사 시작	세무조사 오리엔테이션, 장부 등 일시보관, 주식변동조사 동시 실시(법인통합조사) 등	예상되는 문제점 등 검토
▼		
세무조사 진행	조사기간의 연장*(납보위원회 승인사항), 세무조사 범위의 확대*(납부위원회 승인사항), 세무조사 중지, 중간설명제도 등	쟁점사항 의견서 검토
▼		
세무조사 종결	· 세무조사 결과통지 : 조사기간이 종료일(통지 기간 전에 종결한 경우 : 종결일)로부터 20일 이내에 세무조사 결과통지 · 제세결정 결의안 통보 및 결재 · 소득금액 변동 통지 및 파생자료 통보	· 확인서 제출 전 검토 · 과세전적부심사청구 검토

* 조사기간이나 세무조사 범위의 확대 등은 납세자보호위원회(납보위원회) 등의 승인사항이다. 따라서 해당 조사공무원이 이를 결정하는 것은 아닌 것이다. 납보위원회의 기능에 대해서는 국기법 제81조의 18을 참조하기 바란다.

☞ 세무조사에 대한 자세한 내용은 국세청이 마련하고 있는 훈령(조사사무 처리규정 등)을 통해 확인하기 바란다(국세청 홈페이지에서 다운로드 가능).

※ **세무조사 시 납세자권리보호요청**
조사공무원의 아래와 같은 행위로 권리가 침해당한 경우에는 조사관서의 납세자보호담당관(국번 없이 126)에게 권리보호를 요청할 수 있다. 실제 아래와 같은 일들이 벌어지면 세무대리인과 상의해 조치를 취하면 될 것이다.

권리침해 유형	조치사항
· 명백한 조세탈루 혐의없이 이미 조사한 부분(같은 세목 및 과세기간)에 대한 중복조사와 세법령을 위반해 조사하는 행위	세무조사중지(조사반 철수)
· 조사기간이나 조사범위를 임의로 연장하거나 확대하는 행위	시정요구, 시정명령
· 금품·향응 및 사적 편의요구 · 기타 침해행위 2회 이상 반복	조사반 교체, 징계요구
· 세금의 부과·징수와 관련없는 자료 또는 소명을 무리하게 요구 · 고충민원·불복청구 등 절차가 이행되었으나 결정취소·환급 등 후속처분을 지연하는 행위	시정요구, 시정명령

3. 세무조사관련 참고할 사항

(1) 세무조사 대상자 선정기준(국세기본법 집행기준 81의6-0-2)

국세기본법에서 정하고 있는 세무조사 대상자 선정기준은 다음과 같다.

구분	내용
① 정기선정의 경우(정기적으로 신고의 적정성을 검증하기 위한 대상선정 사유)	1. 국세청장이 납세자의 신고 내용에 대하여 정기적으로 성실도를 분석한 결과 불성실 혐의가 있다고 인정하는 경우 2. 최근 4과세기간 이상 같은 세목의 세무조사를 받지 아니한 납세자에 대해 업종, 규모 등을 고려해 대통령령으로 정하는 바에 따라 신고 내용이 적정한지를 검증할 필요가 있는 경우 3. 무작위추출방식으로 표본조사를 하려는 경우 ☞ 수입금액이 3,000억원 이상 시는 2에 의해 선정하되, 그 미만은 1과 3에 의해 선정함.
② 제1항에 따른 정기선정에 의한 조사 외의 조사사유(수시조사)	1. 납세자가 세법에서 정하는 신고, 성실신고확인서의 제출, 세금계산서 또는 계산서의 작성·발급·제출, 지급명세서의 작성·제출 등의 납세협력의무를 이행하지 아니한 경우 2. 무자료거래, 위장·가공거래 등 거래 내용이 사실과 다른 혐의가 있는 경우 3. 납세자에 대한 구체적인 탈세제보가 있는 경우 4. 신고 내용에 탈루나 오류의 혐의를 인정할 만한 명백한 자료가 있는 경우 ☞ 주로 탈세혐의가 큰 경우에 수시로 조사함.
③ 소규모 성실사업자에 대한 세무조사 면제	세무공무원은 다음 각 호의 요건을 모두 충족하는 자에 대해서는 제2항에 따른 세무조사를 하지 아니할 수 있다. 다만, 객관적인 증거자료에 의해 과소신고한 것이 명백한 경우에는 그러하지 아니하다. 1. 업종별 수입금액이 다음의 각 목의 하나에 해당하는 자 　가. 개인 : 「소득세법」 제160조 제3항에 따른 간편장부대상자 　나. 법인 : 「법인세법」 제60조에 따라 법인세 과세표준 및 세액 신고서에 적어야 할 해당 법인의 수입금액(과세기간이 1년 미만인 경우에는 1년으로 환산한 수입금액을 말한다)이 1억원 이하인 자 2. 장부기록 등 다음 각 목의 요건을 모두 갖춘 사업자 　가. 모든 거래사실이 객관적으로 파악될 수 있도록 복식부기방식으로 장부를 기록·관리할 것 　나. 업종별 평균수입금액 증가율 등을 고려해 국세청장이 정하여 고시하는 수입금액 등의 신고기준에 해당할 것 　다. 기타 생략 ☞ 성실하게 신고하는 경우에는 세무조사가 잘 나오지 않을 수 있음.

(2) 세무조사권 남용금지(국세기본법 집행기준 81의4-0-1)

국세기본법 집행기준에서 정하고 있는 세무조사권 남용금지에 대한 내용이다. 중복조사는 원칙적으로 할 수 없지만 예외적으로 할 수 있는 경우를 확인하기 바란다.

① 세무공무원은 적정하고 공평한 과세를 실현하기 위하여 필요한 최소한의 범위에서 세무조사를 해야 하며, 다른 목적 등을 위하여 조사권을 남용해서는 아니된다.

② 세무공무원은 다음 각 호의 어느 하나에 해당하는 경우가 아니면 같은 세목 및 같은 과세기간에 대하여 재조사를 할 수 없다.
1. 조세탈루의 혐의를 인정할 만한 명백한 자료가 있는 경우
2. 거래상대방에 대한 조사가 필요한 경우
3. 2개 이상의 사업연도와 관련해 잘못이 있는 경우
4. 이의신청, 심사청구, 심판청구에 따른 필요한 처분의 결정에 따라 조사를 하는 경우
5. 납세자가 세무공무원에게 직무와 관련하여 금품을 제공하거나 금품제공을 알선한 경우
6. 그밖에 이와 유사한 경우로서 다음 각 목의 어느 하나에 해당하는 경우
    가. 부동산투기, 매점매석, 무자료거래 등 경제질서 교란 등을 통한 탈세혐의가 있는 자에 대해 일제조사를 하는 경우
    나. 각종 과세자료의 처리를 위한 재조사나 국세환급금의 결정을 위한 확인조사 등을 하는 경우
    다. 범칙조사의 조사, 소득세·법인세·부가가치세의 결정 또는 경정을 위한 조사 등 부과처분을 위한 실지조사를 하지 아니하고 재경정하는 경우

☞ 중복조사를 금지하는 이유는 자의적인 세무조사 등의 남용을 방지하기 위한 것이다. 따라서 중복조사 허용은 엄격히 제한되어야 한다. 만일 위의 규정을 위반한 세무조사에 기초해서 이루어진 과세처분은 위법하다(대법원 2006.6.2.선고 2004두12070).

③ 누구든지 세무공무원으로 하여금 법령을 위반하게 하거나 지위 또는 권한을 남용하게 하는 등 공정한 세무조사를 저해하는 행위를 하여서는 아니된다.

(3) 세무조사 기간(조사사무 처리규정 제15조)

조사사무 처리규정에 의한 세무조사 기간에 대한 내용을 알아보면 다음과 같다. 세무조사 기간은 세무조사 강도와 관련이 있다고 볼 수 있다.

① 조사관서장은 조사대상 세목·업종·규모, 조사 난이도 등을 감안해 세무조사기간이 최소한이 되도록 하여야 한다.
② 조사관서장은 조사대상 과세기간 중 연간 수입금액 또는 양도가액이 가장 큰 과세기간의 연간 수입금액 또는 양도가액이 100억원 미만(부가가치세에 대한 세무조사의 경우 1과세기간 공급가액의 합계액이 50억원 미만)인 납세자(이하 이 규정에서 "중소규모

납세자"라 한다)에 대한 세무조사 기간은 20일 이내로 하여야 한다. 다만, '국세기본법' 제81조의8 제3항 각 호의 어느 하나에 해당하는 경우에는 그러하지 아니하다.

* 납세자가 장부·서류 등을 은닉하거나 제출을 지연하거나 거부하는 등 조사를 기피하는 행위가 명백한 경우 등을 말한다.

※조사구분별 조사기간(세무조사 운영준칙 제30조)

조사구분별 조사기간			
조사유형		조사관할	조사기간
일반조사	소득세조사	지방청 세무서	20일 10일
	법인세조사	지방청 세무서	40일 20일
	부가가치세조사	지방청 세무서	15일 10일
특별조사*		지방청 세무서	30일 20일
범칙조사		국세청 지방청 세무서	60일 60일 30일

* 조사사무 처리규정에서는 특별조사란 용어를 사용하지 않고 있다(∵특별조사에 대한 부정적인 인식이 강해 이를 폐지한 것으로 보인다). 현재의 세무조사는 일반조사와 범칙조사로 크게 나눠진다.

☞ 조사관할관서장은 당해 납세자의 사업규모 및 조사난이도 등 조사업무량으로 보아 세무조사에 장기간이 소요될 것으로 판단되는 경우에는 위 규정에 불구하고 조사목적 수행에 필요한 범위 안에서 조사기간을 정할 수 있다(세무조사 운영준칙 제30조).

memo

■ 국세기본법 시행규칙 [별지 제54호서식] <개정 2011.4.11>

　　　　　　　　　　　　　　　행 정 기 관 명

수신자
(경유)
제 목 **세무조사 사전 통지**

　　귀하(귀사)에 대한 세무조사를 실시하기에 앞서 아래와 같이 알려드립니다. (근거: 「국세기본법」 제81조의7제1항 및 같은 법 시행령 제63조의6)

납 세 자	상 호 (성 명)		사업자등록번호 (생 년 월 일)	
	사업장 (주 소)			
조 사 대 상 세 목		통합조사*, 세목별조사, 부분조사, 조세범칙조사 등에 대한 내용이 기재		
조 사 대 상 과 세 기 간			년 월 일 ~	년 월 일
조 사 기 간			년 월 일 ~	년 월 일
조 사 사 유		국세기본법 제81조의6의 사유에 근거		
조 사 제 외 대 상		세목:　　　과세기간:　　　범위:		

*개인사업자(법인사업자) 통합조사의 경우 종합소득세(법인세), 부가가치세, 원천세 등을 말한다. 재산세제는 이에 포함되지 않는다.

　　만약 귀하(귀사)가 「국세기본법 시행령」 제63조의7제1항에 해당하는 사유가 있으면 세무조사의 연기를 신청할 수 있습니다.

　　※「국세기본법 시행령」 제63조의7제1항에 해당하는 사유
　　　1. 화재, 그 밖의 재해로 사업상 심각한 어려움이 있을 때
　　　2. 납세자 또는 납세관리인의 질병, 장기 출장 등으로 세무조사가 곤란하다고 판단될 때
　　　3. 권한 있는 기관에 장부, 증거서류가 압수되거나 영치되었을 때
　　　4. 제1호부터 제3호까지의 규정에 준하는 사유가 있을 때.　끝.

　　　　　　　　　　　　발 신 명 의　[직인]

이 통지에 대한 문의 사항 또는 조사 시작 전 세무조사 연기신청 등에 관한 궁금한 사항은 ○○○과 담당자 ○○○(전화:　　)에게 연락하시기 바라며 조사 시작 이후 세무조사와 관련하여 불편·애로 사항이 있을 때에는 납세자보호담당관 ○○○(전화:　　)에게 연락하시면 친절하게 상담해 드리겠습니다.

기안자 직위(직급) 서명　　검토자 직위(직급)서명　　결재권자 직위 (직급)서명
협조자
시행　　　처리과-일련번호(시행일자)　　접수　　처리과명-일련번호(접수일자)
우　　주소　　　　　　　　　　　　　/ 홈페이지 주소
전화( )　　　　전송( )　　　/ 기안자의 공식전자우편주소　/ 공개구분

확 인 서

확인자	성 명		주민등록번호	
	주 소			
	관 계			
소속 회사	법인명 (상호)		사업자등록번호	
	소재지		대표자 성명 (주민등록번호)	

〈 확 인 사 실 〉

※ 세무조사 확인서 관련 유의할 사항
☑ 확인서는 세무공무원이 작성하는 것임.
☑ 이 확인서에는 탈루사실, 탈루금액 등이 기재되므로 과세의 근거로 사용됨.
☑ 납세자는 위와 같은 내용이 사실에 기초하는지 최종적으로 확인한 후 서명해야 함(증거력이 있음).

20 . . .

위 확인자
성 명 :　　　　　　㊞

세무공무원 귀하

* 확인 내용이 거짓으로 밝혀질 때에는 「조세범 처벌법」 제17조의 규정에 의해 처벌될 수 있습니다.

■ 국세기본법 시행규칙 [별지 제56호서식](2014.03.14 개정)

행 정 기 관 명

수신자
(경유)
제 목 **세무조사 결과 통지**   (앞쪽)

귀하(귀사)에 대한 세무조사 결과 및 예상 고지세액을 아래와 같이 알려드립니다.
(근거: 「국세기본법」 제81조의12 본문)

납 세 자	상 호 (성 명)		사업자등록번호 (생 년 월 일)	
	사업장 (주 소)			

1. 조사대상(세목: 연도: 기분:)

조 사 내 용	

2. 예정 고지일 및 납부기한

예정 고지일		예정 납부기한	

3. 결정할 내용(예상 총 고지세액: 원)
※ 지방소득세 및 소득금액 변동 관련 세액 별도
(단위: 원)

구 분	신고(결정) 과세표준	결정(경정) 과세표준	산출세액	예상 고지세액
법인세·소득세				
부가가치세				
상속세·증여세				
양도소득세				
그 밖의 세금(원천세· 개별소비세·주세 등)				

4. 소득금액 변동 명세(「법인세법」에 따른 소득처분)
(단위: 원)

소득종류	귀속자	귀속연도	소득금액	원천징수 예상세액	수정신고·납부기한
					소득금액변동통지를 받은 날의 다음 달 10일

붙임 1. 수입금액, 과세표준 및 세액의 산출명세
    2. 조사 항목별 조사 결과 및 세무조사 결과 사후 관리할 사항
    3. 세무조사 결과 통지에 대한 권리구제 절차.   끝.

발 신 명 의   [직인]

이 통지에 대한 문의 사항이 있을 때에는 ○○○과 담당자 ○○○(전화:)에게 연락하시면 친절하게 상담해 드리겠습니다.

기안자 직위(직급) 서명   검토자 직위(직급)서명   결재권자 직위(직급)서명
협조자
시행   처리과-일련번호(시행일자)   접수   처리과-일련번호(접수일자)
우   주소   / 홈페이지 주소
전화( )   전송( )   / 기안자의 공식전자우편주소   / 공개구분

210mm×297mm[백상지 80g/㎡(재활용품)]

기 관 명

수신자
제 목 **과세예고 통지**

　　　　귀하(귀사)의 (　　　　)에 대하여 과세할 내용을 아래와 같이 알려드립니다.

납 세 자	상 호 (성 명)		사업자등록번호 (생 년 월 일)	
	사업장 (주 소)			

1. 과세예고 종류 :

과세예고 내용	

2. 결정할 내용(예상 총 고지세액 :　　　　원)
※지방소득세(소득세·법인세의 경우 예상고지세액의 10%) 및 소득금액 변동 관련세액 별도

(단위 : 원)

구 분	신고 과세표준	결정 과세표준	산출세액	예상 고지세액
법 인·소 득 세				
부 가 가 치 세				
상 속·증 여 세				
양 도 소 득 세				
기타세(원천· 개별소비·주세 등)				

3. 소득금액 변동 명세(법인세법에 따른 소득처분)

(단위 : 원)

소득종류	귀속자	귀속연도	소득금액	원천징수 예상세액	수정신고납부기한
					소득금액변동통지를 받은 날의 다음 달 10일
붙임 서류	· 수입금액, 과세표준 및 세액의 산출명세 · 과세예고 통지에 대한 권리구제 절차				

기 관 장 [직인]

이 통지에 대한 문의 사항이 있을 때에는 ○○○과 담당자 ○○○(전화 :　　　)에게 연락하시면 친절하게 상담해 드리겠습니다.

실력 더하기 — 과세예고 통지서(또는 세무조사결과 통지서) 대처법

과세예고 통지서는 주로 세무조사나 업무감사 또는 파생자료의 처리 시 예상고지세액 등이 담겨 있는 서식을 말한다. 이 통지서는 추징세액 등이 들어가 있으므로 이에 대한 소명을 제대로 하지 못한 경우에는 바로 과세로 이어지게 된다. 이하에서 과세예고 통지서는 구체적으로 어떤 사유에 의해 통보되는지 그리고 이에 대한 대책은 무엇인지 알아보자.

1. 과세예고 통지서를 통보하는 사유

과세예고 통지서는 다음 중 어느 하나에 해당하는 경우에 관할 세무서 등으로부터 통보된다(과세전적부심사 사무처리규정 제3조).

- ☑ 세무조사를 마친 때
- ☑ 세무서장·지방국세청장에 대한 지방국세청장 또는 국세청장의 업무감사결과에 따라 과세할 때
- ☑ 위의 업무감사결과에 따라 현지시정 조치해 과세할 때
- ☑ 현장확인 결과에 따라 납세고지하려는 세액이 있는 때
- ☑ 실지조사 등에서 확인된 해당 납세자 외의 자에 대한 과세자료를 처리해 과세할 때
- ☑ 이외에 각종 과세자료 처리 결과 등에 따라 납세고지하려는 세액이 1백만원 이상인 때

☞ 과세예고 통지서는 세액이 어느 정도 확정적일 때 보내짐을 알 수 있다.

2. 과세예고 통지서(또는 세무조사결과 통지서)를 받은 경우의 대처법

과세예고 통지서(또는 세무조사결과 통지서)를 받은 경우에는 다음과 같은 흐름에 따라 업무처리가 진행된다.

- ☑ 즉시고지를 원하면 '조기결정신청서'를 제출하면 된다(납부불성실가산세를 줄일 수 있는 이점이 있다).
- ☑ 통지서에 이의가 있는 경우에는 '과세전적부심사청구'제도를 이용한다. 그 결과 '불채택' 등의 결정이 있으면 이의신청 같은 조세불복을 진행할 수 있다.

이러한 내용을 그림으로 요약하면 다음과 같다.

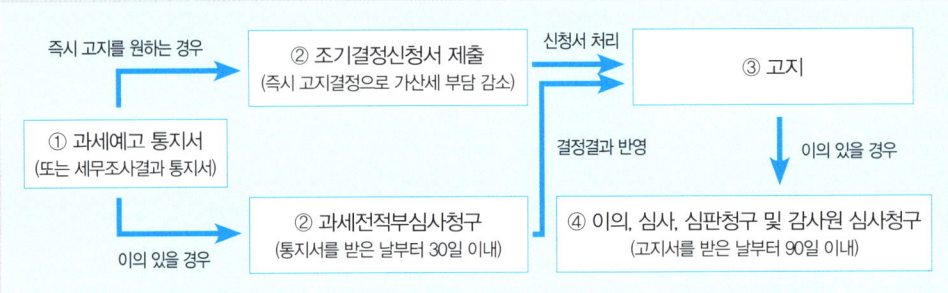

3. 과세전적부심사청구제도

과세전적부심사청구제도를 선택한 경우에는 다음의 내용들에 따라 업무처리가 진행되어야 한다.

STEP1 청구대상자 확인 및 청구기한 적격

과세전적부심사청구를 할 수 있는 자는 다음과 같다(과세전적부심사 사무처리규정 제4조).
- ☑ '세무조사결과 통지서'를 받은 자
- ☑ '감사결과 과세예고 통지서'를 받은 자
- ☑ '과세예고 통지서'를 받은 자

청구기한은 통지서를 받은 날부터 30일 이내에 그 통지를 한 세무서장·지방국세청장에게 청구할 수 있다. 다만, 감사결과 과세예고 통지를 받은 자는 당초 감사결과 처분지시를 행한 지방국세청장·국세청장에게 청구한다.

☞ 과세전적부심사청구 대상이 아닌 경우(과세전적부심사 사무처리규정 제5조)
다음 각 호의 어느 하나에 해당하는 경우에는 과세전적부심사청구 대상이 아니다. 따라서 이런 사유에 해당하면 청구자체를 할 수 없다. 실무적으로 잘 판단해야 한다.
- ☑ 국세징수법 제14조에 규정하는 납기 전 징수의 사유가 있거나 세법에 규정하는 수시 부과의 사유가 있는 경우

- ☑ 조세범처벌법 위반으로 고발 또는 통고처분하는 경우
- ☑ 세무조사결과 등 통지를 하는 날부터 국세부과 제척기간의 만료일까지의 기간이 3월 이하인 경우
- ☑ 국제조세조정에 관한 법률에 따라 조세조약을 체결한 상대국이 상호합의절차의 개시를 요청한 경우
- ☑ 무납부 경정 및 납부부족액 경정의 경우
- ☑ 감사원 감사결과 처분지시 또는 시정요구에 따라 고지하는 경우

STEP2 결과통보
세무서장 등은 이를 심사하여 청구일로부터 30일 내에 국세심사위원회의 심의를 거쳐 다음 중 하나의 결정을 한 후 납세자에게 그 결과를 통보해야 한다.

- ☑ 채택결정
- ☑ 일부채택결정
- ☑ 불채택결정

☞ 재조사결정이 난 경우에는 원칙적으로 30일 이내에 재조사를 완료해야 한다. 재조사는 해당 과세예고 통지를 한 업무담당과장이 실시한 후 그 결과에 따라 후속 업무처리를 해야 한다.

참고로 과세전적부심사 결정·통지(청구일로부터 30일 이내)가 늦어지면 그 늦어진 기간에 부과되는 납부·환급불성실가산세 중 100분의 50에 상당하는 세액을 감면한다.

STEP3 후속조치
불채택이나 일부채택 등의 결정을 받은 경우에는 통지서를 받은 날로부터 90일 내에 이의신청·심사청구·심판청구 등을 제기할 수 있다.
참고로 결정통지의 내용이 다음의 어느 하나에 해당하는 경우 지체없이 스스로 바로잡고 청구인에게 그 결과를 서면으로 통지해야 한다(직권 시정).

- ☑ 세법령·기본통칙·훈령·예규 등에 명백히 위배된 경우
- ☑ 판례·국세심판결정례·국세심사결정례·예규 등에 따라 일반적인 해석기준이 확립

　　되어 있는 경우
☑ 청구인이 제시한 정당한 증거서류만으로도 충분히 입증되는 경우
☑ 세무조사 또는 감사 시 사실판단을 명백히 그르쳤거나 계산착오가 있는 경우 등

※ 불복청구

국세에 관한 불복청구라 함은 "위법·부당한 국세에 관한 처분을 받거나 필요한 처분을 받지 못함으로써 권리 또는 이익의 침해를 당한 자가 그 처분의 취소·변경이나 필요한 처분을 청구하는 것"을 말한다. 국세불복의 대상이 되는 위법·부당한 처분 및 부작위는 다음과 같다.

① 국세기본법 또는 세법에 의한 처분으로서 위법 또는 부당한 처분
② 처분청이 다음 각호의 필요한 처분을 명시적 또는 묵시적으로 거부함으로써 권리 또는 이익의 침해를 받은 경우
- 공제·감면신청에 대한 결정
- 국세의 환급
- 사업자등록신청에 의한 등록증 발급
- 허가·승인
- 압류해제
- 결정 또는 경정청구에 대한 결정경정(실무에서는 환급 등에 대해 먼저 경정청구를 하여 청구를 받아주지 않는 결정이 나오면 불복절차로 진입한다)

그러나 다음과 같은 처분은 불복청구대상에 포함되지 아니한다. 따라서 이러한 경우에는 불복청구를 할 수 없다. 실무적으로 주의해야 한다.
- 이의신청, 심사청구 또는 심판청구에 대한 처분, 다만 이의신청에 대한 처분에 대하여 심사청구 또는 심판청구를 하는 경우에는 제외한다.
- 조세범처벌절차법에 의한 통고처분
- 감사원법에 의하여 심사청구를 한 처분이나 그 심사청구에 대한 처분

☞ 이 책에는 각 파트별로 불복사례를 다루고 있다. 어떤 논리로 불복에 임하는 것이 승소률을 높일 수 있는지 이에 대해 관심을 둬 보기 바란다. 한편 불복이유서 작성요령과 심판청구서 양식 등에 대해서는 부록에 실어두었으니 참고하기 바란다.

[별지 제56호의2서식] (2010.03.31 개정)

과세전적부심사청구서

처리기간: 30일

청구인	상호(법인명)		주민(법인)등록번호 (사업자등록번호)	
	성명(대표자)		전 화 번 호 (휴대전화)	( )
	주소 또는 사업장 (전자우편)	(우 -) 전자우편: @		

세무조사결과(과세예고) 통 지 관 서			통지연월일 (통지받은 날)	20 . . (20 . .)	
청구세액 관련	세목	과세대상 기 간		통지세액	원
				청구세액	원

청구 내용 및 이유	

첨 부 서 류	

「국세기본법」 제81조의15 및 같은 법 시행령 제63조의14에 따라 위와 같이 과세전적부심사를 청구합니다.

20 년 월 일

청구인: (서명 또는 날인)

지방국세청장·세무서장 귀하

「국세기본법」 제59조제1항에 따라 아래 사람에게 위 청구에 관한 사항을 위임합니다.
(다만, 과세전적부심사청구의 취하는 따로 위임을 하는 경우로 한정합니다)

위임장	위 임 자 (청구인)	대 리 인			
		구 분	성 명	사 업 장	전 화 번 호 (휴대전화)
	(서명 또는 날인)	☐ 세무사 ☐ 공인회계사 ☐ 변호사	(서명 또는 날인)	사업자등록번호: 소재지: (우) 전자우편: @	( )

귀하의 과세전적부심사청구 진행상황은 국세청홈페이지(www.nts.go.kr)에서 조회할 수 있습니다.

210㎜×297㎜(일반용지 60g/㎡(재활용품))

【과세전적부심사사무처리규정 별지 제16호 서식】(2010.5.28.개정)

과 세 전 적 부 심 사 결 정 서

① 문 서 번 호		② 발 송 일 자	
청구인	③ 상 호 (법인명)		④사업자등록번호
	⑤ 성 명 (대표자)		
	⑥ 주 소 (사업장)		
⑦ 대리인 성명(법인명)			
⑧ 통 지 관 서		⑨ 사 건 번 호	

⑩ 결 정	주 문	이 건 과세전적부심사청구는 청구주장이 (일부)이유 있(없)으므로 (채택·일부채택·불채택)결정합니다.
	이 유	붙임과 같습니다. 　※ 작성요령 　1. 세무조사결과(감사결과과세예고·과세예고) 통지내용 　2. 청구 주장 　3. 조사관서(감사관·과세예고관서) 의견 　4. 심리 및 판단 　　가. 쟁점 　　나. 관련법령 　　다. 사실관계 　　라. 판단 　5. 결론

세무조사결과(감사결과과세예고·과세예고)통지 내용에 대하여 년 월 일 청구인으로부터 과세전적부심사청구가 있었으므로 국세기본법 제81조의15 규정에 의하여 위의 내용과 같이 결정합니다.

　　　　　　　　　　　　　　　년　　　월　　　일

　　　　　　세무서장·(지방)국세청장　　㉑

귀하가 청구한 내용이 "불채택 결정"된 경우 추후 납세고지서를 받은 날 (처분이 있은 것을 안 날 또는 처분의 통지를 받은 날)로부터 90일내에 이의신청. 심사청구 또는 심판청구 등의 불복청구를 할 수 있습니다.

| 실력 더하기 | 세무조사와 불복 시의 입증책임 |

세무조사나 불복 그리고 조세소송 시 입증책임이 납세자에 있는지, 과세관청에 있는지 이를 구분하는 것이 상당히 중요하다. 입증책임에 대해서는 명문규정이 없어 부득이 판례 등에 의존해 이를 구분할 수밖에 없는 실정이다. 주요 내용을 알아보면 다음과 같다.

1. 과세관청에 입증책임이 있는 경우

- ☑ 과세절차상 과세요건 등에 대한 입증책임 → 과세원인이나 과세요건이 되는 사실 등에 대한 입증책임은 과세관청에 있다. 이처럼 과세요건사실의 존재에 대해서는 원칙적으로 과세관청에 입증책임이 있으므로 과세요건이 입증되지 않으면 과세를 할 수 없게 된다. 이러한 입증책임의 분배는 부실과세를 예방하여 국민의 재산권을 보호하는 역할을 하는 것으로 보인다.

- ☑ 부당행위에 대한 입증책임 → 부당행위계산의 부인규정을 적용할 때 사회적 통념과 거래의 관행상 정당한 사유가 없는 것으로 보아 과세하는 경우 이에 대한 입증은 과세관청이 해야 한다. 이 규정이 적용되는 경우 과세의 불이익이 예상되므로 이에 대한 입증책임을 과세관청에게 지우는 것이 합당하기 때문이다. 실무상 가장 논란이 많은 대목이다.

- ☑ 시가에 대한 입증책임 → 납세자의 입장에서는 시가를 알기가 대단히 어렵다. 따라서 납세자가 선택한 기준시가 등을 시가로 경정하기 위해서는 과세관청이 시가에 대해 입증해야 한다. 실무에서 보면 상속이나 증여 시 과세관청이 매매사례가액 등을 찾아 기준시가를 부인하고 과세하는 것도 이와 관련이 있다.

2. 납세자에 입증책임이 있는 경우

- ☑ 필요경비에 대한 입증책임 → 원래 과세처분의 적법성 및 과세요건사실의 존재에 대한 입증책임은 과세관청에 있으므로 과세요건확정의 기초가 되는 필요경비에 대한 입증책임도 과세관청에 있다. 하지만 필요경비는 납세의무자의 지배영역에 있으므로 이에 대한 입증을 납세의무자에게 지우는 것이 합리적이다(대법원 2005.4.14. 선고 2005두647 등). 입증책임이 전환되는 사례에 해당한다.

☑ 증여추정에 대한 입증책임 → 실무에서 무능력자가 재산을 취득하는 경우 증여추정(자금출처조사)규정을 적용하는데, 이때 증여가 아니라는 점에 대해서는 납세자가 입증해야 한다. 이때 납세자는 보통 유상대가로 거래되었음을 입증하면 될 것이다. 참고로 증여추정 시 수증자에게 일정한 직업이나 소득이 없다는 것은 과세관청이 입증해야 한다(대법원 2003두 10732, 2004.4.16.).

☑ 상속추정에 대한 입증책임 → 상속개시 전 1~2년* 내에 자금을 인출해 상속추정규정이 적용되는 경우 이에 대한 입증은 납세자에게 있다. 즉 납세자는 피상속인이 인출한 자금 등에 대한 사용처를 객관적으로 소명해야 한다. 만일 이를 입증하지 못하면 인출된 금액 등이 상속재산가액에 포함된다.

* 이를 벗어난 기간에서 발생한 자금인출 등에 대해서는 과세당국이 입증하는 것이 원칙이다.

☑ 명의신탁에 대한 입증책임 → 명의신탁에 의한 조세회피사실이 없었다는 것에 대해서는 납세자에게 입증책임이 있다.

☑ '정당한 사유'에 대한 입증책임 → 예를 들어 과세관청이 8년 자경농지에 대한 자경사실을 부인한 경우 자경사실에 대한 입증책임은 납세자에게 있다. 이외 매출누락 시 매입원가도 누락되었다는 사실에 대한 입증도 납세자가 해야 한다(대법원 2010두28076, 2011.4.28.). 이러한 유형에 대해서는 과세관청이 입증하는 것이 기본적으로 힘들기 때문에 납세자에게 입증책임을 지운다. 납세자만 알 수 있는 사실에 대해 과세관청이 입증하는 것은 불가능할 수 있기 때문이다.

☞ 각 세법을 보면 '정당한 사유'에 대한 규정이 상당히 많이 들어 있다. 이에 대한 입증은 납세자가 해야 하므로 거래 전에 '경제적 합리성'이 있는지를 따져보아야 나중에 문제가 없을 것이다.

PART 02

개인편

이번 '개인'편에서는 개인이 부동산을 양도하거나 개인에게 상속이나 증여가 발생한 경우에 자주 부닥치는 세무리스크 유형과 그에 대한 조사대책 등을 살펴본다. 먼저 양도나 상속·증여 시 발생하는 세무리스크 예방법에 대해 연구한다. 그리고 이렇게 위험을 예방했음에도 불구하고 실제 세무리스크가 가시화된 경우의 대처법을 알아본다. 개인들이 다양한 세무리스크를 낮추기 위해서는 양도의 경우는 매매계약 전에, 상속이나 증여의 경우는 등기 전에 세금문제를 정확히 검토해야 한다.

《핵심주제》

Chapter 01 양도소득세 세무리스크 예방법
이 장에서 다루고 있는 핵심주제들은 다음과 같다.
- 양도소득세 비과세와 관련된 세무리스크 예방법을 알아본다.
- 양도가액 및 취득가액과 관련된 세무리스크 예방법을 알아본다.
- 양도소득세 계산 및 신고와 관련된 세무리스크 예방법을 알아본다.

Chapter 02 양도소득세 세무조사대책
이 장에서 다루고 있는 핵심주제들은 다음과 같다.
- 각종 신고안내문을 받은 경우의 대처법을 알아본다.
- 해명자료 제출안내문을 받은 경우의 대처법을 알아본다.
- 과세예고 통지서를 받은 경우의 대처법을 알아본다.
- 세무조사 사전 통지서를 받은 경우의 대처법을 알아본다.

Chapter 03 상속·증여세 세무리스크 예방법
이 장에서 다루고 있는 핵심주제들은 다음과 같다.
- 상속·증여재산가액과 관련된 세무리스크 예방법을 살펴본다.
- 상속·증여 시 공제되는 채무와 관련된 세무리스크 예방법을 살펴본다.
- 상속·증여 신고와 관련된 세무리스크 예방법을 살펴본다.

Chapter 04 상속·증여세 세무조사대책
이 장에서 다루고 있는 핵심주제들은 다음과 같다.
- 각종 신고안내문을 받은 경우의 대처법을 알아본다.
- 해명자료 제출안내문을 받은 경우의 대처법을 알아본다.
- 과세예고 통지서를 받은 경우의 대처법을 알아본다.
- 세무조사 사전 통지서를 받은 경우의 대처법을 알아본다.

chapter 01

양도소득세 세무리스크 예방법

양도소득세 비과세관련 세무리스크

상황

양도소득세 세무조사에서 빈도수가 높은 것 중의 하나가 바로 주택에 대한 비과세부분이다. 비과세는 세금이 완전 면제되는 것이므로 국가 입장에서는 이에 대한 관리를 철저히 해야 하기 때문이다. 이하에서는 주로 주택에 대한 비과세를 받을 때 발생할 수 있는 세무리스크 예방법에 대해 알아보자.

Case

K씨는 2005년에 아파트를 취득하고 거주하여 오던 중 2010년에 단독주택을 추가로 취득했다. 이후 2016년에 단독주택을 멸실시키고 신축한 후 이 주택을 현재까지 임대하고 있다. 그런데 이 임대주택은 사업자등록을 하지 않았다. K씨는 이러한 상태에서 2005년에 취득한 아파트를 양도하고자 한다. 물음에 답하면?

☞ **물음 1** : K씨가 양도하는 아파트에 대해 비과세로 신고하면 세법상 문제는 없는가?
☞ **물음 2** : 만약 비과세로 신고하는 경우 관할 세무서는 어떤 조치를 취하게 될까?
☞ **물음 3** : K씨가 비과세를 받을 수 있는 방법은 무엇인가? 그리고 세금을 줄일 수 있는 방법은?

Solution 위의 물음에 대해 순차적으로 답을 찾아보면 다음과 같다.

· 물음 1의 경우

K씨는 양도하는 주택에 대해 비과세로 신고하려고 한다. 그렇다면 이 주택에 대해서 양도소득세 비과세를 받을 수 있을지를 알아보자.

STEP1 쟁점은?
일시적 2주택으로 양도소득세 비과세가 적용되기 위해서는 단독주택의 취득시점을

2010년으로 볼 것인지 아니면 2016년으로 볼 것인지가 쟁점이 된다.

STEP2 세법규정은?
세법은 기존주택을 멸실 후 신축한 경우에는 기존주택의 연장으로 보아 일시적 2주택에 대한 비과세를 적용하고 있다.

※기획재정부 재산세제과 - 1597, 2009.10.27.
2주택(일시적 2주택 허용기간이 지난 경우)을 소유한 거주자가 그 중 하나의 주택을 공동사업(주택신축판매업 등)을 통하여 임의로 재건축해 본인이 사용하는 주택을 새로 취득하는 경우, 새로 취득하는 주택은 재건축하기 전 기존주택의 연장으로 보아 소득세법 시행령 제155조 제1항의 일시적 2주택에 의한 1세대 1주택 특례를 적용하지 않는 것임.

STEP3 결론은?
K씨가 양도하는 아파트에 대해서는 비과세가 적용되지 않는다. 단독주택의 취득시기가 2010년이 되기 때문이다.

돌발퀴즈!

이 경우 신고불성실가산세는 부과되는가?
무신고로 보아 신고불성실가산세 20%(부정무신고에 해당하는 경우는 40%)가 부과된다.

· 물음 2의 경우

관할 세무서에서는 비과세로 작성된 신고서의 내용을 검증하게 되고 그 결과 비과세가 적용되지 않는다고 판단되면 납세자(또는 세무대리인)에게 연락(유선이나 해명요구서 송부 등)을 취해 관련 내용에 대해 해명을 요구한다. 만일 해명이 안 되거나 불분명한 경우에는 현장방문 등을 통해 내용을 확인한 후 과세예고 통지서를 보내거나 세무조사 등의 수단을 동원해 세액을 확정한다.

· **물음 3의 경우**

K씨가 쟁점 아파트에 대해 비과세를 받기 위해서는 다음과 같이 조치를 취하면 된다. 이 규정은 주택임대사업자에 대한 비과세 특례 규정에 해당한다.

- ☑ 신축임대주택을 관할 시·군·구청과 관할 세무서에 동시에 사업자 등록한다.
- ☑ 사업자 등록 후 5년 이상 의무적으로 임대한다.

☞ 참고로 양도대상 주택에서는 전 세대원들이 2년 이상 거주해야 하는 조건이 있다.

Consulting 양도소득세 비과세와 관련된 세무조사는 주로 다음과 같은 원인에 기인한다. 따라서 이러한 요인을 제거하는 것이 결국 비과세와 관련된 세무조사를 예방하는 길이 된다.

- 1세대의 범위에 대한 판단오류에 의한 경우
- 위장으로 세대분리(명의신탁, 이혼 등)를 하는 경우
- 30세 미만 자녀가 세대분리 요건(직장 등)을 충족하지 못한 경우 등

- 주택의 범위에 대한 판단오류가 있는 경우(주거용 오피스텔, 무허가 주택 등)
- 보유주택 수에 대한 판단오류가 있는 경우(소수지분, 상속주택, 농어촌주택, 감면주택, 재건축주택 등) 등

- 보유기간 산정기준에 대한 오류가 발생하는 경우
- 인위적으로 보유기간을 맞춘 경우 등

* 2017.8.3. 이후 주택청약조정대상지역에서 주택을 취득하면 '2년' 거주요건이 적용된다.

☞ **세대분리 시 알아야 할 실제거주증명(국세청)**

실제거주증명은 주민등록표에 의하는 것이 원칙이나, 주민등록상의 등재내용이 사실과 다른 경우 거주 여부의 사실조사는 우편물 수령영수증, 교통카드사용내역, 생활용품 구입관련 카드사용내역, 전화·전기요금영수증, 인우보증서 등 거주사실을 입증할 수 있는 여러 서류를 납세자가 제출하면 관할 세무서에서 이를 근거로 실제로 거주사실이 있는지 여부를 판단한다는 것을 의미한다. 참고로 세대분리 후 주택을 처분하고 다시 합가한 경우에는 일시퇴거로 보아 비과세를 적용하지 않는다(심사양도1999-2046, 1999.03.12.). 한편 '1세대'는 실질적인 생계를 같이하는 자를 뜻하므로 이에 해당하는지는 실질적인 생활관계를 고려하여 판단해야 한다. 따라서 같은 주소지라도 층을 달리하여 생계를 달리하면 별도세대로 본다. 또한 주소는 같이 되어 있으나 다른 곳에서 거주하는 경우에도 마찬가지이다. 만약 같은 공간에서 거주하는 경우에는 주생활 공간이 사실상 분리되어 있고, 경제적 생활단위가 각각 별개로 이루어지는 사실을 확인할 수 있는 경우에는 별도세대로 인정될 수 있으나, 이의 구분이 쉽지 않고 또 사회통념상으로 볼 때도 별도세대라고 할 수 없어 이러한 상황에서는 1세대에 해당한다고 할 수 있다(세무조사 및 불복 포인트).

실전연습

L씨는 현재 다음과 같이 주택을 보유하고 있다. 물음에 답하면?

〈자료〉
· A주택 : 2010년 10월 1일 구입
· B주택 : 2005년 5월 1일 구입(주택건물부분은 미등기됨)

☞ **물음 1** : L씨가 A주택을 현재 시점에서 양도하면 비과세를 받을 수 있는가?
☞ **물음 2** : L씨가 A주택을 양도한 후에 B주택을 양도하면 1세대 1주택으로 비과세를 받을 수 있는가?
☞ **물음 3** : 미등기주택에 대해서는 어떻게 관리해야 하는가?

위의 물음에 대해 순차적으로 답을 찾아보자.

· **물음 1의 경우**
B주택도 실질이 주택이므로 L씨는 1세대 2주택자가 된다. 따라서 A주택을 처분하는 경우 B주택이 상속·농어촌주택 등에 해당하지 않으면 과세되는 것이 원칙이다.

· 물음 2의 경우

B주택이 1세대 1주택에 해당하므로 비과세를 받을 수 있는 길이 있다. 그렇다면 주택 건물에 대해서는 미등기가 되었음에도 문제가 없을까? 이에 대해 과세관청은 다음과 같은 기준을 두어 이에 대한 과세판단을 내리고 있다.

- ☑ 무허가 주택을 미등기 상태로 양도한 경우 해당 주택이 건축법에 의한 건축허가를 받지 아니해 등기가 불가능한 자산인 경우에는 소득세법 시행령 제168조의 미등기 양도제외 자산에 해당되어 1세대 1주택으로 비과세된다.
- ☑ 등기가 가능함에도 등기하지 아니하고 양도한 경우에는 양도소득세가 과세된다.

☞ 결국 비과세가 적용되는지의 여부에 대한 최종적인 판단은 '왜 미등기가 되었는지'에 대한 사실판단문제로 귀결된다.

· 물음 3의 경우

우선 미등기가 된 원인을 밝혀내어 그에 따라 대처방법을 찾는다. 만일 등기가 가능함에도 불구하고 이를 등기하지 않은 경우에는 양도소득세율이 무려 70%까지 적용될 수 있음에 유의해야 한다.

※ **미등기주택의 불이익 요약**
- ☑ 1세대 1주택 양도소득세 비과세 적용배제
- ☑ 장기보유 특별공제 적용배제
- ☑ 기본공제 적용배제
- ☑ 양도소득세 세율 70% 적용

양도가액관련 세무리스크

상황 양도소득세는 양도가액에서 취득가액과 필요경비를 차감한 양도차익에 대해 과세되는 세목이다. 그런데 신고과정에서 양도자는 우선 양도가액을 낮추어 세금을 줄이려는 욕구를 가지게 된다. 매수자와 담합을 하면 이런 행위가 가능하기 때문이다. 이하에서는 양도자의 관점에서 양도가액과 관련된 세무리스크 예방법에 대해 알아보자.

Case 서울에 거주하고 있는 K씨는 수년 전에 매수자 N씨와 부동산매매계약을 하면서 다운계약서를 작성했다. 자료가 다음과 같을 때 물음에 답하면?

〈자료〉
· 양도 시 실제 거래금액 : 30억원
· 양도 시 다운계약서상의 금액 : 25억원
· 실제취득가액 : 15억원

☞ **물음 1** : 실제 거래금액에 의한 양도소득세와 다운계약서에 의한 양도소득세는 얼마인가?
☞ **물음 2** : 위의 경우 세무조사가 진행된다면 추징예상세액은 얼마인가? 단, 납부불성실가산세는 없다고 가정한다.
☞ **물음 3** : 위의 경우 세무조사의 가능성은? 세무조사 시 어떤 방법으로 진행을 할까?

Solution 위의 물음에 대해 순차적으로 답을 찾아보자.

· **물음 1의 경우**
실제 거래금액에 의한 양도소득세와 다운계약서에 의한 양도소득세를 비교해보자. 단,

장기보유 특별공제는 30%를 적용하고 세율은 6~42%를 적용한다. 기본공제 250만원은 미적용한다.

(단위 : 원)

구분	실제 거래금액 기준	다운계약서 기준
양도가액	30억	25억
-취득가액	15억	15억
=양도차익	15억	10억
-장기보유 특별공제	4.5억	3억
=과세표준	10.5억	7억
×세율	42%	42%
-누진공제	3,540만	3,540만
=산출세액	4억 560만	2억 5,860만

둘의 차이는 대략 1억 4,700만원이 된다. 지방소득세를 포함하면 1억 6,170만원이 된다.

· 물음 2의 경우

만일 세무조사에 의해 위의 내용이 적발되면 가산세(부정신고가산제 40%)를 포함해 세금을 추가로 부담해야 한다. 얼마의 세금이 추징이 될까?

(단위 : 원)

구분	실제 거래금액 기준	다운계약서 기준	추징세액
산출세액	4억 560만	2억 5,860만	1억 4,700만
+신고불성실가산세			5,880만
+납부성실가산세			(없는 것으로 가정)
= 총 납부할 세액			2억 580만

지방소득세(10% 상당)를 포함하면 대략 2억원이 넘는 세금이 추징된다.

· 물음 3의 경우

위와 같이 거래금액이 큰 경우에는 세무조사의 가능성이 높다. 일단 세무조사 대상자로 선정된 경우 과세관청은 다음과 같은 방법으로 대응한다.

- ☑ 거래된 물건에 대한 시세정보(인터넷, 신고된 자료 등)를 확인한다.
- ☑ 거래금액에 대한 입증서류(자금흐름 등)를 요구한다.
- ☑ 매수자 등에 대한 탐문조사를 진행한다.

계약서에 향후 발생된 모든 제세공과금(과태료 포함)은 K씨가 부담하기로 했다면 이 경우 양도가액은 얼마가 되는가?

추징되는 모든 제세공과금도 양도가액에 합산된다. 추가되는 세금이 계속 순환적으로 양도가액에 합산되므로 컴퓨터프로그램을 활용해 양도가액 등을 결정해야 한다. 다만, 국심90서101, 1990.03.23. 등에서는 제1회의 양도소득세만을 양도가액에 포함하도록 하고 있다.

 양도가액과 관련된 세무조사는 주로 다음과 같은 원인에 기인한다. 이러한 원인을 제거해야 세무조사를 예방할 수 있다.

거래금액 조작	· 거래금액을 높이는 업계약을 하는 경우 · 거래금액을 낮추는 다운계약을 하는 경우 · 토지와 건물의 공급가액을 인위적으로 정하는 경우(주로 부가가치세를 줄이려는 목적 하에 이루어짐) 등
고가 또는 저가로 거래하는 경우	· 특수관계인 사이에 거래금액을 고가 또는 저가로 양도하는 경우 · 특수관계인 외의 사이에 거래금액을 고가 또는 저가로 양도하는 경우(기준시가 이하의 거래 등) 등
수용 등의 경우	· 토지 등을 수용당해 보상금을 받은 경우 등

☞ **토지보상금과 과세자료의 활용**

과세자료법에 의해 국세청에 그 자료가 통보되므로 신고누락이 원천적으로 봉쇄되며, 사후적으로 이 보상금에 대한 사용처를 두고 주기적으로 증여세 조사 등이 진행되기도 한다.

실전연습 J씨는 사위와 다음과 같이 매매거래를 하려고 한다. 물음에 답하면?

〈자료〉
· 양도대상 주택의 시가 : 3억원
· 양도대상 주택의 기준시가 : 2억원
· 거래금액 : 2억원
· 양도일 전에 유사한 주택의 매매사례가액이 있음.

☞ **물음 1** : J씨가 2억원으로 거래했으나 실제는 거래대금이 수수되지 않았다면 세법상 어떤 문제가 있는가?
☞ **물음 2** : J씨가 2억원으로 거래했으나 실제로 거래대금이 수수되었다면 어떤 문제가 있는가?
☞ **물음 3** : 관할 세무서가 이 거래에 대해 세무조사할 가능성은 얼마나 될까?

위의 물음에 대해 순차적으로 답을 찾아보면 다음과 같다.

· **물음 1의 경우**

실제 거래대금이 지급되지 않았다면 이는 실질이 증여에 가깝다. 따라서 매매를 부인하고 증여로 보아 증여세를 추징할 가능성이 높다.

· **물음 2의 경우**

대가관계가 확실하다면 매매로 인정된다. 다만, 시가와 차이가 5%(증여는 30% 기준) 이상 나거나 그 차이액이 3억원 이상인 경우에는 소득세법상 부당행위계산의 부인제도와 상증법상 증여규정을 적용해 관련 세금을 추징하게 된다. 실무적으로 이 부분은 저가양수도와 특수관계가 있는 경우와 없는 경우로 나눠 세부담 관계를 살펴보아야 한다.

구분		특수관계에 있는 경우	특수관계가 없는 경우
저가양도	매도자	· 시가로 양도소득세 과세(부당행위계산의 부인에 해당)	· 세무상 문제없음.
	매수자	· 증여세 과세 · 증여재산가액=(시가-양수대가)-Min[시가×30%, 3억원]	· 증여세 과세 · 증여재산가액=(시가-양수대가)-3억원
고가양도	매도자	· 증여세 과세 · 증여재산가액=(양도대가-시가)-Min[시가×30%, 3억원]	· 증여세 과세 · 증여재산가액=(양도대가-시가)-3억원
	매수자	· 시가초과 분 취득가액 불인정	· 세무상 문제없음.

☞ 저가양도와 고가양도의 거래는 세무조사와 불복 시 쟁점이 많이 발생하는 항목이다. 실무자들은 이러한 점에 주의해야 한다.

· **물음 3의 경우**

우선 위의 거래가 세법상 특수관계인 간의 거래에 해당하므로 두 가지 관점에서 조사를 할 가능성이 높다.

☑ 대금을 정확히 수수했는가?
→ 대금을 수수하지 않았다면 양도소득세가 아닌 증여세가 부과될 수 있다.
☑ 대금을 정확히 수수하였다면 저가양도에 해당하지 않는가?
→ 저가양도에 해당하면 양도자에게는 시가에 따라 양도소득세를 추가로 과세하고, 매수자에게는 증여이익에 대해 증여세를 부과한다.

돌발퀴즈!

관할 세무서는 장모와 사위간의 거래가 특수관계인 간의 거래인지 어떤 방법으로 찾아내는가?
양도소득세 신고서 상에 양도인과 양수인과의 관계를 적는 란이 있다. 이렇게 양도인과 양수인과의 관계를 코드화 해 전산으로 점검하면 특수관계인 여부를 파악할 수 있게 된다.

※ **특수관계인의 범위(소령§98)**

1. 혈족·인척 등 친족관계(본인이 개인인 경우만 해당)
    ① 6촌 이내의 혈족
    ② 4촌 이내의 인척
    ③ 배우자(사실상의 혼인관계에 있는 자를 포함한다)
    ④ 친생자로 타인에게 친양자 입양된 자 및 그 배우자·직계비속
2. 임원·사용인 등 경제적 연관관계
3. 주주·출자자 등 경영지배관계

memo

취득가액·필요경비관련 세무리스크

PART 02 개인편

Chapter 01 양도소득세 세무리스크 예방법

상황
양도소득세 세무조사에 있어 가장 쟁점이 되는 것 중 하나가 바로 취득가액과 필요경비에 관한 부분이다. 이 부분에서 다양한 쟁점들이 등장하고 있기 때문이다. 특히 과거에 잘못된 다운계약서에 의한 관행으로 인해 다양한 문제들이 발생하고 있다. 이하에서는 양도소득세 계산 시 자주 발생하는 취득가액 등과 관련된 세무리스크 예방법을 살펴보도록 하자.

Case
K씨는 과거 다음과 같이 거래를 한 적이 있었다. 물음에 답하면?

〈자료〉
· 2004년 12월 1일 : 실제 거래금액 2억원짜리를 1억원으로 매수계약
· 2004년 12월 2일 : 검인계약서를 5,000만원으로 작성해 취득세 등 납부

☞ 물음 1 : 만일 매수자인 K씨가 2015년 이후에 1억원이 아닌 2억원으로 취득가액을 신고한 경우 2004년 당시의 매도자에게 세금이 추징되는가?
☞ 물음 2 : 만일 매수자인 K씨가 취득가액을 환산해 신고하면 관할 세무서에서는 이를 인정하는가?
☞ 물음 3 : 검인계약서상의 금액으로도 과세될 수 있는가?

Solution
위의 물음에 대해 순차적으로 답을 찾아보면 다음과 같다.

· 물음 1의 경우
이 물음은 허위로 양도소득세를 신고한 경우 국세부과 제척기간이 어떻게 되는지를

묻고 있다. 일반적으로 다운계약서는 기타 사기부정행위에 해당하여 '10년'의 제척기간이 적용된다. 따라서 2014년 12월 1일로부터 10년을 말하므로 이 경우에는 10년이 경과되어 과세되지 않는다.

※ 관련 예규 : 조심2009중1620, 2009.06.03.
양도가액에 대해 허위계약서를 제출한 사실이 확인되는 경우 10년의 국세부과 제척기간이 적용됨.

☞ 이외 양도소득세의 무신고는 7년, 기타의 사유는 5년이다.

· 물음 2의 경우

실지 매매계약서의 분실 등으로 실지거래가액이 확인되지 않아 환산가액으로 신고한 경우라도 관할 세무서는 전 소유자의 양도소득세 신고서류 등을 통해 실지거래가액을 확인하여 경정결정* 할 수 있다. 따라서 무조건 통과되는 것은 아닌 것이다.

* 경정결정이란 신고한 내용을 고쳐서(경정) 결정(확정)하는 것을 말한다.

· 물음 3의 경우

그럴 수도 있다. 검인계약서는 보통 등기를 위해 존재한 서류인데, 매매당사자들이 작성해 시장, 군수 등의 검인을 받은 검인계약서는 특별한 사정이 없는 한 당사자 사이의 매매계약 내용대로 작성되었다고 추정되기 때문이다. 따라서 과세관청에서 검인계약서를 확보한 경우 해당 검인계약서도 실지거래계약서로 추정되므로 해당 검인계약서의 내용이 사실이 아니라는 것을 납세자가 영수증 같은 금융증빙자료 등으로 입증해야 한다(대법원2012두4470, 2012.05.25. 등).

☞ 하지만 실무에서 이를 기준으로 과세되는 경우는 거의 없는 것으로 관측되고 있다. 검인계약서는 부동산등기를 위해 실제 거래가액이 아닌 시가표준액으로 작성된 계약서를 말하므로 이를 기준으로 국세인 양도소득세를 과세하는 것이 불합리하기 때문이다. 따라서 취득당시의 실지거래가액을 인정 또는 확인할 수 없는 때는 세법에서 정하고 있는 매매사례가액, 감정가액, 환산가액(취득가액)을 순차적으로 적용하는 것이 타당하다.

PART 02 개인편

Chapter 01 양도소득세 세무리스크 예방법

Consulting 취득가액 및 필요경비와 관련된 세무조사는 주로 다음과 같은 원인에 기인한다.

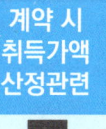

계약 시 취득가액 산정관련
- 허위 계약서를 작성한 경우
- 취득계약서를 재작성한 경우 등

취득가액 적용관련
- 환산가액으로 신고한 경우
- 취득가액에 대해 이월과세*가 적용되는 경우 등

필요경비 적용관련
- 수익적 지출(수선비 등)을 자본적 지출(인테리어공사비 등)로 처리한 경우
- 중개비 등 각종 수수료에 대한 영수증이 구비되어 있지 않은 경우
- 명도비용 등 취득 및 양도와 관계없는 비용을 필요경비로 신청한 경우 등

* 배우자나 직계존비속으로부터 증여를 받은 후 증여받은 날로부터 5년 내에 증여받은 재산을 양도하는 경우, 양도소득세 계산 시 취득가액을 당초 증여자가 취득한 가액으로 하는 제도를 말한다. 취득가액을 올려 양도소득세를 줄이려는 것을 방지하기 위해 도입된 제도다.

실전연습 서울 서초구에 거주하고 있는 L씨는 2001년도에 임야를 5억원에 취득해 2018년도에 15억원에 양도했다. 그런데 이때 양도소득세는 실제 취득가액이 아닌 환산취득가액 10억원으로 신고했다. 이 경우 L씨에게는 어떤 세무리스크가 있는가? 그리고 이를 없애기 위해서는 어떻게 해야 하는가?

물음에 대해 순차적으로 답을 찾아보자.

STEP1 세무상 쟁점은?

L씨가 취득당시의 계약서가 존재함에도 불구하고 이를 무시하고 취득가액을 환산해 신고한 경우 과세관청이 이를 인정할 것인지가 쟁점이 된다. 만약 이를 인정하지 않게

되면 본세 및 가산세가 추징되기 때문이다. 이때 과소신고에 따른 가산세율이 10%가 될 것인지, 40%가 될 것인지도 쟁점이 된다.

STEP2 세법 규정은?
세법은 납세의무자가 신고한 환산취득가액은 관할 세무서장이 인정하는 경우에만 사용할 수 있다. 따라서 관할 세무서에 신고된 금액이 있거나 조사에 의해 실제 거래금액이 밝혀지면 실제취득가액으로 경정되어 세금이 추징될 수 있다. 이때 신고불성실가산세와 납부불성실가산세를 피할 수가 없게 된다.

※ 관련 심판례 : 조심2011중1053, 2011.07.25.
갑이 양도한 부동산에 대해 취득가액 불분명으로 환산가액으로 신고한 것에 대해 과세관청이 실지취득가액을 알 수 없는지의 여부에 대해 갑을 세무조사 대상자로 선정할 수 있는 것이며 조사결과 확인된 사실에 따라 과세할 수 있음.

STEP3 대책은?
이미 신고한 경우로 실제 취득가액이 밝혀진 경우에는 세금추징을 피할 가능성은 낮아진다. 이러한 상황에서는 부정과소신고가산세 40%를 부과받지 않도록 하는 노력이 필요하다. 만약 신고를 하지 않은 경우라면 신고 전에 환산취득가액으로 신고해도 되는지 그리고 사후에 문제가 없는지를 충분히 검토해야 한다. 참고로 취득시기가 오래된 경우에는 환산가액을 사용하더라도 크게 문제가 없다.

〈추가 분석〉
앞의 L씨에 대해 관할 세무서에서 조사한 결과 실제 취득가액이 5억원임이 밝혀졌다고 하자. 이 경우 세금은 얼마나 늘어날까? 그리고 가산세는 얼마나 될까? 장기보유 특별공제율은 30%을 적용한다.

먼저 증가되는 양도소득세는 다음과 같다.

구분	당초	수정	차이
양도가액	15억원	15억원	
-취득가액	10억원	5억원	
=양도차익	5억원	10억원	
-장기보유 특별공제	1억 5,000만원	3억원	
-기본공제	250만원	250만원	
=과세표준	3억 4,750만원	6억 9,750만원	
×세율	40%	42%	
-누진공제	2,540만원	3,540만원	
=산출세액	1억 1,360만원	2억 5,755만원	1억 4,395만원

다음으로 가산세를 검토해야 한다. 과소신고를 하는 경우에는 일반적으로 신고불성실가산세율은 10%다. 하지만 부정행위가 개입된 경우에는 신고불성실가산세가 무려 40%까지 올라간다. 그렇다면 이 사례의 경우 몇 %가 적용될까? 과세관청은 당초 양도소득세 신고 시 실제 취득에 따른 증빙 및 가액이 있음에도 불구하고 사실과 다르게 실질 취득가액이 불분명한 것으로 해 환산취득가액으로 신고·납부하는 행위가 포탈 등 사유에 해당한다면 부정과소신고로 보아 40%의 가산세율을 적용하고 있다. 따라서 부정과소에 따른 40%도 적용 가능하게 된다(사실판단 사항). 한편 이외에 납부불성실가산세가 연간 10.95%로 부과된다.

☞ 실무상 환산취득가액이 인정되지 않은 경우에 부정과소신고가산세를 부과하는 것은 쉽지 않을 것으로 보인다.

참고로 양도소득세에서 세무조사는 양도가액과 취득가액을 중심으로 이루어지는데 이중 취득가액에서 다양한 세무상 쟁점들이 발생한다. 취득시기가 오래 전인 경우 취득가액 자체를 입증하지 못하거나 계약서분실 등의 사유로 취득가액 입증이 잘 안 되는 경우가 많기 때문이다. 이러한 과정에서 세금이 크게 증가하는 경우 계약서를 재작성하거나 취득가액을 환산하는 등의 행위를 하게 되면 세무조사에 의해 세금이 추징될 가능성이 높다. 이러한 과정에서 납세자는 억울한 사정을 극복하기 위해 불복을 제

기하는 등 악순환이 발생하고 있다. 구체적인 항목을 Tip으로 정리하면 다음과 같다.

 취득가액과 관련된 세무상 쟁점들

- ☑ 다운계약서를 작성한 경우
→ 국세부과 제척기간 내에 발견될 경우 세금추징이 발생한다.
- ☑ 취득계약서를 재작성하는 경우
→ 거래금액이 차이가 나는 경우에는 이에 의한 취득가액이 인정되지 않는다.
- ☑ 계약서를 분실한 경우
→ 취득가액의 입증이 힘든 경우에는 취득가액을 환산해야 한다.
- ☑ 신축한 경우
→ 건축비가 확인이 안 되면 취득가액을 환산할 수밖에 없다.
- ☑ 상속재산을 신고하지 않은 경우
→ 상속재산을 신고하지 않은 경우 취득가액은 대부분 기준시가로 결정된다. 그 결과 양도차익이 많아질 수 있다. 이때에는 납세자가 직접 재산평가심의위원회에 자문을 신청해 평가기간 밖(통상 상속개시일 전 6개월~2년)의 매매사례가액 등을 시가로 인정해 달라고 할 수 있다. 그동안 자문 신청자는 세무서장 등만 가능했으나 2016년부터는 납세자도 가능하다.
- ☑ 환산가액으로 취득가액을 신고한 경우
→ 환산가액이 인정되지 않을 수 있다. 통상 실거래가신고제도가 도입된 2006년 1월 1일 이후부터는 환산가액 적용 시 매우 주의해야 한다. 분양아파트나 경매취득 부동산도 마찬가지다. 실제 취득가액이 확인되는 경우가 많기 때문이다. 2018년 1월 1일 이후에 양도하는 환산취득가액을 적용하여 신고·납부 시 환산취득가액(건물분)의 5% 상당액을 가산세로 부과한다. 다만, 신축한 지 5년 내의 건물에 대해서만 이 가산세를 적용한다.
- ☑ 취득가액 이월과세가 적용되는 경우
→ 증여 시 취득가액이 불인정되어 세금이 추징될 수 있다.
- ☑ 상가 등에 대한 감가상각비를 장부에 계상한 경우
→ 취득가액 산정 시 감가상각비를 차감해야 한다. 이를 반영하지 않으면 세금이 추징된다.

☞ 양도소득세 계산 시 취득가액에서 다양한 세무상 쟁점이 발생하는데, 보다 자세한 내용은 이 책의 자매서인 '부동산세무 가이드북(실전편)'을 참조하기 바란다.

세액계산관련 세무리스크

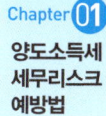

상황 양도소득세 세액계산과 관련하여 발생할 수 있는 세무조사 쟁점은 양도차손익 통산, 장기보유 특별공제 적용, 합산과세, 세액감면 등에 관한 것이다. 이하에서 이들과 관련된 세무리스크 예방법에 대해 살펴보자.

Case K씨는 다음과 같은 재산을 보유하고 있다. 물음에 답하면?

〈자료〉
· A주택 : 시세 5억원
· B비상장주식 : 시세 1억원(취득가액 5,000만원)
· C상가 : 시세 5억원(취득가액 3억원)

☞ **물음 1** : C상가를 양도하고자 한다. 보유기간이 10년 이상인 경우 양도소득세는 얼마나 나올까? 기본공제 250만원은 미적용한다.
☞ **물음 2** : 만일 A주택을 3억원에 양도하면 C상가에서 발생한 양도차익을 없앨 수 있는가? 즉 통산을 할 수 있는가?
☞ **물음 3** : B비상장주식을 제3자에게 1,000만원에 양도한 후 양도차손을 C상가의 양도차익과 통산할 수 있는가?

Solution 위의 물음에 대해 순차적으로 답을 찾아보면 다음과 같다.

· **물음 1의 경우**

주어진 자료를 통해 양도소득세를 계산하면 다음과 같다.

(단위 : 원)

구분	금액	비고
양도가액	5억	
−취득가액	3억	
=양도차익	2억	
−장기보유 특별공제	6,000만	10년 보유 시 30% 적용
=과세표준	2억 4,000만	
×세율	38%	
−누진공제	1,940만	
=산출세액	7,180만	

· **물음 2의 경우**

A주택이 1세대 1주택으로 비과세를 받는 경우와 비과세를 받지 못하는 경우로 나눠서 살펴봐야 한다.

구분	비과세를 받는 경우	비과세를 받지 못하는 경우
A주택 양도차익	−	△2억원
C상가 양도차익	2억원	2억원
계	2억원	0원

A주택이 비과세인 경우에는 양도차손을 사용할 수 없으나 비과세가 적용되지 않는 경우에는 통산을 할 수 있다(단, 비과세에서 발생한 양도차손도 통산하는 방안을 검토할 필요가 있음. 불복 포인트).

※ **관련 예규 : 재산세과−1640, 2009.08.07.**

자산의 양도로 인하여 발생한 자산별 과세대상 소득금액과 과세대상 결손금은 서로 통산하나, 귀 질의의 경우 1세대 1주택 비과세 대상인 자산에서 발생한 양도차손익은 차가감하지 않음.

· **물음 3의 경우**

일단 저가양도에 해당하나 양도차손익은 통산을 할 수 있다.

구분	통산	비고
B주식	△4,000만원	
C상가	2억원	
계	1억 6,000만원	

참고로 특수관계인이 아닌 경우라도 저가양도를 해 과다한 이익(3억원 이상)이 상대방에게 분여되는 경우 매수자에게 증여세가 부과될 수 있다.

※ **양도차손 절세법 정리**
- ☑ 같은 해에 발생한 양도차손은 부동산 등에서 발생한 양도차익에서 차감할 수 있다.
- ☑ 양도차손은 개인별로 통산할 수 있다(배우자의 양도차익에서 차감할 수 없음에 유의).
- ☑ 양도차익은 비과세되는 양도차손과 통산할 수 없다(주의!).
- ☑ 양도차손은 다음 해로 이월해 공제받을 수 없다.

Consulting 양도소득세 계산과 관련된 세무조사는 주로 다음과 같은 원인에 기인한다.

양도차손익 통산
- 비과세되는 양도차손을 통산한 경우
- 배우자의 양도차손을 통산한 경우
- ☞ NPL(부실채권)*의 양도차손 통산은 매우 주의해야 한다.

과세표준 및 산출세액 계산
- 장기보유 특별공제를 잘못 적용한 경우(중과세 주택 등)
- 중과세나 합산과세 시에 세율을 잘못 적용한 경우 등

감면세액 등
- 감면주택에 대한 요건을 잘못 판단한 경우
- 수용 시 감면조건을 위배한 경우
- 자경농지에 대한 허위감면을 신청한 경우
- 감면한도를 잘못 적용한 경우 등

* NPL(Non-Performing Loan, 부실채권)을 인수해 부동산을 취득한 경우의 취득가액은 근저당채권액이 아닌 낙찰자가 실제 지불한 가격으로 해야 한다는 예규가 생성되었다(재산-0019, 2015.6.18.). 실무적용 시 주의하기 바란다.

실전연습

L씨는 8년 이상 재촌·자경한 농지를 가지고 있다. 물음에 답하면?

〈자료〉
· L씨의 사업소득자료

구분	20×0년	2×01년	2×02년	20×3년	20×4년	20×5년	20×6년	20×7년
매출	0원	1억원	5천만원	2천만원	1억원	1억원	1억원	1억원
소득금액	0원	3,000만원	500만원	1,000만원	3,000만원	3,000만원	3,500만원	3,000만원

· 농지 매매예상가액 : 3억원
· 농지 취득가액 : 2억원
· 이 지역은 주거지역 등에 미해당함.

☞ **물음 1** : 이 농지를 양도하는 경우에 감면되기 전의 양도소득세는 얼마나 나올까?
☞ **물음 2** : L씨에게 근로소득 등이 발생했어도 양도소득세를 감면받을 수 있는가?
☞ **물음 3** : L씨가 이 농지를 양도했다. 그런데 얼마 후에 관할 세무서에서 감면과 관련해 세무조사를 진행했다. 이때 무엇이 문제가 되었기 때문인가?

위의 물음에 대해 순차적으로 답을 찾아보자.

· **물음 1의 경우**

양도소득세 산출세액을 계산하면 다음과 같다.

(단위 : 원)

구분	금액	비고
양도가액	3억	
-취득가액	2억	
=양도차익	1억	
-장기보유 특별공제	3,000만	보유기간 10년 이상 가정
=과세표준	7,000만	
×세율	24%	
-누진공제	522만	
=산출세액	1,158만	

· 물음 2의 경우

아니다. 농지에 대한 감면을 적용 시 근로소득이나 사업소득금액이 3,700만원 이상인 해당 연도는 자경하지 않은 것으로 간주하고 있기 때문이다. 다만, 여기서 유의할 것은 사업자의 경우 매출기준이 아닌 소득금액 즉 수입에서 경비를 차감한 금액을 기준으로 한다는 것이다. 따라서 사례의 경우에 모든 연도의 소득금액이 3,700만원을 넘지 않으므로 자경농지에 대한 감면을 받을 수 있게 된다. 감면세액은 산출세액 1,158만원 전액이 된다. 이 경우 농어촌특별세도 비과세되므로 완전 면세가 된다(단, 2016년부터 1년간 감면한도가 2억원에서 1억원으로 인하됨. 5년간 감면한도는 2억원으로 축소됨).

※ 관련 규정 : 3,700만원 이상인 과세기간이 있는 경우 경작기간 제외
  (조세특례제한법 시행령 제66조 제14항)

경작한 기간 중 해당 피상속인(그 배우자를 포함한다) 또는 거주자의 사업소득금액(농업·임업에서 발생하는 소득, 부동산임대업에서 발생하는 소득과 농가부업소득은 제외한다)과 같은 법 제20조 제2항에 따른 총급여액의 합계액이 3,700만원 이상인 과세기간이 있는 경우 그 기간은 피상속인 또는 거주자가 경작한 기간에서 제외한다.

· 물음 3의 경우

감면규정을 정확히 충족했는지를 검증하기 위해 조사가 나온 것으로 봐야 한다. 실무에서 보면 농지감면의 경우 탐문 등의 방법으로 조사하는 경우가 일반적이다. 특히 L씨는 사업자에 해당하므로 소득금액이 3,700만원 이상이 되었는지 등도 세무조사 시 쟁점이 된다. 만약 세무조사를 통해 사업소득에 대한 탈루가 적발되면 이에 대해서 별도로 세금이 추징될 수 있다.

돌발퀴즈!

공부상에는 대지로 표시되어 있어도 8년 자경에 대한 감면을 적용받을 수 있는가?

그렇다. 농지로 8년이상 자경했는지의 여부는 국세기본법 제14조에 따라 그 실질에 따라 판단한다. 따라서 그 실질이 8년자경 감면 대상 농지에 해당하는지는 납세자에게 입증책임이 있다. 실무적으로 납세자가 제출하는 입증서류 등을 근거로 관할 세무서장이 사실을 판단한다.

▶ 양도소득세 계산구조로 본 세무리스크 예방법

양도소득세에 대해서도 다양한 세무리스크가 발생한다. 따라서 이를 예방하기 위해서는 매매계약 전에 세금문제를 검토해야 한다. 계약이 완료된 경우에는 이미 때가 늦은 경우가 많다. 세금문제 검토 시 양도소득세 계산구조에 따라 다양한 세무리스크 예방법을 찾아보는 것도 좋을 것으로 보인다.

계산구조	세무리스크	예방법
양도가액	· 양도가액이 적정한가(다운계약서 여부 등)? · 토지와 건물의 가격이 적정한가?	· 다운계약서 등 작성 금지 · 기준시가에 의한 안분
-		
취득가액	· 취득가액은 적정한가(다운계약서, 환산가액, 계약서 재작성 여부 등)? · 취득가액 이월과세제도가 적용되는가?	· 취득가액 등에 대해 별도 검토 · 증여 후 5년 이후에 양도
-		
필요경비	· 인테리어비용, 각종 수수료 등이 적정한가?	· 정확한 필요경비공제 신청
▼		
양도차익	· 양도차손과 통산하는 경우 그 내용이 적정한가?	· 비과세 양도차손 및 배우자 양도차손은 통산제외
-		
장기보유 특별공제	· 양도한 부동산에 대한 공제율 적용이 적정한가? · 비사업용토지에 대한 판단이 정확한가?	· 보유기간 산정에 주의 · 비사업용토지에 대한 판단에 주의
▼		
양도소득금액		
-		
양도소득기본공제		
▼		
양도소득과세표준		
×		

PART 02 개인편

Chapter 01
양도소득세 세무리스크 예방법

세율	· 세율 적용은 적정한가? ☞ 예 : 미등기자산 70%, 중과세율(기본세율+10~20%p, 주택과 토지에 대해 적용), 주택 단기매매 40%, 기타 자산 단기매매 40% 또는 50%	· 보유기간에 주의 · 미등기자산에 대한 판단주의

▼

산출세액		

−

감면세액	· 양도소득세 감면은 적정한가? ☞ 감면 예 : 수용감면, 주택신축감면, 8년 자경농지 감면,* 대토감면 등	· 감면요건 판단에 주의

▼

자진납부할 세액		

* 근로소득 등이 3,700만원 이상인 경우 자경기간에서 제외하는 규정은 2014.7.1.이후에 양도하는 농지에 대해 적용한다. 그런데 과세관청은 3,700만원 이상 시 자경기간 제외 요건을 소급해 적용하고 있다. 이는 세법에서 정하고 있는 소급 과세금지의 원칙에 위배될 소지가 있다. 세무조사 및 불복 제기 시 참고하기 바란다.

☞ 양도소득세는 계약이 끝나면 사실상 예방법이 사라지기 때문에 계약하기 전에 세무리스크를 예방하는 것이 좋다.

memo

양도소득세 신고관련 세무리스크

상황 양도소득세는 주로 양도가액과 취득가액 그리고 납부세액계산과 관련해 세무조사 문제가 발생하지만 이외에 소득구분이나 거래횟수 그리고 신고과정에서도 다양한 쟁점들이 등장한다. 이하에서 이에 관련된 세무리스크 예방법에 대해 살펴보자.

Case K씨는 부동산매매업으로 사업자등록을 했다. 그러던 중 비사업자인 L씨와 함께 주택을 1/2씩 경매로 낙찰받은 후 보유기간 1년 미만으로 일괄양도를 했다. 양도차익은 1억원이었다. 물음에 답하면?

☞ **물음 1** : K씨에게는 세율 몇 %가 적용되는가?
☞ **물음 2** : L씨에게는 세율 몇 %가 적용되는가?
☞ **물음 3** : K씨와 L씨의 세금차이는 얼마인가? 각종 공제는 적용하지 않는다.
☞ **물음 4** : 관할 세무서는 K씨에 대해 세무조사를 할 것인가?

Solution 위의 물음에 순차적으로 답을 찾아보면 다음과 같다.

· **물음 1의 경우**
K씨는 사업자에 해당하므로 단기매매에도 불구하고 사업소득에 대해 적용되는 6~42%의 세율이 적용된다.
☞ 이러한 세율 차이 등에 의해 소득을 양도소득에서 사업소득으로 바꾸려는 유인이 있다.

· **물음 2의 경우**
L씨는 비사업자에 해당하므로 주택에 대한 1년 미만 보유 시 적용되는 양도소득세 세율 40%가 적용된다.

· 물음 3의 경우

K씨와 L씨의 세금차이를 계산하면 다음과 같다.

구분	K씨의 경우	L씨의 경우	차이
차익	5,000만원	5,000만원	
×세율	24%	40%	
−누진공제	522만원	−	
=산출세액	678만원	2,000만원	△1,322만원

· 물음 4의 경우

K씨는 L씨에 비해 무려 1,300만원 이상의 세금을 덜 내게 된다. 따라서 관할 세무서에서는 K씨가 진짜 매매사업을 영위하고 있는지를 조사할 가능성이 있다.

☞ 매매사업자들이 사업성을 인정받을 수 있는 방안에 대해서는 이 책의 자매서인《부동산매매·임대사업자세무 가이드북(실전편)》을 참조하자.

Consulting 양도소득세 신고와 관련된 세무조사는 주로 다음과 같은 원인에 기인한다.

소득구분관련
- 양도소득인지, 사업소득인지에 따라 적용되는 세법규정이 달라진다.
- 주택신축판매업에 해당됨에도 불구하고 이를 양도소득으로 또는 그 반대로 신고하는 경우가 있다.

↓

거래횟수관련
- 거래횟수가 많아지면 사업소득(부동산매매업)으로 간주될 수도 있다.

↓

신고관련
- 비과세로 신고해 과세로 경정되는 경우에는 일반무신고가산세(20%)가 적용된다.
- 부정신고의 경우에는 가산세가 최대 40%가 적용된다.

※ 사업소득 대 양도소득의 구분

판매를 목적으로 부동산을 취득했다가 양도하는 경우에는 부동산매매업에 해당되어 종합소득세로 과세되나 사업목적 없이 단순히 부동산을 양도하는 경우에는 양도소득으로 과세된다. 이에 대해서는 상황별로 사실판단을 해야 할 때가 많음에 유의해야 한다(세무전문가의 확인필요).

실전연습 K씨는 주택을 신축해 판매하는 사업자다. 그럼에도 불구하고 주택임대업으로 사업자등록을 했다. 얼마 뒤에 주택이 완공되었으나 분양이 되지 않아 부득이 2년간 임대를 주었다. 이렇게 임대한 후에 해당 주택을 매매하고자 주택임대업에서 주택신축판매업으로 사업자등록증을 변경했다. 물음에 답하면?

☞ 물음 1 : 사업소득과 양도소득의 과세방식은 어떻게 차이가 나는가?
☞ 물음 2 : 만일 이 상황에서 신축주택을 판매하면 해당 소득은 사업소득인가, 양도소득인가?
☞ 물음 3 : 만일 사업소득에 해당하는 경우로 취득원가를 입증할 수 없다면 어떻게 취득가액을 산정하는가?

위의 물음에 대해 순차적으로 답을 찾아보면 다음과 같다.

· **물음 1의 경우**

일반적으로 사업소득과 양도소득의 과세체계는 다음과 같다.

구분	사업소득	양도소득
개념	영리활동에 의해 발생한 소득	일시적인 소득
과세표준	(매출 - 비용) - 소득공제 ☞ 매출은 양도가액, 비용은 양도소득세 계산 시 필요경비와 일반관리비를 말한다(사업소득의 범위가 훨씬 더 넓음).	양도가액 - 취득가액 - 장기보유 특별공제 등
세율	6~42%	· 주택 : 보유기간이 1년 미만 40%, 1~2년 미만 6~42% · 주택 외 : 보유기간이 1년 미만 50%, 1~2년 미만 40%, 2년 이상 6~42%
신고의무	매매차익예정신고 등	양도차익예정신고 등

일반적으로 단기매매의 경우에는 양도소득보다 사업소득이 유리하다.

· 물음 2의 경우

사례의 경우 실무적용 시 상당히 논란거리가 될 수 있다. 사업소득인지, 양도소득인지 이를 구별하기가 힘들기 때문이다. 따라서 이러한 상황에서는 구체적인 질의회신을 통해 업무처리를 하는 것이 좋을 것으로 보인다.

※ 관련 예규 : 소득46011-233, 1999.10.25.

1. 판매를 목적으로 다가구주택 또는 다세대주택(다가구주택을 다세대주택으로 용도변경하는 경우 포함)을 신축해 양도하는 경우에는 건설업에 해당하고, 판매를 목적으로 이를 매입해 양도하는 경우에는 부동산매매업에 해당하며, 임대용으로 이를 신축하거나 매입해 다년간 임대용으로 사용하다가 양도하는 경우에는 양도소득에 해당한다.
2. 부동산의 양도가 사업소득(건설업, 부동산매매업)에 해당하는지, 양도소득에 해당하는지 여부는 그 규모, 횟수, 태양 등에 비춰 사업활동으로 볼 수 있을 정도의 계속성과 반복성이 있는지의 여부 등을 고려해 사회통념에 따라 사실판단할 사항이다.

☞ 세무조사 시 소득종류를 양도소득에서 사업소득으로 또는 반대로 바꾸어 과세할 수 있다(단, 고의가 아닌 단순 착오로 소득분류가 잘못된 경우 신고불성실가산세를 부과하지 않는다. 소득세법 기본통칙 81-2). 그 결과 세부담의 크기 등이 달라지는 불이익이 발생할 수 있다. 납세자의 입장에서는 억울함을 풀기 위해 조세불복의 단계로 진행하지만 주장이 쉽게 받아지지 않을 가능성이 높다. 따라서 이러한 세무위험을 방지하기 위해서는 신고 시 정확한 근거 하에 일처리를 해야 한다.

· 물음 3의 경우

사례의 경우 주택신축판매업에 해당하는 경우라면 주택의 취득가액은 실제 발생된 건설원가에 의한 장부가액으로 한다. 하지만 취득가액이 불분명한 경우에는 기준시가에 지방세법에 의한 취득세 상당액을 가산한 금액으로 할 수 있다(근거 조항 : 소득세법시행령 제89조 등).

실력 더하기 — 양도소득세 세무조사사례

양도소득세 세무조사의 내용은 생각보다 범위가 넓을 수 있다. 이런 저런 이유로 탈루가 발생하면 모두가 세무조사의 대상이 되기 때문이다. 아래는 실무적으로 주의해야 할 세무조사사례들이다.

1. 계약관련

☑ **매매계약서상의 금액을 가짜로 기재한 경우**

상황	과세관청의 대응
· 다운계약서 또는 업계약서 작성 · 취득계약서 재작성 등	· 고액거래를 중심으로 양도가액 및 취득가액을 동시에 조사한다(계약서, 자금흐름. 거래상대방 등 조사). · 계약서 재작성 혐의 시 문서감정을 의뢰해 조작여부 등을 밝혀낸다.

☞ 양도소득세 세무조사는 허위계약, 차명, 미등기, 투기성 거래(조장업소 포함) 등에 대해 집중적으로 이루어지고 있다.

☑ **계약자 명의를 차명으로 하는 경우(명의신탁)**

상황	과세관청의 대응
· 계약자 명의를 다른 사람의 명의로 하는 경우 ☞ 특히 아파트분양권과 관련된 사례들이 많음.	· 자금출처조사 등을 통해 대응한다. 이로 인해 증여세 등이 부과될 수 있다. ☞ 명의신탁 혐의 시 관할 시·군·구청에 통보됨. 이곳에서 실명 등을 조사함.

※ **부동산명의신탁이 허용되는 경우**

채무의 변제를 담보하기 위해 가등기를 하거나 신탁법 등에 의해 신탁재산인 사실을 등기하는 경우, 종중 부동산의 명의신탁 또는 배우자간의 명의신탁 등은 조세포탈이나 강제 집행 또는 법령상 제한을 피하기 위한 것이 아니라면 명의신탁에 해당하지 않는 것으로 한다.

PART 02 개인편
Chapter 01 양도소득세 세무리스크 예방법

☑ **매매대금 청산 후 소유권 가등기 등을 한 경우**

상황		과세관청의 대응
· 매매대금 청산 후 소유권 가등기 또는 저당권설정 후 일정기간 경과 후 소유권을 이전하는 경우		· 양도소득세 등 신고자료 검토 시 매매대금이 청산된 날이 양도 및 취득시기가 되므로 이를 기준으로 세법을 적용해 세금을 추징한다.

☑ **가족 등 특수관계인 간에 직거래를 한 경우**

상황		과세관청의 대응
· 가족 등 특수관계인 간에 매매거래를 하는 경우		· 증여추정을 해 거래당사자가 양도임을 입증하지 못하면 증여세로 부과한다.

☑ **매매계약 횟수가 빈번한 경우**

상황		과세관청의 대응
· 매매횟수가 잦은 경우		· 기획조사 등을 통하여 투기조사를 할 수 있다. · 부동산매매업으로 보아 과세할 수 있다. 매매업에 의한 소득은 양도소득이 아닌 사업소득으로 구분된다.

☑ **미등기 양도를 한 경우**

상황		과세관청의 대응
· 부동산을 미등기 상태로 양도하는 경우		· 해당 주택이 건축법에 의한 건축허가를 받지 아니해 등기가 불가능한 자산인 경우에는 1세대 1주택 비과세를 받을 수 있다. · 등기가 가능함에도 등기하지 아니하고 양도한 경우에는 양도소득세가 과세된다.

※ **부동산 미등기와 세무리스크**

등기가 가능함에도 불구하고 이를 하지 않고 양도하는 경우의 불이익은 다음과 같다.

☑ 1세대 1주택 비과세를 적용하지 않음.

- ☑ 장기보유 특별공제 및 기본공제가 적용되지 않음.
- ☑ 양도소득세율은 70% 적용함.
- ☑ 가산세율은 40%가 적용됨.
- ☑ 국세부과 제척기간은 10년이 적용됨.

2. 비과세관련

☑ 세대분리를 허위로 한 경우

상황	과세관청의 대응
· 30세 이하 자에 대한 소득조건을 허위로 맞춘 경우 · 실제는 같이 거주하지만 가짜로 세대분리를 해둔 경우 · 위장이혼을 해 비과세를 신청한 경우	· 국세청 전산망 등을 활용해 주소 등을 확인한다. · 탐문 등의 방법으로 조사를 진행할 수 있다.

☑ 오피스텔을 주거용으로 사용한 2주택 보유자가 1세대 1주택 비과세를 신청한 경우

상황	과세관청의 대응
· 주거용 오피스텔을 업무용으로 위장한 경우 · 주거용 오피스텔을 공실로 위장한 경우	· 국세청 전산망 등을 통해 주거 전입사실을 확인한다. · 탐문조사 등을 통해 주거용임을 확인한다. · 오피스텔 소재지의 사업자등록(부동산임대 등) 여부를 확인한다.

☑ 1주택+1조합원입주권 보유세대가 1세대 1주택 비과세를 신청한 경우

상황	과세관청의 대응
· 1주택과 1입주권을 보유한 상황에서 1주택을 매도한 경우	· 일시적 2주택 등 주택에 대한 비과세가 적용되는지를 점검한다. · 세법에서 정하고 있는 비과세 요건*을 충족하지 못하면 과세한다.

* 비과세 요건 : 주택을 취득한 날로부터 1년 이후에 입주권 취득 및 그 취득일로부터 3년 내에 주택을 양도하면 비과세가 적용된다.

☑ 임대주택사업자가 주택 비과세를 허위로 신청한 경우

상황	과세관청의 대응
· 임대주택사업자가 거주주택에 대한 양도소득세 비과세를 받기 위해서는 2년 이상 거주 요건을 충족해야 하는데, 이때 거주를 허위로 해 비과세를 신청하는 경우	· 전 세대원들이 실제 거주했는지 등을 주민등록초본 등을 통해 조사한다.

3. 양도소득세 신고관련

☑ **취득시기와 양도시기에 대한 판단의 오류가 있는 경우**

상황		과세관청의 대응
· 취득시기와 양도시기에 대해 다양한 판단의 오류가 발생한 경우		· 각 사안별로 취득시기와 양도시기가 잘 산정되었는지를 검토한다. · 취득시기와 양도시기는 원칙적으로 잔금청산일로 한다. · 조건부로 자산을 매매하는 경우 그 조건 성취일이 양도 또는 취득시기가 된다(소득세법 기본통칙 2-11-6--27).

☞ 취득시기와 양도시기는 다음과 같은 항목을 적용할 때 다양한 영향을 미친다.
☑ 비과세대상 판단
☑ 8년 자경농지 감면
☑ 장기보유 특별공제율
☑ 세율(2018.4.1.이후부터 다주택자에 대한 중과세율이 적용됨에 유의) 등

※ **일반분양받은 아파트의 취득시기에 따른 쟁점**
일반분양받은 아파트에 대한 취득시기는 다음과 같다.
① 준공일, 입주일 전에 대금이 청산된 경우
   ⇒ 사용검사필증발급일(임시사용승인일), 실제 입주일 중 빠른 시기
② 준공일, 입주일 후에 대금이 청산된 경우 ⇒ 대금청산일과 등기접수일 중 빠른 날

☞ 과세관청은 앞의 '대금청산일' 적용과 관련해 매매대금 대부분을 지급하고 일부 대금을 수개월 후 지급한 경우 '대금청산일'을 언제로 볼 것인지의 판단에 대해 당해 매매계약서상의 계약조건, 매매대금의 수수상황, 거래당시의 정황 등을 종합적으로 검토해 사실판단할 사항이라고 한다. 따라서 잔금을 지급하지 않았지만 잔금을 지급한 것으로 보아 세법을 적용해 마찰이 발생하는 경우가 종종 있다. 납세자는 잔금지급과 등기가 없었다면 잔금지급일까지는 주택으로 보지 않는다고 판단하는 반면 과세관청은 그와 관계없이 취득이 되었다고 볼 수 있는 여지가 있기 때문이다. 결국 세무리스크를 줄이기 위해서는 사전에 이러한 부분을 감지하고 거래에 나설 필요가 있다(이에 대한 대책은 조심2011서4837, 2012.01.19. 등을 참조).

☑ 취득가액을 환산가액으로 신고한 경우

상황	과세관청의 대응
· 취득가액이 있음에도 불구하고 환산가액으로 취득가액을 신고한 경우	· 국세청 전산망을 통해 신고된 가액이 있으면 이를 취득가액으로 경정한다. · 환산가액이 큰 경우에는 양도자 등을 조사대상자로 선정하거나 탐문조사 등을 통해 실제 거래가액을 찾는다.

☑ 필요경비 등 적용오류가 있는 경우

상황	과세관청의 대응
· 수익적 지출을 자본적 지출로 처리한 경우 · 소유권 이전비용과 관련 없는 비용을 신청한 경우 · 감가상각비를 취득가액에서 차감하지 않은 경우 등	· 신고서상에 기재된 필요경비의 항목과 영수증을 확인해 시부인한다.

☑ 양도차손 통산이 잘못된 경우

상황	과세관청의 대응
· 비과세대상의 양도차손을 통산한 경우 · 배우자의 양도차손을 통산한 경우 · 형식적인 NPL투자를 통해 양도차손을 통산한 경우	· 통산해 신고한 신고서를 검토해서 적격 여부를 가리게 된다.

☑ 증액 수용보상금을 신고 누락한 경우

상황	과세관청의 대응
· 증액된 보상금을 수령한 날의 다음다음달 말까지 수정신고·납부해야 하는데 이를 누락한 경우	· 증액 보상금에 대한 자료를 수집해 미신고 시 신고하도록 안내문을 보낸다.

☑ 8년 자경농지 감면이 적용되지 않음에도 감면신청을 한 경우

상황	과세관청의 대응
· 재촌요건을 충족하지 못한 경우 · 자경요건을 갖추지 못한 경우 · 양도일 현재 농지가 아닌 경우 · 근로소득(총급여)·사업소득(부동산임대소득 제외)이 3,700만원 이상인 경우 등	· 주민등록초본 등으로 확인한 후 실제 거주했는지에 대해 탐문조사를 한다. · 제출한 자경입증서류를 검토한다. · 항공촬영사진의 판독으로 양도일 현재의 농지 상태를 확인한다. · 소득관련 자료를 파악한다.

☞ 사업소득자료를 검토하다가 만일 소득이 탈루된 사실이 적발되는 경우에는 종합소득세 추징 및 양도소득세 감면배제 등의 불이익이 뒤따를 수 있다.

☑ 도시지역(주거·상업·공업지역)에 편입된 경우

상황		과세관청의 대응
· 도시지역(주거·상업·공업지역)으로 편입된 지 3년이 경과된 농지를 감면 신청하는 경우 ☞ 도·농복합시의 읍·면지역 등은 도시지역으로 편입되더라도 일부 감면을 받을 수 있음.		· 양도소득세 감면신청이 들어오면 서면분석을 통해 요건을 확인한다.

4. 부동산 부가가치세 환급관련

☑ 토지와 건물의 공급가액을 인위적으로 기재한 경우

상황		과세관청의 대응
· 토지와 건물의 공급가액을 계약서상에 인위적으로 기재한 경우 ☞ 부가가치세를 환급받지 못하는 상황에서 건물의 공급가액을 낮춰 부가가치세를 줄이고자 하는 경우에 발생함.		· 조세회피목적이 있는 경우에는 이를 부인하고 기준시가 등으로 안분한다. ☞ 2016년부터는 기준시가로 안분한 경우에 비해 30% 이상 차이가 발생하면 무조건 기준시가로 안분해야 함.

☞ 토지와 건물가액의 구분이 정당하게 되었는지에 대한 세무조사사례가 많이 발생하고 있음에 유의해야 한다.

☑ 포괄양수도계약 요건을 충족하지 못한 경우

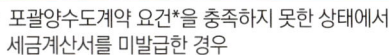

상황		과세관청의 대응
· 포괄양수도계약 요건*을 충족하지 못한 상태에서 세금계산서를 미발급한 경우		· 포괄양수도계약 요건을 충족했는지 등을 점검한다.

* 포괄양수도계약은 사업에 관한 모든 권리와 의무가 사업양수자에게 포괄적으로 이전되는 계약방식을 말한다. 이러한 계약이 체결되면 세금계산서의 발행 없이도 부동산거래를 할 수 있는 이점이 있다.

☑ 부가가치세 환급 후 면세로 전용하는 경우

상황		과세관청의 대응
· 매입 시 부가가치세를 환급받은 오피스텔이나 상가 등을 부가가치세가 면세되는 용도(주거용, 병원 등 자가 사용)로 사용하는 경우		· 면세로 전용하면 더 이상 부가가치세 발생하지 않으므로 환급받은 부가가치세액의 일부를 추징한다. ☞ 10년 중 면세로 사용하는 기간에 해당하는 부가가치세는 추징대상이 됨.

양도소득세와 실질과세의 원칙

양도소득세에서는 형식보다는 실질을 우선하여 과세하는 경우가 상당히 많다. 따라서 형식만을 강조하여 거래하다 보면 세무리스크가 점증하여 실제 세무조사 등을 받을 가능성이 높다. 이하에서는 양도소득세에서 주의해야 할 실질과세의 원칙에 대해 알아보자.

1. 부동산의 용도
소득세법에서는 주택을 건축법상의 허가여부나 등기여부와 관계없이 상시 주거의 목적으로 사용되는 건축물로 파악하여 실질용도를 기준으로 주택여부를 파악하고 있다. 따라서 다음의 다음과 같이 주택으로 보기 힘든 것들이 실질용도가 주택이라면 주택으로 취급되고 있다.

- ☑ 상가를 개조하여 주택으로 사용하고 있는 경우
- ☑ 무허가 주택에서 거주하고 있는 경우
- ☑ 오피스텔에서 거주하고 있는 경우

2. 부동산 명의
원래 부동산 등기는 실소유자가 자신의 명의로 등기하는 것이 원칙이다. 그런데 투기나 탈세 등을 위해 제3자로 등기를 하는 경우가 있는데 이를 '명의신탁'이라고 하고 명의신탁에 해당하면 법적효력을 무효로 한다. 다만, 채무의 변제를 담보하기 위해 가등기를 하거나 신탁법 등에 의해 신탁재산인 사실을 등기하는 경우, 종중 부동산의 명의신탁 또는 배우자간의 명의신탁 등은 조세포탈이나 강제 집행 또는 법령상 제한을 피하기 위한 것이 아니라면 명의신탁에 해당하지 않는 것으로 한다. 세법은 이러한 명의와는 관계없이 실제 소유자를 중심으로 세법을 적용한다.

3. 세대요건
주택에 대한 양도소득세 과세대상 판정 시에 '세대'기준을 사용한다. 따라서 양도일 전에 세대분리를 하면 비과세 등을 받을 수 있는데 이때 주소만 달리해두고 같이 생계를 하는 경우가 있다. 이에 과세관청은 조사를 통해 실질적으로 세대분리가 되지 않으며 비과세를 부인하고 과세하게 된다. 이외에도 다주택 보유 부부가 주택에 대한 양도소득세를 피하기 위해 이혼한 경우가 있다. 이때 실질이 위장이혼에 해당하는 경우에는 비과세를 박탈하고 있다.

이외에도 다음과 같은 실질과세의 원칙을 적용하는 사례들이 있다.

- ☑ 부동산 매매회수 등에 따라 양도소득 또는 사업소득 구분
- ☑ 주택이 폐가인지의 여부
- ☑ 8년 자경농지 감면 적용 시 실제 자경했는지 등

chapter 02

양도소득세 세무조사대책

양도소득세 신고안내문을 받은 경우

상황 개인이 양도와 관련해 관할 세무서로부터 신고안내문을 받는 경우는 주로 ① 예정신고나 확정신고가 필요한 경우 ② 수정신고가 필요한 경우 ③ 신고를 하지 않은 경우 등이다. 이때 어떤 식으로 대처할 것인지에 대해 살펴보자.

Case K씨는 1세대 2주택 상태에서 주택을 양도했다. 이 주택은 양도소득세가 비과세되는 상황이라 신고를 하지 않았다. 물음에 답하면?

☞ **물음 1** : 주소지 관할 세무서에서 양도소득세 예정신고 안내문을 보내왔다. 신고를 해야 하는가?
☞ **물음 2** : 만일 비과세로 신고했는데 과세가 되는 경우 신고불성실에 따른 가산세를 내야 하는가?
☞ **물음 3** : 양도소득세가 비과세된 경우에 자발적으로 신고하는 것이 좋은가?

Solution 위의 물음에 대해 순차적으로 답을 찾아보면 다음과 같다.

· **물음 1의 경우**

과세관청의 입장에서는 해당 거래가 비과세인지를 모르고 있다. 따라서 이 안내문을 받은 사람이 비과세임을 입증해야 한다. 이때 안내문에서 요구하고 있는 부동산매매계약서와 관련 증빙을 첨부해 제출하면 된다. 또는 구두로 설명을 해도 되는 경우가 있으므로 미리 담당공무원과 통화를 해보도록 한다.

☞ 비과세에 대한 입증책임은 납세자에게 있다. 비과세나 감면은 납세자가 선택하는 것이며 만일 이를 신청을 하지 않으면 과세관청은 비과세나 감면혜택을 주지 않는다.

· 물음 2의 경우

비과세로 신고했으나 나중에 과세로 판명되는 경우에는 무신고로 보아 신고불성실가산세 20%를 부과한다. 물론 납부지연에 따른 납부불성실가산세(하루 3/1000)는 별도로 부과한다.

※ 관련 예규 : 징세 – 1040(2012.09.27.)
양도소득세 예정신고 시 과세표준신고서상 세액산출내역을 기재하지 아니하고 1세대 1주택 비과세로만 표기해 제출한 자는 과세표준신고서를 법정신고기한까지 제출한 자에 해당되지 아니한다. 따라서 무신고에 해당한다.

☞ 참고로 조심2013중2927(2013.11.18.)에서는 납세자가 과세제외 대상으로 잘못 판단해 양도소득세 과세표준신고서에 '비과세'라고 기재하고, 인적사항, 양도부동산 명세서, 과세제외사유서 등을 기재한 '비영리법인 과세제외소득 신고서'를 별지로 첨부해 양도소득세 신고서를 처분청에 제출하였는 바, 납세자의 쟁점임야 양도가 과세거래에 해당하는 사실을 처분청이 쉽게 인지할 수 있었던 것으로 보이므로 양도소득세 과세대상인 자산의 거래 자체를 과세관청에 신고하지 않은 것으로 보기에는 무리가 있어 무신고가산세를 배제했다(불복 시 참고할 것).

· 물음 3의 경우

제3자가 봤을 때 비과세 판단이 힘든 상황에서는 적극적으로 신고하는 것이 나중에 해명하는 것보다 좋을 수 있다. 예를 들어 다음과 같은 상황이다.

- ☑ 1세대 2주택 상황으로 비과세가 적용되는 경우
- ☑ 재개발·재건축입주권 등이 포함되는 경우로 대체주택에 대한 비과세가 적용되는 경우
- ☑ 임대주택사업자의 거주용 주택에 대해 비과세가 적용되는 경우
- ☑ 매매사업자의 거주용 주택에 대해 비과세가 적용되는 경우 등

☞ 비과세로 신고할 때에는 일반 양도소득세 신고서나 양도소득세 간편신고서를 이용하면 된다. 간편신고서는 과세자료 해명을 할 때에도 사용할 수 있다.

 개인이 부동산 등을 양도해서 안내문을 받는 경우는 다음과 같다.

예정/확정신고 안내문	· 예정신고 → 양도일이 속한 달의 말일로부터 2개월 내에 의무적으로 신고하도록 하는 안내문을 발송한다. · 확정신고 → 다음 해 5월 중에 확정신고에 대한 안내문을 발송한다. ☞ 확정신고가 필요한 경우 ; 부동산 등을 2회 이상 양도하고 양도소득금액을 합산 신고하지 않았거나, 예정신고 시 누락한 신고사항을 추가 신고하고자 하는 경우
수정신고 안내문	· 양도소득세 신고내용에 오류나 탈루가 있는 경우에 수정신고안내문을 보낸다(자발적으로 시정기회를 부여). · 수정신고를 조기에 하는 경우 가산세가 감면(6개월 내 50% 등)된다.
기한후신고 안내문	· 양도소득세를 기한 내에 신고하지 않는 경우에 기한후신고안내문이 발송된다. · 기한후신고를 조기에 하는 경우 가산세가 감면(1개월 내 50% 등)된다.

☞ 예정 또는 확정신고를 하지 않거나 불성실하게 신고한 자에 대해서는 사후검증을 하게 되며, 탈루혐의가 큰 경우에는 조사대상자로 선정될 수 있다.

 실전연습 K씨는 양도소득세가 감면되는 농지를 처분했다. 그런데 그는 8년 이상 농사를 지어 왔고 그리고 농지를 팔면 양도소득세가 없다는 말을 듣고 신고를 하지 않았다. 아니나 다를까, 얼마 뒤에 주소지 관할 세무서로부터 양도소득세를 신고하라는 안내문이 왔다. 물음에 답하면?

☞ **물음 1** : 과세관청은 어떤 과정을 거쳐 K씨가 신고하지 않은 사실을 밝혀냈을까?
☞ **물음 2** : K씨는 기한후신고를 통해 8년 자경농지에 대한 감면을 받을 수 있는가?
☞ **물음 3** : 법정신고기한 내에 신고하지 않은 데 대한 가산세 불이익은 없는가?

위의 물음에 대해 순차적으로 답을 찾아보자.

· 물음 1의 경우

부동산을 처분하고 신고를 누락한 경우 과세관청이 이를 앉아서 파악할 수 있는 이유는 과세자료법에 따라 법원에서 국세청으로 정기적으로 자료가 넘어가기 때문이다. 부동산등기부등본을 보면 등기 원인란에 '매매, 보존, 증여, 상속, 재산분할 등'의 사유가 기록되는데 이러한 유형에 따라서도 신고 여부를 확인할 수 있게 된다.

☞ 과세자료법(정확한 법률명칭은 '과세자료의 제출 및 관리에 관한 법률'이다)은 법제처 홈페이지에서 검색할 수 있다.

· 물음 2의 경우

사후적으로 감면이 확인되더라도 감면이 가능하다. 일반적으로 기한후신고를 하면 조세특례제한법상 세액감면제도는 적용되지 않는 것이 원칙이다. 하지만 농지감면의 경우에는 세정에 어두운 농민들과 관련이 있으므로 세법이 이들을 배려하는 차원에서 기한후신고 시에도 세액감면을 적용하는 것으로 보인다(대법원 97누 10628, 1997.10.24. 등).

· 물음 3의 경우

자경농지를 양도한 결과 산출세액은 나오지만 전액 감면되어 납부세액이 없는 경우에는 무신고에 따른 가산세를 부과하지 않는다. 다만, 무신고로 인해 납부세액이 발생한 경우에는 그 부분에 대해서는 가산세가 부과될 것으로 보인다.

※ 관련 예규 : 기획재정부조세정책 1171-1(2010.12.19.)

2011.1.1. 이후 최초로 양도소득세와 상속세 및 증여세를 신고·결정 또는 경정하는 경우로 추가로 납부할 세액(가산세액은 제외)이 없는 경우에는 무신고가산세와 과소신고가산세를 적용하지 않는다.

※ 관련 심사례 : 조심2010전2164(2010.12.31.)

양도소득금액이 있어 산출세액은 있으나 전부 감면되어 납부할 세액이 없는 청구인에게 무신고가산세를 부과한 이 건 과세처분은 부당하다.

돌발퀴즈!

8년 자경농지에 대한 양도소득세 산출세액이 3억원이고 이 중 2억원이 감면세액이라고 하자. 그런데 이 소유자가 예정신고를 하지 않았다. 이 경우 무신고에 따른 가산세는 3억원에 대해 20%를 적용할까? 아니면 1억원에 대해 20%를 적용할까?

종전에는 산출세액에 대해 가산세를 부과했으나 현재는 납부세액 기준으로 20%를 적용한다. 따라서 1억원에 대해 20%를 곱해 계산하는 것이 옳다.

Tip 양도소득세 종결과정

일반적으로 양도소득세는 다음과 같은 절차로 종결처리된다.

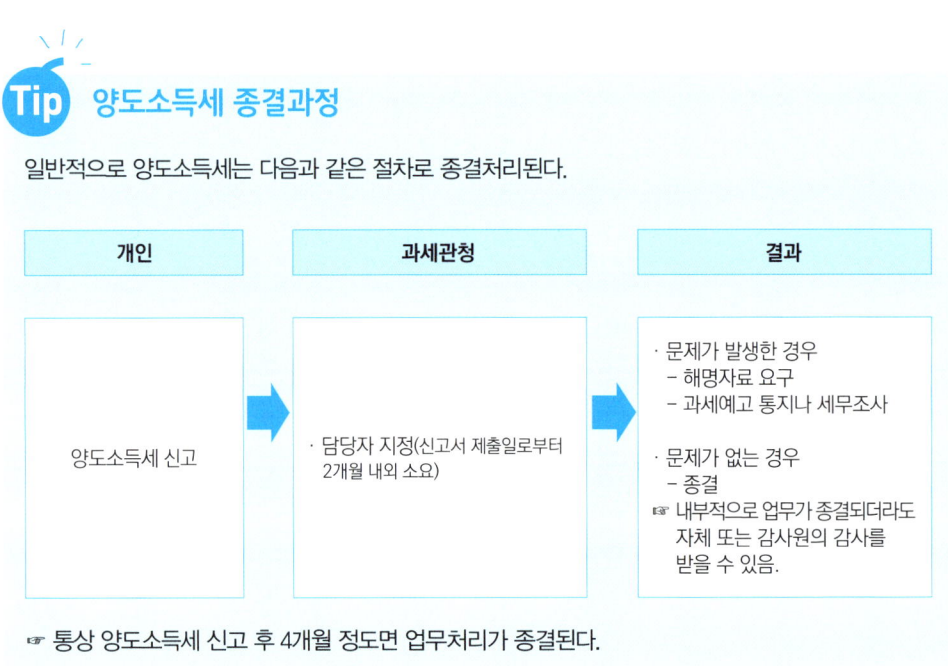

☞ 통상 양도소득세 신고 후 4개월 정도면 업무처리가 종결된다.

▶ 8년 자경농지에 대한 감면요건

8년 자경농지에 대한 감면요건은 다른 항목과는 달리 매우 까다롭다. 국가 입장에서는 세금을 경감하는 조치에 해당하므로 이에 대한 요건을 까다롭게 두어 해당하는 자만 감면을 받을 수 있게 하고 있다. 이렇다 보니 실무적으로 감면요건의 적용 여부를 두고 과세관청과 마찰을 빚는 경우가 상당히 많다. 결국 농지소유자들은 사전에 세무리스크를 방지하기 위해서는 감면요건을 정확히 따질 수 있어야 한다.

1. 일반적인 감면요건의 경우

8년 자경농지에 대한 양도소득세 감면을 받기 위해서는 아래의 조건을 모두 충족해야 한다.

☑ 소유자가 취득일부터 양도일 사이에 8년간 농지가 소재하는 시·군·구(자치구인 구를 말함)와 그와 연접한 시·군·구, 또는 해당 농지로부터 직선거리 30㎞(2015.2.2. 이전 양도분은 20㎞) 이내의 지역에 거주하면서 그 소유농지에서 농작물의 경작 또는 다년성 식물의 재배에 상시 종사하거나 농작업의 2분의 1 이상을 자기의 노동력에 의하여 경작 또는 재배한 사실이 있을 것

→ 농지란 전·답·과수원으로 지적공부상의 지목에 관계없이 실지로 경작에 사용되는 토지를 말한다. 따라서 농지경영에 직접 필요한 농막·퇴비사·양수장·농도·수로 등을 포함한다.

☑ 양도일 현재 농지일 것

→ 휴경농지는 감면이 적용되지 않는다. 과세관청은 위성촬영사진이나 탐문조사 등을 통해 휴경농지임을 밝혀내기도 한다. 참고로 매수자가 계약 후 형질을 변경한 경우에는 예외적으로 이를 인정한다.

☑ 양도일 현재 특별시·광역시(광역시에 있는 군지역을 제외함) 또는 시(지방자치법 제3조 제4항의 규정에 의하여 설치된 도·농복합형태의 시의 읍·면지역을 제외함)에 있는 농지로, 국토의 계획 및 이용에 관한 법률에 의한 주거지역·상업지역 및 공업지역내의 농지로 이 지역에 편입된 후 3년이 경과되지 않을 것

→ 특별시 등의 경우에는 주거지역으로 편입된 지 3년이 경과하면 감면이 적용되지

않는다. 토지의 성격이 농지에서 대지로 바뀌어 감면을 할 이유가 없기 때문이다.
☑ 농지가 도시개발법, 그 밖의 법률에 의하여 환지처분 전에 농지 외의 토지로 환지예정지 지정을 받은 경우에는 그 환지예정지 지정일부터 3년이 경과되지 않은 농지의 양도일 것

☞ 2014.7.1. 이후 양도하는 분부터는 자경기간 산정 시 근로소득(총급여)·사업소득(농업·축산업·임업 및 비과세 농가부업소득, 부동산임대소득 제외)이 3,700만원 이상인 경우 해당 연도는 자경하지 않은 것으로 간주한다.

2. 광역시의 군지역과 도·농복합시의 읍·면지역에 소재하는 농지가 2002.1.1. 이후 주거지역, 상업지역, 공업지역에 편입된 경우

위의 자경감면요건을 모두 충족한 농지가 광역시의 군지역과 도·농복합시 읍·면지역의 주거지역 등으로 편입된 경우가 있다. 이 경우에도 농지의 성격이 바뀌게 되므로 감면을 배제하는 것이 원칙이다. 하지만 앞의 특별시 등의 토지와는 달리 이 지역의 농지에 대해서는 특별히 '농지의 취득일이후부터 주거지역편입일까지 발생한 양도소득'에 대하여 감면을 적용하고 있다. 이때 감면되는 양도소득은 아래의 산식에 의하여 계산한다.

· 양도소득금액×(주거지역 등에 편입되거나 환지예정지 지정을 받은 날의 기준시가 - 취득당시 기준시가)/(양도당시 기준시가 - 취득당시 기준시가)

단, 편입일 이후 취득한 경우에는 감면적용이 가능하지 않으며, 2001.12.31.이전에 주거지역 등으로 편입된 경우에는 취득일 상관없이 취득일부터 양도일까지 소득에 대해서 감면이 적용된다.

☞ 농지감면은 감면요건이 매우 까다롭게 때문에 사전에 세무전문가의 확인이 절대적으로 필요하다.

Tip 상속농지의 감면법

상속농지의 경우 피상속인이 재촌·자경한 기간은 상속인이 승계받을 수 있다. 따라서 피상속인이 재촌·자경을 하지 않더라도 양도소득세 감면을 받을 수 있는 길이 열린다. 현행 소득세법에서는 상속개시일로부터 3년 내 처분한 경우에는 피상속인과 상속인의 재촌·자경의 기간을 합산해 8년 이상이 되면 감면을 적용한다. 따라서 이 경우에는 상속인이 재촌·자경을 하지 않더라도 문제가 없다. 한편 3년 후에 처분한 경우에는 상속인이 1년 이상 재촌·자경을 하는 경우에 한해 피상속인의 재촌·자경기간을 합산하도록 하고 있다. 상속농지에 대한 중요한 절세방법에 해당한다.

PART 02 개인편

Chapter 02 양도소득세 세무조사 대책

【양도소득세 사무처리규정 별지 제5호 서식】(2014.04.01 신설)

NTS   기 관 명

양도소득세 기한 후 신고 안내문

문서번호 : 재산 -

_____ 귀하

안녕하십니까? 귀댁의 안녕과 화목을 기원합니다.

귀하는 아래 양도 자산에 대하여 양도소득세(예정신고, 확정신고)를 하지 않은 사실이 확인되므로 20___.___.___.까지 기한 후 신고를 하시기 바랍니다.

○ 과세자료 내용(양도 물건)

소 재 지	양도일	취득일	비 고

○ 제출할 서류

양도소득 과세표준 신고 및 납부계산서, 양도소득금액 계산명세서, 매매계약서, 필요경비에 관한 증빙서류 및 그 밖에 양도소득세 계산에 필요한 서류

위 기한까지 신고하지 아니하거나 제출한 자료의 내용이 불분명한 경우에는 과세자료 내용(부동산 등기부기재가액의 실지거래가액 추정 등)에 따라 양도소득세 과세표준과 세액이 결정됨을 알려드립니다.

년 월 일

기 관 장

위 내용과 관련하여 문의 사항이 있을 때에는 담당자에게 연락하시면 친절하게 상담해 드리겠습니다. 성실납세자가 우대받는 사회를 만드는 국세청이 되겠습니다.

◆담당자 : ○○세무서 ○○○과 ○○○ 조사관(전화 :   , 전송 :   )

210㎜×297㎜(신문용지 54g/㎡)

양도소득세 해명자료 제출안내문을 받은 경우

상황 양도소득세 신고와 관련해 파생된 해명자료 제출안내문은 신고내용에 오류나 탈루가 있는 등 일정한 사유가 발생할 때 주소지 관할 세무서장으로부터 보내진다. 그렇다면 이에 어떻게 대응해야 할까?

Case K씨는 본인이 소유한 고가주택을 1세대 1주택으로 양도한 후 신고를 적법하게 하였다. 그런데 주소지 관할 세무서로부터 다음과 같은 양도소득세 해명자료 제출안내문을 받았다. 물음에 답하면?

○ 과세자료 발생 경위(해명할 사항)

서울 소재한 주택을 1세대 1주택으로 신고를 했으나 귀하는 충북 ○○면에도 1주택을 보유해 1세대 2주택으로 양도소득세 과세대상이 되는 것으로 파악되고 있습니다. 이에 대해 해명이 필요합니다.

○ 과세자료 내용(양도 물건)

소 재 지	양도일	취득일	비 고
서울			

○ 제출할 해명자료

서울 소재 주택이 1세대 1주택에 해당함을 입증할 수 있는 서류 등

☞ **물음 1** : 위의 제출안내문은 왜 통보되었는가?
☞ **물음 2** : 만일 충북소재 주택이 일반주택이라면 K씨는 세금을 추징당하는가?
☞ **물음 3** : 만일 충북소재 주택이 폐가라면 K씨는 세금을 추징당하는가?

Solution 위의 물음에 대해 순차적으로 답을 찾아보자.

· 물음 1의 경우

관할 세무서에서는 K씨의 신고서를 검증하던 중 추가주택의 발견으로 신고한 주택에 대한 과세 여부를 확인하기 위해 해명자료 제출안내문을 보낸 것으로 추정할 수 있다.

· **물음 2의 경우**

그렇다. 이 경우에는 1세대 2주택이 되어 과세될 가능성이 높다.

· **물음 3의 경우**

폐가는 사람이 살지 못할 정도의 주택을 의미하므로 보유 주택 수에서 제외하는 것이 타당하다. 따라서 이에 해당하면 K씨는 세금을 추징당하지 않게 된다. 단, 폐가가 주택 수에서 제외되기 위해서는 실질이 주택이 아니어야 한다. 이에 대해서는 다음의 실전연습을 참조하자.

Consulting 과세관청에서 유선이나 문서를 통해 해명자료 제출을 요구한 경우에는 다음과 같은 절차에 따라 대응하는 것이 좋다.

안내문 내용 파악	· 안내문을 근거로 관할 세무서 담당자로부터 관련 내용을 확인한다. · 세무전문가를 통해 알아보는 것도 하나의 방법이다.
해명자료 작성 및 제출	· 과세자료 안내문에 대한 사실관계 및 법률관계를 검토한다. · 해명서를 작성한 후 증거자료 등을 첨부해 제출한다. · 해명자료는 관할 세무서에서 일 처리하는 기간에 맞춰서 제출해야 한다(며칠 정도 연기가능).
과세 시 대응법	· 해명에도 불구하고 과세예고 통지서를 보내온 경우에는 과세전적부심사를 청구할 수 있다. · 과세전적부심사를 받아 주지 않는 경우에는 정식적인 불복절차(이의신청 등)를 밟아 이에 대응할 수 있다.

※ **해명 안내문에 대한 대처법(요약)**

 해명자료의 제출안내문을 받은 경우는 이를 받은 날로부터 통상 7~10일 이내에 해명자료를 제출한다.

 시간이 더 필요한 경우에는 연기신청을 하도록 한다.

☑ 과세예고 통지서를 받게 되는 경우에는 과세전적부심사청구를 한다.

☑ 고지서를 받으면 불복청구를 한다.

실전연습 앞의 사례를 연장하여 보자.
일단 K씨가 충북 ○○면에서 보유한 주택은 세법상 폐가에 해당한다고 하자. 물음에 답하면?

☞ **물음 1** : K씨는 어떻게 해야 주택 수에서 제외되는 '폐가'임을 입증할 수 있을까?
☞ **물음 2** : K씨의 주장을 받아들이지 않으면 과세관청은 어떻게 할까?
☞ **물음 3** : 과세관청이 과세하면 납세자는 어떻게 대응해야 할까?

위의 물음에 대해 순차적으로 답을 찾아보자.

· **물음 1의 경우**

쟁점농어촌주택이 아파트 양도당시 폐가면 1세대 1주택 양도소득세 비과세 적용 시 주택 수에서 제외될 수 있다. 따라서 '폐가'임을 입증하는 것은 상당히 중요하다. 구체적으로 세법상 주택으로 취급되지 않기 위해서는 '건축법상 건축물'로 볼 수 없어야 한다. 따라서 장기간 방치되어 있더라도 지붕과 벽기둥이 있는 경우에는 주택으로 취급될 수 있음에 유의해야 한다(사실판단 사항).

※ **관련 예규 : 부동산납세-411(2014.06.10.) 등**
소득세법을 적용할 때 주택으로 사용하던 건물을 장기간 공가 상태로 방치한 경우에도 공부상의 용도가 주거용으로 등재되어 있는 경우에는 주택으로 보는 것이나, 장기간 공가 상태로 방치한 건물이 건축법상 건축물로 볼 수 없을 정도로 폐가가 된 경우에는 주택으로 보지 아니하는 것임. 귀 질의의 경우, 주택으로 볼 수 있는지의 여부는 관련내용 등을 종합적으로 검토해 사실판단할 사항임.

☞ 세법상 폐가인지 아닌지 등에 대한 세무상 쟁점이 발생해 불복으로 이어지는 경우가 많다. 사전에 이 문제를 정확히 따져야 사후적으로 문제가 없다(불복사례는 이 장의 '실력 더하기'를 참조).

· **물음 2의 경우**

1세대 2주택 상태에서 양도한 것으로 보아 양도소득세가 과세될 것으로 보인다.

· **물음3 의 경우**

폐가를 주택으로 보아 1세대 2주택이 되고 그러한 상황에서 과세되면 막대한 손실이 초래된다. 이러한 상황에서는 다음과 같이 조치를 취한다.

☑ 과세예고 통지서를 받으면 통지서 수령일로부터 30일 내에 과세전적부심사청구를 한다.
☑ 과세전적부심사청구가 받아들여지지 않으면 고지서를 수령한 날로부터 90일 내에 관할 세무서장이나 지방국세청장을 대상으로 이의신청을 한다. 그리고 이의신청이 받아들여지지 않으면 국세청장을 대상으로 하는 심사청구나 조세심판원장을 대상으로 하는 심판청구 중 하나를 선택한다.
☑ 이의신청을 하지 않는 경우에는 심사청구나 심판청구 중 하나를 선택한다.

memo

【양도소득세 사무처리규정 별지 제1호 서식】

양도소득세 해명자료 제출 안내

문서번호 : 재산 -

○ 성명 :   귀하   ○ 생년월일 :

안녕하십니까? 귀댁의 안녕과 화목을 기원합니다.

귀하의 양도소득과 관련하여 아래와 같이 과세자료가 발생하여 알려드리니 이에 대한 해명자료를 201 . . .까지 제출하여 주시기 바랍니다.

○ 과세자료 발생 경위(해명할 사항)

(보기)
- 이 자료는 귀하가 8년 이상 직접 경작한 토지를 양도한 것으로 신고하였으나 직접경작에 대한 증빙 서류가 부족하여 발생한 자료입니다.

○ 과세자료 내용(양도 물건)

양도물건 소재지	양도일	취득일	비 고

○ 제출할 해명자료

(보기) 농지원부, 농약, 비료, 종자, 농기계 구입명세서, 직접 경작 사실 확인서 등

제출 기한까지 회신이 없거나 제출한 자료가 불충분할 때에는 과세자료의 내용대로 세금이 부과되거나 사실 확인을 위하여 현장확인을 할 수 있음을 알려드립니다.

년   월   일

기 관 장

위 내용과 관련하여 문의 사항이 있을 때에는 담당자에게 연락하시면 친절하게 상담해 드리겠습니다. 성실납세자가 우대받는 사회를 만드는 국세청이 되겠습니다.

◆담당자 : ○○세무서 ○○○과 ○○○ 조사관(전화 :   , 전송 :   )

210㎜×297㎜(신문용지 54g/㎡)

양도소득세 과세예고 통지서를 받은 경우

상황
양도소득세의 신고와 관련하여 과세예고 통지서를 받은 경우의 대처법을 살펴보자. 과세예고 통지서는 과세에 앞서 납세자에게 소명의 기회를 주기 위해 보내진다. 참고로 이 통지서를 받으면 수정신고 등은 불가하며 과세전적부심사청구를 통해 부당함을 주장해야 한다.

Case
K씨는 다음과 같은 거래를 하였는데 과세예고 통지서를 받았다. 물음에 답하면?

- 양도 시 보유 주택 : 2주택(일반주택, 상속주택)
- 양도주택은 상속주택 외의 일반주택임(상속주택은 10년 전에 상속받은 주택임)

☞ 물음 1 : 과세예고 통지서를 보내온 이유는?
☞ 물음 2 : K씨는 이에 어떤 식으로 대처해야 하는가? 해명을 하면 되는가?
☞ 물음 3 : 만일 과세관청이 해명을 받아주지 않은 경우에 대처방법은?

Solution
위의 물음에 대해 순차적으로 답을 찾아보면 다음과 같다.

· 물음 1의 경우

과세관청의 전산시스템에 의해 해당 주택은 비과세가 아닌 과세 대상주택으로 일차적인 판단이 내려질 수 있다. 과세관청의 전산시스템이 세법상 특례가 적용되는 상속주택*인지의 여부를 인식하지 못할 수 있기 때문이다.

* 세법은 1세대가 상속주택을 포함해 2주택을 보유한 상태에서 상속주택 외의 일반주택을 먼저 양도 시 비과세하는 규정을 두고 있다.

· 물음 2의 경우

비과세에 해당하는 경우에는 잔여주택이 상속받은 주택임을 입증하면 된다. 납세자가 등기부등본 등을 제출하거나 아니면 유선상으로 해당내용을 설명하면 될 것이다.

· 물음 3의 경우

과세관청이 해명을 받아주지 않으면 일단 과세전적부심사청구를 해 진행할 수 있다. 만일 이 단계에서 불채택결정이 나면 정식적인 불복절차로 들어갈 수 있다.

과세전적부심사 불채택결정		· 이의신청 → 심사 또는 심판청구 · 심사 또는 심판청구

Consulting 양도소득세 신고와 관련해 과세예고 통지서를 받은 경우에는 다음과 같이 대책을 꾸리면 된다.

비과세에 해당하는 경우
· 적극적으로 비과세임을 소명한다.
· 이때 양도소득세 간편신고서나 일반신고서를 제출하도록 한다.

↓

신고내용에 오류가 발견된 경우
· 수정신고는 할 수 없으며 과세전적부심사제도를 통해 구제를 받도록 한다.
· 과세전적부심사는 통지를 받은 날로부터 30일 내에 청구한다.

↓

신고내용에 오류가 없는 경우
· 통지서의 내용에 오류가 명백한 경우 직권시정을 요구한다.
· 만일 직권시장이 되지 않으면 과세전적부심사제도를 통해 구제를 받도록 한다.

※ 양도소득세 신고와 관련해 과세예고 통지서를 받는 경우

☑ 현장확인 결과에 따라 납세고지하려는 세액이 있는 때
☑ 실지조사 등에서 확인된 해당 납세자 외의 자에 대한 과세자료를 처리해 과세할 때
☑ 거래상대방에 대한 조사에 의해 다운계약서 등이 적발된 때

실전연습 경기도 성남에 살고 있는 거주자 K씨는 올해 초 농지를 양도했으나 개인적 사정으로 신고기한 내에 양도소득세를 신고하지 못했다. 이에 과세관청은 다음과 같은 과세예고 통지서를 보내왔다. 물음에 답하면?

2. 결정할 내용(예상 총 고지세액 : 1억 3,000만원)
※지방소득세(소득세·법인세의 경우 예상고지세액의 10%) 및 소득금액 변동 관련세액 별도

(단위 : 원)

구분	신고 과세표준	결정 과세표준	산출세액	예상 고지세액
법인·소득세				
부가가치세				
상속·증여세				
양도소득세			1억원	1억 3,000만원
기타세(원천·개별소비·주세 등)				

☞ **물음 1** : 해당 농지는 8년 자경농지에 대한 감면이 적용되는데, 기한후신고를 하면 감면이 적용되는가?

☞ **물음 2** : 기한후신고로 감면신청했으나 감면요건 미비로 양도소득세가 추징되는 경우 무신고가산세가 적용될까?

☞ **물음 3** : K씨는 과세전적부심사청구를 하였으나 관할 세무서에서는 결정을 하지 않고 바로 고지를 했다. 이 경우 세법상 절차를 위배하여 무효인 과세처분은 아닌가?

위의 물음에 대해 답을 찾아보자.

· **물음 1의 경우**

관할 세무서장이 세법에 의하여 당해 국세의 과세표준과 세액을 결정해 통지하기 전까지 기한후신고서를 제출할 수 있다. 따라서 과세예고 통지서만 받은 경우 과세표준과 세액의 결정 통지를 받은 것이 아니므로 8년 자경감면의 요건에 대한 입증서류를 준비하여 기한후신고를 하면 감면을 받을 수 있다.

☞ 입증서류(국세청)
- ☑ 감면대상인지 여부 : 등기부등본, 토지대장, 도시계획확인원 등
- ☑ 자경한 사실의 여부 : 주민등록등본, 호적등본, 농지원부, 농협 등의 조합원인 경우 조합원증명원, 농약 및 비료구입 영수증, 농약 등 판매확인서, 농지소재지 농지위원장이 있는 경우 농지위원장이 확인한 자경농지사실확인서, 인우보증서 등

· 물음 2의 경우

그렇지 않다. 산출세액 계산은 정확히 되었으나 그 이하 단계의 감면세액을 계산할 때 오류가 발생하였기 때문이다. 이를 표로 정리하면 다음과 같다.

구분	신고	세법 적용
과세표준	정상	
× 세율		
=산출세액	정상	
−감면세액	오류	과소신고가산세 적용하지 않음(단, 허위자경확인서 제출 등에 의한 부정감면신청 시 부정과소신고가산세 40% 적용함. 조심2014전2548, 2014.10.17.참조)
=결정세액	오류	과소납부에 따른 납부불성실가산세 부과

다만, 2013.1.1. 이후 부정행위로 세액감면을 신청한 경우에는 국세기본법 제47조의3 제2항의 부정감면가산세를 적용하도록 하는 규정이 신설되었으므로 사실관계에 따라 가산세규정이 적용될 것으로 보인다. 참고로 신고가산세는 부과되지 않더라도 납부하지 아니한 세액에 대한 납부불성실가산세는 적용된다(재조세-1174, 2010.12.19.).

· 물음 3의 경우

논란의 소지가 있다. 하지만 과세관청의 입장은 처분청이 과세전적부심사에 대한 결정 없이 납세고지를 한 경우에도 문제가 없다고 보고 있다. 따라서 이의신청 등을 통해 권리를 구제받을 수 있으므로 무효인 과세처분은 아니라고 본다(국심2001전479, 2001.04.24.).

양도소득세 세무조사 사전 통지서를 받은 경우

상 황 양도소득세에 대한 세무조사는 서면으로 이루어진 경우가 많다. 하지만 서면조사로 만족할 수 없는 경우에는 부득이 현장방문 등을 통해 탈루된 세금을 추징할 수밖에 없을 것이다. 이하에서는 주로 개인이 부동산 등을 거래한 경우에 발생할 수 있는 세무조사에 대해 알아보자.

Case K씨는 다음과 같이 양도소득세를 신고했다. 이후 세무조사 사전 통지서를 받았다. 물음에 답하면?

〈신고한 내용〉
· 양도가액 20억원
· 취득가액 15억원
· 취득일 : 2000년

납세자	상호 (성명)		사업자등록번호 (생년월일)	
	사업장 (주소)			
조사대상 세목		양도소득세		
조사대상 과세기간		20 . . . ~ 20 . . .		
조사 기간		201 . . . ~ 201 . . .		
조사 사유		취득가액 과대신고 혐의		
조사제외 대상	세목 :	과세기간 :		범위 :

☞ **물음 1** : K씨는 왜 양도소득세에 대해 세무조사를 받게 될까?
☞ **물음 2** : 관할 세무서는 무엇을 어떻게 조사할까?
☞ **물음 3** : 신고기한으로부터 1년이 되는 날에 세무조사에 의해 양도차익이 5억원에서 10억원으로 경정되었다고 하자. 추징예상세액은 얼마나 될까?

PART 02 개인편

Chapter 02
양도소득세
세무조사
대책

Solution
앞의 물음에 대해 순차적으로 답을 찾아보면 다음과 같다.

· 물음 1의 경우

양도소득세 세무조사는 주로 오류탈루 혐의금액이 크거나 파급효과가 큰 경우에 기획조사 및 기획점검 등에 의해 발생한다. K씨의 경우에는 양도가액이 20억원이고 취득가액이 15억원인 바, 이 금액들이 상당히 높아 취득 시와 양도 시의 거래금액 등에 대한 조사가 진행될 수 있다.

· 물음 2의 경우

먼저 양도가액에 대해서는 양도가액이 진짜인지 조사를 하게 될 것이다. 취득가액이 정당하다면 양도가액을 축소신고할 가능성이 있기 때문이다. 이때 자금증빙을 요구하거나 금융추적조사 등을 통해 자금흐름을 조사할 수 있다. 실무에서는 매수자를 통한 거래금액의 진정성을 확인하는 경우도 종종 있다.

다음으로 취득가액에 대해서는 역시 취득 당시의 자금흐름조사나 매수자 탐문조사 등을 통해 이에 대한 적정성을 확인하게 될 것이다.

· 물음 3의 경우

장기보유 특별공제 30%를 적용한 과세표준에 편의상 6~38%(2018년은 6~42%)을 적용해 세금을 계산하면 다음과 같다. 단, 기본공제 250만원은 적용하지 않기로 한다.

구분	당초	조사 후	
		일반과소신고	부정과소신고
· 본세	1억 1,360만원[*1]	2억 4,660만원[*2]	2억 4,660만원[*2]
· 신고불성실가산세	-	2,466만원	9,864만원
· 납부불성실가산세	-	2,700만원	2,700만원
계	1억 1,360만원	2억 9,826만원	3억 7,224만원

[*1] : (5억원-5억원×30%)×38%-1,940만원(누진공제) = 1억 1,360만원
[*2] : (10억원-10억원×30%)×38%-1,940만원(누진공제) = 2억 4,660만원

일반과소신고의 경우에는 1억 8,466만원이, 부정과소신고의 경우에는 2억 5,864만원이 추가로 추징된다. 일반과소신고 시의 신고불성실가산세율은 10%, 부정신고의 경우에는 40%로 4배 차이가 난다.

※ 양도소득세 주요 부정과소신고 사유
- ☑ 거짓 증빙 또는 거짓 문서의 작성 및 수취
- ☑ 재산의 은닉, 소득·수익·행위·거래의 조작 또는 은폐
- ☑ 고의적으로 장부를 작성하지 아니하거나 비치하지 아니하는 행위 또는 계산서, 세금계산서 또는 계산서합계표, 세금계산서합계표의 조작
- ☑ 그밖에 위계(僞計)에 의한 행위 또는 부정한 행위

☞ 이러한 부정행위에 의해 양도소득세를 과소신고한 경우의 국세부과 제척기간은 10년이다.

Consulting   개인의 양도소득세에 대한 세무조사가 시작되는 경우 알아야 할 내용들을 정리해보자.

세무조사 시작 전	• 점검할 내용 : 국세부과 제척기간, 세무조사 이유, 세무조사종류, 조사기간, 조사대상 기간 등 파악 • 준비할 서류 : 양도소득세 신고서, 매매계약서, 거래사실확인서, 통장사본 등
세무조사 진행 중	• 세무조사 시 쟁점사항 검토(세무대리인 위임 가능) • 추징예상세액 검토(본인 및 관련자 등에 대한 처벌 등 포함)
세무조사 종결 시	• 확인서 제출 시 내용이 맞는지 확인한 후 서명 • 세무조사결과 통지서 수령 시 이의가 있는 경우 과세전적부심사청구를 진행 • 고지서가 수령된 경우로써 이의가 있는 경우에는 이의신청 등 불복절차로 돌입

※ **양도소득세 세무조사 요약**
- ☑ 세무조사종류 : 수시조사, 기획조사 등(서면조사로 종결되는 경우가 많음)
- ☑ 조사기간 : 20일 내(양도가액 100억원 이하인 경우)
- ☑ 조사관할 : 일선 세무서(단, 양도가액이 큰 경우에는 지방청)

실전연습 K씨는 3년 전에 10억원 상당의 부동산을 양도했다. 그런데 최근 이에 대해 세무조사가 진행되었다. 그런데 과세관청은 이 과정에서 취득가액은 실지가액, 양도가액은 매매사례가액으로 경정했다. 물음에 답하면?

☞ **물음 1** : 과세관청이 양도가액을 매매사례가액으로 경정하는 것이 가능한가?
☞ **물음 2** : K씨는 세무조사결과 통지서의 내용이 마음에 들지 않는다. 이 경우 어떤 대처방법이 있을까?
☞ **물음 3** : K씨는 과세전적부심사청구를 진행했지만 그의 주장이 받아들여지지 않아 3억원에 달하는 세금고지서를 수령했다. 이에 대한 대처방법은?
☞ **물음 4** : K씨가 관할 세무서장을 대상으로 이의신청을 한 결과 재조사결정을 받았다. 이 경우 다시 이의신청을 할 수 있는가 아니면 심판이나 심사청구를 해야 하는가?

위의 물음에 대해 순차적으로 답을 찾아보면 다음과 같다.

· **물음 1의 경우**

가능하다. 소득세법 시행령 제176조(양도소득과세표준과 세액의 결정 및 경정)에서는 양도가액 또는 취득가액을 추계결정 또는 경정하는 경우에는 양도일 또는 취득일 전후 각 3개월 이내에 해당 자산과 동일하거나 유사성이 있는 자산의 매매사례가 있는 경우 그 가액 등을 양도가액 등으로 할 수 있도록 하고 있다.

· **물음 2의 경우**

세무조사 결과에 대한 서면통지 또는 과세예고 통지를 받은 경우에는 통지를 받은 날부터 30일 이내에 통지를 한 세무서장이나 지방국세청장에게 통지 내용의 적법성에 관한 심사(과세전적부심사)를 청구할 수 있다. 과세전적부심사청구서를 작성해 증빙서류를 첨부해 주소지 관할 세무서 납세자보호담당관실에 접수하면 된다.

· 물음 3의 경우

국세기본법 또는 세법에 의한 처분으로 위법 또는 부당한 처분을 받거나 필요한 처분을 받지 못함으로써 권리 또는 이익의 침해를 당한 자는 그 처분이 있은 것을 안 날(처분의 통지를 받은 때에는 그 받은 날)부터 90일 이내에 이의신청, 심사청구, 심판청구를 하여 그 처분의 취소 또는 변경이나 필요한 처분을 청구할 수 있다.

돌발퀴즈!

K씨는 고지서를 받은 날로부터 (   )이내에 이의신청 등을 할 수 있을까?
정답은 90일이다. 이러한 제도에 의해 구제를 받지 못하면 이후 행정소송을 진행할 수 있다.

· 물음 4의 경우

이의신청을 하고 그에 따른 조사결과 통지서를 수령했다면 심사 및 심판청구를 할 수 있다. 이 경우 불복청구의 기산일은 이의신청에 의한 '재조사 결과통지서를 수령한 날'로 본다.

※ 관련 예규 : 재조세46000-271, 2001.11.27.
이의신청에 따른 재조사결정 결과에 불복하는 경우에는 '재조사에 따른 조사결과통지서를 수령한 날'이 불복청구기산일임.

Tip 양도소득세 세무조사 통계(국세청 통계)

구분	신고인원	조사건수	부과세액
2013년	473,749	4,678	380,485억원
2014년	587,656	4,100	433,407억원
2015년	743,255	4,243	422,056억원
2016년	714,848	4,216	352,861억원

| 실력 더하기 | 양도소득세 불복사례 연구 |

납세자가 양도소득세 신고 등과 관련해 위법·부당한 처분 등을 받으면 불복을 진행할 수 있다. 아래는 양도소득세와 관련된 불복사례의 한 예다. 과세관청의 과세처분에 맞서 납세자가 조세심판원에 불복을 제기한 것으로 결과는 '기각', 즉 납세자의 주장이 이유없다는 것으로 과세관청이 승소한 것이 주요골자다.

[제목]	농어촌주택은 전기사용계약이 임시해지된 것만으로 폐가로 볼 수 없음(조심2009서3950, 2010.09.27.).
[요약]	장기미사용으로 인해 전기사용계약이 임시해지된 것으로 보아 아파트 양도 당시 주택으로써의 기능을 상실한 폐가로 보기는 어려움.
[결정유형]	기각*

* 기각 : 납세자의 주장이 타당하지 않아 이를 물리치는 결정

[주문]
심판청구를 기각한다.

[이유]
1. 처분개요

가. 청구인은 2002. 4. 29. 서울특별시 ○○구 ○○동 목동1단지아파트 114동 303호(이하 "아파트"라 한다)를 취득한 다음 2004. 8. 30. 경기도 △△군 △△면 △△리 375-1 전 3,985m^2와 같은 곳 375-6 대지 650m^2, 건물 85.60m^2의 단독주택(이하 "쟁점농어촌주택"이라 한다)을 임의경매로 취득해 보유하다가, 2008. 11. 27. 아파트를 양도하고 「소득세법」상 1세대 1주택 양도소득세 비과세 규정을 적용해 신고했다.

나. 처분청은 청구인이 아파트 양도당시 쟁점농어촌주택을 보유했으므로 1세대 1주택 양도소득세 비과세 적용대상이 아니라 하여 2009.7.28. 청구인에게 2008년 귀속 양도소득세 133,411,500원을 경정·고지했다.

다. 청구인은 이에 불복해 2009. 10. 26. 심판청구를 제기했다.

☞ 과세처분에 대한 전체적인 개요를 설명하고 있다.

2. 청구인 주장 및 처분청 의견

가. 청구인의 주장

쟁점농어촌주택은 아파트 양도당시 폐가였으므로 1세대 1주택 양도소득세 비과세 적용시 주택 수에서 제외해야 한다.

나. 처분청의 의견

쟁점농어촌주택은 현○○(여, 44세)가 2002. 2. 19. 전입신고후 양도일까지 주민등록이 되어 있었고, 경기도 ○○군에서 작성한 『주택특성조사표』에 의하면 2007~2008년도 주택가격이 각각 92,300,000원과 89,000,000원으로 결정되었으며, 2009. 4. 23. 전기사용계약이 임시해지된 것으로 보아 아파트 양도 당시에는 폐가로 볼 수 없다.

☞ 청구인(납세자)의 주장은 청구인의 심판청구상의 핵심내용을 말한다. 처분청의 의견은 과세처분을 한 과세관청의 핵심내용을 말한다. 납세자는 과세가 부당함을 말하고 있으나 과세관청은 정당함을 말하고 있어 이 둘의 주장이 대립하고 있다.

3. 심리 및 판단

가. 쟁점

아파트 양도 당시 쟁점농어촌주택이 폐가였는지의 여부

나. 관련법령

별지 기재와 같다.

다. 사실관계 및 판단

(1) 쟁점농어촌주택의 취득경위 및 현황은 다음과 같다.

(가) 청구인은 2004.8.30. 경기도 △△군 △△면 △△리 375-1 전 3,985㎡와 함께 쟁점농어촌주택과 부수토지를 법원경매로 취득했으며, 지적도등본을 보면 부수토지(△△리 375-6 대지 650㎡)는 전의 한쪽면을 장방형으로 분할한 형태로 되어 있다.

(나) 경기도 △△군수가 2009. 11. 9. 처분청에 회신한 쟁점농어촌주택의 주택에 대한 『주택특성조사표』에 의하면 가격이 2008년 92,300,000원, 2009년 89,000,000원으로 되어 있다.

(다) 처분청은 쟁점농어촌주택에 현○○(여 66년생)가 2002. 2. 19. 전입신고를 하여 2009.11.6.까지도 주민등록부에 등재되어 있는 것으로 보아 아파트 양도일 현재 쟁점농어촌주택은 폐가가 아닌 것으로 보아야 한다는 의견이고, 청구인은 현○○는 전 소유자 김○○의 며느리로서 청구인이 취득한 이후 거주한 사실이 없다는 주장인 바, 경기도 △△군 △△농업협동조합장은 2004. 10. 14. 법원경매당시(청구인이 취득시) 의정부지방법원에 제출한 배당제외신청서에서 "현○○는 채무자(김○○)의 며느리로 조사된 바, 주민등록이 쟁점농어촌주택에 등재되어 있는 것을 기화로 하여 채권자 및 법원을 기망해 선의의 소액임차자 등 인양 배당을 요구한 자로써 쟁점농어촌주택 경매절차에서 「주택임대차보호법」 제8조에 기한 소액임차 보증금을 우선으로 배당받아갈 하등의 이유가 없으므로 배당에서 제외하여 주기 바란다"라고 한 사실이 나타난다.

(라) 한국전력공사 인천지점의 2009. 11. 6.자 고객종합정보내역에 의하면 쟁점농어촌주택은 2009. 4. 23. 장기미사용으로 전기사용계약이 임시해지된 상태이며, 전력사용량을 보면, 2008년 1월부터는 사용량이 없는 것으로 나타난다.

(3) 쟁점에 대해 본다. 청구인은 2008. 11. 27. 아파트 양도 당시 쟁점농어촌주택은 폐가이어서 주택 수에 포함되지 않는다고 주장하나, 경기도 △△군수가 2009. 11. 9. 처분청에 회신한 쟁점농어촌주택의 주택에 대한 『주택특성조사표』에 의하면 가격이 2008년 92,300,000원, 2009년 89,000,000원으로 되어 있고, 한국전력공사 인천지점의 2009. 11. 6.자 고객종합청보내역에 의하면 쟁점농어촌주택은 2009. 4. 23. 장기미사용으로 인해 전기사용계약이 임시해지된 것으로 보아 아파트 양도 당시 주택으로써의 기능을 상실한 폐가로 보기는 어렵다고 판단된다.

☞ 납세자와 과세관청 간의 대립에 대해 제3자가 나서서 사실관계 및 법령 등을 검토해 판결을 내리는 과정을 보여주고 있다. 조세심판원 등의 시각에서 볼 때 주장의 내용이 타당성이 있어야 승소의 가능성이 높아질 것이다. 따라서 이를 위해서는 사례와 관련된 예규나 심판례, 대법원 판례 등을 최대한 수집을 하는 것이 중요하다. 참고로 불복청구 시 사실관계 및 법률관계에 대해 정확하게 대응해야 하

는데 이 중 사실관계의 입증문제가 상당히 중요하다. 사실관계가 입증되지 않으면 그 만큼 실패할 확률이 높아진다. 따라서 거래를 할 때에는 향후 세무조사나 불복 등에 대비하기 위해 미리 증거자료를 징구해 보관하는 자세를 유지하는 것이 좋을 것으로 보인다.

4. 결론

> 이 건 심판청구는 심리결과 청구주장이 이유 없으므로 「국세기본법」 제81조 및 제65조 제1항 제2호에 의해 주문과 같이 결정한다.

☞ 사례의 경우 세법상 폐가인지 아닌지에 따라 과세의 내용이 달라짐을 알 수 있다. 이 사례처럼 안이한 자세로 실무처리를 하게 되면 과세가 되는 상황이 벌어지고 이를 벗어나기 위해서는 불복 등의 절차를 거쳐야 하는데 이때 막대한 손실이 발생할 수 있다. 따라서 이러한 상황을 벗어나기 위해서는 미리 세무문제를 다각도로 검토해 사후적으로 발생할 수 있는 문제점 등을 최대한 예방해야 한다.

돌발퀴즈!

사례의 경우 어떻게 했으면 이러한 일을 겪지 않았을까?

주택의 양도 전에 당해 농어촌주택에서 사람이 살 수 없을 정도의 폐가인지의 여부를 확인해야 한다. 이때 폐가인지의 여부가 확실하지 않을 때에는 차라리 멸실시키는 것도 고려해야 한다. 만일 멸실하는 것이 쉽지 않은 상황이라면 사람이 살 수 없을 정도의 공간으로 입증 받는 것도 좋다. 예를 들어 단전이나 단수 등의 조치를 취하고 싱크대나 보일러 시설 등을 철거하면 폐가로 인정받을 확률이 높아진다.

조세법의 기본원칙(조세법률주의와 조세평등주의)

일반적으로 조세(租稅)는 국민의 재산권을 침해하는 속성을 가지게 된다. 따라서 국회의원 마음대로 법을 제정하거나 세무공무원이 마음대로 세법을 해석하여 적용해서는 안 될 것이다. 조세법의 기본원칙은 이러한 과정에서 누구나 지켜야할 지침을 말하는데 이에는 크게 조세법률주의와 조세평등주의가 있다.

1. 조세법률주의
조세법률주의는 조세는 국회에서 제정되는 법률에 의해서만 부과·징수할 수 있고 국민은 법률에 의해서만 납세의무를 진다는 원칙을 말한다. 국민의 재산권 보호와 법적안정성과 예측가능성을 위해 지켜야 할 원칙에 해당한다. 이에는 ①과세요건* 법정주의, ②과세요건 명확주의, ③소급과세의 금지, ④세법의 엄격해석 등 하부원칙이 존재한다. 이중 ①과세요건 법정주의는 조세법률주의에서 가장 중요한 원칙에 해당한다. 만일 법률에서 위임한 바 없이 대통령에서 규정하고 있거나, 과세요건이 명확하지 않음에도 불구하고 과세되는 경우 재산권을 침해하게 된다. 이는 궁극적으로 조세법률주의를 위반하여 무효 또는 취소의 대상이 된다. 최근 증여세 완전포괄주의과세에 대한 대법원의 제동도 모두 이와 관련이 있다.

* 납세의무자, 과세물건과 그 귀속, 과세표준, 세율 등을 말한다.

2. 조세평등주의
조세평등주의는 모든 국민이 공평하게 세금을 내도록 입법하고 법을 해석 및 적용해야 한다는 원칙을 말한다. 세법은 이를 위해 실질과세의 원칙, 부당행위계산의 부인규정 등을 두고 있다. 이중 실질과세의 원칙만 살펴본다면 이는 법적 형식이나 외관에 관계없이 실질에 따라 세법을 해석하고 과세요건사실을 인정하여야 한다는 원칙을 말한다. 실무적으로 오피스텔을 주거용으로 사용하면 주택으로 보거나 직계존비속간 거래 시 증여로 추정하여 과세하는 것, 사업자 명의대여 시 실제 사업자를 대상으로 과세하는 것 등이 모두 이와 관련이 있다.

3. 이 둘의 관계
조세법률주의와 조세평등주의가 상호보완관계로 작동하는 경우에는 문제가 없다. 하지만 이 둘이 상충관계에 있을 수가 있는데 이때에는 조세의 공평보다는 국민의 재산권을 침해하는 것을 방지하는 쪽에 중점을 둘 필요가 있다. 따라서 세법에 대한 입법이나 해석 및 적용에 있어서 조세법률주의 틀 안에서 조세평등주의가 실현되는 식으로 세법을 이해할 필요가 있다. 즉 조세법률주의를 허물고 조세평등주의를 우선 시 할 수 없다는 것이다.

☞ 조세법률주의와 조세평등주의는 국회의원이나 세무공무원 그리고 납세자 등이 유념해야 할 덕목이기도 하다. 이 책의 독자들도 본문에 나와 있는 각종 내용들을 이러한 관점에서 살펴보면 많은 도움이 될 것이다.

chapter 03

상속·증여세 세무리스크 예방법

상속·증여재산가액관련 세무리스크

상황 상속세와 증여세는 납세의무자의 신고를 통해 납세의무가 확정되는 것이 아니라, 제출한 신고서에 대해 정부의 조사 등을 거쳐 납세의무가 확정된다. 이러한 이유로 다른 세목과는 달리 세무조사가 자주 발생한다. 따라서 미리 세무조사를 대비하는 자세로 신고에 임하는 것이 좋다. 이하에서 상속이나 증여재산가액을 확정하는 과정에서 발생하는 세무리스크에 대한 예방법부터 살펴보자.

Case K씨는 아버지의 연세가 많아 늘 상속세 걱정이 많다. 다음 자료를 보고 물음에 답하면?

〈자료〉
- K씨 아버지의 재산보유 현황
  - 주택 1채 : 시가 10억원(기준시가 7억원, 세법상의 시가는 확인할 수 없음)
  - 상가 : 시가 20억원(기준시가 10억원, 임대보증금 및 임대료환산가액 12억원)
  - 현금 : 3억원
- 3년 전 배우자에게 증여한 토지의 증여재산가액 : 5억원(현재 시가 8억원)

☞ 물음 1 : K씨 아버지의 재산은 시가로 얼마인가?
☞ 물음 2 : K씨 아버지의 상속세 계산을 위한 재산가액은 얼마인가?
☞ 물음 3 : 상속공제액이 10억원이라면 상속세는 얼마나 예상되는가? 단, 상속세율은 10~50%다.

Solution 위의 물음에 대해 순차적으로 답을 찾아보면 다음과 같다.

· 물음 1의 경우

현재 시점에서 주택과 상가 그리고 현금보유액을 더하면 33억원이 된다.

· 물음 2의 경우

상속세(또는 증여세)는 시가과세를 원칙으로 하며 시가가 없는 경우에는 다양한 방법으로 시가를 산정하되 그래도 없는 경우에는 기준시가를 시가 대용으로 사용한다. 참고로 상속 전에 증여한 재산은 상속인은 10년, 상속인이 아닌 자는 5년 내의 것을 상속재산가액에 합산*한다. 이를 기준으로 상속재산가액을 계산하면 다음과 같다.

* 이렇게 합산한 이유는 누진적인 세부담을 회피하는 것을 방지하기 위해서다.

① 현존한 재산의 평가액 : 22억원

☑ 주택 → 시가를 확인할 수 없으므로 기준시가를 사용한다. 따라서 7억원이 평가액이 된다.

☑ 상가 → 상가는 다음과 같은 방법으로 평가한다.
· 근저당 설정이 되어 있는 경우 : Max[시가, 임대료환산가액, 담보채권액, 기준시가]
· 근저당 설정이 안 되어 있는 경우 : Max[시가, 임대료환산가액, 기준시가]
사례의 경우 근저당 설정이 안 되어 있으므로 임대료환산가액 12억원과 기준시가 10억원 중 큰 금액인 12억원이 평가액이 된다.

☑ 현금 → 보유한 금액으로 평가한다. 따라서 3억원이 된다.

② 사전에 증여한 재산가액

상속개시일로부터 소급해 10년 내 배우자에게 증여한 재산가액은 상속재산가액에 포함시킨다. 다만, 이때 합산되는 가액은 '증여일 현재'의 평가액으로 한다. 따라서 5억원이 평가액이 된다.

③ 총 상속재산가액

위의 ①과 ②를 더하면 27억원이 된다.

· 물음 3의 경우

상속재산가액 27억원에서 10원의 상속공제를 차감한 과세표준에 10~50%의 세율을 곱해 상속세를 계산할 수 있다.

구분	금액	비고
상속재산가액	27억원	
-상속공제	10억원	가정
=과세표준	17억원	
×세율	40%*	
-누진공제	1억 6,000만원	누진공제
=산출세액	5억 2,000만원	

* 상속세와 증여세의 세율은 10~50%의 5단계 누진세율로 되어 있다. 과세표준 1억원 이하는 10%, 1~5억원 이하는 20%(누진공제 1,000만원), 5~10억원 이하는 30%(누진공제 6,000만원), 10~30억원 이하는 40%(누진공제 1억 6,000만원), 30억원 초과는 50%(누진공제 4억 6,000만원)다.

Consulting 상속세 또는 증여세에 대한 세무조사 시 재산가액 확정과 관련된 주요 쟁점들을 정리하면 다음과 같다.

1. 과세대상의 범위
- 상속의 경우 → 상속개시일 현재의 상속재산가액 및 상속개시일로부터 소급해 10년(5년) 내의 증여가액
- 증여의 경우 → 증여일 현재의 증여재산가액 및 증여일로부터 소급해 10년 내의 증여가액(단, 동일인으로부터 증여받은 경우에 한해 합산)

2. 재산의 은닉과 누락
- 상속의 경우 → 상속개시일 전에 재산을 은닉하거나 누락한 경우(상속추정제도 등 적용)
- 증여의 경우 → 편법증여 등으로 신고 누락한 경우(증여추정제도, 완전포괄주의제도 등 적용)

3. 재산가액의 평가
- 상속의 경우 → 상속개시일 전후 6개월*부터 상속세신고 시까지 매매사례가액 등으로 평가
- 증여의 경우 → 증여일 전후 3개월*부터 증여세신고 시까지 매매사례가액 등으로 평가

* 유사한 재산은 상속개시일 전 6개월(증여는 3개월)부터 상속세(증여세) 신고 시까지의 매매사례가액을 적용한다. 참고로 상속·증여세 신고에서 쟁점이 되는 유사 재산의 매매사례가액에 대한 판단기준은 대법원판례(2012.4.26. 선고 2001두30038 판결)를 참조하기 바란다. 여기에서는 상속세 등에서 매매사례가액을 인정받기 위해서는 상속개시 당시와 유사 재산의 거래일 사이에 가격 변동이 없어야 한다는 점을 강조하고 있다. 한편 세법은 변칙적인 증여를 잡기 위해 완전포괄주의방식을 도입해 증여세를 부과하고 있지만 최근 대법원에서는 과세요건 등이 명확하지 않은 상태에서는 과세할 수 없다는 판결을 계속적으로 내리고 있다(대법원 2013두13266 참조, 세무조사 및 불복 포인트).

실전연습 앞의 K씨 아버지의 사망으로 상속이 발생해 상속세를 신고했다고 하자. 그런데 얼마 뒤 관할 세무서가 상속세신고서에 대해 조사를 진행한 끝에 주택가격을 7억원이 아닌 11억원으로 고쳐서(경정) 과세하겠다고 한다. 물음에 답하면?

☞ **물음 1**: 왜 주택가격이 7억원에서 11억원으로 수정되는가?
☞ **물음 2**: 과세표준 4억원이 추가되는데, 이에 대해 가산세를 제외한 상속세는 얼마나 나올까?
☞ **물음 3**: 이 경우 신고불성실가산세는 얼마나 될까?

물음에 대해 답을 순차적으로 찾아보자.

· **물음 1의 경우**
이 주택에 대한 시가가 확인되었기 때문이다. 세법은 상속개시일 전후 6개월(1년간, 유사한 재산은 6개월 전부터 상속세신고 시까지의 기간) 내에 해당재산이나 유사한 재산에 대한 매매사례가액 등이 밝혀진 경우 이를 시가로 보게 된다.

· **물음 2의 경우**
가산세를 제외한 상속세를 계산하면 다음과 같다.

구분	금액	비고
상속재산가액	31억원	27억원+4억원
−상속공제	10억원	가정
=과세표준	21억원	
×세율	40%	
−누진공제	1억 6,000만원	누진공제
=산출세액	6억 8,000만원	

주택가격을 7억원으로 한 경우(5억 2,000만원)에 비해 1억 6,000만원이 증가되었다.

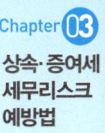

PART 02
개인편

Chapter 03
상속·증여세
세무리스크
예방법

· **물음 3의 경우**

위와 같이 재산평가방법의 차이에 의해 세금이 증가하는 경우 신고불성실가산세는 부과되지 않는다. 다만, 납부불성실가산세는 부과된다. 이렇게 신고가산세를 부과하지 않는 이유는 재산평가방법 등이 다양해 신고 시 이를 정확히 산정하는 것이 힘들기 때문이다.

※ **상속·증여세 신고와 관련해 가산세가 없는 경우**

- ☑ 신고한 재산에 대한 평가가액의 적용방법 차이(예: 기준시가로 신고했으나 매매사례가액으로 고지한 경우 등)로 미달 신고한 경우
- ☑ 신고한 재산의 소유권에 관한 소송 등의 사유로 인하여 상속 또는 증여재산으로 확정되지 아니한 금액
- ☑ 상속공제나 증여공제의 적용착오로 미달 신고한 금액

memo

상속·증여채무공제관련 세무리스크

상 황 상속세나 증여세의 신고와 관련해 채무는 재산가액을 줄이는 역할을 하게 된다. 따라서 납세자들은 어떤 식으로든 채무를 공제하는 것을 선호하게 된다. 하지만 가공채무 등을 공제하는 경우에는 세무리스크가 크게 발생한다. 이하에서는 주로 상속이나 증여 때 공제한 채무에 대한 세무리스크 예방법을 살펴보도록 하자.

Case L씨는 다음과 같이 상속세를 신고했다. 물음에 답하면?

구분	금액	비고
· 상속재산가액	20억원	
· 상속채무	5억원	사인(개인) 간의 채무
· 상속공제액	15억원	

☞ 물음 1 : 위와 같은 상황에서 상속세 과세표준은 얼마인가?
☞ 물음 2 : 사인(개인) 간의 상속채무는 어떤 조건 하에서 인정되는가?
☞ 물음 3 : 상속채무를 허위로 신고하는 경우 신고불성실가산세율은?

Solution 위의 물음에 대해 순차적으로 답을 찾아보면 다음과 같다.

· 물음 1의 경우

상속재산가액에서 상속채무와 상속공제액을 차감하면 과세표준은 0원이 나온다.

· 물음 2의 경우

상속세를 계산할 때 공제되는 채무액은 상속개시 당시 피상속인의 채무로 상속인이 실

제로 부담하는 사실이 다음 어느 하나에 의해 입증되어야 한다.

구분	채무의 입증방법
· 국가·지방자치단체 및 금융기관에 대한 채무	당해 기관에 대한 채무임을 입증할 수 있는 서류
· 기타의 자에 대한 채무	채무부담계약서, 채권자확인서, 담보 및 이자지급에 관한 증빙 등에 의해 그 사실을 확인할 수 있는 서류

따라서 상속세 과세가액에 일반 사인 간의 채무가 포함되어 있는 경우에는 금융기관을 통해 이자를 지급하고 무통장 입금증 등 증빙서류를 확보해 두어야 추후 상속채무로 인정받을 수 있다.

※ **공제가능한 채무의 범위**(국세청)

☑ 미지급이자

상속개시일 현재 피상속인의 채무에 대한 미지급이자는 공제할 수 있는 채무에 해당한다.

☑ 보증채무

피상속인이 부담하고 있는 보증채무 중 주채무자가 변제불능의 상태에 있어 상속인이 주채무자에게 구상권을 행사할 수 없다고 인정되는 부분에 상당하는 금액은 채무로 공제한다.

☑ 연대채무

피상속인이 연대채무자인 경우에 상속재산에서 공제할 채무액은 피상속인의 부담분에 상당하는 금액에 한해 공제할 수 있다. 다만, 연대채무자가 변제불능의 상태가 되어 피상속인이 변제불능자의 부담분까지 부담한 경우로써 당해 부담분에 대하여 상속인이 구상권을 행사해도 변제받을 수 없다고 인정되는 경우에는 채무로 공제할 수 있다.

☑ 임대보증금

피상속인이 토지·건물의 소유자로 체결한 임대차계약서상의 보증금은 채무로 공제된다.

☑ 사용인의 퇴직금상당액에 대한 채무

피상속인이 사업상 고용한 사용인에 대한 상속개시일까지의 퇴직금 상당액(근로기준법에 의해 지급하여야 할 금액을 말함)은 공제할 수 있는 채무에 해당한다.

·물음 3의 경우

부정과소신고에 의한 경우는 40%이나 일반과소신고에 의한 경우에는 10%가 된다. 사례의 경우 어떤 율이 적용될 것인지는 사실판단사항이다. 참고로 가공채무임이 밝혀진 경우에는 부정과소신고가산세가 적용될 것으로 보인다.

돌발퀴즈!

상속채무는 누가 입증해야 하는가?

상속개시 당시 피상속인의 채무가 존재하는지 여부 등에 대한 입증책임은 납세의무자에게 있다.

Consulting

상속세나 증여세 세무조사 시 채무는 세무리스크에 어떤 영향을 주는지 알아보면 다음과 같다.

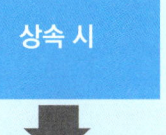
· 상속의 경우 상속재산가액에서 공제되는 것이 정당한지 여부가 관건이다.

· 증여 시에는 부담부 증여, 채무변제 등에 대한 증여세 과세문제가 있다.

· 상속의 경우 → 상속세 계산 시 공제된 채무가 가공채무인지 등에 대해 사후관리를 한다.
· 증여의 경우 → 부담부 증여로 인해 인수받은 채무를 누가 상환을 했는지 등에 대해 사후관리를 한다.

※ 상속·증여관련 부채의 사후관리

상속이나 증여와 관련해 발생한 부채(채무)는 주기적으로 사후관리를 받게 되는데 이에 대한 내용을 살펴보자.

☑ 상속세 및 증여세(부담부 증여 등을 포함)의 결정이나 재산취득자금 출처확인 등에서 인정된 부채를 국세통합시스템에 입력한다.

☑ 부채 사후관리 대상자에게 해명할 사항이 필요한 경우 부채 상환에 대한 해명자료 제출 안내문을 우편으로 발송한다.

☑ 사후관리 결과 채권자 변동사실, 채무감소(변동)사실 등이 확인된 경우에는 즉시 그 사실을 국세통합시스템에 입력한다.

☞ 채무로 공제 받은 금액 중 상속인이 스스로의 힘으로 변제할 수 없다고 인정되거나 세무서에서 사후관리하고 있다가 채무를 변제하면 자금출처를 조사해 증여를 받은 사실이 확인되는 경우, 당초 신고한 채무가 가공부채로 확인되는 경우 증여세 또는 상속세를 부과하고 있다.

실전연습 K씨는 아버지로부터 다음과 같이 부담부 증여를 받았다. 물음에 답하면?

〈자료〉
· 재산평가액 : 2억원
· 위 재산에 담보된 채무 : 1억원
· 취득가액 : 1억원(10년 전 취득)

☞ **물음 1** : 이 경우 증여세와 양도소득세는 얼마인가?
☞ **물음 2** : 만일 채무를 아버지가 대신 갚아줄 때에 세무조사의 가능성은 얼마나 되는가?
☞ **물음 3** : 부담부 증여에 대한 세무리스크 예방법은?

물음에 대해 순차적으로 답을 찾아보면 다음과 같다.

· **물음 1의 경우**

물음에 따른 증여세와 양도소득세를 계산하면 다음과 같다.

① **증여세**

증여세는 재산평가액에서 채무액을 공제한 금액에 대해 과세되는 것이 원칙이다. 사례의 경우 1억원이 증여재산가액이 되고 여기에 증여재산공제 5,000만원을 적용하면 과세표준은 5,000만원이 된다. 이에 세율 10%를 곱하면 산출세액은 500만원 정도 예상된다.

② **양도소득세**

채무를 양도가액으로 하면 취득가액이 관건이다. 사례에서의 전체 취득가액은 1억원인 바, 이 중 50%(채무액 1억원/전체 증여재산가액 2억원)만 양도가액에 대응되는 취득가액에 해당한다. 따라서 다음과 같이 양도소득세가 예상된다.

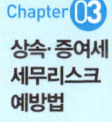

구분	금액	비고
양도가액	1억원	
-취득가액	5,000만원	전체 취득가액×채무액/전체재산평가액 =1억원×1억원/2억원=5,000만원
=양도차익	5,000만원	
-장기보유 특별공제	1,500만원	양도차익×30%(10년 보유)
-기본공제	250만원	
=과세표준	3,250만원	
×세율	15%	
-누진공제	108만원	
=산출세액	379만 5,000원	

③ **계**

증여세와 양도소득세를 더하면 대략 879만원 정도가 나온다.

· **물음 2의 경우**

부담부 증여의 경우에는 부채상환에 대해 주기(6개월)적으로 사후관리를 한다. 따라서 부채상환 시에 세무조사가 나올 가능성이 높다.

· **물음 3의 경우**

먼저 부담부를 증여할 때 다음과 같은 채무에 해당되어야 한다.
- ☑ 증여일 현재 증여재산에 담보된 채무가 있어야 한다.
- ☑ 담보된 당해 채무가 반드시 증여자의 채무이어야 한다.
- ☑ 당해 채무를 수증자가 인수한 사실이 증여계약서, 자금출처가 확인되는 자금으로 원리금을 상환하거나, 담보설정 등에 의해 객관적으로 확인되어야 한다.

다음으로, 수증자가 채무를 상환하는 경우 이에 대한 자금출처조사가 예정되어 있으므로 수증자의 돈으로 상환하도록 해야 한다.

memo

상속·증여세 신고관련 세무리스크

상 황 상속세나 증여세의 신고와 관련해서도 다양한 세무리스크가 발생한다. 특히 신고 시 적용되는 각종 공제제도는 약방의 감초처럼 검증 대상이 된다. 이하에서 이들의 신고 때 필수적으로 알아야 할 세무리스크 예방법을 알아보자.

Case K씨는 상속세와 증여세를 다음과 같이 신고했다. 물음에 답하면?

① 상속세
- 상속재산가액 : 11억원
- 상속공제액 : 10억원

② 증여세
- 증여대상 주택 : 아파트(시가 4.5~5억원, 기준시가 4억원)
- 증여재산가액 : 5억원(유사한 아파트의 거래금액으로 신고)
- 수증자 : 배우자

☞ **물음 1** : 상속세를 법정신고기한 내에 신고했으나 상속세 결정기한인 6개월(2018년 영 개정 후의 상속분은 9개월, 증여는 3개월에서 6개월로 연장됨) 안에 이에 대한 결정통지가 오지 않았다. 이 경우 과세관청의 결정이 있었다고 볼 수 있을까?

☞ **물음 2** : 상속개시일 전 5년 전에 피상속인(돌아가신 분)의 계좌에서 3억원이 인출되었는데 이 금액은 상속재산가액에 포함되지 않았다. 이에 대해 상속세가 나올까?

☞ **물음 3** : 관할 세무서에서는 수증자가 신고한 5억원을 증여재산가액으로 인정하지 않았다. 그렇다면 얼마가 증여재산가액이 될까?

(2018년 9개월)

Solution 앞의 물음에 대해 답을 찾아보면 다음과 같다.

· 물음 1의 경우

아니다. 상속세 법정결정기한에 관한 규정은 훈시규정에 해당하므로 6개월(2018년 9개월)을 경과한 후에 결정을 하더라도 위법은 아니라고 한다. 따라서 뒤늦게 과세관청이 결정을 하면서 가산세를 부과하는 경우 이는 위법한 부과결정이 아니다(감심 2012-65, 2012.05.17. 등).

☞ 실무에서 보면 신고는 기한 내에 했지만 과세관청의 대응이 늦어 수년 후에 과세가 되는 경우가 종종 있다. 그런데 이 과정에서 조기에 신고가 확정되었다면 피할 수 있었던 고율(10.95%)의 납부불성실가산세가 뒤따르는 불합리한 점이 발생한다. 그 결과 납세자로서는 가산세를 줄일 수 있는 기회가 박탈되어 예기치 않은 재산상의 손해를 보게 된다. 따라서 법정결정기한을 넘겨 결정한 경우에는 납부불성실가산세를 경감하는 식의 입법적인 개선이 있어야 하지 않을까 싶다.

돌발퀴즈!

① 법정결정기한이 초과했으나 상속인 등이 관할 세무서로부터 어떠한 통지서도 받지 못한 경우 그 이후 세무조사가 가능한가?

가능하다. 세무서장 등이 법정결정기한(9개월) 내에 결정하지 않고 부득이한 사유를 통지하지 않았다 해서 법정결정기한의 종료일에 과세표준과 세액이 결정된 것으로 보는 것은 아니기 때문이다(재산-527, 2010.07.19.).

돌발퀴즈!

② 법정결정기한이 경과된 이후에 세무조사가 진행되어 세금이 추징된 경우 납부불성실가산세 적용 여부는?

납부불성실가산세는 납부기한 내 납부한 자와의 형평을 고려해 미납부한 세액에 대한 지연이자적 성격을 갖고 있다. 따라서 청구인들이 상속세 신고·납부기한까지 납부할 세액을 미달 납부한 사실이 명백하므로 결정기한을 경과했다고 하더라도 이를 부과하는 것이 당연하다(조심2009중1979, 2009.06.23.).

· **물음 2의 경우**

인출된 3억원에 대해 과세하기 위해서는 과세관청이 조사 등을 통해 상속재산가액에 포함됨을 입증해야 한다.

· **물음 3의 경우**

세법상 평가액은 ① 증여일 당시의 시가, ② 증여일 전후 3개월의 당해 재산의 매매사례가액(감정평가액 등 포함), ③ 증여일 전 3개월~증여세 신고기간까지의 유사한 재산의 매매사례가액 등을 말한다. 그런데 사례에서 이러한 가액을 확정할 때 관할 세무서에서 조사를 해보니 이러한 것과 관계가 없다고 밝혀진 것이므로 이를 부인하게 된다. 결국 기준시가 4억원으로 경정될 가능성이 높다.

Consulting 상속세나 증여세 신고기한과 결정기한 그리고 신고 후 세무상 쟁점들을 알아보면 다음과 같다.

신고기한	· 상속세는 상속개시일이 속한 달의 말일로부터 6개월 내에 신고 및 납부를 해야 한다. · 증여세는 증여일이 속하는 달의 말일로부터 3개월 내에 신고 및 납부를 해야 한다.
결정기한	· 상속세는 법정신고기한 후 9개월 내에 관할 세무서장이 결정해 이를 통보해야 한다(이 규정은 강행규정이 아니라 훈시규정에 해당). · 증여세는 법정신고기한 후 6개월 내에 관할 세무서장이 결정해 이를 통보해야 한다(이 규정은 강행규정이 아니라 훈시규정에 해당).
신고 후 사후관리	· 고액(30억원) 상속인에 대한 사후관리*가 5년간 지속된다.

* 상속재산가액이 30억원이 넘는 경우 상속인들의 재산변동 내역을 추적해 상속세 신고 시 탈루한 재산가액이 있었는지를 5년간 사후관리하므로 이에 유의해야 한다. 실제 현장에서 보면 은닉한 재산이 추후에 밝혀진 경우도 있고, 상속세 신고 때 자녀의 상속채무를 부모가 대신 갚아줘 증여세가 나오는 경우도 있다. 또한 은닉한 재산으로 고액의 주택 등을 취득해 적출되는 경우도 있다.

실전연습 서울 서초구에 살고 있는 재산가인 L씨가 사망했다. 그의 재산은 대략 60억원 정도가 된다. 물음에 답하면?

☞ **물음 1** : 상속세는 얼마 정도 예상되는가? 상속공제액은 10억원이다.
☞ **물음 2** : 배우자상속공제를 세법상의 한도까지 받으면 얼마나 공제될까? 단, 상속인에는 배우자와 자녀 3명이 있다.
☞ **물음 3** : 상속세신고기한까지 등기가 되지 않았는데, 이 경우 배우자상속공제를 받아도 문제가 없는가?

물음에 대해 순차적으로 답을 찾아보면 다음과 같다.

· 물음 1의 경우

상속세는 상속세 과세가액(60억원)에서 상속공제(10억원)을 차감한 과세표준(50억원)에 대해 10~50%의 세율을 적용해 산출세액을 계산한다. 따라서 다음과 같이 상속세 산출세액이 예상된다.

■ 상속세 산출세액 = 50억원×50% − 4억 6,000만원(누진공제) = 20억 4,000만원

· 물음 2의 경우

배우자의 법정상속지분은 1.5/4.5이므로 배우자의 법정상속지분가액은 20억원(50억원×1.5/4.5)이다. 따라서 이 금액이 배우자상속공제의 공제한도액이 되므로 이 금액이 공제액으로 적용된다.

· 물음 3의 경우

그렇다. 다만, 원칙적으로 배우자상속재산분할기한(원칙 : 법정상속세신고기한 다음 날~6개월 내, 소송 등의 경우 소송 등이 종료된 날의 다음날~6개월 내)까지 상속분할 즉 등기(주식이나 채권 등은 명의개서)가 완료되어야 한다.

☞ 배우자상속공제액을 5억원을 초과하여 받은 경우에는 재산분할이 확실히 되어야 세무상 문제가 없다.

※ 배우자상속공제 적용 시 주의할 점*
- ☑ 배우자가 단독 상속받은 경우에도 배우자가 '실제 상속받은 금액'을 공제금액으로 할 수 있다.
- ☑ 배우자상속공제는 최대 30억원까지 적용가능하다. 다만, 원칙적으로 배우자상속재산분할기한*까지 상속재산이 분할되어야 한다.

  * 배우자상속재산분할기한 : 상속세과세표준신고기한의 다음날부터 6개월이 되는 날을 말한다.

- ☑ 재산분할기한 내에 부동산이나 주식 등의 재산에 대해서는 배우자 명의로 등기나 명의개서 등을 반드시 이행해야 함에 유의해야 한다. 이에 대한 의무를 이행하지 않으면 5억원을 초과한 부분에 대해서는 배우자상속공제가 적용되지 않는다.
- ☑ 만일 위의 배우자상속재산분할기한을 넘긴 경우에는 그 기한으로부터 6개월 내에 상속재산미분할신고서를 제출하면 5억원을 초과해 배우자상속공제를 받을 수 있다.

*《상속·증여세무 가이드북》(실전편, 신방수 저) 157페이지 인용

Tip 상속·증여세 경정청구

상속세나 증여세를 신고한 뒤에 다음과 같은 사유가 발생하면 경정청구 등을 통해 환급을 신청할 수 있다(상증세법 집행기준 79-81-1).

구분	청구기간	청구사유
상속세	사유발생일부터 6개월 이내	① 제3자와의 분쟁으로 인한 상속회복 청구소송의 확정판결이 있어 상속개시일 현재 상속인 간에 상속재산가액이 변동된 경우 ② 상속개시 후 1년이 되는 날까지 상속재산이 수용·경매·공매되어 그 가액이 상속세과세가액보다 하락한 경우 ③ 상속개시 후 1년이 되는 날까지 할증평가한 주식을 일괄해 매각함으로써 최대주주 등의 주식 등에 해당되지 아니하는 경우
증여세	사유발생일부터 3개월 이내	· 5년의 부동산 무상사용기간 중 다음의 사유로 해당 부동산을 사용하지 않게 된 경우 - 부동산소유자로부터 해당 부동산을 상속·증여받은 경우 - 부동산 소유자가 운명하거나 당해 토지를 양도한 경우 - 부동산소유자가 당해 부동산을 무상으로 사용하지 않게 된 경우

▶ 상속·증여세 계산구조로 본 세무리스크 예방법

1. 상속세

상속세에 대해서도 다양한 세무리스크가 발생한다. 따라서 이를 예방하기 위해서는 상속등기 전에 세금문제를 검토해야 한다. 등기가 완료된 경우에는 이미 때가 늦은 경우가 많다. 세금문제 검토 시 상속세 계산구조에 따라 다양한 예방법을 찾아보는 것도 좋을 것으로 보인다.

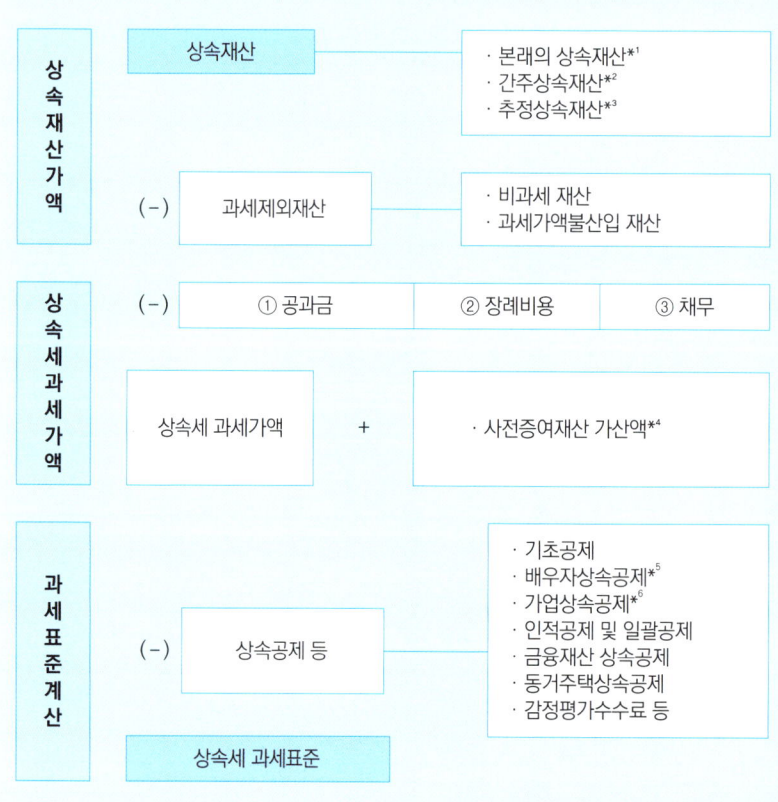

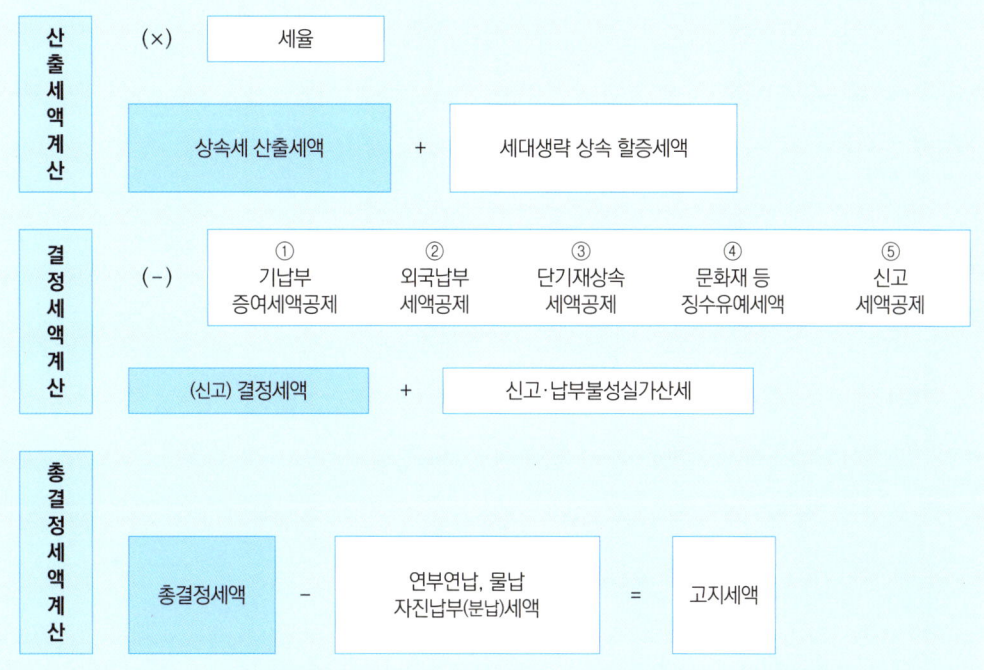

*¹ : 상속개시일 현재 존재하는 상속재산을 누락해서 신고하는 경우가 있다.
　　→ 상속 시 현존하는 모든 재산가액은 누락하지 않도록 해야 한다(각종 채권, 예금잔액, 펀드, 자동차 등).
*² : 퇴직금이나 보험금, 신탁재산도 상속재산가액에 포함해야 한다.
　　→ 이를 포함해서 신고하도록 한다.
*³ : 상속개시일 전 1~2년 내에 부동산을 처분하거나 자금을 인출하거나 채무를 부담한 금액이 2억원(2년 내는 5억원) 이상 시 자금용도에 대해 상속인이 입증을 해야 한다.
　　→ 이 금액 이하로 인출하되 인출한 경우에는 사후소명에 대비하기 위해 증빙서류를 갖추어두는 것이 좋다.
*⁴ : 상속개시일로부터 상속인은 10년, 비상속인은 5년 이전에 증여한 재산가액은 상속재산가액에 합산한다.
　　→ 상속세 신고 시 누락하지 않도록 한다.
*⁵ : 배우자상속공제는 최대 30억원까지 공제가 적용되므로 적용요건 및 사후관리요건(명의개서 등)에 주의해야 한다.
　　→ 공제를 받은 경우 요건을 정확히 지켜야 한다. 세무조사 시 추징이 많이 발생하는 항목이다.
*⁶ : 가업상속공제는 최대 500억원까지 공제가 되나 요건에 주의해야 한다.
　　→ 이에 대한 공제를 받을 때에도 사전에 요건을 정확히 따져보고 공제 후에는 사후관리 요건에 주의해야 한다(상증법 제18조 제2항 참조).

2. 증여세

증여세에 대해서도 다양한 세무리스크가 발생한다. 따라서 이를 예방하기 위해서는 증여등기 전에 세금문제를 검토해야 한다. 등기가 완료된 경우에는 이미 때가 늦은 경우가 많다. 세금문제 검토 시 증여세 계산구조에 따라 다양한 예방법을 찾아보는 것도 좋을 것으로 보인다.

```
결정세액계산
    증여세산출세액        (+)  세대생략 증여 할증세액
    
    (-)  세액공제 ┬ 기납부(증여) 세액공제
                  ├ 외국납부세액공제
                  └ 신고세액공제
    
    결정세액

총결정세액계산
    (+) · 신고·납부불성실가산세      · 공익법인의 보고서 제출 불성실가산세
        · 공익법인의 주식보유 한도초과 가산세   · 공익법인의 무기장 등 가산세
    
    총 결 정 세 액   (-)  연부연납, 물납 자진납부세액   (=)  고지세액
```

*1 : 본래의 증여재산은 증여에 의해 발생하는 모든 재산을 말한다.
→ 최근에는 완전포괄주의에 의해 과세의 범위가 확대되었으므로 사전에 이에 대한 검토를 폭넓게 진행할 필요가 있다.

*2 : 증여추정제도, 명의신탁증여의제도 등에 의해서도 증여재산으로 볼 수 있다.
→ 증여추정 등은 과세관청의 조사 등에 의해 증여로 과세되는 경우가 일반적이다. 미리 조심할 필요가 있다.

*3 : 부채와 함께 증여를 하는 부담부 증여 시 부채는 증여재산가액에서 차감된다(부채는 유상양도에 해당).
→ 부담부 증여 시 공제되는 채무의 조건 등에 유의해야 한다.

*4 : 동일인(부부는 동일인에 해당)으로부터 10년 이내에 증여받은 재산가액을 말한다.
→ 합산과세가 적용되므로 이를 누락하지 않도록 한다.

실력 더하기 — 상속·증여세 세무조사사례

상속세 및 증여세와 관련된 세무상 쟁점들을 알아보자. 실제 이러한 쟁점들은 상속·증여세 세무조사에서 적출되기 쉬운 예들에 해당한다.

1. 상속세

☑ **상속재산가액의 누락**

상황	과세관청의 대응
· 피상속인의 금융자산을 차명계좌로 보관하여 둔 경우 · 피상속인이 보유한 법인의 가수금이나 대여금 그리고 영업권을 신고누락한 경우	· 과세관청은 피상속인과 상속인의 재산현황 등을 점검하고 금융거래 내역을 확인해 누락재산을 찾아낸다 · 재무제표 등을 제출받아 가수금 등을 확인한다.

☞ 상속세를 조사하는 과정에서 사전에 누락한 증여재산이 적출되는 경우가 상당히 많다. 따라서 조사 전에 이러한 부분에 대해 미리 검토를 해두는 것이 안전하다. 조사는 피상속인과 상속인 모두에 대해 이루어질 수 있다.

※ **누락하기 쉬운 상속재산가액들**
- 개인 : 사전증여재산, 상속추정재산, 보험금 등
- 개인사업자 : 임차보증금, 매출채권, 미수금 등
- 법인사업자 : 매출채권, 미수금, 가수금, 퇴직금, 영업권, 배당금(권리), 명의신탁 주식 등

  * 가지급금은 상속채무로 공제가능함.

☑ **상속추정의 적용오류**

상황	과세관청의 대응
· 상속추정제도를 적용해야 함에도 불구하고 이를 적용하지 않은 경우	· 거래내역사본 등을 통해 금융거래의 내용을 확인한다.

* 이는 상속개시일 전 재산종류별로 처분이나 인출 그리고 부채부담액이 1년(2년) 내에 2억원(5억원) 이상인 경우로써 객관적으로 용도가 명백하지 아니한 경우에는 상속인이 상속받은 것으로 추정하는 제도를 말한다. 이 제도가 적용되면 상속인은 해당 금액에 대해 사용처를 소명(상속인에게 입증책임이 있음)해야 하며 이를 소명하지 못한 경우에는 일정액을 상속재산가액에 합산해야 한다.

☞ 상속추정제도는 상속세 세무조사 및 불복 시 핵심이 되므로 반드시 세무전문가의 도움을 받아 처리를 하기 바란다.

☑ 사전증여재산의 합산오류

상황	과세관청의 대응
· 상속의 경우 상속인에게 상속개시일로부터 소급해 10년(상속인 외의 자는 5년) 내 사전증여한 재산을 합산해 신고하지 않은 경우 ☞ 증여의 경우 10년 내 동일인으로부터 받은 증여재산을 합산해 신고하지 않은 경우	· 국세청 전산망을 통해 누락된 것을 합산해 경정한다. · 피상속인의 재산을 자녀 등에게 사전증여한 경우에는 국세부과 제척기간(15년 등) 내의 증여재산에 대해 증여세를 과세하는 한편 10년의 것은 상속재산가액에 합산해 과세한다. → 사전에 증여한 재산이 있는지 관할 세무서 등을 통해 확인하는 것이 좋다.

☑ 재산가액의 평가오류

상황	과세관청의 대응
· 상속(증여) 시 기준시가로 신고하는 경우 ☞ 상증법에서는 시가과세를 원칙으로 하고 있음.	· 상속개시일 전후 6개월, 증여일 전후 3개월 사이에 매매사례가액 등이 있는지를 확인한다. · 임대부동산은 임대료환산가액과 비교해 평가가 잘 되었는지를 확인한다. · 감정평가액으로 신고한 부동산에 대해서는 감정평가가 제대로 되었는지를 확인한다. · 비상장 주식평가를 한 경우 최대주주 할증평가가 제대로 되었는지를 확인한다.

☑ 상속채무공제의 적용오류

상황	과세관청의 대응
· 가공채무를 채무공제로 신청한 경우 · 사인 간의 채무에 대해 공제를 한 경우 · 구상권 행사가 가능한 보증채무를 채무공제로 신청한 경우 등 ☞ 부동산임대업의 경우 보증금을 과대계상해 채무공제를 한 경우가 종종 있음.	· 채무공제가 정확히 되었는지를 점검한다. · 특히 사인 간의 채무는 '채무부담계약서, 채권자확인서, 담보 및 이자지급에 관한 증빙 등에 의하여 그 사실을 확인할 수 있는 서류' 등을 확인해 진실된 채무인지 확인한다. → 사인 간의 채무가 있는 경우에는 금융기관을 통해 이자를 지급하고 무통장입금증 등 증빙서류를 확보해둬야 쉽게 채무로 인정을 받을 수 있다.

PART 02
개인편

Chapter 03
상속·증여세 세무리스크 예방법

☞ 채무에 대해 상속공제를 받은 후 이에 대한 세무조사가 진행되는 경우 그 강도가 다른 항목에 비해 다소 세다. 가공채무를 공제신청한 경우가 많기 때문이다. 이에 과세관청은 채무로 공제 받은 금액 중 상속인 스스로의 힘으로 변제할 수 없다고 인정되는 경우나 세무서에서 사후관리하고 있다가 채무를 변제하면 자금출처를 조사해 증여를 받은 사실이 확인되거나 당초 신고한 채무가 가공부채로 확인되는 경우 증여세 또는 상속세를 추징하고 있으므로 주의해야 한다.

> **사례**
>
> 부동산임대사업자의 전세보증금 2억원을 채무공제로 신청한 경우, 피상속인이 받은 2억원에 대해서는 어떻게 처리할까?

· 2억원이 현금으로 남아 있다면 → 상속재산가액에 포함됨.
· 2억원이 생활비 등으로 사용되었다면 → 상속재산가액에 포함되지 않음.
· 2억원을 자녀 등이 증여받은 경우 → 증여세 과세 및 상속재산가액에 포함됨.
· 2억원의 사용처가 불분명한 경우 → 상속개시일 전 1~2년은 위 상속추정제도를 적용해 상속재산가액에 포함. 만일 2년을 넘어가는 경우에는 과세하는 것은 사실상 불가능함(이 경우에는 과세관청이 이에 대해 입증을 해야 함. 불복 포인트에 해당함).

 상속공제의 적용오류

상황	과세관청의 대응
· 배우자상속공제를 잘못 적용한 경우 · 일괄공제를 잘못 적용한 경우 · 동거주택상속공제를 잘못 적용한 경우 · 가업상속공제를 잘못 적용한 경우 · 영농상속공제를 잘못 적용한 경우 · 금융재산상속공제를 잘못 적용한 경우 등	· 신고서상의 공제서류를 확인하여 세법에서 정한 요건을 충족하는지 점검한다. → 공제로 신청한 금액이 큰 것들은 사전에 공제요건을 꼼꼼히 확인해야 한다(배우자상속공제, 가업상속공제 등).

☞ 배우자가 실제 상속받은 금액을 배우자상속공제로 받기 위해서는 원칙적으로 배우자상속재산분할기한 내에 상속재산이 분할되어야 하고, 배우자상속분은 반드시 이 기간 내에 등기나 명의개서 등이 되어야 한다.

☑ 기타 오류

상황	과세관청의 대응
· 할증과세* 30%를 적용함에도 불구하고 이를 적용하지 않은 경우 · 상속세 납부를 피상속인의 차명계좌 등을 통해 납부한 경우	· 신고서 등을 분석해 오류를 밝혀낸다. · 피상속인의 차명계좌 등으로 납부했는지 등을 별도로 확인한다(사후관리).

* 세대를 생략해 상속이나 증여가 발생하면 산출세액의 30%(미성년자가 20억원을 초과하여 상속·증여받은 경우는 40%)가 할증과세된다.

2. 증여세

☑ 사전증여재산가액의 누락

상황	과세관청의 대응
· 10년 내 동일인으로부터 증여받은 가액을 신고하지 않은 경우	· 과거에 신고한 내용을 확인한다. · 신고서 검토 중 자료가 파생되거나 세무조사 등에 의해 자료가 파생하면 세금을 추징한다.

☑ 변칙증여의 경우

상황	과세관청의 대응
· 저가로 부동산을 양도한 경우 · 1억원 이상의 금전을 무상 등으로 대여받은 경우 · 보험료를 대납받아 보험금을 수령한 경우 · 부동산을 무상으로 사용한 경우 등	· 세법상 '증여개념'에 부합하면 적극적으로 증여세를 부과한다. ☞ 최근 보험금에 대한 조사 등이 있었다.

☞ 증여재산가액을 파악하는 방법은 앞의 상속세와 같다. 참고로 증여세의 경우 매매사례가액이나 제3자의 개입거래, 신종상품에 대한 변칙적인 증여 등에 대해 조사가 집중된다. 다만, 그림이나 악기, 골동품, 각종 회원권, 골드바 등은 은닉이 쉬워 조사의 손길이 미치지 않을 가능성이 높다.

☑ 증여추정(직계존비속간 거래)의 경우

상황	과세관청의 대응
· 배우자나 직계존비속간에 매매거래를 한 경우	· 금융거래 내역 등을 통해 금융거래 및 실제 매매거래가 이루어졌는지 관련내용을 확인한다. · 객관적인 금융거래가 없다면 매매가 아닌 증여로 보아 증여세를 부과한다.

☑ 증여추정(자금출처조사)의 경우

상황	과세관청의 대응
· 미성년자 및 연로자 등이 부동산을 취득한 경우 · 개인사업자나 법인 대표자가 고가의 부동산을 취득한 경우 · 고액의 전세보증금을 지출한 경우	· 자금출처에 대한 해명을 요구한다. · 자금출처에 대한 해명이 미흡한 경우 이에 대해 증여세를 부과한다. · 사업자의 경우에는 자금출처조사 후 사업에 대한 세무조사로 연결될 수 있다.

☑ 부담부 증여 시의 채무공제오류

상황	과세관청의 대응
· 허위로 작성한 부담부 증여계약에 의거 증여재산에 부담된 채무를 늘리는 경우	· 부담부 증여가 세법상의 요건을 충족하고 있는지를 점검한다.

※ 부담부 증여 시 채무공제 조건

부담부 증여 시 증여재산가액에서 제외되는 채무의 조건은 다음과 같다.

☑ 증여일 현재 증여재산에 담보된 채무가 있을 것
☑ 담보된 해당 채무가 반드시 증여자의 채무일 것
☑ 해당 채무를 수증자가 인수한 사실이 확인될 것

☑ 증여재산공제의 오류

상황	과세관청의 대응
· 배우자증여재산공제 등을 잘못 적용한 경우 ☞ 증여재산공제는 10년을 기준으로 다음과 같이 적용함. · 배우자 간 : 6억원 · 직계존비속간 증여 시 : 5,000만원(미성년자 2,000만원) · 친족 : 1,000만원	· 제출된 신고서 및 증여자와 수증자와의 관계 등을 검토해 증여재산공제액이 적정한지를 확인한다.

☑ 기타 오류

상황	과세관청의 대응
· 할증과세 30%를 적용함에도 불구하고 이를 적용하지 않은 경우 · 미성년자가 부동산을 취득한 경우로써 취득세 및 증여세 납부액 등을 포함해 증여세를 신고하지 않은 경우	· 신고서 등을 분석해 오류를 밝혀낸다.

chapter 04

상속·증여세 세무조사대책

상속·증여세 신고안내문을 받은 경우

상 황   상속세와 증여세는 사후 또는 생전에 재산이 무상으로 이전되는 경우에 과세되는 세목이다. 이러한 세목과 관련해 신고안내문을 받은 경우는 주로 무신고나 신고한 내용에 오류가 발생한 때다. 이하에서 상속 또는 증여와 관련해 신고안내문을 받은 경우의 대처방법을 알아보자.

Case   L씨의 부친이 사망했다. 자료가 다음과 같을 때 물음에 답하면?

〈자료〉
- 상속당시의 재산가액 8억원
- 상속공제액 10억원

☞ **물음 1** : 상속세 납부세액이 없더라도 신고해야 하는가?
☞ **물음 2** : 무신고를 하면 언제 납세의무가 없어지는가?
☞ **물음 3** : 만일 피상속인이 상속인 등에게 상속개시일(사망일)로부터 10년 이내에 5억원을 증여한 사실이 있는 상황에서 무신고를 하면 어떻게 되는가?

Solution   물음에 대한 답을 찾아보면 다음과 같다.

· **물음 1의 경우**
원칙적으로 그렇다. 다만, 무신고를 하더라도 납부할 세액이 없는 경우에 부과되는 가산세는 없다.

· 물음 2의 경우

상속세를 신고하지 아니한 경우 상속세에 대한 부과제척기간(국가가 상속세를 부과할 수 있는 기간)은 상속세 신고기한의 다음날(부모님의 사망일로부터 6개월이 되는 날의 그 다음날)로부터 15년간이 된다. 다만, 상속세를 법정신고기한까지 신고한 경우 과소신고에 대한 상속세 부과제척기간은 신고기한 다음날로부터 10년이 된다. 따라서 이 기간을 넘어가야 비로소 납세의무가 소멸된다.

· 물음 3의 경우

신고를 하지 아니하는 경우 관할 세무서장이 상속세 과세표준과 세액을 결정하게 된다. 하지만 과세관청이 조사를 통해 상속세를 과세하는 것이 쉽지가 않으므로 일단 납세자에게 기한후신고안내문을 보내 자발적으로 신고서를 제출케 하고 만일 이에 불응한 경우 실지조사로 전환해 조사할 가능성이 있다.

※ **상속세는 나오지 않은 경우에도 상속세를 신고하면 좋은 경우**
 상속받은 부동산에 대해 향후 양도소득세가 과세되는 경우
→ 이때에는 2이상의 감정기관으로부터 감정평가를 받아 상속세를 신고해 두면 향후 양도소득세 신고 시 감정가액을 취득가액으로 사용할 수 있다.

Consulting 개인이 상속 및 증여와 관련해 각종 안내문을 받는 경우는 다음과 같다.

예정/확정신고 안내문	· 상속세와 증여세는 양도소득세 등과는 달리 정부의 결정에 따라 납세의무가 확정되므로 예정신고나 확정신고 안내문은 존재하지 않는다.
수정신고 안내문	· 상속세나 증여세 신고내용에 오류나 탈루가 있는 경우 수정신고안내문이 발송된다. · 수정신고를 조기에 하는 경우 가산세가 감면(6개월 내 50% 등)된다.
기한후신고 안내문	· 상속세나 증여세를 기한 내에 신고하지 않은 경우에 발송된다. · 기한후신고를 조기에 하는 경우 가산세가 감면(1개월 내 50% 등)된다.

가산세가 없는 경우

다음의 사유에 의해 과소신고한 경우에는 신고불성실가산세를 부과하지 않는다.
- ☑ 신고한 재산에 대한 평가가액의 적용방법 차이(예 : 기준시가로 신고했으나 매매사례가액으로 고지한 경우 등)로 미달 신고한 경우
- ☑ 신고한 재산의 소유권에 관한 소송 등의 사유로 상속 또는 증여재산으로 확정되지 아니한 경우
- ☑ 상속공제나 증여공제의 적용착오로 미달 신고한 경우

실전연습 서울 압구정동에 거주하고 있는 P씨의 아버지가 사망했다. P씨 아버지의 재산 변동내용은 다음과 같다. 물음에 답하면?

구분	재산가액	비고
· 상속개시일 현재	10억원	상속공제액 10억원 가정
· 상속개시일 1년 전	15억원	
· 상속개시일 2년 전	20억원	
· 상속개시일 5년 전	30억원	

☞ **물음 1** : 상속개시일 현재를 기준으로 보면 상속세는 나오는가?
☞ **물음 2** : 앞의 P씨 아버지의 사전증여재산으로 인해 상속세가 나올 가능성이 높다. 이 경우 P씨 등이 상속세를 신고하지 않으면 과세관청은 어떤 식으로 대응할까?
☞ **물음 3** : P씨가 상속세를 자발적으로 신고하는 경우 그래도 세무조사는 반드시 하는가?

위의 물음에 대해 순차적으로 답을 찾아보면 다음과 같다.

· **물음 1의 경우**

현재시점을 기준으로 상속세를 계산하면 상속세 과세표준은 0원이 되므로 상속세는 나오지 않을 것으로 예상된다.

· 물음 2의 경우

상속이 발생하면 과세자료법, 상증법 등에 따라 수집된 자료를 토대로 업무처리를 하게 된다.

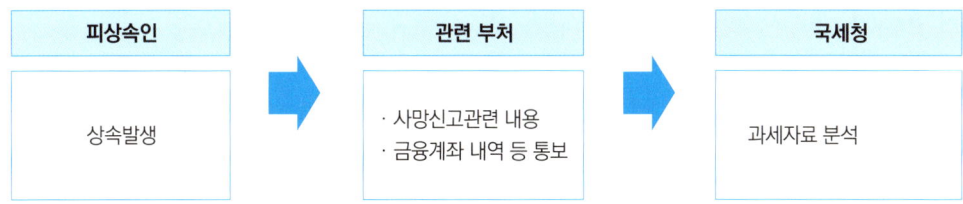

· 물음 3의 경우

상속세와 증여세는 과세관청이 '결정'이라는 부과처분을 내려야 비로소 납세의무가 확정된다. 따라서 과세관청이 과세표준을 확정하기 전까지 납세자가 제출한 신고서는 확정의 효력이 없고 서류의 단순한 제출에 불과하게 된다. 하지만 이 경우에도 무조건 조사를 하는 것이 아니라 과세의 실익이 없는 경우 조사 없이 업무처리를 종결하게 된다(상증세 사무처리규정 제11조 참조).

memo

▶ 상속·증여 과세자료의 생성과 분류 및 처리

상속 또는 증여에 대한 과세자료는 어떻게 생성되고 어떤 식으로 처리되는지 알아보자. 이하의 내용은 상증세 사무처리규정 제11조에 규정되어 있다.

① 국세청장(자산과세국장)은 상속세 및 증여세 과세에 근거가 되는 자료(이하 "과세자료"라 한다)를 주기적으로 생성하여 납세지 관할 세무서장(재산세과장)에게 배정하여야 한다.
② 세무서장(재산세과장)은 생성된 과세자료를 처리할 담당자를 지정해야 하며 과세자료 처리를 지정받은 담당자는 다음 각호에 구분에 따라 분류해 신속하게 처리해야 한다.

1. 서면결정 대상자료
가. 상속세 : 상속재산가액이 법상의 제공제액 등에 미달하거나 실지조사에 의하지 않고 처리가능한 자료
나. 증여세 : 등기원인이 증여거나 법률상의 증여의제 등으로 증여사실이 확인되어 실지조사 없이 과세가 가능하거나, 증여재산가액이 법상의 제공제액 등에 미달해 실지조사에 의하지 않고 처리 가능한 자료

☞ 이러한 과세자료는 비교적 사안이 간단한 것으로써 실질조사 없이 서면으로 종결되는 것이 일반적이다.

2. 실지조사 대상자료
가. 상속세 : 상속세 서면결정 대상자료에 해당하지 아니하는 자료(탈세제보에 따른 과세자료를 포함한다) 또는 서면결정 대상자료 중 해명자료 제출을 거부한 자로 조사실익이 있는 자료
나. 증여세 : 증여세 과세대상 자료로써 증여가액의 평가 및 부담부 증여 등 과세요건의 확인에 실지조사가 필요한 자료 또는 서면결정 대상자료 중 해명자료 제출을 거부한 자로 조사실익이 있는 자료

☞ 서면결정이 아닌 실지조사 대상으로 분류되는 경우를 말한다. 증여세의 경우 증여가액의 평가와 부담부 증여에 대해 조사하는 경우가 많은데 이 항목에서 다양한 쟁점들이 발생하기 때문이다. 예를 들어 어떤 사람이 아파트를 기준시가로 증여한 경우 과세관청은 매매사례가액 같은 간주시가를 조사해서 이로 경정하는 일들이 많이 벌어지는데 모두 이와 관련이 있다고 볼 수 있다.

③ 세무서장(재산세과장)은 과세자료를 처리할 때 납세자의 해명이 필요한 경우에는 해명요구사항을 기재한 상속(증여)세 해명자료 제출 안내문(별지 제5호 서식)을 발송해야 한다.

④ 세무서장(재산세과장)은 다음 각 호의 어느 하나에 해당하는 경우에는 현장확인이나 실지조사를 실시할 수 있다. 이 경우 과세자료 처리 담당자는 재산세과장의 결재를 받아 재산조사담당팀장에게 해당 과세자료를 통보해야 한다.
1. 납세자가 해명자료를 제출하지 않는 경우
2. 제출된 해명자료의 내용만으로 과세자료를 처리할 수 없다고 판단되는 경우

⑤ 세무서장(재산세과장)은 제1항에 따라 납세자가 제출한 해명자료를 성실하게 검토해서 처리하고, 그 처리결과를 상속(증여)세 해명자료 검토결과 안내문(별지 제18호 서식)으로 납세자에게 통지(고지 세액이 없는 경우도 포함한다)해야 한다. 다만, 제12조에 따른 과세예고 통지 및 조사사무처리규정에 따른 세무조사 사전 통지를 한 경우에는 이를 생략할 수 있다.

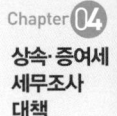

【상속세 및 증여세 사무처리규정 별지 제6호 서식】(2011.04.01 개정)

   기 관 명

상속세(증여세) 기한 후 신고(수정 신고) 안내

문서번호 :   -

○ 성명 :   귀하   ○ 생년월일 :

안녕하십니까?
요청한 해명자료를 제출하여 주셔서 감사합니다.

　귀하가 201 . . . 제출한 해명자료를 검토한 결과, 아래와 같이 관련 세금의 신고가 누락된 것으로 파악됩니다. 검토 결과를 참조하여 <u>201 . . .까지</u> 주소지 담당세무서에 기한 후 신고(수정 신고)·납부하여 주시기 바랍니다.

○ 검토 결과

확인 내용	과세 이유 및 근거	기한 후 신고(수정 신고)·납부할 사항

　기한까지 신고·납부를 하지 않을 때에는 검토 결과대로 세금이 부과됩니다.

년   월   일

기 관 장

위 내용과 관련하여 문의 사항이 있을 때에는 담당자에게 연락하시면 친절하게 상담해 드리겠습니다. 성실납세자가 우대받는 사회를 만드는 국세청이 되겠습니다.
◆담당자 : ○○세무서 ○○○과 ○○○ 조사관(전화 :   , 전송 :   )

210㎜×297㎜(신문용지 54g/㎡)

상속·증여세 해명자료 제출안내문을 받은 경우

상 황 상속세와 증여세 신고관련 해명자료 제출안내문은 신고내용에 오류나 탈루가 있어 납세자의 해명이 필요한 경우 관할 세무서장 등이 발송한다. 이러한 해명요구에 불성실하게 임하면 세무리스크가 증가될 수 있으므로 대책을 잘 마련해야 한다. 그렇다면 이에 어떻게 대응해야 할까?

Case K씨는 이번에 아버지로부터 아파트를 증여받았다. 물음에 답하면?

〈자료〉
- 시세 : 2억원, 기준시가 : 1억원
- 증여재산공제액 : 5,000만원
- 증여세율 : 10~50%

☞ 물음 1 : K씨는 증여세를 언제까지 신고 및 납부해야 하는가?
☞ 물음 2 : 시세와 기준시가로 신고하는 경우 증여세는 얼마나 되는가?
☞ 물음 3 : 만일 기준시가로 신고하면 관할 세무서는 무조건 이를 인정할까?

Solution 위의 물음에 대해 순차적으로 답을 찾아보면 다음과 같다.

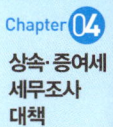

PART 02
개인편

Chapter 04
상속·증여세
세무조사
대책

· 물음 1의 경우
증여세는 증여를 받은 사람(수증자)이 증여일이 속하는 달의 말일로부터 3개월 내에 수증자의 주소지 관할 세무서에 신고 및 납부를 해야 한다.

· 물음 2의 경우
증여세를 시세와 기준시가로 계산하면 다음과 같다.

구분	시세	기준시가
증여재산가액	2억원	1억원
-증여재산공제	5,000만원	5,000만원
=과세표준	1억 5,000만원	5,000만원
×세율	20%	10%
-누진공제	1,000만원	-
=산출세액*	2,000만원	500만원

* 증여세를 법정기한 내 신고 시 5%(2019년은 3%)의 신고세액공제를 적용한다.

· 물음 3의 경우

그렇지 않다. 상속세와 증여세의 과세기준은 '시가'이므로 과세관청은 될 수 있는 한 시가로 과세하려고 한다. 다만, 객관적인 시가를 확인해야 하는데, 보통 다음과 같은 방법을 사용한다.

☑ 당해 재산의 매매사례가액(증여일 전후 3개월)
☑ 유사재산의 매매사례가액, 감정평가액(증여일 전 3개월~증여세 신고 시까지의 기간)
☞ 과세관청에서 매매사례가액이 확인되었다면 이를 근거로 과세예고 통지서를 보낼 가능성이 높다.

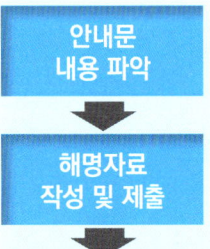 상속세 및 증여세와 관련해 과세관청에서 유선이나 문서를 통해 해명자료 제출을 요구하는 경우에는 다음과 같은 절차에 따라 대응하는 것이 좋다.

안내문 내용 파악
· 안내문에 나온 내용에 대해 관할 세무서의 담당자로부터 확인한다.
· 세무전문가를 통해 정확하게 알아보는 것도 하나의 방법이다.

해명자료 작성 및 제출
· 과세자료 안내문에 기재된 것을 근거로 사실관계 및 법률관계를 검토한다.
· 해명서를 작성한 후 증거자료 등을 첨부해 제출한다.

과세 시 불복
· 과세예고 통지서를 보내온 경우에는 과세전적부심사를 청구할 수 있다.
· 이후 고지를 하는 경우 정식인 불복절차를 밟아 대응할 수 있다

※ 상증세 업무처리규정 제17조(기획점검 실시)
① 지방국세청장(성실납세지원국장) 또는 세무서장(재산세과장)은 기획점검 대상자료에 대한 납세자의 해명이 필요한 경우 구체적인 혐의사항을 기재한 상속(증여)세 해명자료 제출안내문(별지 제5호 서식)을 점검대상자에게 발송해야 하며, 이때 필요한 최소한의 해명자료를 요구해야 한다.
③ 지방국세청장(성실납세지원국장) 또는 세무서장(재산세과장)은 납세자가 해명자료를 제출한 경우 이를 성실하게 검토해 다음 각 호와 같이 처리해야 하며, 제11조제3항을 준용해 그 처리결과를 납세자에게 통지해야 한다.
  1. 각종 세금을 누락한 혐의가 없다고 인정되는 경우에는 '혐의 없음'으로 종결처리
  2. 혐의 사항이 단순하고 경미한 경우에는 상속세(증여세) 기한후신고(수정신고) 안내문(별지 제6호 서식)을 우편으로 발송
  3. 실지조사가 필요하다고 인정되는 경우에는 실지조사 대상자로 선정

실전연습 앞의 K씨는 기준시가로 증여세를 신고했다. 그런데 관할 세무서로부터 시가로 과세를 하겠다는 전화통보를 받았다. K씨는 어떻게 해야 할까?

이는 아파트 같은 부동산을 증여할 때 자주 등장하는 세금추징사례에 해당한다. 납세자들은 시가보다 저렴한 가격으로 증여하고자 하나 과세관청은 시가로 과세하고자 해 둘 사이에 마찰이 발생하는 것이다. K씨의 입장에서 해결책을 모색해보자.

STEP1 쟁점은?
K씨가 증여재산가액을 기준시가로 신고했으나 과세관청은 이를 부인하고 시가로 과세할 수 있는지가 쟁점이 된다.

STEP2 세법규정은?
상속세와 증여세는 시가로 과세하는 것이 원칙이다. 그런데 이때의 시가에는 간주시가를 포함한다. 간주시가는 원칙적으로 상속일(증여일) 전후 6개월(증여는 3개월)* 내의 매매사례가액이나 경매·공매·수용가액을 말한다. 결국 사례의 경우 과세관청은 이러한 가액도 시가에 근접하므로 이를 기준으로 과세하려는 의도를 보이고 있다.

* 당해 재산과 유사한 재산의 매매사례가액 등은 상속일(증여일) 전 6개월(증여는 3개월)부터 상속세(증여세) 신고 시까지의 해당 금액을 간주시가로 한다.

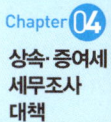

STEP3 결론은?

K씨는 관할 세무서에서 제시한 간주시가가 세법 등에서 정하고 있는 시가와 관련이 없음을 입증해야 한다. 만일 그럼에도 불구하고 과세하는 경우에는 정식적인 불복절차를 밟아 진행하도록 한다.

☞ 실무적으로 재산평가를 둘러싸고 많은 불복사례들이 발생하고 있다. 법이 현실을 따라가지 못한 측면도 있으므로 누구나 수긍할 수 있는 평가기준을 두도록 입법적인 개선을 할 필요가 있다. 매매사례가액에 대한 대응책에 대해서는 이 책의 자매서인《상속·증여세무 가이드북(실전편)》을 참조하기 바란다.

Tip 상속·증여세 종결과정

일반적으로 상속·증여세는 다음과 같은 절차로 종결처리된다.

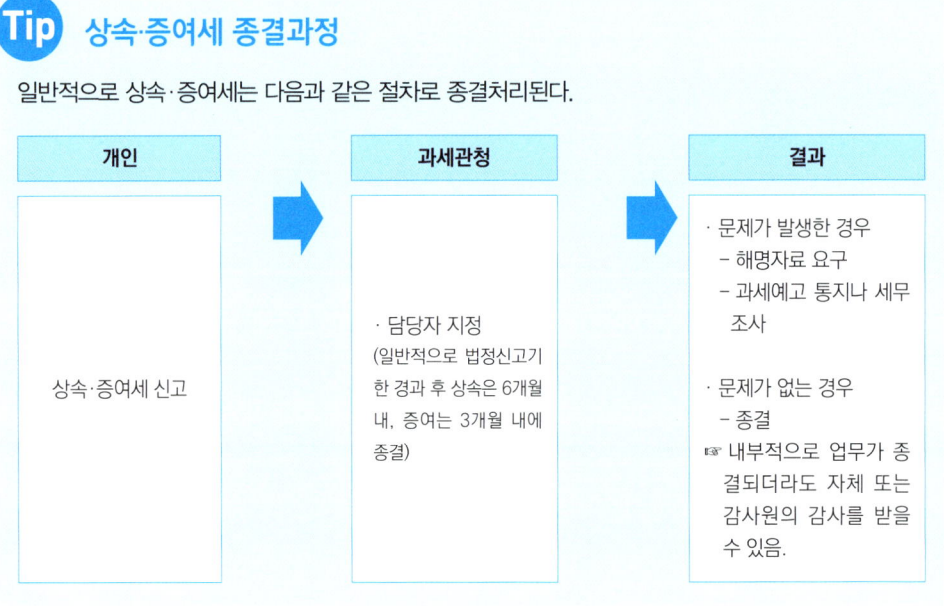

【상속세 및 증여세 사무처리규정 별지 제5호 서식】 (2011.04.01 개정)

 기 관 명

상속(증여)세 해명자료 제출 안내

문서번호 : 재산 -

○ 성명 :　　　　　귀하　　　　　○ 생년월일 :

안녕하십니까? 귀댁의 안녕과 화목을 기원합니다.

귀하의 상속(증여)과 관련하여 아래와 같이 과세자료가 발생하여 알려드리니 이에 대한 해명자료를 <u>201 . . .</u>까지 제출하여 주시기 바랍니다.

○ 과세자료 발생 경위(해명할 사항)

○ 과세자료 내용(상속 또는 증여받은 재산)

세목	상속(증여)받은 재산	상속개시일	증여일	비 고
상속				
증여				

○ 제출할 해명자료

제출 기한까지 회신이 없거나 제출한 자료가 불충분할 때에는 과세자료의 내용대로 세금이 부과되거나 사실 확인을 위하여 현장확인을 할 수 있음을 알려드립니다.

년　　월　　일

기　관　장

위 내용과 관련하여 문의 사항이 있을 때에는 담당자에게 연락하시면 친절하게 상담해 드리겠습니다. 성실납세자가 우대받는 사회를 만드는 국세청이 되겠습니다.

◆담당자 : ○○세무서 ○○○과 ○○○ 조사관(전화 :　　　　, 전송 :　　　　)

210㎜×297㎜(신문용지 54g/㎡)

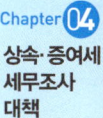

상속·증여세 과세예고 통지서를 받은 경우

상 황   상속·증여세의 신고와 관련해 과세예고 통지서를 받은 경우의 대처법을 살펴보자. 과세예고 통지서는 예상세액 등이 들어 있어 이에 대해 제대로 대응하지 못하면 바로 고지로 연결될 수 있다. 세무리스크가 상당히 높다는 것을 의미한다.

Case   S씨는 다음과 같은 과세예고 통지서를 받았다. 물음에 답하면?

1. 과세예고 종류 :

| 과세예고 내용 | 증여재산가액 신고누락에 따른 증여세 과세 |

2. 결정할 내용(예상 총 고지세액 :   원)
   ※지방소득세(소득세·법인세의 경우 예상고지세액의 10%) 및 소득금액 변동 관련세액 별도

(단위 : 원)

구분	신고 과세표준	결정 과세표준	산출세액	예상 고지세액
법인·소득세				
부가가치세				
상속·증여세		×××	×××	×××
양도소득세				
기타세(원천·개별소비·주세 등)				

☞ **물음 1** : 과세관청이 이 과세예고 통지서를 보내온 이유는?
☞ **물음 2** : S씨는 이에 대해 어떤 식으로 대처해야 하는가? 해명자료를 제출하면 되는가?
☞ **물음 3** : 만일 과세관청이 해명을 받아주지 않은 경우의 대처방법은?

Solution 물음에 대해 순차적으로 답을 찾아보면 다음과 같다.

· 물음 1의 경우

과세예고 통지서를 보면 과세예고 내용이 '증여재산가액 신고누락에 따른 증여세 과세'로 되어 있다. 따라서 S씨가 증여를 받았음에도 이를 신고기한 내에 신고하지 않아 통지서를 받게 되었다고 추정할 수 있다.

· 물음 2의 경우

일단 증여사실이 있는 경우에는 이를 부인하기 힘드므로 과세표준이 제대로 계상되었는지 등을 검토해야 한다. 일반적으로 증여세는 시가(매매사례가액 등 포함)를 기준으로 하되 시가가 없는 경우 보통 기준시가로 과세표준이 형성된다. 다만, 임대하거나 근저당 등이 설정되어 있는 경우에는 평가법이 복잡하다는 사실에 유의해야 한다(예 : 임대상가의 경우 일반적으로 임대료환산가액, 기준시가 중 큰 금액으로 평가한다).

· 물음 3의 경우

과세관청이 해명을 받아주지 않으면 일단 과세전적부심사청구*를 해 진행할 수 있다. 만일 이 단계에서 불채택결정이 나면 정식적인 불복절차로 들어갈 수 있다.

과세전적부심사 불채택결정		· 이의신청 → 심사 또는 심판청구 · 심사 또는 심판청구

* 과세전적부심사청구는 과세예고 통지서를 받은 날로부터 30일 내에 할 수 있다. 만일 이 청구를 하지 않은 경우에는 고지서를 수령한 후에 심판청구 같은 불복을 제기할 수 있다.

Consulting 상속·증여세 신고와 관련해 과세예고 통지서를 받는 경우 다음과 같이 대책을 세우면 된다.

| 무신고를 한 경우 | · 과세대상이 되는지 등을 점검한다.
· 과세대상이 되는 경우 과세표준 최소화를 위해 노력해야 한다. |

↓

| 신고내용에
오류가 발견된
경우 | · 수정신고는 할 수 없으며 과세전적부심사제도를 통해 구제를 받도록 한다.
· 과세예고 통지서를 수령한 날로부터 30일 내에 과세전적부심사청구를 한다. |

↓

| 신고내용에
오류가 없는 경우 | · 직권시정을 요구한다.
· 만일 직권시정이 되지 않으면 과세전적부심사제도를 통해 구제를 받도록 한다. |

 실전연습   K씨는 부친의 사망에 따라 상속세를 신고했으나 얼마 뒤에 다음과 같은 내용이 담긴 과세예고 통지서를 받았다. 물음에 답하면?

· 과세예고 통지 사유 : 사전증여재산가액 누락
· 신고 과세표준 : 10억원
· 결정 과세표준 : 15억원

☞ **물음 1** : 사전증여재산가액이 누락되었다고 하는데, 이는 무슨 말인가?
☞ **물음 2** : 사전증여재산가액의 누락이 맞으면 이와 관련된 신고불성실가산세율은?
☞ **물음 3** : 만약 13년 전에 증여한 재산가액이 신고되지 않았다면 이 경우 상속재산가액에 합산되는가? 만일 합산이 되지 않으면 증여세 과세문제는 없는가?

물음에 대해 순차적으로 답을 찾아보면 다음과 같다.

· **물음 1의 경우**

상속개시일로부터 소급해 10년(상속인 외의 자는 5년) 내에 증여한 재산가액을 상속재산가액에 포함시켜야 하는데 이 부분이 누락되었다는 것을 의미한다. 세법은 상속세의 누진적인 세부담을 회피하는 것을 방지하기 위해 이 같은 제도를 두고 있다.

> **돌발퀴즈!**
>
> 상속재산가액에 합산하는 사전증여재산가액은 상속일 현재의 가액을 기준으로 하는가?
>
> 아니다. 사전에 증여한 당시의 신고한 가액을 기준으로 한다. 따라서 재산가들은 증여 시점을 빨리 잡으면 가격 상승분에 대한 세부담을 최소화할 수 있다.

· **물음 2의 경우**

일단 사전증여재산가액의 누락은 실수에 의한 경우가 많다. 따라서 대부분 10%의 과소신고가산세율이 적용된다.

· **물음 3의 경우**

일단 상속세의 경우 합산과세기간(10년 등)을 벗어나므로 상속재산가액에는 포함되지 않는다. 하지만 사례의 경우 증여세를 신고 및 납부하지 않았고 이에 따른 국세부과 제척기간이 15년이므로 과세가 가능하다. 상속세와 증여세의 부과제척기간을 다시 한 번 살펴보면 다음과 같다.

- ☑ 무신고의 경우 → 15년을 적용
- ☑ 부정행위에 의한 신고 → 15년을 적용
- ☑ 특례 → 부정한 행위로 상속세 또는 증여세를 포탈하는 경우에 해당 재산가액이 50억원 초과 시에는 과세관청이 안 날로부터 1년 이내(사실상 평생의 개념이 됨)
- ☑ 이외의 사유 → 10년을 적용

☞ 상속세 세무조사에서 문제가 되는 항목 중의 하나는 바로 사전에 증여한 재산가액을 누락한 경우다. 사전증여재산에 대한 증여세신고가 누락되면 증여세추징(가산세 포함) 및 상속세추징이 동시에 일어나기 때문이다. 물론 추징된 증여세는 상속세 신고 때 공제가 되지만 증여세에 대한 무신고가산세가 20~40%까지 발생하고 납부불성실가산세가 하루 3/10,000로 발생한다는 점이 큰 부담으로 작용한다.

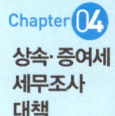

상속·증여세 세무조사 사전 통지서를 받은 경우

상황 상속세나 증여세에 대한 세무조사는 주로 서면으로 이루어진 경우가 많다. 다만, 서면조사로 만족을 할 수 없는 경우에는 현장방문 등 다양한 방법을 동원해 탈루된 세금을 추징한다. 이하에서는 상속이나 증여가 발생한 경우 자주 부닥치는 세무조사에 대한 대처법을 알아보자.

Case K씨는 다음과 같이 상속세를 신고했다. 이후 세무조사 사전 통지서를 받았다. 물음에 답하면?

〈신고한 내용〉
· 상속재산가액 50억원
· 상속공제 등 30억원
· 상속개시일 : 20×8년 1월 10일

납세자	상호 (성명)		사업자등록번호 (생년월일)	
	사업장 (주소)			
조사대상 세목		상속세		
조사대상 과세기간		20 . . ~ 20 . . .		
조사 기간		201 . . . ~ 201 . . .		
조사 사유		과세표준과 세액의 확정		
조사제외 대상	세목 :	과세기간 :		범위 :

☞ **물음 1** : K씨는 왜 상속세에 대해 세무조사를 받게 될까?
☞ **물음 2** : 관할 세무서는 무엇을 조사할까?
☞ **물음 3** : 세무조사에 의해 상속재산가액이 50억원에서 60억원으로 그리고 채무가

5억원만큼 인정되지 않았다고 하자. 추징되는 세금(가산세 포함)은 얼마나 될까?

Solution 물음에 대해 순차적으로 답을 찾아보면 다음과 같다.

· 물음 1의 경우

상속세(증여세)는 과세관청의 확인을 거쳐 신고가 확정되는 세목에 해당한다. 따라서 과세관청의 확인이 반드시 필요하기 때문에 조사가 진행되는 경우가 많다.

· 물음 2의 경우

관할 세무서에서는 납세자가 신고한 내용과 세무서에서 수집한 부동산 취득·양도자료, 금융재산 조회자료, 보험금 및 퇴직금 지급자료 등을 대사해 누락시킨 재산은 없는지, 신고할 때 공제 받은 부채 등은 정당한지 등을 조사해 상속세를 결정한다. 참고로 재산가의 상속 시 금융계좌는 일반적으로 국세부과 제척기간인 15년까지 확인할 수 있다. 일반적인 경우에는 2~5년 정도가 되나 이는 절대적인 것은 아니다.

· 물음 3의 경우

당초 20억원에 대한 상속세 산출세액과 35억원으로 경정된 경우의 상속세 산출세액을 비교하면 다음과 같다. 단, 과소납부기간은 365일로 한다.

구분	당초	조사 후	
		일반과소신고	부정과소신고
· 본세	6억 4,000만원*1	12억 9,000만원*2	12억 9,000만원*2
· 신고불성실가산세 (10%, 40%)	–	1억 2,900만원	5억 1,600만원
· 납부불성실가산세	–	1억 4,125만원*3	1억 4,125만원
계	6억 4,000만원	15억 6,025만원	19억 4,725만원

*1 : (50억원-30억원)×40%-1억 6,000만원(누진공제) = 6억 4,000만원
*2 : (60억원-25억원)×50%-4억 6,000만원(누진공제) = 12억 9,000만원
*3 : 12억 9,000만원×365일×3/10,000 = 1억 4,125만 5,000원(5,000원 이하 절사)

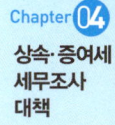

PART 02
개인편

Chapter 04
상속·증여세
세무조사
대책

일반과소신고의 경우에는 9억 2,025만원이, 부정과소신고의 경우에는 13억 725만원이 추징된다.

※ **국세기본법 시행령 제12조의 2상의 상속·증여관련 부정행위의 유형**
- ☑ 상속재산가액 또는 증여재산가액에서 가공(架空)의 채무를 반영해 신고한 경우
- ☑ 권리의 이전이나 그 행사에 등기, 등록, 명의개서 등이 필요한 재산을 상속인 또는 수증자의 명의로 등기 등을 하지 아니한 경우로써 그 재산을 상속재산 또는 증여재산의 신고에서 누락한 경우
- ☑ 예금, 주식, 채권, 보험금, 그밖의 금융자산을 상속재산 또는 증여재산의 신고에서 누락한 경우

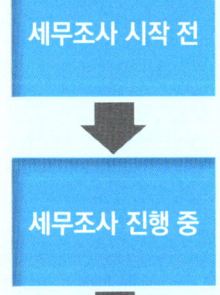 상속세나 증여세에 대한 세무조사가 시작되는 경우 알아야 할 내용들을 정리해보자.

세무조사 시작 전
- 점검할 내용 : 국세부과 제척기간, 조사기간, 조사대상 기간, 조사관할 등 파악
- 준비할 서류 : 상속·증여세 신고서, 금융계좌사본, 각종 계약서, 재무제표* 등

↓

세무조사 진행 중
- 세무조사 시 쟁점사항 검토(세무대리인 위임 가능)
- 예상추징세액 검토(본인 및 관련자 등에 대한 처벌 등 포함)

↓

세무조사 종결 시
- 확인서 제출 시 내용이 맞는지 확인해 서명
- 세무조사결과 통지서 수령 시 이의가 있는 경우 과세전적부심사청구를 진행
- 고지서가 수령된 경우로써 이의가 있는 경우에는 이의신청 등 불복절차로 돌입

* 피상속인(사망자)이 개인사업자나 법인의 임원 및 주주인 경우에는 개인의 재산은 물론이고 사업과 관련된 채권과 채무도 반영해야 한다. 따라서 이들에 대한 상속세 신고는 상당한 주의가 필요하다.

☞ **상속세 세무조사기관과 조사기간**

상속세에 대한 세무조사기관과 조사기간은 대략 다음과 같다.

① **지방국세청 조사국 결정(상속재산가액이 50억원을 초과하는 경우)**
- ☑ 조사기간 : 보통 3개월 이내
- ☑ 금융기관자료조회 : 상속개시일 전 10년 이내 거래분을 조회

② **일선 세무서 조사결정**
- ☑ 조사기간 : 보통 2개월 이내
- ☑ 금융기관자료조회 : 통상 상속개시일 전 2년~5년 이내 거래분을 조회

실전연습 L씨는 최근 상속세에 대한 세무조사결과 통지서를 받았다. 그런데 세무조사 과정에서 L씨가 제출한 서류의 내용이 결과통지서에 전혀 반영되지 않았음을 알았다. L씨는 이러한 상황이 도저히 이해가 되지 않는다. 물음에 답하면?

☞ **물음 1** : 과세관청이 보내온 세무조사결과 통지서에 대해 이의가 있는 경우 L씨가 대처할 수 있는 방법은 무엇인가?
☞ **물음 2** : 과세전적부심사청구를 진행했지만 결국 5억원에 달하는 세금고지를 받게 되었다. 이 경우 고지세액을 납부하지 않고 불복을 진행할 수 있는가?
☞ **물음 3** : 고지된 세액은 분납신청할 수 있는가?

· **물음 1의 경우**

과세전적부심사를 청구할 수 있다. 보통 세무조사 결과에 대한 서면통지(또는 과세예고통지)를 받은 경우에는 통지를 받은 날부터 30일 이내에 통지를 한 세무서장이나 지방국세청장에게 통지 내용의 적법성에 관한 심사를 청구할 수 있다.

· **물음 2의 경우**

그렇다. 납부를 하지 않은 상태에서 할 수 있다. 하지만 불복에서 패소한 경우에는 향후 가산세 등이 크게 불어날 수 있으므로 미리 납부가 된 상태에서 이를 제기하는 것

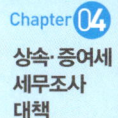

이 실익이 있을 수 있다.

☞ 고지된 세액을 납부하고 불복을 진행할 것인지 등에 대해서는 세무대리인과 상의하기 바란다.

· **물음 3의 경우**
연부연납은 상속세나 증여세의 납부세액이 2천만원을 초과하는 경우에 연단위로 나눠서 납부할 수 있는 제도를 말한다. 연부연납을 하면 자금부담을 완화할 수 있는 이점이 있으나 연부연납된 세액에 대해서는 가산금(1.6% 이자상당액)을 추가로 납부해야 한다는 점에 유의해야 한다. 이 제도를 이용하기 위해서는 다음과 같은 조건을 충족해야 한다.

☑ 상속세 과세표준 신고기한(기한후신고포함)이나 결정통지에 의한 납세고지서상의 납부기한까지 연부연납신청서를 제출할 것

☑ 연부연납을 신청한 세액에 상당하는 납세담보를 제공할 것(국세기본법 제29조)

참고로 연부연납 기간은 가업상속재산의 경우 연부연납 허가 후 2년이 되는 날부터 5년이다. 다만, 상속재산 중 가업상속재산이 차지하는 비율이 100분의 50 이상인 경우에는 연부연납 허가 후 3년이 되는 날부터 12년으로 한다. 이 외의 경우에는 연부연납 허가일부터 5년으로 한다. 예를 들어 상속세 납부세액이 6,000만원인 경우 1,000만원은 신고할 때 나머지 5,000만원은 5회로 나눠 1년마다 1,000만원을 납부할 수 있다. 참고로 연부연납 시 납부하는 금액은 최소 1,000만원을 넘어야 하므로 금액이 적은 경우에는 연부연납기간이 짧아질 수 있다.

 금융재산 일괄조회(금융조사, 상증법 제83조)

상속재산가액이 30억원 이상인 경우 금융재산 일괄조회를 국세청장에게 신청할 수 있다. 금융조사는 모든 금융기관을 대상으로 이루어지고 피상속인은 물론 상속인과 직계존비속으로 확대될 수 있다. 조회기간 범위도 중요하다.

| 실력 더하기 | 상속·증여세 불복사례 연구 |

아래의 불복사례는 상속·증여세에서 가장 많이 등장하는 사례 중 하나다. 상속재산가액이나 증여재산가액을 시가로 평가하느냐 기준시가로 평가하느냐에 따라 세부담의 차이가 발생하는데, 과세관청은 시가를, 납세자는 기준시가를 선호하는 관계로 마찰이 자주 발생하게 된다. 이하에서 과세관청과 납세자 그리고 조세심판원이 이 문제를 어떤 논리로 임하고 있는지 점검해보자. 납세자의 입장에서는 어떻게 해야 승소할 수 있는지 진득하게 살펴보기 바란다.

[제목]	쟁점아파트의 증여재산가액을 매매사례가액으로 평가해 증여세를 부과한 처분의 당부(국심2006서1435,2006.11.23)
[요약]	비교대상아파트의 매매사례가액은 증여당시 쟁점 아파트의 기준시가와 동일하므로 쟁점 아파트의 증여재산가액을 매매사례가액으로 평가해 증여세를 과세한 처분은 타당함.
[결정유형]	기각
[따른결정]	조심 2012서189

[주문]
심판청구를 기각합니다.

[이유]
1. 처분개요

청구인은 2005.3.16. ○○특별시 ○○구 ○○동 ○○번지 ○○아파트 ○○동 ○○호(이하 "쟁점아파트"라 한다)를 아들인 김○○으로부터 증여받고 증여재산가액을 국세청 기준시가(105,000천원)로 평가해 증여세를 신고했다.

처분청은 쟁점아파트의 증여재산가액을 ○○특별시 ○○구 ○○동 ○○번지 ○○아파트 ○○동 ○○호(이하 "비교대상아파트"라 한다)의 매매사례가액인 150,000천원으로 산정해 2006.1.16. 청구인에게 2005.3.16. 증여분 증여세 6,917,300원을 결정 고지했다.

청구인은 이에 불복해 2006.4.13. 이 건 심판청구를 제기했다.

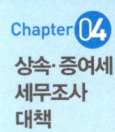

☞ 증여재산가액에 대해 납세자는 기준시가로 신고, 과세관청은 시가인 매매사례가액으로 고지함에 따라 세금차이가 발생했다. 납세자는 이에 부당함을 호소하여 심판청구를 하기에 이르렀다.

2. 청구인 주장 및 처분청 의견

가. 청구인의 주장
처분청에서 보내온 과세전적부심사결정서 내용 중 매매사례가액이 ○○동 ○○호는 150,000천원, 201동 1105호는 140,000천원, 201동 408호는 138,000천원이라 적시되어 있는 바, 가장 높은 금액인 150,000천원으로 결정함은 부당하니 201동 408호의 138,000천원을 매매사례가액으로 적용해 과세해야 한다.

나. 처분청의 의견
청구인이 주장하는 매매사례가액 138,000천원은 거래일자가 2005.10.22.로서 상속세및증여세법 제60조 및 동법시행령 제49조의 평가의 원칙에 해당하지 아니하며, 처분청의 당초 비교대상아파트의 매매사례가액을 적용함이 타당하다.

☞ 납세자가 신고한 기준기가를 시가로 경정하는 경우 이에 대한 입증책임은 과세관청에 있다.

3. 심리 및 판단

가. 쟁 점
쟁점아파트의 증여재산가액을 매매사례가액으로 평가해 증여세를 부과한 처분의 당부

나. 관련법령
이 건 과세요건 성립당시의 관련법령을 본다.

- 상속세및증여세법 제60조【평가의 원칙 등】
① 이 법에 의하여 상속세 또는 증여세가 부과되는 재산의 가액은 상속개시일 또는 증여일(이하 "평가기준일"이라 한다) 현재의 시가에 의한다. 이 경우 제63조 제1항 제1호 가목

및 나목에 규정된 평가방법에 의하여 평가한 가액(제63조 제2항의 규정에 해당하는 경우를 제외한다)은 이를 시가로 본다.

② 제1항의 규정에 의한 시가는 불특정다수인 사이에 자유로이 거래가 이루어지는 경우에 통상 성립된다고 인정되는 가액으로 하고 수용·공매가격 및 감정가격 등 대통령령이 정하는 바에 의해 시가로 인정되는 것을 포함한다.

③ 제1항의 규정을 적용함에 있어서 시가를 산정하기 어려운 경우에는 당해 재산의 종류·규모·거래 상황 등을 감안해 제61조 내지 제65조에 규정된 방법에 의하여 평가한 가액에 의한다.

- 상속세및증여세법 제61조【부동산의 평가】
- 상속세및증여세법 시행령 제49조【평가의 원칙 등】

① 법 제60조 제2항에서 "수용가격·공매가격 및 감정가격 등 대통령령으로 정하는 바에 따라 시가로 인정되는 것"이란 평가기준일 전후 6개월(증여재산의 경우에는 3개월로 한다. 이하 이 항에서 "평가기간"이라 한다) 이내의 기간 중 매매·감정·수용·경매(「민사집행법」에 따른 경매를 말한다. 이하 이 항에서 같다) 또는 공매(이하 이 조에서 "매매 등"이라 한다)가 있는 경우에 다음 각 호의 어느 하나에 따라 확인되는 가액을 말한다(단서조항 생략).

1. 해당 재산에 대한 매매사실이 있는 경우에는 그 거래가액

⑤ 제1항의 규정을 적용함에 있어서 당해 재산과 면적·위치·용도·종목 및 기준시가가 동일하거나 유사한 다른 재산에 대한 같은 항 각 호의 어느 하나에 해당하는 가액[법 제67조 또는 제68조에 따라 상속세 또는 증여세 과세표준을 신고한 경우에는 평가기준일 전 6개월(증여의 경우에는 3개월로 한다)부터 제1항에 따른 평가기간 이내의 신고일까지의 가액을 말한다]이 있는 경우에는 당해 가액을 법 제60조 제2항의 규정에 의한 시가로 본다(2012.02.02 개정).

- 상속세및증여세법 시행령 제76조【결정·경정】

다. 사실관계 및 판단

(1) 청구인의 아들인 김○○이 쟁점아파트(건물전유부분 54.70㎡, 대지권 29.5505㎡)를 2002.5.3. 취득해 2002.3.16. 청구인에게 증여한 사실과 처분청이 2005.11월 증여세 실지조사를 하면서 동일 소재지 ○○동 ○○호의 매매가액 150,000천원(2005.4.11거래)을 매매사례가액으로 해 증여세를 결정한 사실이 쟁점아파트 등기부등본과 심리자료에 의해

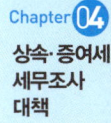

확인된다.

(2) 청구인은 처분청에서 보내온 과세전적부심사 결정서 내용 중 매매사례가액이 ○○동 ○○호는 150,000천원, ○○동 ○○호는 140,000천원, ○○동 ○○호는 138,000천원이라 적시되어 있는데도 불구하고, 가장 높은 금액인 150,000천원으로 결정함은 부당하니 ○○동 ○○호의 138,000천원을 매매사례가액으로 적용해야 한다고 주장하므로 이에 대하여 살펴본다.

(가) 처분청은 청구인이 수증 받은 동일 소재지 아파트의 부동산중개업소에 출장해 매매사례가액을 확인한 바, 동일 소재지 ○○동 ○○호는 2005.8.12.자에 140,000천원에 매매되었으며, 동일 소재지 ○○동 ○○호는 2005.10.22.자에 138,000천원에 매매된 사실이 있음을 확인했다고 하고 있어, 청구인이 주장하는 ○○동 ○○호는 2005.10.22.자 거래의 매매가액으로 증여일(2005.3.16)보다 7개월 후의 매매사례가액으로 상속세및증여세법 제60조 및 동법 시행령 제49조의 평가의 원칙에 부합하지 않음을 알 수 있다.

(나) 또한 쟁점아파트와 비교대상아파트의 증여당시 기준시가가 105,000천원으로 동일하고, 인터넷 ○○은행 아파트 과거시세 추이에서 2005.3.14.자 쟁점아파트 단지 동일 평형 아파트 시세가 14,000천원~15,250천원 수준임을 나타내고 있다.

(3) 이와 같은 내용 등을 종합해볼 때, 상속세및증여세법 제60조 및 같은 법 시행령 제49조의 규정의 규정에 의하면, 증여재산가액은 증여일 현재의 시가를 적용하도록 하고 있고, 증여일 전후 3개월 내 매매사례가액이 확인되는 경우에는 이를 시가로 인정하도록 되어 있는 바, 처분청이 적용한 비교대상아파트의 매매사례 가액 150,000천원은 증여당시 쟁점아파트의 기준시가와 같고, 9층인 쟁점아파트와 유사한 8층의 비교대상아파트를 선정했으며, 인터넷 ○○은행아파트 시세 범위에서도 벗어나지 않는 점 등을 감안해 볼 때 처분청이 쟁점아파트의 증여재산가액을 매매사례가액인 150,000,000원으로 평가해 증여세를 과세한 처분은 잘못이 없는 것으로 판단된다.

☞ 양측의 주장에 대해 제3자인 조세심판원이 어느 쪽 주장이 맞는지를 판결내리고 있다. 사례의 경우 조세심판원은 양측 중 과세관청의 주장이 더 타당한 것으로 보아 납세자의 주장을 배척하고 있다.

4. 결론

이 건 심판청구는 심리결과 청구인의 주장이 이유 없으므로 국세기본법 제81조 및 제65조 제1항 제2호의 규정에 의하여 주문과 같이 결정한다.

☞ 이 사례와 같은 상황에 봉착하지 않기 위해서는 상속세나 증여세 신고 전에 재산가액을 어떤 식으로 평가해야 하는지에 대해 다각적으로 검토해야 한다. 예를 들어 감정평가를 받아 신고를 하는 경우에는 이러한 문제를 예방할 수 있다. 만일 불복상황이 발생할 때에는 당해 사례와 유사한 예규, 심판례, 대법원 판례 등을 최대한 수집해 주장의 근거를 뒷받침해야 한다.

PART 03

개인사업자편

이번 '개인사업자'편에서는 사업자들의 부가가치세 및 종합소득세 신고와 관련된 다양한 세무리스크와 그에 대한 예방법 그리고 세무조사대책에 대해 알아본다. 특히 부가가치세 세무조사는 매출누락이나 부당매입에 초점을 맞춰 진행되고 그 결과에 따라 소득세(법인은 법인세) 등이 추징되기 때문에 이러한 부분에 주의해야 한다.

〈핵심주제〉

Chapter 01 부가가치세 세무리스크 예방법
이 장에서 다루고 있는 핵심주제들은 다음과 같다.
- 매출세액 및 세금계산서 관련 세무리스크 예방법을 알아본다.
- 매입세액과 관련된 세무리스크 예방법을 알아본다.
- 부가가치세 신고와 관련된 세무리스크 예방법을 알아본다.
- 부가가치세 세무조사사례에 대해 알아본다.

Chapter 02 부가가치세 세무조사대책
이 장에서 다루고 있는 핵심주제들은 다음과 같다.
- 신고안내문을 받은 경우의 대처법을 알아본다.
- 해명자료 제출안내문을 받은 경우의 대처법을 알아본다.
- 과세예고 통지서를 받은 경우의 대처법을 알아본다.
- 세무조사 사전 통지서를 받은 경우의 대처법을 알아본다.
- 부가가치세 불복사례에 대해 알아본다.

Chapter 03 종합소득세 세무리스크 예방법
이 장에서 다루고 있는 핵심주제들은 다음과 같다.
- 수입금액 및 비용과 관련된 세무리스크 예방법을 알아본다.
- 종합소득세 신고와 관련된 세무리스크 예방법을 알아본다.
- 종합소득세 세무조사사례에 대해 알아본다.
- 종합소득세 신고성실도를 높이는 방법을 알아본다.

Chapter 04 종합소득세 세무조사대책
이 장에서 다루고 있는 핵심주제들은 다음과 같다.
- 신고안내문을 받은 경우의 대처법을 알아본다.
- 해명자료 제출안내문을 받은 경우의 대처법을 알아본다.
- 과세예고 통지서를 받은 경우의 대처법을 알아본다.
- 세무조사 사전 통지서를 받은 경우의 대처법을 알아본다.
- 종합소득세 불복사례에 대해 알아본다.

chapter 01

부가가치세
세무리스크 예방법

매출세액관련 세무리스크

상황 개인사업자나 법인사업자에 대한 부가가치세 세무조사 시 가장 문제가 되는 곳은 아무래도 매출과 관련된 부분이 아닐까 싶다. 매출 누락 등이 발생하면 세금이 크게 축소될 가능성이 높으므로 이 부분을 집중적으로 조사할 가능성이 높기 때문이다. 한편 매출세액과 관련해서는 세금계산서가 적법하게 끊겼는지 등도 쟁점이 된다. 이하에서 매출세액관련 세무리스크 예방법 등에 대해 알아보자.

Case K기업은 2017년 9월분에 대한 매출전자세금계산서에 대한 미발급 사실을 다음연도 6월에 발견했다. K기업은 이에 대해 부가가치세 수정신고를 준비하고 있다. 물음에 답하면?

☞ **물음 1**: 세금계산서는 전자세금계산서를 발급해야 하는가 아니면 종이세금계산서를 발급해야 하는가?
☞ **물음 2**: 부가가치세 수정신고를 하게 되면 어떤 가산세를 적용해야 하는가?
☞ **물음 3**: K기업은 전자세금계산서를 의무적으로 발행해야 하는데 종이세금계산서를 발급하면 어떤 문제가 있는가? 그리고 거래처 상대방은 무슨 불이익이 있는가?

Solution 위의 물음에 순차적으로 답을 찾아보면 다음과 같다.

· 물음 1의 경우

사례의 경우 과세기간이 지난 상태에서 어떤 것을 발급해도 의미가 없다. 공급자에게는 가산세 2%가 공급받는 자에게는 매입세액불공제의 불이익이 주어지기 때문이다. 참고로 세금계산서는 원칙적으로 재화 등의 공급시기에 발급해야 하며, 늦어도 과세기간 종료일(월합세금계산서는 다음 달 10일)까지는 발급이 되어야 의미가 있다.

다음을 참조하기 바란다.

※ 세금계산서 발급시기의 오류와 불이익(예 : 공급시기가 9월 10일인 경우)

구분	9.10~10.10. 사이에 세금계산서 발급	10.11~12.31.[*1] 사이에 세금계산서 발급	다음 해 1.1.[*1] 이후 세금계산서 발급
	정상적인 발급	과세기간 내 발급	과세기간 후 발급
공급자	-	· 가산세 1%(지연발급)	· 가산세 2%(미발급)[*2]
공급받은 자	-	· 매입세액공제 ○ · 가산세 1%(지연수취)	· 매입세액불공제 · 가산세 없음(매입세액 불공제로 갈음)

[*1] : 월합세금계산서는 다음 달 10일까지 연장된다. 참고로 전자세금계산서의 경우도 10일까지 발급을 해야 하며, 발급을 하면 다음날까지 국세청에 전송이 완료되어야 한다. 이때 발급을 11일에 하고 전송하면 사실과 다른 세금계산서가 된다(주의!).
[*2] : 전자세금계산서 의무발급사업자가 전자세금계산서 대신 종이세금계산서를 발행하면 1%의 가산세를 부과한다.

· 물음 2의 경우

우선 세금계산서를 미발급했으므로 이에 대한 가산세(공급가액의 2%)가 부과된다. 그리고 부가가치세를 과소로 신고했으므로 이에 대한 신고불성실가산세(납부세액의 10%, 감면 가능)가 부과된다. 이외에 과소납부에 대한 납부불성실가산세(1일 3/10,000)가 부과된다.

· 물음 3의 경우

전자세금계산서 의무발급대상자인 개인사업자(또는 법인)가 전자세금계산서가 아닌 종이세금계산서를 발급한 경우에는 공급가액의 1%에 해당되는 가산세를 부담해야 한다. 한편 종이계산서를 받은 거래처 상대방은 전자세금계산서가 아닌 종이세금계산서를 받은 경우 일단 재화 또는 용역의 공급시기에 이를 받고 거래사실이 확인되는 경우에는 매입세액공제를 받을 수 있으며 가산세도 적용되지 않는다(부가가치세법 제39조 제1항 제5호).

Consulting 　매출세액과 관련된 세무쟁점 및 세무조사 예방법은 다음과 같다.

부가가치세 과세 대 면세 판단관련	· 부가가치세가 과세되는지, 면세되는지 이에 대한 판단을 정확히 해야 한다. · 이에 대한 판단에서 오류가 발생한 경우 과도한 세금추징이 발생할 수 있다.

매출 확정관련	· (전자)세금계산서 및 수정세금계산서 발급이 정확하게 되었는지 점검해야 한다. · 매출누락이 있는지 매출이 중복 계상되었는지 점검한다. · 가공매출의 경우에는 조세범처벌법에 의한 처벌을 받을 수 있음에 유의해야 한다.

재화의 공급의제* 관련	· 자가공급이나 타사업장 반출, 사업상 증여, 폐업 시 잔존재화 등도 공급으로 간주되므로 부가가치세 과세문제가 발생한다. · 이러한 유형에 대해서는 세무전문가로부터 자문을 받아 일처리를 하는 것이 좋다.

* 재화의 공급의제란 거래상대방이 부가가치세를 부담하지 않고 소비하는 것을 방지하기 위해 외부와의 유상거래는 아니지만 이를 재화의 공급으로 보아 부가가치세를 발생시키는 제도를 말한다. 예를 들어 기업이 원재료를 구입하면 우선 매입세액을 공제받을 수 있고, 구입한 재화를 생산을 통해 외부에 공급하면 매출 시 부가가치세 10%가 발생한다. 하지만 구입한 재화를 직원 등이 사용하면 부가가치세 없이 이를 사용할 수 있다. 세법은 이러한 점에 착안해 이를 공급으로 의제해 종업원 등이 사용할 때 부가가치세를 징수하도록 하고 있다.

☞ 부가가치세 세무조사 시에는 이러한 공급의제 유형에 대해서도 집중적인 조사가 이루어진다. 초보자의 입장에서는 좀 어려운 내용에 해당한다.

실전연습 K씨는 현재 현금영수증의무발행 업종을 영위하고 있다. 그런데 얼마 전에 과거 3년 치에 대한 세무조사가 진행되어 매출누락 10억원이 탈루되었음이 밝혀졌다. 이때 탈루된 소득은 대부분 차명계좌를 이용한 것들이었다. K씨에게 예상되는 관련 세금은 얼마나 될까?

〈참고 자료〉
· 소득세 추징세율 : 38%
· 과소신고가산세는 40%를 적용함.
· 납부불성실가산세와 관련 지방소득세는 고려하지 않음.
· 현금영수증 미발행에 따른 과태료가 있음(50%).

앞의 물음에 대한 답을 순차적으로 찾아보면 다음과 같다.

STEP1 현금영수증의무발행 업종이란?

현금영수증의무발행 업종은 건당 10만원 이상의 거래 시 무조건 현금영수증을 의무적으로 발행을 해야 하는 업종을 말한다. 이에 대해서는 별도로 고시되며 주로 개인사업자들 중 현금수입이 많은 다음과 같은 업종을 말한다.

- 현금수입업종 : 유흥음식업, 학원업, 골프장업, 예식장업 등
- 전문직 업종 : 의사, 변호사 등

STEP2 현금수입업종에 대한 불이익은?

거래건당 10만원 이상 거래 시 현금영수증을 미발행하면 거래금액의 50%를 과태료로 부과한다. 사례의 경우에는 10억원에 50%를 곱한 5억원이 과태료에 해당한다.

STEP3 사례의 경우 예상추징세액(과태료 포함)은?

현금수입업종 영위 개인사업자가 3년간에 걸쳐 현금매출을 누락한 경우 다음과 같은 세액(과태료 포함)이 추징 예상된다. 참고로 아래 세액 외에도 조세범처벌법 제3조에 의해 벌금을 별도로 부과받을 수 있다.

(단위 : 원)

구분	계산식	금액	비고
① 소득세	탈루소득(10억)×38%	3.8억	소득세법
② 부정과소신고가산세	부정과소신고세액(3.8억)×40%	1.5억*	국세기본법
③ 현금영수증 미발행 과태료	미발행금액(10억)×50%	5억	조세범처벌법
합계		10.3억	

* 천원 단위 이하 절사

☞ 현금수입업종의 경우 매출누락을 하면 과태료 등의 제재가 상당히 크므로 이에 유의해야 한다.

▶ 세금계산서관련 세무리스크 예방법

현행 소득세법이나 법인세법은 세금계산서제도에 의해 그 근간이 유지되고 있다. 즉 재화 등을 공급하는 자와 공급받는 자간에 세금계산서를 수수하는 과정에서 매출과 매입이 동시에 노출되어 근거과세를 할 수 있게 된다. 따라서 부가가치세법은 세금계산서가 정확하게 수수되어야 함을 요구하고 있고 이를 위배하는 경우에는 막대한 가산세를 부과하고 있으므로 주의해야 한다. 이하에서는 세금계산서와 관련된 세무리스크 예방법을 알아보자.

1. 세금계산서의 종류

세금계산서는 전자세금계산서와 종이세금계산서로 크게 나눌 수 있다. 전자세금계산서는 공인인증시스템을 거쳐 정보통신망을 거쳐 발급하는 것을 말한다.

(1) 전자세금계산서

모든 법인사업자와 직전연도의 사업장별 재화 및 용역의 공급가액 합계액이 3억원 이상인 개인사업자는 의무적으로 전자세금계산서를 발급해야 한다. 참고로 전자계산서도 아래와 같은 방식으로 의무적으로 발급하도록 하고 있다.

발급의무대상	전자발급 의무기간
· 모든 법인사업자	· 사업개시일부터
· 개인사업자 (직전연도 사업장별 공급가액 3억원 이상에 한함)	· 공급가액의 합계액이 3억원 이상인 해의 다음해 7.1~ 그 다음해 6.30.

이러한 전자세금계산서는 '발급일의 다음 날'까지 국세청장에게 전송이 되어야 가산세제재를 받지 않는다.

(2) 종이세금계산서

그밖의 사업자들 즉 개인사업자 중 공급가액이 3억원 미만인 사업자들은 종이로 된 세금계산서를 발급할 수 있다.

돌발퀴즈!

전자세금계산서 의무발급대상자가 종이세금계산서를 발급한 경우에는 발급자와 이를 받는 자에게 어떤 영향을 주는가?

발급자 측	발급받는 자 측
· 전자세금계산서미발급가산세(1%)를 부과한다.	· 가산세는 없다. · 매입세액공제를 받을 수 있다.

☞ 전자세금계산서 의무발급 사업자들이 종이세금계산서를 발행하면 가산세 같은 세무리스크가 발생한다. 따라서 정확히 이 규정을 지켜야 한다.

2. 세금계산서 발급시기

세금계산서는 세법에서 정한 시기에 발급해야 적법하게 발급된 것으로 인정된다. 만일 이를 위배한 경우에는 발급한 자에게는 가산세가, 발급받은 자에게는 매입세액불공제와 가산세가 뒤따르게 된다.

구분	내용
· 원칙	· 재화나 용역의 공급시기*에 교부(단, 대가를 미리 받은 경우에는 세금계산서를 미리 교부할 수 있음)
· 특례 (공급시기 후 발급특례)	· 다음의 경우에는 재화 등의 공급일이 속하는 달의 다음달 10일까지 교부가능 - 월단위로 합계해 세금계산서를 발급하는 경우(월말이나 사업자가 정한 날짜 기준으로 합계) - 증명서류 등에 의해 실제거래사실이 확인된 경우 해당 거래일을 작성 연월일로 해 발급하는 경우

* 재화의 경우 일반적으로 재화가 인도되는 때를 공급시기로 한다. 세법은 거래유형에 따라 다양한 공급시기를 정하고 있으므로 이에 대해서는 별도로 확인해야 한다(부가가치세법 제15조 등 참조).

3. 수정세금계산서의 발급

당초 발급된 세금계산서의 내용이 나중에 수정되어야 하는 상황이 발생할 수 있다. 세법은 이에 대해 법으로 수정할 수 있는 사유와 그에 대한 방법을 규정하고 있다. 참고

로 세금계산서제도는 근거과세의 원칙을 유지하는 데 매우 중요하므로 수정세금계산서 발급을 엄격하게 규제하고 있다.

- ☑ 처음 공급한 재화가 환입된 경우 → 재화가 환입된 날을 작성일로 해 발급(마이너스 세금계산서 발급)
- ☑ 계약의 해제가 있는 경우 → 계약이 해제된 때를 작성일로 해 발급(마이너스 세금계산서 발급)
- ☑ 계약의 해지 등에 따라 공급가액에 추가되거나 차감되는 금액이 발생한 경우 → 증감 사유가 발생한 날을 작성일로 해 발급
- ☑ 필요적 기재사항(사업자등록번호 등) 등이 착오로 잘못 적힌 경우 → 과세표준과 세액을 경정할 것을 알기 전에 '언제든지' 새롭게 발급(당초의 것은 마이너스 세금계산서 발급)
- ☑ 필요적 기재사항 등이 착오 외의 사유로 잘못 적힌 경우 → 과세표준과 세액을 경정할 것을 알기 전에 '재화 등의 공급일이 속하는 과세기간에 대한 확정신고 기한까지' 새롭게 발급(당초의 것은 마이너스 세금계산서 발급)

☞ 위의 앞에서 세 가지는 수정일자가 포함된 과세기간 분의 부가가치세 신고에 포함해 신고한다. 따라서 이때에는 수정신고가 불필요하다. 하지만 그 아래 두 가지는 당초의 부가가치세 신고에 영향을 미치므로 수정신고를 하는 것이 원칙이다. 한편 위의 필요적 기재사항이 착오에 의해 잘못 적힌 것인지 아닌지 여부에 따라 수정세금계산서 발급기한이 달라진다는 점에 유의해야 한다. 참고로 이 둘은 과세관청이 경정할 것을 아는 상황에서는 절대 발급할 수 없다는 점도 알아두기 바란다. 주로 세무조사를 받거나 과세자료 해명안내문을 받거나 또는 세무공무원으로부터 연락이 온 후에는 이를 수정해 발급할 수 없다는 식으로 이해하면 될 것 같다.

4. 세금계산서와 가산세

세금계산서관련 가산세는 공급한 사업자와 공급받는 사업자로 나눠 살펴봐야 한다.

(1) 공급한 사업자
- ☑ **세금계산서 발급불성실가산세** : 공급가액의 0.5~3%로 부과(지연발급, 불명, 미발급, 지연전송, 미전송, 가공발급, 허위발급 등)한다. 미발급이나 가공발급 또는 허위발급은 세금

계산서제도를 정면으로 위반한 행위에 해당하므로 3%(2017년은 2%)로 부과한다.
- ☑ **매출처별세금계산서합계표 제출불성실가산세** : 공급가액의 0.5~1%로 부과(미제출, 불명, 지연제출)한다. 여기서 지연제출은 예정신고 때 합계표를 제출해야 하나 이를 확정신고 때 제출한 것을 말한다. 만일 확정신고기한이 지난 후 제출한 경우에는 미제출에 해당한다.
- ☑ **가산세 중복적용 배제** : 가산세가 두 개 이상 동시에 적용되는 경우에는 한 가지만 적용하는 것이 합리적이다. 다만, 세법은 그 중 높은 가산세율을 부과하는 식으로 규정하고 있다. 예를 들어 세금계산서를 미발급(2%)하는 경우 매출처별세금계산서합계표도 미제출(1%)되는데 이 경우에는 세금계산서 불성실가산세 2%를 부과한다는 것이다. 자세한 것은 부가가치세법 제60조를 참조하기 바란다.

☞ 세금계산서 미발급 금액이 1과세기간(6개월)에 3억원 이상인 경우에는 통고처분 등 범칙처분을 한다.

(2) 공급받은 사업자(매입세액불공제 포함)
- ☑ **세금계산서 수취불성실가산세** : 공급가액의 1~3%(세금계산서 지연수취, 경정 시 매입처별세금계산서합계표 제출, 합계표 과다기재*, 가공수취, 허위수취 등)로 부과한다. 지연수취나 경정 시 합계표 제출, 합계표 과다기재는 1% 수준에서, 가공수취나 허위수취는 2~3%로 부과한다.
    * 단, 착오에 의한 경우로 수취한 세금계산서로 거래사실이 확인된 경우에는 가산세를 부과하지 않는다.
- ☑ **매입세액불공제** : 매입처별세금계산서합계표를 미제출한 경우, 합계표에 공급가액을 사실과 다르게 과다하게 기재해 신고한 경우, 세금계산서 가공·허위수취 시에는 매입세액을 불공제한다. 이외의 사유에 의한 경우에는 매입세액을 공제한다.

☞ 공급받은 사업자가 세금계산서를 잘못 수취하면 매입세액이 불공제된다. 따라서 이에 대한 불이익이 크기 때문에 가산세를 별도로 부과하지 않는 것이 일반적이다. 하지만 ① 합계표를 제출하지 않았거나 ② 세금계산서를 가공·허위수취한 것은 세금계산서수수 질서를 심각하게 어지럽히게 된다. 따라서 이 경우에는 가산세도 부과하여 이중의 불이익을 주고 있다.

매입세액관련 세무리스크

상황 매입과 관련된 주요 세무리스크는 가공매입이 있었는지 그리고 적격 세금계산서 등을 받았는지 등이 주요 쟁점이 된다. 매입과 관련된 과세자료는 신고한 자료가 불부합자료에 해당하거나 해당 기업에 대한 세무조사 또는 거래처 세무조사 등에 의해 파생된다. 이하에서 매입세액관련 세무리스크 예방법에 대해 알아보자.

Case K사업자(법인)는 아래와 같이 매입거래를 하였다. 물음에 답하면?

〈자료〉
· 20×6년 10월에 3천만원 상당액의 상품을 구입했으나 5,000만원짜리 세금계산서를 수취함.

☞ 물음 1: K사업자가 수정세금계산서를 발급받아 자발적으로 수정신고한 경우 세금계산서관련 가산세가 부과되는가?
☞ 물음 2: 수정세금계산서를 발급받은 후 기신고한 부가가치세 신고서를 수정해 자발적으로 신고하는 경우 가산세는 어떻게 적용되는가?
☞ 물음 3: 과세관청에서 경정할 것을 안 후에 수정세금계산서를 발급받아 신고하면 가산세 적용은 어떻게 되는가?

Solution 물음에 대해 순차적으로 답을 찾아보면 다음과 같다.

· 물음 1의 경우

착오로 세금계산서를 잘못 발급받은 경우 과세관청에서 경정하기 전이라면 수정세금계산서를 발급할 수 있다. 이 경우 세금계산시험계표 관련 가산세는 적용되지 아니한다(서면3팀-629, 2005.05.10.).

· **물음 2의 경우**

공급가액이 과다기재된 세금계산서에 대하여 매입세액공제를 받았으므로 결과적으로 부가가치세를 과소납부했다. 따라서 과소납부한 세액에 대하여 신고불성실 및 납부불성실가산세가 부과된다. 이 때 신고불성실가산세는 일반적으로 10%가 될 가능성이 높다. 한편 법정신고기한이 경과한 후 2년 내에 수정신고를 하는 경우 과소신고가산세가 10~50%까지 감면된다(납부불성실가산세는 감면되지 않는다).

· **물음 3의 경우**

세법은 과세관청이 경정할 것이라는 사실을 안 후에는 수정세금계산서를 발급할 수 없도록 하고 있다. 따라서 뒤늦게 수취한 경우에는 다음과 같은 불이익이 예상된다.

☑ 매입세금계산서제출합계표 관련 가산세 부과
☑ 부정행위에 해당하는 국세부과 제척기간 10년 적용
☑ 부정과소신고가산세 40% 적용

Consulting 부가가치세법상 매입과 관련해 발생할 수 있는 세무상 쟁점과 그에 대한 예방법은 다음과 같다.

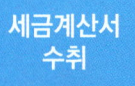
- 세금계산서는 세법에서 정한 공급시기에 맞게 발급되거나 수정발급되어야 한다.
- 세금계산서는 늦어도 공급시기가 속한 과세기간까지는 발급되어야 공제대상이 된다.

- 공급가액이 오류인 경우에는 관할 세무서에서 연락이 오기 전까지 수정세금계산서를 수취해야 한다.
- 부가가치세 수정신고 시 과다매입세액공제분에 대해서는 가산세가 부과된다.

- 자료상 등을 통해 가공매입자료를 구입해 공제를 받으면 향후 세무조사 시 다양한 불이익(부정가산세, 조세범처벌 등)을 받을 수 있다.
- 매입거래를 할 때에는 사업자등록사본과 통장사본을 제출받아 이를 확인하는 습관을 들이는 것이 좋다.

실전연습 LK기업은 K법인과 연구개발용역계약을 다음과 같이 체결했다. 물음에 답하면?

총 계약금액은 금 일억원정(₩100,000,000)이며 그 중

금 일천만원정(₩10,000,000)을 20×8년 1월 1일 계약금으로 지급하고,

금 오천만원정(₩50,000,000)을 20×8년 3월 1일 중도금으로 지급하며,

금 사천만원정(₩40,000,000)을 20×8년 5월 31일 잔금으로 지급한다.

☞ **물음 1**: 이 거래에 대한 세금계산서 발급을 어떻게 해야 LK기업과 K법인은 문제가 없을까?
☞ **물음 2**: LK기업은 계약을 하면서 매입세금계산서를 받았다. 이 경우 매입세액공제를 받을 수 있는가?
☞ **물음 3**: LK기업은 20×8년 5월 31일에 용역이 완료되지 못해 잔금을 수령하지 못했음에도 불구하고 해당날짜를 기준으로 세금계산서를 발급해 LK기업에게 전달했다. LK기업은 이 세금계산서를 가지고 매입세액공제를 받을 수 있는가?

물음에 순차적으로 답을 찾아보면 다음과 같다.

· **물음 1의 경우**

사례의 경우 6개월 미만의 단기용역에 해당하므로 '역무의 제공이 완료된 때'를 기준으로 세금계산서를 발행하면 된다. 다만, 세법은 미리 대금결제가 있는 경우 그에 맞춰 수수되는 세금계산서도 허용을 하고 있다(선세금계산서).

· **물음 2의 경우**

물음1에서 살펴본 것처럼 선세금계산서도 인정되므로 이를 통해 매입세액공제를 받더라도 세법상 문제가 없다.

· **물음 3의 경우**

20×8년 5월 31일을 기준으로 용역이 완료되지 않고 그에 따라 대금지급도 없었으므로 잔금에 대해서는 '역무의 제공이 완료된 때'를 기준으로 세금계산서가 수수되어야 한다. 따라서 LK기업이 받은 세금계산서는 '사실과 다른 세금계산서'에 해당한다. 따라서 이 같은 '사실과 다른 세금계산서'로는 매입세액공제를 받을 수 없는 것이 원칙이다.

※ **완성도기준지급·중간지급·장기할부조건으로 용역을 공급하는 경우**

- ☑ 이 경우에는 대금의 수수 여부와 관계없이 '대가의 각 부분을 받기로 한 때'를 기준으로 세금계산서를 발급한다.
- ☑ 완성도기준지급조건은 기성청구와 확인에 따라 거래하는 것을 말한다.
- ☑ 중간지급조건부는 계약금을 받기로 한 날의 다음 날부터 재화를 인도하는 날 또는 재화를 이용가능하게 하는 날까지의 기간이 6개월 이상인 경우로 그 기간 이내에 계약금 외의 대가를 분할해 받는 경우를 말한다.
- ☑ 장기할부조건은 대금을 2회 이상 나눠 지급하고 재화의 인도일 다음날부터 최종 부불금의 지급일까지의 기간이 1년 이상인 거래를 말한다.

memo

매입세액공제의 모든 것

사업자가 자기의 사업을 위해 구입한 각종 재화와 용역에 대한 대가를 지급하면서 부담한 부가가치세(매입세액)는 매출세액에서 공제되는 것이 원칙이다. 하지만 법에서 정한 요건을 위반한 세금계산서를 받거나 매입세액공제를 받지 못하는 사유 등에 해당하면 공제를 받을 수 없다. 만일 이러함에도 불구하고 기업이 매입세액공제를 받은 경우에는 가산세 등의 처분을 받게 된다. 따라서 실무자들은 매입세액공제에 대해 정확한 기준을 이해하고 실무처리를 해야 세무리스크를 방지할 수 있게 된다.

1. 매입세액공제의 요건

사업자가 수취한 세금계산서상의 매입세액을 공제받기 위해서는 다음과 같은 조건들을 충족해야 한다.

☑ 세금계산서를 적법하게 수취할 것
　→ 만일 공급자가 이를 발급하지 않으면 매입자가 세금계산서를 발급할 수 있는 제도를 활용한다. 이에 대해서는 이 장의 마지막 부분의 '부가가치세 세무조사사례' 편을 참조하자.

☑ 사업과 관련성이 있을 것

☑ 매입세액불공제 대상이 아닐 것
　→ 이에는 다음과 같은 유형이 있다.
　　· 세금계산서 미수취·불명분 매입세액
　　· 매입처별세금계산서합계표 미제출·불명분 매입세액
　　· 사업무관 매입세액
　　· 비영업용 소형승용자동차관련 매입세액
　　· 접대비관련 매입세액
　　· 면세사업관련 매입세액
　　· 토지의 자본적 지출관련 매입세액
　　· 사업자등록을 신청하기 전의 매입세액*

* 사업자등록을 신청하기 전의 매입세액은 불공제되나 공급시기가 속하는 과세기간이 끝난 후 20일 이내에 등록을 신청한 경우 등록신청일부터 공급시기가 속하는 과세기간 기산일까지 역산한 기간 내의 것은 제외한다.

☞ 실무적으로 매입세액과 관련된 세무리스크는 주로 세금계산서가 사실과 다른 경우에 발생한다. 가공매입유형도 이와 관련이 있다. 참고로 건설업 등의 경우에는 면세사업이나 토지의 자본적 지출과 관련된 매입세액에서 세무리스크가 증가되는 경향이 있다.

2. 세금계산서상의 필요적 기재사항이 사실과 다르게 적힌 경우의 공제방법

세금계산서상의 필요적 기재사항이 사실과 다르게 적힌 경우에는 원칙적으로 매입세액을 공제받지 못한다. 하지만 다음의 경우에는 예외적으로 공제를 허용한다. 실무상 중요성이 있는 대목이므로 잘 알아둬야 한다.

① 수취한 세금계산서의 필요적 기재사항 중 일부가 '착오'로 사실과 다르게 기재되었으나 그 세금계산서의 나머지 기재사항에 의해 거래사실이 확인되는 경우
② 재화 등의 공급시기 이후에 발급받은 세금계산서로서 '해당 공급시기가 속하는 과세기간'에 발급받은 경우(이 경우 지연수취가산세 1%를 부과한다)
③ 전자세금계산서 의무발급 사업자가 전자세금계산서가 아닌 종이세금계산서를 재화의 공급시기가 속하는 과세기간에 발급받고 그 거래사실도 확인된 경우 등

☞ 위의 내용을 보면 세금계산서는 늦어도 공급시기가 속한 과세기간 내 발급되어야 매입세액공제가 된다는 점을 알 수 있다(서면3팀-1590, 2007.5.25.). 참고로 세금계산서상의 필요적 기재사항은 다음을 말한다.

> · 공급하는 사업자의 등록번호와 성명·명칭
> · 공급받는 자의 등록번호(미등록 사업자 등은 주민등록번호로 갈음)
> · 공급가액과 부가가치세액
> · 작성 연월일

※ **참고 예규**(소비-315, 2005.10.13.)
사업자가 공급시기가 도래하기 전에 대가를 지급하지 아니하고 세금계산서를 발급받아 재화 또는 용역에 대한 대가의 전부 또는 일부를 해당 세금계산서 발급일이 속하는 과세기간 내에 지급하는 경우 발급받은 세금계산서의 매입세액은 사실과 다른 세금계산서의 매입세액에 해당하는 것임(→ 따라서 이 경우에는 매입세액공제를 받을 수 없다).

부가가치세 신고관련 세무리스크

상황 개인사업자(또는 법인)가 부가가치세관련 세무조사를 예방하기 위해서는 평소에 거래나 신고 시에 관심을 가져야 한다. 특히 부가가치율(일종의 마진율)이 동종업계의 평균에 미달하는 경우에는 세무조사의 가능성이 높아지기 때문에 주의해야 한다. 이하에서는 부가가치세 신고 시 알아두어야 할 세무리스크 예방법을 알아보자.

Case K씨는 과학기자재를 유통하는 업을 영위하고 있다. 그는 이번에 부가가치세 신고준비를 하는데, 매입 자료가 많지 않아 대량매입을 검토하고 있다. 자료를 보고 물음에 답하면?

〈자료〉
- 반기 매출 : 3억원(부가가치세 별도)
- 반기 매입 : 1억원(부가가치세 별도)
- 금번 추가 매입 : 3억원(부가가치세 별도)

☞ **물음 1** : 금번 부가가치세 신고 시 환급받을 부가가치세는 얼마인가?
☞ **물음 2** : 과세관청은 부가가치세를 무조건 환급해줄까?
☞ **물음 3** : 앞과 같은 세무리스크를 줄이기 위해 7월 초나 1월 초에 매입하는 것이 좋을까?

Solution 위의 물음에 대해 순차적으로 답을 찾아보면 다음과 같다.

· **물음 1의 경우**

매출세액에서 매입세액을 차감해 환급세액을 결정한다. 매출세액은 3,000만원이고 매입세액은 4,000만원이므로 1,000만원의 환급세액이 발생한다.

· 물음 2의 경우

그렇지 않다. 환급 전에 관련 자료(매입대금 영수증 등)를 제출받아 환급을 하거나 필요 시 현지확인을 한 후 환급할 수 있다.

☞ 납세자의 입장에서 대량환급은 현지확인 등을 거치게 되므로 미리 거래에 대한 사실입증자료를 준비해 두는 것이 좋다(계약서, 세금계산서, 거래통상사본 등).

· 물음 3의 경우

그렇다. 그렇게 되면 매입으로 인해 환급세액이 발생한다거나 신고성실도가 나빠질 우려는 없게 된다. 따라서 가급적 과세기간 종료일에 임박해서는 대량매입을 삼가는 것이 좋다. 괜히 사서 세무조사를 받을 필요는 없기 때문이다.

Consulting 사업자가 부가가치세 신고와 관련해 알아야 할 세무리스크 예방법을 정리하면 다음과 같다.

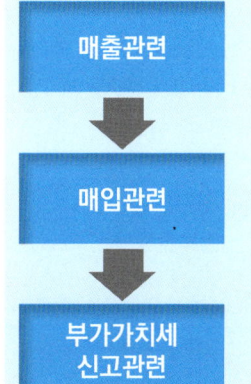

매출관련	· 매출누락에 주의해야 한다. · 세금계산서 발급시기 등에 주의해야 한다.
매입관련	· 가공매입이나 과다매입에 주의해야 한다. · 세금계산서를 세법에 맞게 정확히 수취해야 한다.
부가가치세 신고관련	· 부가가치율*이 저조하지 않도록 한다. · 환급을 과다하게 받은 경우에는 미리 소명에 대비하도록 한다.

* 부가가치율(부가율)은 '(매출액-매입액)'을 매출액으로 나눈 비율을 말한다.

실전연습 서울 강동구에서 유통업을 영위하고 있는 K씨의 이번 기에 신고한 부가가치세 내역은 다음과 같다. 물음에 답하면?

구분	20×8.7.1.~20×8.12.31.	비고
매출	3억원	
매입	2.5억원	고정자산매입은 없음.

☞ **물음 1**: 사례의 경우 부가율은 얼마인가?
☞ **물음 2**: 만일 이 업종의 평균 부가율이 30%라면 K씨는 어떤 문제가 있는가?
☞ **물음 3**: 부가율이 16%인 경우와 30%인 경우 소득세의 차이는 얼마인가? 기타 사항은 무시한다.

위의 물음에 대해 순차적으로 답을 찾아보면 다음과 같다.

· **물음 1의 경우**

부가율은 '(매출액-매입액)'을 매출액으로 나눈 비율을 말하므로 이 식에 숫자를 대입하면 대략 16% 정도의 부가율이 나온다. 즉 매출액 3억원 중 16%인 5,000만원이 부가가치라는 셈이 된다.

· **물음 2의 경우**

이 업계의 평균 부가율은 30%나 K씨가 신고한 율은 16%이므로 14%포인트가 차이가 난다. 따라서 이 기준에 의하면 부가가치세 불성실신고자로 분류될 수 있다.

· **물음 3의 경우**

주어진 물음에 따라 소득세를 계산하면 다음과 같다.

구분	부가율 16%	부가율 30%
소득	5,000만원	9,000만원
세율	24%	35%
누진공제	522만원	1,490만원
산출세액	678만원	1,660만원

이 표를 보면 부가율이 높게 나올수록 소득세도 많아짐을 알 수 있다.

▶▶ 부가가치세 계산구조로 본 세무리스크 예방법

부가가치세에서 발생하는 세무리스크를 예방하기 위해서는 평소 거래 시 그리고 부가가치세 신고 전에 세금문제를 검토하는 것이 좋다. 아래는 부가가치세 계산구조에 따라 발생 가능한 세무리스크를 나열하고 있다. 이에 대한 예방법은 이러한 리스크가 발생치 않도록 사전에 주의하는 것이 될 것이다.

구분			세무리스크(예방법)
과세표준 및 매출세액	과세	세금계산서 발급분	세금계산서를 잘못 발행한 경우
		기타	· 간주임대료에 대한 부가가치세를 신고하지 않은 경우 · 재화의 공급의제에 대한 신고를 누락한 경우
	영세율	세금계산서 발급분	영세율첨부서류 등을 제출하지 않은 경우
		기타	
	예정신고누락분		예정신고를 누락한 경우
	합계		
매입세액	세금계산서 수취분	일반매입	사실과 다른 세금계산서를 수취한 경우*
		고정자산매입	사업무관 고정자산에 대해 공제를 신청한 경우
		합계	
	공제 받지 못할 매입세액		매입세액불공제분을 공제로 신청한 경우
	차감계		
납부(환급)세액(매출세액-매입세액)			부가가치율이 업계 평균에 미달하는 경우
경감·공제세액	기타공제·경감세액		· 의제매입세액공제 한도를 벗어나 공제를 신청한 경우 · 대손세액공제의 요건을 충족하지 못한 경우 등
	신용카드 매출전표 등 발행공제 등		
	합계		
예정고지세액			
가산세액			
차가감납부할 세액(환급받을 세액)			

* 사실과 다른 세금계산서에 의해서는 매입세액공제를 받을 수 없다.

실력 더하기 — 부가가치세 세무조사사례

부가가치세와 관련된 세무조사사례를 정리해보자. 부가가치세 조사는 부가가치세 추징에서 그치는 것이 아니라 종합소득세(개인사업자) 또는 법인세(법인) 추징으로 이어진다는 점에서 중요성이 있다.

1. 매출관련

☑ **과세와 면세매출의 구분오류**

상황	과세관청의 대응
· 거래되는 품목이 과세나 면세로 처리한 경우	· 과세품목에 해당하는 경우에는 부가가치세 추징 등을 통해 바로 잡는다. → 최근 비영리단체의 연구용역에 대해 부가가치세를 과세하는 식으로 조사가 진행되기도 했다.

☞ 면세매출이 발생하는 기업들이나 단체들은 해당 품목이 면세가 맞는지 세무전문가 등으로부터 확인을 받아보는 것도 나쁘지 않다. 실무적으로 연구단체에서 기술을 개발해 이를 기업에게 대가를 받고 이전하면 부가가치세가 과세되기 때문이다 (법규과-1746, 2011.12.29.).

☑ **매출누락의 경우**

상황	과세관청의 대응
· 사업자가 매출을 누락한 경우	· 다양한 수단을 동원해 이를 적발하기 위해 노력하고 있다. → 주로 현금수입업종, 유흥업소, 고소득직업종 등 전통적인 탈루업종에 대해 중점적인 감시가 이루어지고 있다.

☞ 과세관청은 다음과 같은 방식으로도 매출액을 추계경정할 수 있다(2015.08.24. 국세청고시 제2015-38호). 이러한 방식은 사업자가 장부 및 거래증빙을 비치·기장하고 있지 아니하는 때에 합법적으로 적용가능하다.

⟨음식업 입회조사의 예⟩
① 입회조사는 3개월 중 요일을 안분해 2회 이상, 1과세기간 중 최소한 4회 이상 실시하고 입회조사 당일 영업개시 시간부터 영업종료 시간까지의 수입금액을 조사한다.
② 해당 과세기간의 과세표준은 제1항에 따른 입회조사에 의한 수입금액을 기준삼아 아래 계산식에 따라서 계산한다.

⟨기준계산식⟩
· 요일의 안분방법
  주중(월요일~금요일), 주말(토요일, 일요일)
· 과세표준계산식
  1일 평균입회조사금액×영업일수(단, 1일 평균입회조사금액=입회조사금액의 합계/입회조사 횟수)

☑ 가공매출의 경우

상황	과세관청의 대응
· 매출액이 가공매출인 경우	· 거래상대방의 세무조사 시 이에 대한 조사를 한다. · 자료상을 조사해 자료를 파생시킨다.

☞ 가공매출에 대한 부가가치세 환급여부
일반적으로 가공매출에 의한 부가가치세라도 부가가치세 신고 시 과다납부한 것에 해당하므로 경정청구(5년 내)를 통해 환급을 받을 수 있으나 부가가치세가 과세되는 재화, 용역의 공급 없이 세금계산서만을 가공으로 발급해 전부 '자료상으로 확정된 경우'에는 이미 신고, 납부한 부가가치세 등은 환급되지 않는다(법규과-1234, 2010.7.28.).

☑ 중복매출의 경우

상황	과세관청의 대응
· 하나의 거래에 대해 중복매출이 발생한 경우 → 세금계산서와 신용카드 매출전표를 동시에 받은 경우에 이러한 현상이 많다.	· 국세청 전산망에서 불부합 자료가 발생한 경우 이를 해명하도록 해 자료처리를 한다.

☞ 사업자가 공급시기에 신용카드매출전표 등을 발급한 경우에는 세금계산서를 발급하지 않는 것이 원칙이다. 하지만 공급시기에 신용카드매출전표와 세금계산서를 동시에 발행하더라도 공급자에게 부과되는 불이익은 없다. 따라서 공급자는 세금계산서 발급기준으로 신고하면 되며, 공급받는 자는 둘 중 어느 하나로만 매입세액공제를 받는다면 공급받는 자에게도 부과되는 불이익은 없다.

☑ **세금계산서 발급오류의 경우**

상황		과세관청의 대응
· 세금계산서를 세법에 맞지 않게 발급한 경우		· 금액이 큰 경우에는 실제 거래가 있었는지를 중점적으로 점검한다. · 세금계산서가 잘못 발급된 경우에는 수정신고를 안내한다.

2. 매입관련

☑ **가공 또는 위장매입의 경우**

상황		과세관청의 대응
· 실제 거래가 없었음에도 불구하고 세금계산서를 받은 경우 · 실제 거래가 있었으나 실거래처가 아닌 곳에서 세금계산서를 받은 경우		· 자료상 등을 조사해 자료를 파생시킨다. · 거래처 등을 조사해 관련 내용을 확인한다.

☞ 거래금액이 큰 경우에는 조세범처벌법상의 처벌을 받을 수 있다. 특히 특수관계에 있거나 고정적인 매입처와 거액의 거래하는 경우에는 세무리스크가 상당히 크다는 점에 주의해야 한다. 이외에도 당해 업종과 관련 없는 매입거래에도 주의해야 한다.

☑ **무자료거래의 경우**

상황		과세관청의 대응
· 자료 없이 거래를 한 경우		· 매입세금계산서관련 가산세를 부과한다. · 무자료에 의해 공급받은 자는 원가입증을 못하면 원가를 인정하지 않는다. → 세무조사나 불복 시 자주 볼 수 있는 쟁점 중 하나다.

※ **무자료거래 시 공급받는 자의 대응법**
자료 없이 거래를 하는 경우 공급받는 자는 다음과 같은 조치를 취한다.
- ☑ 거래사실확인서 징구(상대방의 주민등록번호, 주소 등 기재)
- ☑ 송금영수증 구비 등

☞ **매입자발행세금계산서제도**
이는 세금계산서 발급의무 있는 사업자가 재화 또는 용역을 공급한 후 세금계산서를 발급하지 아니한 경우 공급받는 자의 신청에 의해 세금계산서를 발급하는 제도를 말한다. 세금계산서 발급의무가 있는 일반과세자로부터 거래건당 공급대가가 10만원 이상의 재화나 용역을 공급받고 공급자가 세금계산서를 발급하지 아니한 경우 공급받는 자가 세금계산서 교부시기로부터 3개월 이내에 "거래사실 확인 신청서"에 영수증, 무통장입금증 등 증빙서류를 첨부하여 신청인 관할 세무서장에게 신청한다.

3. 신고관련

☑ **매입세액공제를 부당하게 신청한 경우**

상황	과세관청의 대응
· 사실과 다른 세금계산서를 수취해 공제를 받은 경우 · 접대비 또는 사업과 무관한 부가가치세를 환급받은 경우 · 건물을 구입하거나 신축할 때 발생하는 부가가치세를 부당하게 환급받은 경우	· 부가가치세 신고서 등을 확인해 부당공제를 받은 경우 시정을 요구한다.

※ **부당환급신고 혐의자 관리**(부가가치세 사무처리규정 제52조)
① 부가가치세 담당과장은 부가가치세 부당환급 신고 혐의가 있어 현장확인이 필요한 때에는 실시할 수 있다.
② 서면분석이나 현장확인을 통해 고액의 부당환급혐의자, 자료상혐의자 또는 탈루세액이 크고 여러 과세기간에 걸쳐 부당환급(공제) 등이 이루어져 세무조사가 필요하다고 판단되는 경우에는 세무서장의 결재 후 조사담당과장에게 인계해 세무조사를 실시할 수 있도록 해야 한다.

 겸업사업자의 매입세액공제 등에서 오류가 발생한 경우

상황	과세관청의 대응
· 과세업과 면세업 동시 영위 시 매입세액공제액을 잘못 계산한 경우 · 의제매입세액 등의 한도를 잘못 계산해 적용한 경우 등	· 부가가치세 신고서 등을 확인해 부당공제를 받은 경우 시정을 요구한다. · 부가가치세 공통매입세액은 각 사업장별로 안분계산한다. 전체가 아님에 주의해야 한다.

☞ 과세업과 면세업을 겸영하는 업종(주택신축판매업 등)에서는 매입세액공제와 불공제에 대한 안분계산문제로 세무조사나 불복이 자주 발생하고 있다. 사전에 세무리스크를 예방할 수 있는 대책이 필요함을 알 수 있다.

 부가가치율*이 떨어진 경우(가장 중요함)

상황	과세관청의 대응
· 동종업계보다 부가가치율이 낮은 경우 · 전년도보다 부가가치율이 떨어진 경우 등	· 서면분석을 해 해명을 요구한다. · 필요 시 조사자로 선정한다.

* 1년을 기준으로 분석한다.

☞ 이외에 부수재화와 용역에 대한 판단오류, 대손세액공제오류, 재활용폐자원매입세액 공제오류, 환급 후 면제전용 또는 개인적 공급, 포괄양도 적용오류, 부가가치세 신고 시 필수첨부서류의 미제출 같은 리스크도 자주 발생한다.

memo

chapter 02

부가가치세 세무조사대책

부가가치세 신고안내문을 받은 경우

상 황   개인사업자든 법인이든 수시로 부가가치세 신고와 관련된 안내문을 받는다. 신고하기 전에 성실신고안내를 위해 예정·확정신고안내문이 보내지고, 신고 후에는 신고내용에 오류 등이 있는 경우 수정신고안내문이 보내진다. 또 신고를 제때 하지 않았다면 기한후신고안내문이 보내진다. 이하에서는 부가가치세와 관련된 각종 안내문에 대한 대처법을 알아보자.

Case   K씨는 국세청으로부터 2017년 제2기 확정부가가치세 신고안내문을 받았다. 물음에 답하면?

☞ **물음 1** : 실적이 없는 경우에도 신고해야 하는가?
☞ **물음 2** : 실적이 있는데 기한 내 무신고한 경우의 신고방법은?
☞ **물음 3** : 무신고에 따른 가산세는 어떻게 적용되는가?

Solution   위의 물음에 순차적으로 답을 찾아보자.

· **물음 1의 경우**
실적이 없더라도 신고하는 것이 원칙이다. 참고로 예정이나 확정신고와 관련해 안내문을 수령하지 못한 경우에도 자진해 해당기간 내에 신고·납부해야 한다.

· **물음 2의 경우**
원래 부가가치세법상 일반과세자는 7월 25일, 1월 25일까지 부가가치세 확정신고를 해야 한다. 그리고 이 기한 내 신고하지 못한 사업자는 관할 세무서장이 결정해 고지하기 전까지 기한후신고를 할 수 있다.

※ **기한후신고 방법**(국세청)

기한후신고는 국세청 홈페이지에서 부가가치세 신고서를 다운로드해 작성한 후 우편 제출하거나, 가까운 세무서를 방문해 신고서를 작성한 후 제출할 수 있다(대리인도 신고 가능). 다만, 홈택스(인터넷)를 통한 기한후 전자신고는 확정(예정)신고기한 경과 후 1개월까지만 가능하며, 1개월이 경과한 경우에는 전자신고가 불가능하므로 우편신고 또는 방문신고를 하면 된다.

· 물음 3의 경우

일반과세자가 부가가치세를 무신고한 경우로써 기한후신고를 하면 다음과 같은 가산세가 부과된다. 부정무신고가산세(40%)는 부과되기 힘들 것으로 보인다.

☑ 무신고가산세 = 납부세액×20%
  · 법정신고기한이 지난 후 1개월 이내에 기한후신고·납부 시 50% 감면
  · 1개월 초과 6개월 이내에 기한후신고·납부 시 20% 감면
☑ 납부불성실가산세=과소납부세액×일수(신고납부기한의 다음날부터 자진납부일 또는 납세고지일까지)×3/10,000
☑ 매출처별세금계산서합계표 미제출가산세=공급가액×1%(1개월 이내 제출 시 50% 감면)

☞ 이외에 소득세에 대한 본세 및 가산세가 별도로 부과된다.

Consulting 개인사업자가 관할 세무서 등으로부터 부가가치세 신고와 관련해 안내문을 받는 경우가 많은데, 이를 정리하면 다음과 같다.

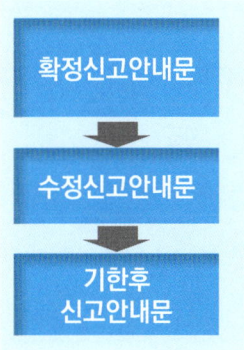

확정신고안내문	· 부가가치세 예정신고나 확정신고를 앞두고 성실신고를 당부하는 안내문을 말한다. → 이때 개별분석에 의해 불성실혐의가 있는 내용이 추가되기도 한다(예 : 매출과소신고 혐의 등)
수정신고안내문	· 신고한 내용에 오류나 탈루 혐의가 있는 경우에 발송하는 안내문을 말한다. · 자발적으로 시정할 수 있는 기회를 제공한다.
기한후 신고안내문	· 부가가치세를 법정신고기한 내에 신고하지 않은 경우에 발송하는 안내문을 말한다.

☞ 부가가치세와 관련된 수정신고안내문은 주로 과세자료가 파생된 경우에 자주 보내진다.

실전연습 K씨는 개인으로 유통업을 영위하는데, 다음과 같은 일이 발생했다. 물음에 답하면?

- 2017년 매출누락 : 1억원(부가가치세 별도)
- 세금계산서 발행 여부 : 미발행
- 누락 사유 : 가격할인 조건으로 미발행함.

☞ **물음 1** : 이때 예상되는 부가가치세 관련 세금(가산세 포함)은? 단, 납부불성실가산세는 제외한다.
☞ **물음 2** : 자발적으로 1개월 내에 수정신고하는 경우 신고불성실가산세 감면은 얼마나 받을까?
☞ **물음 3** : 세무조사 사전 통지서나 과세자료 해명 요구서를 받은 후 수정신고하면 가산세 감면은 받을까?

물음에 대해 순차적으로 답을 찾아보면 다음과 같다.

· **물음 1의 경우**

세금계산서를 미발행한 상태에서 매출누락이 발생한 경우 부가가치세관련 본세 및 가산세는 다음과 같다. 단, 사례의 매출누락은 부정행위에 해당되어 신고불성실가산세는 40%가 적용된다고 하자.

구분	세율	금액	근거
· 부가가치세	10%	1,000만원	1억원×10%
· 세금계산서불성실가산세*	공급가액의 2%	200만원	1억원×2%
· 과소신고불성실가산세	부가가치세액의 40%	400만원	1,000만원×40%
· 납부불성실가산세	-	-	(계산 제외)
계	-	1,600만원	

* 매출세금계산서합계표 미제출 시에 1%의 가산세가 부과되나, 세금계산서불성실가산세(2%)가 적용되는 경우에는 가산세는 적용배제된다.

· **물음 2의 경우**

법정신고기한이 경과한 날로부터 6개월 내에 자발적으로 수정신고한 경우에는 신고불성실가산세가 50%가 감면된다. 따라서 사례의 경우 원래 400만원이나 이 중 50%가 감면되므로 200만원을 납부하면 된다.

· **물음 3의 경우**

'과세표준과 세액을 경정할 것을 미리 알고 과세표준수정신고서를 제출한 경우'에는 감면을 배제한다. 예를 들어 세무공무원이 조사에 착수한 것을 알고 제출한 경우와 관할 세무서로부터 전화를 받거나 과세자료 해명요구 통지를 받고 이를 제출한 경우에는 감면이 적용되지 않는다는 것이다.

부가가치세 해명자료 제출안내문을 받은 경우

상황 일반적으로 각종 세무신고와 관련해 해명자료 제출안내문을 받은 경우는 주로 신고내용에 오류나 탈루 혐의가 있을 때다. 하지만 부가가치세는 불부합자료가 자주 파생되어 이 안내문이 보내진 경우가 많다. 참고로 해명안내문을 접수한 경우에는 해명을 정확히 해야 사후적으로 문제가 발생하지 않는다.

Case K기업은 최근 관할 세무서로부터 부가가치세 해명안내문을 받았다. 자료가 다음과 같을 때 물음에 답하면?

〈자료〉
· (주)가공으로부터 받은 세금계산서 1억원에 대해 소명

☞ **물음 1** : 관할 세무서가 이에 대해 소명을 요구한 이유는 뭘까?
☞ **물음 2** : K씨는 무슨 자료를 제출해야 이에 대해 인정을 받을까?
☞ **물음 3** : 만일 허위라고 인정된다면 신고불성실에 따른 가산세는 얼마나 될까?
☞ **물음 4** : K씨가 허위라고 확인하고 스스로 수정신고를 하면 가산세는 감면될까?

Solution 물음에 대해 순차적으로 답을 찾아보면 다음과 같다.

· **물음 1의 경우**
(주)가공으로부터 받은 세금계산서가 허위일 가능성이 높아 이를 확인하는 차원에서 소명요구안내문을 보낸 것으로 추정할 수 있다.

· **물음 2의 경우**
거래내역 및 지급사실(통장사본 등) 등으로 해당 거래가 정당하게 거래되었음을 입증

해야 한다.

 거래를 했다는 사실확인서로는 불충분하며 반드시 자금흐름 등이 입증되어야 문제가 없다. 실무에서 보면 가공매입에 대해 소명이 잘 안 되는 경우들이 많다. 세금계산서나 계약서 등은 외관상 갖춰져 있지만 자금거래가 입증 안 되는 경우가 비일비재하기 때문이다. 자금거래에 대해 입증이 안 되면 불복에서도 불리한 상황에 처할 수 있음에 유의해야 한다.

· 물음 3의 경우
가공세금계산서 수취행위는 조세범처벌법 제3조 제6항에 열거된 '부정행위'에 해당될 가능성이 높다. 따라서 부정과소신고가산세 40%가 적용될 것으로 보인다.

· 물음 4의 경우
안 된다. 해명자료를 받고 수정신고한 경우 국세기본법 제49조 단서의 규정에 의해 과소신고가산세 감면이 배제된다.

Consulting 과세관청에서 유선이나 문서를 통해 해명자료 제출을 요구한 경우에는 다음과 같은 절차에 따라 대응하는 것이 좋다.

단계	내용
안내문 내용 파악	· 안내문에 나온 내용에 대해 관할 세무서의 담당자로부터 확인한다. · 세무전문가를 통해 정확하게 알아보는 것도 하나의 방법이다.
해명자료 작성 및 제출	· 과세자료 안내문에 대한 사실관계 및 법률관계를 검토한다. · 해명서를 작성한 후 증거자료 등을 첨부해 제출한다. · 해명서는 관할 세무서에서 일 처리하는 기간에 맞춰 제출한다(며칠 정도 연기가능).
과세 시 대응법	· 해명에도 불구하고 과세예고 통지서를 보내온 경우에는 과세전적부심사를 청구할 수 있다. · 과세전적부심사를 받아 주지 않은 경우에는 정식적인 불복절차(이의신청 등)를 밟아 적극적으로 대응할 수 있다.

※ 부가가치세 해명요구에 대한 대처법(요약)

☑ 해명자료 제출안내문을 받은 경우는 이를 받은 날로부터 통상 7~10일 이내에 해명자료를 제출한다.
☑ 시간이 더 필요한 경우에는 연기신청을 하도록 한다.
☑ 과세예고 통지서를 받게 되는 경우에는 과세전적부심사청구를 한다.
☑ 고지서를 받으면 불복청구를 한다.

☞ 관할 세무서 등에서 보내온 소명안내에 대응을 제대로 하지 못하면 세금추징이 발생하거나 실제 세무조사로 연결될 수도 있다.

실전연습 LK기업은 다음과 같은 부가가치세 해명자료 제출안내문을 받았다. LK기업은 어떻게 대응해야 하나?

○ 과세자료 발생 경위

(보기) 이 자료는 귀사의 거래처를 세무조사한 결과 실제로 거래하지 않고 세금계산서만 받은 것으로 의심되어 발생한 자료입니다.

○ 과세자료 내용   (단위 : 원)

과세자료명	구분 (매입,매출)	과세기간	과세자료 발생처		과세자료금액 (공급가액)	비고
			상호 (성명)	사업자등록번호 (생년월일)		
세금계산서 불부합	매입	2017.1~6.	○○○		100,000,000	

○ 제출할 해명자료

(보기) 세금계산서, 거래명세표, 금융거래 내용 등

위의 안내문에 대한 대처방법을 순차적으로 알아보자.

STEP1 쟁점은?

LK기업의 거래처를 세무조사한 결과 가공매입(실제로 거래하지 않고 세금계산서를 수취)으로 의심되어 이에 대한 해명을 요구하고 있다. 따라서 이에 대한 해명이 제대로 될 수 있는지가 쟁점이 된다. 만일 해명이 미흡한 경우에는 가공자료로 확정되어 관련세금이 추징될 수 있다.

STEP2 해명서 제출은?
해당 거래가 실제로 이루어졌음을 객관적으로 입증해야 한다. 이때에는 거래사실확인서 및 거래명세표, 계약서, 금융거래 내역 등을 갖춰 제출해야 한다. 일반적으로 금융거래가 일치되지 않으면 과세를 피할 수 없게 된다. 참고로 해명자료는 첨부된 서식을 활용해도 된다.

STEP3 해명이 안되는 경우의 대책은?
해명에도 불구하고 과세가 되는 경우에는 다음과 같이 대책을 세운다.
- ☑ 과세예고 통지서를 보내온 경우 → 과세전적부심사청구를 한 후에 조세불복을 진행한다.
- ☑ 고지가 된 경우 → 조세불복을 진행한다.

memo

▶ 부가가치세 세원관리와 과세자료 처리법 등

부가가치세는 거래세에 해당하며 세금계산서 등이 수수되지 않으면 이에 근거해 과세되는 소득세나 법인세 등이 제대로 과세되지 않게 된다. 따라서 다른 세목에 비해 과세원천을 정밀하게 관리하는 세원관리 기법이 발달되어 있다. 이하에서 부가가치세의 세원관리와 과세자료 처리법에 대해 알아보자.

1. 세원관리 및 관리 대상

(1) 일반적인 세원관리(부가가치세 사무처리규정 제59조)

지방국세청장(세원분석국장) 및 세무서장(부가가치세 담당과장)은 관내 세원의 지역특성·신고성실도 등을 고려해 세원관리 취약분야 및 문제점 있는 사업자를 분석해 신고 후 불성실 신고내용이 시정되도록 철저한 관리를 하여야 한다.

(2) 세원관리 대상(제60조)

① 지방국세청장(세원분석국장) 및 세무서장(부가가치세 담당과장)은 세원관리 취약분야·호황업종 등 문제점 있는 사업자 등을 관리대상으로 지정할 수 있다.
② 지방국세청장(세원분석국장) 및 세무서장(부가가치세 담당과장)은 자영법인·고소득 전문직·유흥업소 등 세원관리 필요성이 있는 사업자에 대해 개별관리를 할 수 있다.

☞ 과세관청은 매기 부가가치세 신고를 앞두고 특정한 사업자에 대해 성실신고안내를 하는 경우가 많은데 모두 이러한 규정과 관련이 있다.

(3) 세원관리 활용(제61조)

① 지방국세청장(세원분석국장) 및 세무서장(부가가치세 담당과장)은 평소 세원관리 과정에서 문제점이 있는 사업자와 제60조의 세원관리 대상자 등에 대한 자체 세원관리 추진계획을 수립해 연중 관리해야 한다.
② 지방국세청장(세원분석국장) 및 세무서장(부가가치세 담당과장)은 제1항에 따른 세원관리 결과를 수정신고안내 및 조사대상 선정자료 등에 활용한다.
③ 세원관리 과정에서 현장확인이 필요한 경우에는 지방국세청 세원분석국장 및 세무

서장의 결재를 받아 최소한의 범위에서 현장확인을 실시할 수 있다.

☞ 이렇게 세원관리를 해 축적된 데이터는 조사대상자 선정 등에 활용되게 된다.

2. 부가가치세 과세자료 처리(제77조)

① 과세자료 처리를 위해 납세자의 해명이 반드시 필요한 경우에는 『과세자료 해명안내』를 작성해 발송할 수 있다. 또한, 해명안내에 대해 납세자가 해명자료를 제출하는 경우 『납세자 해명자료』에 의해 제출하도록 안내하여야 한다.

② 납세자보호담당관(민원봉사실장)은 납세자가 『납세자 해명자료』를 제출하는 경우 접수번호 및 일자 등을 표기한 후 관련서류를 해당 부가가치세 담당과로 즉시 인계해야 한다.

③ 부가가치세 담당과장은 해명자료를 제출하지 않거나 해명자료를 검토한 결과 부득이하게 현장확인이 필요한 경우에는 현장확인을 실시할 수 있다.

④ 부가가치세 담당과장은 현장확인, 해명자료 및 신고내용 분석결과 조사대상자로 선정할 필요가 있다고 판단되는 경우 세무서장의 결재를 받아 조사과장에게 통보한다.

⑤ 부가가치세 담당과장 및 조사과장은 제1항에 따른 과세자료 해명안내에 따라 납세자가 해명자료를 제출한 경우에는 이를 성실하게 검토한 후, 해명자료 제출일로부터 30일 이내에 『해명자료에 대한 검토결과 안내(별지 제16호 서식, 이하 같다)』를 발송해야 한다. 다만 『현장확인결과통지서(별지 제2호 서식)』 또는 『과세예고 통지서(「과세전적부심사사무처리규정」 별지 제2호 서식)』를 발송하는 경우에는 『해명자료에 대한 검토결과 안내』 발송을 생략할 수 있다.

☞ 해명 등을 소홀히 하는 경우에는 조사과장에게 통보되어 조사 대상자로 분류가 될 수 있는 리스크가 발생한다.

3. 사후검증

검증 결과 탈루혐의가 명백한 경우에는 수정신고를 권장하거나 해명요구를 거쳐 경정 결정할 수 있고, 탈루혐의가 크고 중대한 경우에는 그 명단과 사유를 지방국세청은 조사국장, 세무서는 조사과장에게 통보해야 한다.

☞ 사안의 중대성에 따라 세무간섭의 강도가 점점 강화됨을 알 수 있다.

【부가가치세 사무처리규정 별지 제11호 서식】

　　　　　　　　　　　　　　　　기 관 명

부가가치세 해명자료 제출 안내

문서번호 : 부가 -

○ 상호(법인명) :　　　　　　　○ 성명(대표자) :　　　　귀하

안녕하십니까? 귀사의 사업이 번창하길 기원합니다.

귀사의 사업과 관련하여 아래와 같이 과세자료가 발생하여 알려드리니 이에대한 해명자료를 <u>201 . . .</u> 까지 제출하여 주시기 바랍니다.

○ 과세자료 발생 경위

(보기) 이 자료는 귀사의 거래처를 세무조사한 결과 실제로 거래하지 않고 세금계산서만 받은 것으로 의심되어 발생한 자료입니다.

○ 과세자료 내용　　　　　　　　　　　　　　　　　　　　　　(단위 : 원)

과세자료명	구분 (매입,매출)	과세기간	과세자료 발생처		과세자료금액 (공급가액)	비 고
			상 호 (성 명)	사업자등록번호 (생년월일)		

○ 제출할 해명자료

(보기) 세금계산서, 거래명세표, 금융거래 내용 등

제출 기한까지 회신이 없거나 제출한 자료가 불충분할 때에는 과세자료의 내용대로 세금이 부과될 수 있음을 알려드립니다.

년　월　일

기 관 장

위 내용과 관련하여 문의 사항이 있을 때에는 담당자에게 연락하시면 친절하게 상담해 드리겠습니다. 성실납세자가 우대받는 사회를 만드는 국세청이 되겠습니다.

◆담당자 : ○○세무서 ○○○과 ○○○ 조사관(전화 :　　　　, 전송 :　　　　)

210㎜×297㎜(신문용지 54g/㎡)

[별지 제15호 서식](2013.03.29 개정)

납세자 해명자료

	접수번호			
납세자	상호 (성명)		사업자등록번호 (주민등록번호)	
	사업장소재지 (주 소 지)			

과세기간	
과세자료명칭	
과세자료금액	

〈해명내용 요약〉
○

첨부 : 해명자료

　　　　　　　　　　　　　　　　　　　　　년　월　일
　　　　　　　　　　　　　　　제출자　　　　　　　인

세무서장 귀하

※ 개인정보보호법 제24조에 의한 수집·이용 동의서
○ 수집·이용목적(수임인 신분확인)
○ 수집 대상 고유식별정보(주민등록번호)
○ 보유·이용기간(영구-납세의무관련)
○ 동의를 거부할 권리가 있으며, 동의 거부에 따라 불이익(신청서 접수 등 관련업무처리 불가)이 있을 수 있음
☞ 상기 내용에 대해 동의함□　동의하지 않음□

부가가치세 과세예고 통지서를 받은 경우

상황   부가가치세의 신고와 관련하여 과세예고 통지서를 받은 경우의 대처법을 살펴보자. 과세예고 통지서는 예상고지세액이 나와 있어 이에 대한 소명을 제대로 못하는 경우에는 바로 세금추징으로 이어진다. 실무자 입장에서는 긴장을 하고 대처해야 한다.

Case   K씨는 건설업을 영위하고 있는데 다음과 같은 과세예고 통지서를 받았다. 물음에 답하면?

1. 과세예고 종류 :

과세예고 내용	전자세금계산서 미발급에 따른 부가가치세 과세

2. 결정할 내용(예상 총 고지세액 :   원)
※지방소득세(소득세·법인세의 경우 예상고지세액의 10%) 및 소득금액 변동 관련세액 별도

(단위 : 원)

구분	신고 과세표준	결정 과세표준	산출세액	예상 고지세액
법인·소득세				
부가가치세				
상속·증여세				
양도소득세				
기타세(원천·개별소비·주세 등)				

☞ **물음 1** : 이 과세예고 통지서를 보내온 이유는?
☞ **물음 2** : 만일 종이세금계산서를 발급했다면 가산세는 피할 수 있는가?
☞ **물음 3** : 전자세금계산서를 발행해 부가가치세를 수정신고하면 되는가?
☞ **물음 4** : 수정신고를 할 수 없다면 K씨는 이에 대해 어떤 식으로 대처해야 하는가?

Solution   물음에 대해 순차적으로 답을 찾아보면 다음과 같다.

· 물음 1의 경우

과세예고 내용을 보면 이에 대한 사유가 들어가 있다. K씨는 전자세금계산서 의무발급 대상자에도 불구하고 전자세금계산서를 발급하지 않았음을 알 수 있다.

· 물음 2의 경우

그렇지 않다. 전자세금계산서를 의무적으로 발행해야 할 법인이나 개인사업자가 이를 지키지 않으면 가산세(미발급금액의 1% 등)을 부과한다. 이 경우 종이세금계산서를 발급했기 때문에 전자세금계산서 미발급가산세가 2%가 아닌 1%가 적용된다.

· 물음 3의 경우

수정세금계산서는 당초 공급시기에 발급한 전자세금계산서에 대해 부가가치세법 시행령 제70조 제1항에 열거된 사유가 발생한 경우에만 동 규정에 정해진 절차에 따라 발급할 수 있다. 그런데 전자세금계산서 의무발급대상자인 법인이 종이세금계산서를 발급한 경우 전자세금계산서로 수정해 발급할 수 있는지는 열거되어 있지 않다. 따라서 종이세금계산서 대신 전자세금계산서로 수정해 발급할 수 없다고 판단된다.

☞ 이처럼 수정세금계산서 교부를 엄격히 제한하는 이유는 한번 발행된 세금계산서를 이런 저런 이유로 수정하는 것을 허용하면 세금계산서 질서가 어지럽혀지기 때문이다.

· 물음 4의 경우

일단 과세전적부심사청구를 해 진행할 수 있다. 만일 이 단계에서 불채택결정이 나면 정식적인 불복절차로 들어갈 수 있다.

| 과세전적부심사 불채택결정 | | · 이의신청 → 심사 또는 심판청구
· 심사 또는 심판청구 |

Consulting 부가가치세 신고와 관련해 과세예고 통지서를 받은 경우에는 다음과 같이 대책을 꾸미면 된다.

무신고의 경우	• 매출과 매입을 최대한 맞추도록 한다. • 일반무신고가산세를 부과 받도록 노력한다. → 매입세액공제가 되는 항목을 최대한 찾아내는 것이 중요하다.
과소신고의 경우	• 수정신고는 할 수 없으며 과세전적부심사제도를 통해 구제를 받도록 한다.
과세자료 파생의 경우	• 과세전적부심사제도를 통해 구제를 받도록 한다. → 거래사실에 대한 입증이 중요하다. 거래사실을 객관적인 자료를 통해 입증하도록 한다.

※ **부가가치세 신고와 관련해 과세예고 통지서를 받는 경우**
☑ 현장확인 결과에 따라 납세고지하려는 세액이 있는 때
☑ 실지조사 등에서 확인된 해당 납세자 외의 자에 대한 과세자료를 처리해 과세할 때
☑ 거래상대방에 대한 조사에 의해 거래사실이 적발되는 경우

실전연습 K기업은 주유소업을 영위하고 있다. 경유 등을 실제 매입하고 당시 매입세액을 5억원만큼 공제받았었는데, 최근 거래상대방의 세무조사 과정에서 이 거래가 100% 자료상거래로 판명되었다. 이에 관할 세무서는 K기업에 대해 매입세액공제를 부인하는 과세예고 통지를 했다. 물음에 답하면?

☞ 물음 1 : 매입세액으로 기 공제받은 것은 어떻게 처리되는가?
☞ 물음 2 : 위장세금계산서 수취에 의해 매입세액공제를 받은 경우 가산세는?
☞ 물음 3 : 이 매입금액에 대해서는 원가로 인정받는가?
☞ 물음 4 : K씨는 거래상대방이 명의위장사업자인지도 모른 상황에서 거래한 경우 구제방법은 없는가?
☞ 물음 5 : K씨는 어떻게 대책을 세워야 하는가?

물음에 대해 순차적으로 답을 찾아보면 다음과 같다.

· **물음 1의 경우**

사업자가 자료상으로부터 위장세금계산서를 수취해 매입세액을 공제한 경우 당해 매입세액은 원칙적으로 공제대상에서 제외한다.

☞ 위장매입은 실거래는 있었으나 세금계산서를 실거래처가 아닌 곳에서 수취하는 경우를, 가공매입은 실거래 없이 자료만을 받는 경우를 말한다. 이 중 가공매입이 세무리스크가 더 크다.

· **물음 2의 경우**

사업자가 재화나 용역을 공급받고 실제로 재화·용역을 공급하는 자가 아닌 자의 명의로 세금계산서 등을 발급 받은 경우 이를 허위수취로 보아 세금계산서상의 거래금액의 2%(가공수취는 3%)를 가산세로 부과한다. 또한 부정신고가산세 40%를 부과한다.

· **물음 3의 경우**

매입금액을 원가로 인정받기 위해서는 원가에 대한 정당성을 납세자가 입증해야 한다. 실무적으로 쟁점세금계산서의 거래일자 및 거래금액과 통장상의 송금일자 및 송금액이 일치하는 것이 중요하다. 이러한 것들이 소명되지 않은 상황에서 계약서나 거래사실확인서 등을 제출한다고 해서 원가로 인정되지 않는다(심사법인2005-173, 2006.03.27. 등 참조).

· **물음 4의 경우**

사업자가 재화 또는 용역의 거래일 현재 사업자등록을 확인하고 세금계산서를 발급받았으나 거래일 이후 공급자가 위장사업자로 판정되었을 경우라도 선의의 거래당사자일 경우에는 당해 발급받은 세금계산서의 매입세액은 공제받을 수 있다(부가 46015-2623, 1999.08.31. 등). 다만, 선의의 거래당사자인지의 여부는 관련사실을 종합해 사실판단할 사항이다.

※ **관련 규정 : 명의 위장사업자와 거래한 선의의 사업자에 대한 경정**(부가가치세법 기본통칙 21-0-1)
사업자가 거래상대방의 사업자등록증을 확인하고 거래에 따른 세금계산서를 발급하거나 발급받은 경우, 거래상대방이 관계기관의 조사로 인하여 명의위장사업자로 판정되었다 하더라도 당해 사업자를 선의의 거래당사자로 볼 수 있는 때에는 경정 또는 조세범처벌법에 의한 처벌 등 불이익한 처분을 받지 아니한다.

☞ 위장매입으로 판명된 경우라도 ① 거래상대방의 사업자등록을 확인하고 ② 거래에 따라 세금계산서를 받은 경우라면 '선의'에 해당해 매입세액공제를 받을 수 있다. 세무조사 및 불복실무에서 중요한 포인트가 된다.

· **물음 5의 경우**
K기업은 매입세액공제를 계속 받는 것이 절대적으로 필요하다. 따라서 과세전적부심사를 통해 선의로 거래했음을 입증하는 것이 중요하다.

돌발퀴즈!

정상적인 거래임을 입증할 수 있는 방법은 무엇인가?
이에 대해서는 부가가치세법상 별도로 규정되어 있지 않으며 실지거래임을 증빙할 수 있는 객관적인 거래증빙 서류를 제출하면 관할 세무서장이 거래 또는 행위의 사실관계를 종합적으로 고려해 실거래 여부를 판단한다. 납세자의 입장에서는 최대한 객관적인 자료를 확보하는 것이 중요하다.

부가가치세 세무조사 사전 통지서를 받은 경우

상황	부가가치세에 대해 세무조사가 시작될 예정이라고 하자. 해당 사업자는 어떤 절차를 거쳐서 이에 대한 조사를 받게 될까? 그리고 그에 대한 대비법은 무엇인가? 이하에서는 개인사업자(또는 법인)의 부가가치세 세무조사에 대해 알아보자.
Case	K사업자는 2017년에 신고한 부가가치세에 대한 세무조사 사전 통지서를 수령했다. 물음에 답하면?

납세자	상호 (성명)		사업자등록번호 (생년월일)	
	사업장 (주소)			
조사대상 세목	부가가치세			
조사대상 과세기간	년　월　일 ~ 　년　월　일			
조사 기간	년　월　일 ~ 　년　월　일			
조사 사유				
조사제외 대상	세목:	과세기간:		범위:

☞ **물음 1**: 세무조사 사전 통지는 언제까지 해야 하나?
☞ **물음 2**: 부가가치세만 조사한다고 되어 있는 경우 종합소득세도 조사할 수 있는가?
☞ **물음 3**: 다른 사업연도로 확대되어 조사가 진행될 수도 있는가?

Solution	물음에 순차적으로 답을 찾아보면 다음과 같다.

· **물음 1의 경우**

납세자에게 조사를 시작하기 15일 전에 통지해야 한다. 다만, 범칙사건에 대해 조사하는 경우거나 또는 사전 통지하면 증거인멸 등으로 조사목적을 달성할 수 없다고 인정

되는 경우에는 통지대상에서 제외한다.

☞ 세무조사 연기 등에 대한 내용은 Part 01을 참조하자.

· 물음 2의 경우

부가가치세 세목만 기재되어 있는 경우에는 부가가치세만을 조사하게 된다. 다만, 부가가치세 조사의 결과에 따라 매출누락 등이 밝혀지면 소득세나 법인세의 추징이 뒤따르게 된다.

※ **부가가치세 세무조사와 소득세 추징**

부가가치세 세무조사에 의해 매출누락, 가공매입 발견		소득세(법인세) 추징

· 물음 3의 경우

그럴 수도 있다. 다만, 조사범위가 확대되려면 다음과 같은 사유가 발생해야 한다(국세기본법 집행기준 81의9-0-1).

☑ 구체적인 세금탈루 혐의가 다른 과세기간·세목 또는 항목에도 있어 다른 과세기간·세목 또는 항목에 대한 조사가 필요한 경우
☑ 조사 과정에서 조세범처벌절차법 제2조에 따른 범칙사건 조사로 전환하는 경우
☑ 특정 항목의 명백한 세금탈루 혐의 또는 세법 적용 착오 등이 다른 과세기간으로 연결되어 그 항목에 대한 다른 과세기간의 조사가 필요한 경우 등

참고로 물음2와 물음3과 관련해 과세관청이 세법 규정을 위반해 조사가 진행된 경우 위법이 될 수도 있다. 따라서 그에 기초한 세무조사는 무효가 될 수 있다.

Consulting 부가가치세에 대한 세무조사가 시작되는 경우 알아야 할 내용들을 정리해보자.

```
┌─────────────┐    ・점검할 내용 : 국세부과 제척기간, 세무조사 이유, 세무조사종류, 조사기간, 조사
│ 세무조사 시작 전 │      대상 기간 등 파악
└─────────────┘    ・준비할 서류 : 부가가치세 신고서, 세금계산서철, 거래명세표, 각종 계약서 등
       ▼
┌─────────────┐    ・세무조사 시 쟁점사항 검토(세무대리인 위임 가능)
│ 세무조사 진행 중 │    ・예상추징세액 검토(본인 및 관련자 등에 대한 처벌 등 포함)
└─────────────┘      → 특히 거래사실의 확인이나 세금계산서관련해 공급시기 등이 주요 쟁점으로 떠
                      오를 수 있다. 따라서 최선을 다해 이에 대한 방어가 필요하다.
       ▼
┌─────────────┐    ・확인서 제출 시 내용이 맞는지를 확인해 서명
│ 세무조사 종결 시 │    ・세무조사결과 통지서 수령 시 이의가 있는 경우 과세전적부심사청구 진행
└─────────────┘    ・고지서가 수령된 경우로써 이의가 있는 경우에는 이의신청 등 불복절차로 돌입
```

※ 부가가치세 세무조사(부분조사) 요약

☑ 조사대상 선정기준 : 정기선정, 비정기선정(수시조사)
☑ 조사기간 : 10일(세무서)~15일(지방청)
☑ 조사관할 : 사업장관할 세무서 원칙(지방청도 가능)

☞ 부가가치세 조사는 단독이 아닌 법인사업자(또는 개인사업자)에 대한 통합조사에 포함되어 실시되는 것이 원칙이다. 하지만 부가가치세만 별도로 해 조사가 이루어질 수 있다(부분조사).

실전연습 서울에서 유통업을 영위하는 Y씨는 자료상과의 매입거래를 통해 5억원 상당의 세금계산서를 수취했다. 그런데 과세관청은 이에 대해 현지실지조사를 해 관련 부가가치세를 매입세액불공제로 경정하고 동시에 자료상으로부터 매입세금계산서 수취사유로 검찰에 조세범으로 고발했다. 물음에 답하면?

☞ 물음 1 : 일반조사에 의해 매입세액불공제로 경정하는 동시에 자료상확정자로부터의 세금계산서 수취로 인한 조세범처벌법상의 고발이 가능한가?
☞ 물음 2 : 고발 후에 매입세액불공제 경정분에 대해 과세전적부심사청구가 가능한가?

물음에 대해 답을 찾아보면 다음과 같다.

· 물음 1의 경우
과세관청은 조세범처벌절차법 제17조에 따라 다음 중 어느 하나의 사유에 해당하는 경우 조세범칙조사로의 전환과 관계없이 통고처분*을 거치지 않고 그 대상자를 즉시 고발하도록 규정하고 있다.

> * 통고처분이란 정식적인 재판에 갈음하기 위해 법률이 정하는 일정한 행정범(行政犯)을 범한 심증(心證)이 확실한 때에 그에 대한 벌금·과료·몰수 또는 추징금에 상당하는 금액을 일정한 장소에 납부하도록 통고하는 행정행위를 한다. 범칙자가 통고를 받은 날부터 소정의 기간 안에 통고된 내용을 이행함으로써 통고처분은 확정판결과 같은 효력을 발생한다(출처 : 두산백과).

- ☑ 정상(情狀)에 따라 징역형에 처할 것으로 판단되는 경우
- ☑ 통고대로 이행할 자금 또는 납부 능력이 없다고 인정되는 경우
- ☑ 거소가 분명하지 아니하거나 서류의 수령을 거부해 통고처분을 할 수 없는 경우
- ☑ 도주하거나 증거를 인멸할 우려가 있는 경우

☞ 사례의 경우도 이러한 유형의 하나에 해당되어 고발조치된 것으로 추정할 수 있다.

· 물음 2의 경우
다음 중 어느 하나의 사유에 해당하는 경우에는 국세기본법 제81조의 15에 따른 과세전적부심사 청구제외 대상에 해당한다(국세기본법 제81조의 15).
- ☑ 납기 전 징수의 사유가 있거나 세법에서 규정하는 수시부과의 사유가 있는 경우
- ☑ 조세범처벌법 위반으로 고발 또는 통고처분하는 경우
- ☑ 세무조사결과 통지 및 과세예고 통지를 하는 날부터 국세부과 제척기간의 만료일까지의 기간이 3개월 이하인 경우 등

☞ 사례의 경우 고발되었으므로 과세전적부심사청구는 할 수 없는 것으로 판단된다.

※ 가공세금계산서 발급이나 수취 시 불이익
- ☑ 세금계산서관련 가산세 부과
- ☑ 매입자의 경우 매입세액공제 불허

- ☑ 국세부과 제척기간은 10년을 적용
- ☑ 징역(3년 이하) 또는 벌금(해당 공급가액에 부가가치세 세율을 적용하여 계산한 세액의 3배 이하의 상당액)
- ☑ 조세범처벌법에 따른 고발조치 등

Tip 부가가치세 세무조사통계

(단위 : 명, 백만원)

구분	조사인원	부과세액
2013년	3,881	617,257
2014년	3,226	479,432
2015년	3,075	422,939
2016년	2,338	296,549

memo

실력 더하기   부가가치세 불복사례 연구

다음의 불복사례에는 납세자에 대한 탈세제보에 의해 세무서에서 조사를 해 세금을 추징했으나, 이때 과소신고가산세는 10%가 아닌 40%이라는 내부감사의 지적에 따라 추가과세를 하자 납세자가 이를 벗어나기 위해 지배인을 고소하는 내용이 담겨 있다. 청구인은 형사고소 등을 통해 자신에게 불리한 상황을 반전시키기 위해 이러한 행위를 하는 것으로 보인다. 조세심판원은 이에 대해 어떤 식으로 결론을 내리고 있는지 참고해보기 바란다(조심 2015서2051, 2015.07.22.).

1. 세무조사를 착수한 동기

> 2013.10.14. ○○○가 제출한 탈세제보서에 의하면, 청구인이 운영하는 쟁점사업장의 현금매출 누락 혐의가 있다고 다음 〈표1〉의 금액을 제보했고, 2007년 1월부터 2013년 6월까지 대표자의 계좌로 현금을 입금한 통장내역과 일일매출장부를 제출한 것으로 나타난다.

☞ 이 건은 제3자에 의한 탈세제보로 세무조사가 진행되었음을 알 수 있다. 실제 요즘 탈세제보에 의한 세무조사 등이 상당히 많아지고 있는데 이는 탈세포상금을 최대 20억원까지 올린 것이 주효한 것으로 알려지고 있다.

2. 세무조사의 결과와 감사 지적사항

- ○○○의 조사종결 보고서 및 처분청의 답변서에 의하면, 2013년 12월 ○○○은 쟁점사업장의 2009.1.1.부터 2012.12.31.까지 기간에 대한 부가가치세 조사를 실시했고, ○○○가 일일매출장부를 작성하고 현금 매출액 중 일부를 ○○○의 처의 계좌에 입금했다가 청구인의 개인계좌로 송금한 것을 근거로 해 다음 〈표2〉와 같이 부가가치세를 적출한 것으로 나타난다.
- 처분청이 제출한 결의서에 의하면, 처분청은 수입금액 누락에 대해 2014.2.3. 및

> 2014.2.4. 일반과소신고가산세를 적용해 부가가치세 및 종합소득세를 각 경정·고지하였으나, 2014년 10월 ○○○의 부정과소신고가산세를 적용해야 한다는 감사지적에 따라 2015.2.9. 부가가치세 합계 000원을 각 추가 고지한 것으로 나타난다.

☞ 탈세제보를 받은 처분청은 수입누락액 적출 후 부가가치세와 종합소득세를 경정·고지했으며, 이때 일반과소신고가산세(10%)를 적용한 것은 잘못이라는 감사지적을 받았다.

3. 청구인의 대응(고소)

> 2015년 3월 청구인의 ○○○를 고소한 고소장에는 '청구인이 운영하는 쟁점사업장은 일반적인 ○○○과 비슷하게 현금으로 결제되는 것이 많아서 숙박이나 대실에 대한 요금을 현금으로 받은 경우, 지배인이 당일 현금매출을 모아 다음날 청구인의 통장으로 입금을 해왔었는데, 지배인이 퇴사한 이후의 현금매출과 근무할 때의 현금매출을 비교했을 때 너무 많은 차이가 발생되어 지배인이 그동안 현금 매출을 모두 입금하지 않고 그 일부를 횡령한 것임을 알게 되었다'라는 사유로 2010년 월평균 입금액 대비 감소한 금액을 2011년부터 2013년 6월까지 지배인이 횡령한 금액으로 보아 고소한 내용이 기재되어 있다.

☞ 청구인은 적출된 수입금액은 본인이 알지 못하는 금액, 즉 지배인이 횡령한 금액임을 주장하기 위해 고소를 하였다는 사실을 알 수 있다. 횡령이 입증된다면 부정과소신고가산세 40%가 아닌 일반과소신고가산세 10%가 적용될 것이다.

4. 제3자의 판단(조세심판원)

> 처분청이 제출한 심리자료 등에 의하면, 청구인은 2007년~2011년 기간 동안 계속해 매출누락을 한 것으로 나타나는 점, 처분청이 지배인이 실제 신고내역과 다른 일일매출장

부를 작성하고 현금매출액 중 일부를 지배인 배우자의 계좌에 입금했다가 청구인의 개인계좌로 송금한 것을 근거로 하여 과세한 점, 청구인이 지배인을 고소한 것은 이 건 부과처분과는 별개의 금액에 대한 고소 사건이고, 지배인 배우자의 계좌를 통해 청구인에게 입금된 매출누락액에 대해 청구인이 알지 못했다는 주장은 설득력이 떨어지는 점, 쟁점사업장의 업종 특성상 현금매출이 많이 발생함에도 처분청이 이를 포착해 과세하기 어려운 점을 이용해 청구인이 이중장부를 작성하고, 현금매출액을 사업용 계좌가 아닌 지배인의 배우자의 계좌를 통해 청구인의 개인계좌로 입금받아 현금매출의 상당부분을 신고누락한 행위는 단순 신고누락이 아닌 소득 및 수익 등을 은폐하기 위한 적극적인 행위를 해 조세의 부과·징수를 현저히 곤란하게 한 것으로 볼 수 있는 점 등에 비추어 청구인의 현금매출액 누락행위에 대해 부정과소신고가산세를 적용해 종합소득세 및 부가가치세를 과세한 처분은 잘못이 없는 것으로 판단된다.

☞ 심판원은 현금매출액을 사업용 계좌가 아닌 지배인의 배우자 계좌를 통해 청구인의 개인계좌로 입금받아 현금매출의 상당부분을 신고 누락한 행위는 단순 신고누락이 아닌 소득 및 수익 등을 은폐하기 위한 적극적인 행위를 해 조세의 부과·징수를 현저히 곤란하게 한 것으로 볼 수 있는 점 등으로 볼 때 청구인의 현금매출액 누락행위에 대하여 부정과소신고가산세를 적용하는 것이 타당하다는 판단을 내리고 있다.

memo

chapter 03

종합소득세
세무리스크 예방법

수입금액관련 세무리스크

상황 개인사업자들이 종합소득세 신고와 관련해 세무조사를 받는 경우는 주로 신고소득률이 떨어지거나 수입금액(매출)누락이나 가공비용 계상혐의가 있을 때다. 이하에서는 개인사업자들에게 자주 발생하는 종합소득세 세무리스크에 대한 예방법 중 수입금액과 관련된 부분부터 알아보자.

Case K씨는 기계납품업을 영위하고 있다. 이번에 매입처인 L기업의 세무조사에서 매입세금계산서가 없음이 적출되어 K씨는 매입가액을 역산한 방식으로 결정한 매출액에 대한 부가가치세추징을 통보받았다. K씨가 운영하는 기업은 장부에 의해 소득세를 신고하고 있다. 물음에 답하면?

☞ **물음 1** : 누락된 매출에 대한 신고불성실가산세는 10%인가, 40%인가?
☞ **물음 2** : 누락된 매출에 대응하는 매출원가는 인정받을 수 있는가?
☞ **물음 3** : 만일 매출누락한 금액이 1억원이라면 소득세는 얼마나 추징되는가? 단, 적용세율은 38%이며, 신고불성실가산세는 40%, 납부불성실가산세를 계산하기 위한 과소납부기간은 365일로 한다.

Solution 위의 물음에 대해 순차적으로 답을 찾아보자.

· 물음 1의 경우

매출을 누락한 행위가 부정행위에 해당하면 신고가산세는 40%가 적용된다. 다만, 이에 해당하는지의 여부는 관할 세무서장이 사실판단할 사항이다. 일반적으로 세무조사 등에 의해 밝혀진 매출누락은 부정행위에 해당될 가능성이 높다.

· 물음 2의 경우

K씨는 장부를 근거로 소득세를 신고하고 있으므로 세무조사 등에 의해 적출된 매출이 있는 경우에는 실제 그에 대응하는 원가를 필요경비로 포함시킬 수 있다. 하지만 실무적으로는 매입원가가 이미 신고내용에 포함되어 있는 경우가 많거나 또는 기신고한 내역에 포함되어 있지 않음을 입증하는 것이 쉽지 않아 대부분 누락된 매출액 전체에 대해 세금이 추징되는 경우가 많다.

☞ 매출에 대응되는 원가에 대한 입증책임은 납세자에게 있다. 대법원도 법인이 매출액을 장부상에 기재하지 아니한 경우에는 다른 특별한 사정이 없는 한 원료매입비 등 원가상당액을 포함한 그 매출누락액 전액이 사외로 유출된 것으로 보아야 하고 사외로 유출되지 아니라고 볼 특별한 사정은 이를 주장하는 법인 측에서 입증해야 한다(대법 84누17, 1985.9.24., 1990.12.16., 대법 97누19151, 1999.5.25. 외 다수)고 하고 있다.

· 물음 3의 경우

매출을 누락하면 부가가치세와 소득세가 추징되는데 이 중 종합소득세와 관련된 세금은 얼마나 추징되는지 알아보자.

구분	금액	근거
· 소득세	3,800만원	1억원×38%
· 신고불성실가산세(40%)	1,520만원	3,800만원×40%
· 납부불성실가산세	416만 1,000원	3,800만원×365일×3/10,000
계	5,736만 1,000원	

이외에 부가가치세관련 가산세를 더하면 추징세금이 누락매출액에 근접하게 된다.

Consulting 개인사업자들의 종합소득세 신고와 관련하여 수입금액(매출) 부분에서 발생하는 주요 세무쟁점은 다음과 같다. 이러한 내용에 유의해야 사후에 문제가 없다.

매출누락	· 부가가치세 과세업종 : 부가가치세와 함께 소득세가 추징된다. · 부가가치세 면세업종 : 소득세만 추징된다. → 현금수입업종과 고소득업종의 매출누락은 세무조사의 주요 타겟이 된다.
가공매출	· 주로 거래상대방의 소득조절을 위해 동원되는 경우가 많다. · 특수관계인 간 거래에서 자주 발생된다. → 한쪽은 매출, 한쪽은 매입이 되므로 이해관계의 일치에 따라 가공자료가 발생한다.
매출분산	· 허위로 공동사업계약을 맺는 경우가 있다. · 특수관계인 간에 매출분산(일감몰아주기 등)을 하는 경우가 있다. → 자주 사업자명의를 바꾸는 것은 세무리스크를 증가시키는 행위에 해당함에 유의해야 한다.

실전연습 J씨는 성실신고확인대상사업자*로서 2013년부터 2017년까지 종합소득세 세무조사를 받고 수정신고를 했다. 질문에 답하면?

* 성실신고확인제도란 수입금액이 업종별로 15억원, 7.5억원, 5억원 이상인 경우 세무대리인으로 하여금 수입과 비용에 대해 검증하도록 하는 제도를 말한다.

☞ **물음 1** : 이 경우 성실신고세액공제, 의료비와 교육비세액공제를 받을 수 있는가?
☞ **물음 2** : 이 경우 중소기업 특별세액감면을 받을 수 있는가?
☞ **물음 3** : 수정신고에 따른 신고불성실가산세는 몇 %고 수정신고에 따른 신고불성실가산세는 감면이 가능한가?

위의 물음에 대해 순차적으로 답을 찾아보자.

· **물음 1의 경우**

성실신고확인대상자가 사업소득금액을 과소신고한 경우로 그 과소신고한 사업소득금액이 경정(수정신고로 인한 경우를 포함한다)된 사업소득금액의 100분의 10 이상인 경우에는 '경정일이 속하는 과세연도의 다음 과세연도부터 3개 과세연도' 동안 성실신고

확인비용에 대한 세액공제를 적용하지 않는다(조세특례제한법 제126조의6). 그리고 성실신고확인대상사업자가 세무조사 후 수정신고를 하는 경우 의료비 세액공제 및 교육비 세액공제를 적용받을 수 없다(조세특례제한법 제122조의3 제5항).

☞ 성실신고확인대상사업자가 불성실신고를 하면 이 같은 불이익이 주어짐에 주의해야 한다.

· 물음 2의 경우

세무조사 등에 의해 경정하는 경우와 기한후신고를 하는 경우에는 중소기업 특별세액감면을 적용할 수 없도록 하고 있다(조세특례제한법 제128조 제3항 등).

☞ 자발적인 확정신고나 수정신고를 유도하기 위해 이러한 제도를 두고 있다.

· 물음 3의 경우

일반과소신고에 해당하는 경우에는 10%, 부정과소신고에 해당하는 경우에는 40%가 적용된다. 따라서 사실판단을 통해 가산세율을 결정해야 한다. 한편 세무조사 이후에 수정신고한 경우에는 가산세 감면을 받을 수 없다.

☞ 참고로 무신고(과소)신고가산세와 무기장가산세, 성실신고확인서 미제출가산세가 동시에 적용되는 경우 그 중 큰 가산세만 적용하고 가산세액이 같은 경우에는 무신고(과소)가산세만 적용한다. 이에 대해서는 바로 다음에서 분석한다.

> **Tip 매출액 크기와 세법제도**
>
> 세법에서는 매출액 크기에 따라 다음과 같은 다양한 제도를 두고 있다.
> - ☑ 간이과세자와 일반과세자의 구분(4,800만원)
> - ☑ 복식장부대상사업자 구분(도·소매업 등 3억원, 제조업 등 1.5억원, 서비스업 등 7,500만원)
> - ☑ 성실신고확인제도(도·소매업 등 15억원, 제조업 등 7.5억원, 서비스업 등 5억원)
> - ☑ 기타[세무조사 시 조사기간(100억원), 조사관할(500억원), 5년순환조사(3,000억원) 등]

▶▶ 매출 관리법(수정신고 포함)

종합소득세에 대한 세무리스크를 관리하기 위해서는 무엇보다도 개인사업자의 매출 관리를 정확하게 진행할 필요가 있다. 이하에서는 매출관련 주요 세무리스크와 매출누락이 발생한 경우 수정신고하는 방법 등에 대해 살펴보자.

1. 매출관련 주요 세무리스크

매출관련 주요 세무리스크 중 가장 큰 것은 아무래도 개인사업자가 매출을 누락해 세무신고를 하는 경우가 된다. 막대한 가산세 등이 뒤따르기 때문이다. 다만, 실무적으로는 매출누락이 부정행위로 인한 것인지 단순 실수에 의한 것인지에 따라 그리고 수정신고를 어느 시점에 했는지에 따라 다양한 세금관계가 형성된다.

(1) 매출누락 사유에 따른 세무리스크

먼저 매출누락이 업무착오로 발생한 경우와 부정행위(조세범처벌법 제3조 제6항)로 발생한 경우로 나눠 세금관계가 어떻게 형성되는지 살펴보자.

1) 업무상 착오로 누락한 경우

업무상 착오에 의해 매출누락이 발생한 경우에는 다음과 같은 관점에서 세법을 적용한다.

- ☑ 국세부과 제척기간 → 일반적인 부과제척기간 5년을 적용한다.
- ☑ 과소신고가산세 → 10%의 일반과소신고가산세를 적용한다.
- ☑ 조세특례제한법상 세액감면(중소기업 특별세액감면 등) → 적용한다.
- ☑ 조세범처벌법 → 적용하지 않는다.

2) 부정행위로 누락한 경우

일단 조세범처벌법상의 부정행위에 해당하고 이 행위를 적극적으로 한 경우에는 다음과 같은 관점에서 세법을 적용한다.

☑ 국세부과 제척기간 → 부정행위에 의한 부과제척기간 10년을 적용한다.
☑ 과소신고가산세 → 40%의 부정과소신고가산세를 적용한다.
☑ 조세특례제한법상 세액감면(중소기업 특별세액감면 등) → 적용하지 않는다.
☑ 조세범처벌법 → 적용한다.

(2) 수정신고 시점에 따른 세무리스크

다음으로 매출누락에 대해 수정신고하면 가산세 감면 등을 받을 수 있는데 이때 과세관청에서 연락(해명요구서, 세무조사 사전 통지서, 전화 등)이 오기 전에 수정신고를 했는가 그 후에 했는가에 따라 세법적용이 다르다.

1) 연락이 오기 전에 수정신고를 한 경우

연락이 오기 전에 자발적으로 신고한 경우에는 다음과 같은 관점에서 세법을 적용한다.

☑ 국세부과 제척기간 → 일반적인 부과제척기간 5년을 적용한다.
☑ 과소신고가산세* → 10%의 일반과소신고가산세를 적용한다.
☑ 가산세 감면 → 10~50%를 감면한다.
☑ 조세범처벌법 → 적용하지 않는다.

* 단, 이 경우에는 무기장가산세(20%)가 부과될 수 있다.

2) 연락이 온 후에 수정신고를 한 경우

연락이 온 후에 수정신고한 경우에는 다음과 같은 관점에서 세법을 적용한다.

① 업무상 착오로 누락한 경우
☑ 국세부과 제척기간 → 일반적인 부과제척기간 5년을 적용한다.
☑ 조세특례제한법상 세액감면(중소기업 특별세액감면 등) → 적용한다.
☑ 과소신고가산세* → 10%의 일반과소신고가산세를 적용한다.
☑ 가산세 감면 → 적용하지 않는다.
☑ 조세범처벌법 → 적용하지 않는다.

* 단, 이 경우에는 무기장가산세(20%)가 부과될 수 있다.

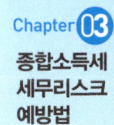

☞ 그런데 실무적으로 업무착오인지, 부정행위인지에 대한 구분이 애매모호해 업무상 착오로 매출누락이 된 경우라도 아래 ②의 기준을 적용받을 가능성이 높다. 세무조사 및 불복실무에서 쟁점이 되는 부분이기도 하다. 참고로 이 같은 상황에서 업무상 착오에 의해 수정신고를 한 경우에는 가산세 감면을 해주는 것이 타당할 것으로 보인다.

② 부정행위로 누락한 경우
- ☑ 국세부과 제척기간 → 부정행위에 의한 부과제척기간 10년을 적용한다.
- ☑ 과소신고가산세 → 40%의 부정과소신고가산세를 적용한다.
- ☑ 가산세 감면 → 적용하지 않는다.
- ☑ 조세특례제한법상 세액감면(중소기업 특별세액감면 등) → 적용하지 않는다.
- ☑ 조세범처벌법 → 적용한다.

☞ 이 같은 상황이 가장 세무리스크가 크다고 할 수 있다. 이러한 상황을 피하려면 역시 사전에 치밀한 세무관리가 필요하다.

2. 매출누락에 대한 수정신고와 가산세 감면(쟁점)

개인사업자가 매출을 누락한 경우에는 과세관청에서 연락이 오기 전에 자발적으로 수정신고하는 것과 연락을 받고 수정신고를 하는 것은 과소신고가산세와 가산세 감면, 중소기업 특별세액감면 등의 적용 면에서 차이가 있다. 사례를 통해 이 부분을 확인해보자.

〈자료〉
- 종합소득세 신고 시 매출 1억원(부가세 별도)이 누락되었다.
- 소득세율은 38%다.
- 복식부기의무사업자인 동시에 면세사업자다(부가가치세관련 세금은 추징되지 않음).
- 현금영수증 의무발급대상자가 아니다(과태료 50%가 부과되지 않음).
- 납부불성실가산세는 적용하지 않는다.

☞ **물음 1**: 자발적으로 수정신고한 경우에 예상되는 종합소득세 본세와 신고가산세는?
☞ **물음 2**: 세무조사 이후에 수정신고한 경우에 예상되는 세금은?
☞ **물음 3**: 이 둘의 세금차이는 얼마나 되는가?

물음에 대해 순차적으로 답을 찾아보자.

· 물음 1의 경우

K씨가 매출누락에 대해 자발적으로 수정신고를 한 경우에 예상되는 세금은 다음과 같다.

① 본세

매출누락액 1억원에 대해 38%를 적용하면 3,800만원(지방소득세 10% 별도)이 예상된다.

② 일반과소신고가산세 또는 무기장가산세

매출누락에 의해 종합소득세를 과소신고했으므로 이 경우에는 일반과소신고가산세 (10%)와 무기장가산세(20%) 중 큰 금액으로 과세한다.

· Max[3,800만원×10%, 3,800만원×20%] = 760만원

일반과소신고가산세는 납부세액의 10%(수입금액으로는 적용하지 않음)로 한다. 그런데 사업자가 세법상의 소득금액에 미달하게 기장한 경우에는 무기장가산세(20%)를 부과하도록 되어 있다. 그리고 이 둘이 동시에 적용되는 경우에는 큰 가산세를 부과하도록 하고 있다. 따라서 사례의 경우에는 일반과소신고가산세가 아닌 무기장가산세가 부과된다.

③ 계

위의 두 가지 세금을 합하면 4,560만원 정도가 된다.

☞ 원래 종합소득세 등을 자발적으로 수정신고한 경우에는 가산세 감면혜택이 있다 (10~50%). 그런데 일반과소의 경우 수정신고를 아무리 하더라도 무기장가산세율 20%가 적용되므로 수정신고의 의미가 없어지게 된다. 따라서 세법을 개정해 자발적으로 신고한 경우에는 무기장가산세를 부과하지 않도록 하는 조치가 필요할 것으로 보인다(불복을 제기한 경우에는 승소의 가능성이 높아 보인다).

· 물음 2의 경우

K씨가 매출누락에 대해 세무조사 후 수정신고를 한 경우에 예상되는 세금은 다음과

같다.

① **본세**

매출누락액 1억원에 대해 38%를 적용하면 3,800만원(지방소득세 10% 별도)이 예상된다.

② **부정과소신고가산세 또는 무기장가산세**

매출누락에 의해 종합소득세를 부정행위를 통해 과소신고했으므로 이 경우에는 부정과소신고가산세(40%와 수입금액의 14/10,000 중 높은 세율 적용)와 무기장가산세(20%) 중 많은 금액으로 과세한다.

· Max[3,800만원×40%, 3,800만원×20%] = 1,520만원

③ **계**

위의 두 가지 세금을 합하면 5,320만원 정도가 된다.

· **물음 3의 경우**

물음1과 2의 세금차이는 760만원(=5,320만원-4,560만원) 이상이 된다.

memo

비용관련 세무리스크

상 황   개인사업자들이 비용과 관련해 자주 부닥치는 세무상 쟁점은 비용을 과도 또는 부당하게 지출하거나 업무와 관련 없는 비용을 장부에 계상한 경우이다. 세법은 이러한 비용들에 대해서는 대부분 비용으로 인정하지 않는다. 따라서 이러한 유형도 세무리스크에 해당한다. 이하에서 이에 대해 알아보자.

Case   L기업은 세무조사 과정에서 종합소득세 신고 때 장부에 계상한 가공인건비가 적출되어 필요경비불산입 되어 소득세를 경정 받았다. 물음에 답하면?

☞ **물음 1**: 이때 적용되는 신고불성실가산세율은 10%인가, 40%인가?
☞ **물음 2**: 당초 신고된 소득금액은 1억원이었고 가공인건비는 5,000만원이었다. 추징되는 세금은 얼마인가? 단, 과소납부로 인한 기간은 365일이다.
☞ **물음 3**: 가공인건비를 수정신고한 경우에 신고불성실가산세는 감면되는가?

Solution   위의 물음에 대해 순차적으로 답을 찾아보면 다음과 같다.

· **물음 1의 경우**

가공의 인건비를 계상해 소득세 확정신고 시 개인사업자의 필요경비로 처리한 경우에는 부정과소신고가산세(40%)가 적용된다(조세범처벌법 제3조 제6항의 2호 또는 7호에 해당).

· **물음 2의 경우**

물음에 따라 추징되는 세금을 계산하면 다음과 같다.

(단위 : 원)

구분	당초	경정	증감
소득금액	1억	1억	
+가공인건비	–	5,000만	
=수정된 소득금액	1억	1억 5,000만	
×세율	35%	35%	
−누진공제	1,490만	1,490만	
=산출세액	2,010만	3,760만	
+신고불성실가산세	–	1,504만	
+납부불성실가산세	–	411만 7,200	3,760만×365일×3/10,000
=납부세액	2,010만	5,675만 7,200	
+지방소득세	201만	567만 5,720	
=총납부세액	2,211만	6,243만 2,920	4,032만 2,920

경정에 의해 늘어난 세금이 대략 4,000만원을 넘어간다.

· **물음 3의 경우**

경정할 것을 미리 알고 수정신고한 경우에는 가산세가 감면되지 않는다. 감면을 받으려면 경정(세무조사 등)이 있을 것을 알기 전에 해야 한다. 세무서 담당자의 전화를 받은 후 수정신고하는 경우에도 가산세 감면을 받을 수 없다.

Consulting 개인사업자들의 종합소득세와 관련해 비용부분에서 발생하는 주요 세무쟁점과 그에 대한 대처법은 다음과 같다. 최근 세무조사의 경향은 매출누락보다는 경비의 투명성에 대해 초점을 맞추고 있다. 따라서 사전에 업무와 관련된 비용에 대해 적격증빙을 정확히 수취하는 식으로 이에 대한 관리를 해야 나중에 낭패를 당하지 않을 것이다.

비용의 과다지출	• 접대비나 차량유지비*, 기부금 등을 세법상 한도를 초과해 지출한 경우 • 감가상각비나 대손충당금 등을 세법상 한도를 초과해 장부에 계상한 경우 → 각종 한도초과액 등을 확인해 세무신고를 해야 한다.
부당한 비용지출	• 특수관계인 등을 대상으로 지출한 비용이 부당한 경비로 인정되는 경우(가족의 인건비 등) → 이러한 유형의 지출에 대해서는 객관적인 입증자료를 준비해두도록 한다.
업무무관 비용지출	• 업무와 무관한 자산을 유지하는 데 들어가는 비용을 장부에 반영한 경우 • 가사비용(골프비용, 휴일사용 비용 등)을 장부에 반영한 경우 → 가사용 비용은 최대한 줄여서 신고해야 한다.

* 업무용승용차에 대해서는 대당 1,000만원을 한도로 비용처리가 된다(284페이지 참조).

실전연습 사업자 A씨는 실물거래 없이 공급가액이 1억원인 가공세금계산서를 자료상을 통해 샀다고 가정할 경우 다음 자료를 보고 물음에 답하면?

〈자료〉
• 부가가치세 및 소득세 신고불성실가산세율 : 40% 적용
• 납부불성실가산세율 적용 시 과소납부기간 : 500일
• 소득세율 : 38% 적용
• 납부불성실가산세 및 기타 세금계산서관련 가산세 등은 제외

☞ **물음 1** : A씨의 부가가치세와 소득세 예상추징세액은?
☞ **물음 2** : 이 경우 세무조사의 가능성은 얼마나 되는가?
☞ **물음 3** : 매입에 대한 세무조사를 예방하기 위해서는 어떤 조치를 취해야 하는가?

물음에 따라 순차적으로 답을 찾아보면 다음과 같다.

· 물음 1의 경우

개인사업자가 가공세금계산서를 구입해 이를 소득세 신고 때 경비처리를 한 경우에는 우선 부가가치세와 관련된 가산세 등이 추징되고 이후 소득세에 대한 가산세 등이 추징된다.

(단위 : 만원)

구분	탈루세액	추징세액			
		본세	신고불성실가산세	납부불성실가산세*	계
부가가치세	1,000	1,000	400	150	1,550
소득세	3,800	3,800	1,520	570	5,890
계	4,800	4,800	1,620	720	7,140

* 과소납부액×과소납부기간×3/10,000

· 물음 2의 경우

가공매입을 포함해 신고했다고 해서 바로 세무조사로 연결되는 것은 아니다. 해당업체에 대해 신고한 내역에서 탈루 등의 혐의가 적출되거나 거래상대방의 세무조사 시 과세자료가 파생되는 등의 행위가 있어야 세무조사로 연결될 수 있기 때문이다.

· 물음 3의 경우

매입에 대한 세무조사를 예방하기 위해서는 다음과 같은 점들에 주의해야 한다.
☑ 실제 거래처인지를 반드시 확인한다.
☑ 거래 전에 계약서를 작성하고 사업자등록증 사본과 통장사본을 징구한다.
☑ 세금계산서를 법에서 정한 시기에 맞춰 정확하게 받아야 한다.
☑ 대금은 실제 거래처의 통장에 직접 입금되어야 한다.

 **Tip 금품 제공 시 세무조사 재조사**

2016년부터는 납세자가 세무공무원에게 직무와 관련하여 금품을 제공하거나 금품제공을 알선한 경우 명백한 입증자료가 없어도 재조사를 할 수 있도록 하는 안이 국회를 통과하였다(국세기본법 제81조의4). 이외 세무조사를 수감하면서 금품을 제공하는 경우 일명 '김영란법'이 적용될 수 있음에 유의해야 한다.

▶ 필요경비 관리법(성실신고확인대상사업자에 대한 필요경비 사후검증 포함)

최근 종합소득에 대한 세무조사의 추세는 매출누락에 대한 조사보다는 경비에 대한 조사를 강화하는 추세에 있다. 매출투명화조치들이 속속 들어와 매출누락이 힘들어졌기 때문이다. 이하에서 필요경비 관리법에 대해 알아보자.

1. 필요경비 처리 원칙

필요경비(必要經費)란 사업에 필수적으로 수반되는 각종 비용을 말한다. 이는 수입금액(매출)을 달성하기 위해 필요한 물적·인적 설비를 유지하는 데 필수적으로 지출되는 비용이라고 할 수 있다. 사업소득세는 수입금액에서 이러한 필요경비를 차감한 이익에 대해 과세되는 것이 원칙이나, 자의적으로 필요경비를 처리해 세금을 축소하는 행위에 대해서는 세법이 이를 규제하는 방식으로 법이 만들어져 있다. 따라서 사업자들은 어떤 비용들이 규제를 받는지에 대해 정확하게 구분할 수 있어야 한다. 예를 들어 사업자가 지출하는 경비는 세법상 100% 인정되는 것과 불인정되는 것, 50% 확률로 인정되는 것들로 구분할 수 있다. 세무리스크는 이 중 50% 인정 및 100% 불인정 부분에서 발생된다.

구분	100% 인정	50% 인정	100% 불인정
계정과목	· 상품매입비 · 인건비 · 임차료 · 복리후생비(식대, 건강보험료 등) · 통신비	· 가족 인건비 · 차량비 · 개인사용 접대비 · 1인 사업자의 복리후생비 · 상품권 구입비 · 무자료거래에 의한 지출 등	· 가공경비(재료비, 인건비, 외주가공비 등) · 업무무관 비용(공휴일에 사용한 경비, 골프비용, 백화점 지출 등) · 한도초과(접대비, 기부금, 감가상각비 등)
세무상 위험	없음	· 조세회피행위에 해당가능성이 높음 (단, 금액이 과도한 경우에는 탈세행위로 간주될 가능성이 있음). · 일반과소신고가산세(10%) 적용 (단, 40%도 가능)	· 가공경비는 탈세행위에 해당 · 기타 경비는 조세회피행위에 해당 · 일반과소신고가산세 10% 또는 부정 과소신고가산세 40% 가능
관리 포인트	-	업무관련성 및 지출의 정당성을 입증하는 것이 중요	고액을 경비로 처리한 경우 문제가 발생하므로 성실신고를 기본으로 신고

2. 실무상 필요경비 관리법

실무상 필요경비는 업무와의 관련성이 높아야 한다. 그리고 지출에 대한 정당성을 납세자가 입증해야 한다. 이러한 관점에서 필요경비 관리법을 알아보자.

(1) 증빙수취 의무

사업소득이 있는 개인사업자나 법인사업자들은 사업과 관련해 사업자로부터 재화 또는 용역을 공급받고 그 대가를 지출하는 경우에 적격증빙을 의무적으로 수취해야 한다. 이를 수취하지 않으면 거래금액의 2%를 가산세로 부과한다. 여기서 '적격증빙'이란 공급받는 사업자명이 명확한 '(세금)계산서, 현금영수증, 신용(직불·선불)카드매출전표, 매입자발행세금계산서'를 말한다. 다만, 3만원 이하의 거래나 다음과 같은 거래들은 3만원 초과의 거래라도 증빙불비가산세 적용을 배제한다. 이는 적격증빙을 수취하기가 힘든 현실을 반영한 결과다.
- 읍·면 지역의 간이과세자로서 신용카드 가맹점이 아닌 사업자
- 농어민과의 거래, 부동산 구입, 주택임대용역
- 경비 등 송금명세서로 갈음 가능한 것(운송 용역, 우편주문판매 등) 등

(2) 사업용 계좌 확인

사업용 계좌는 주로 복식부기의무사업자(매출액이 도·소매업 등은 3억원, 제조업 등은 1.5억원, 서비스업은 7,500만원을 넘는 사업자를 말함)가 국세청에 신고된 사업용 계좌를 통해 입출금 거래를 하도록 하는 제도를 말한다. 이를 위반 시에는 가산세(2%)가 부과된다.
- ☑ 입금거래
- ☑ 출금거래
  - · 인건비
  - · 임차료
  - · 재료비 등

참고로 성실신고사업자들은 다음과 같은 사업용 계좌현황에 대한 자료를 소득세 신고 때 제출하므로 다음 표의 차이내역에 대한 소명준비에 차질이 없어야 한다.

(단위 : 천원)

구분	금융회사 등의 결제금액(①)	사업용 계좌 거래금액(②)	차이내역(③ : ① - ②)	
			금액	사유
입금				
출금				

※ 성실신고확인사업자에 대한 필요경비 사후검증

성실신고확인대상사업자는 소득세 신고 시 다음과 같은 자료를 제출하게 된다. 이후 과세관청은 이를 대상으로 사후검증을 하고 있다.

(단위 : 천원)

항목	당기 지급액	적격증빙 수취 의무 제외		적격증빙 수취 의무			
		건당 3만원이하	기타1)	계	적격증빙	적격증빙 외의 증빙	증빙불비
①당기매입액							
②의약품비							
③복리후생비							
④여비교통비							
⑤임차료							
⑥보험료							
⑦수선비							
⑧접대비							
⑨광고선전비							
⑩운반비							
⑪차량유지비							
⑫지급수수료							
⑬판매수수료							
⑭소모품비							
⑮인적용역비							
⑯기타 판매비 및 관리비							
⑰영업외비용							

PART 03
개인 사업자편

Chapter 03
종합소득세 세무리스크 예방법

☞ 이 표는 각 계정과목별로 지급된 금액 중에 수취한 적격증빙과의 차이액에 대해 사후검증하기 위해 제출된다. 예를 들어 총 지급액이 10억원인데 이 중 적격증빙 수취의무가 없는 금액이 1억이라면 9억원에 대해 적격증빙을 받아야 하는데, 사업자가 5억원을 받았다면 4억원에 대해서는 적격증빙을 수취하지 않았음이 밝혀진다. 과세관청은 이 4억원에 대해 가공경비 등의 가능성이 있는 것으로 보아 해명을 요구하거나 현장확인 또는 세무조사 등으로 연결할 가능성이 높다.

 Tip 업무용승용차 비용규제

2016년부터 개인사업자와 법인사업자가 보유한 업무용승용차에 대한 비용규제가 시작되고 있다. 승용차를 가사용으로 사용하는 경우가 많아 이를 방지하기 위한 취지가 있다. 이에 대한 핵심적인 내용은 다음과 같다. 자세한 내용은 소득세법 제33조의2, 법인세법 제27조의2 등을 참조하기 바란다.

- ☑ 적용되는 차량 : 업무용승용차에 해당한다(화물차 등은 제외).
- ☑ 규제받는 경비의 범위 : 차량관련 모든 비용(유류대, 수리비, 리스료, 감가상각비 등)
- ☑ 차량비 필요경비(손금) 한도 : 대당 1,000만원(단, 감가상각비는 연간 800만원)
- ☞ 법인은 운행일지를 작성하면 위 한도초과분도 비용으로 인정함.
- ☑ 사업자의 차량매각 시 : 매각수입은 총수입금액에 산입하고, 처분손실은 연간 800만원 한도로 필요경비로 인정(법인은 종전과 같음)
- ☑ 적용시기 : 법인과 개인사업자 중 성실신고확인대상사업자는 2016년부터, 이외 복식부기의무사업자(업종별로 3억원, 1.5억원, 7,500만원 이상)는 2017년부터 적용예정

memo

종합소득세 신고관련 세무리스크

상황 개인사업자의 종합소득세에 대한 세무조사는 신고전반에 대해 이루어진다. 따라서 신고를 할 때에는 세무조사에 유의해 신고수준 등을 결정해야 한다. 이하에서 사업자의 종합소득세 신고관련 세무리스크를 예방하는 방법에 대해 알아보자.

Case K씨는 다음과 같이 종합소득세를 신고했다. 물음에 답하면?

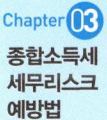

〈자료〉
- 수입 : 5억원
- 비용 : 4.5억원
- 기타
  - 수입에는 현금매출 1억원이 누락되었다.
  - 비용에는 가공비용 5,000만원이 포함되었다.

☞ 물음 1 : 이 업종의 평균소득률이 30%이라면 신고수준은 적정한 것으로 볼 수 있는가?
☞ 물음 2 : 현금매출 누락과 가사비용을 반영하면 소득률은 얼마나 되는가?
☞ 물음 3 : 매출누락과 가공경비는 어떤 식으로 적출되는가?

Solution 물음에 순차적으로 답을 찾아보면 다음과 같다.

· 물음 1의 경우

K씨가 신고한 이익 5,000만원을 수입금액 5억원으로 나누면 소득률은 10%가 나온다. 이 업종의 평균소득률(30%)과 차이가 많이 난다. 따라서 K씨의 신고수준은 성실하지

않다고 판단된다.

☞ 이러한 소득률 저조현상은 신고성실도를 저해하는 요인이 된다.

· 물음 2의 경우

기신고한 내역에 잘못 신고된 부분을 수정해 반영하면 다음과 같이 소득률이 나온다.

구분	당초	수정 후	비고
수입	5억원	6억원	누락 매출 1억원 가산
비용	4.5억원	4억원	가공비용 5,000만원 제외
이익	0.5억원	2억원	
소득률	10%	33.3%	

즉 당초에는 10%의 소득률이 나왔으나 수정 후에는 33.3%로 23.3% 포인트가 증가했다.

· 물음 3의 경우

과세관청은 매출누락과 가공경비 등의 계상을 통해 소득금액을 낮추는 행위를 지속적으로 감시하게 된다. 매출의 경우에는 신고된 자료와 자체적으로 확보한 자료(POS자료, 신용카드실적 등)를 비교해 누락액을 찾아내고, 경비의 경우에는 신고된 자료 중 비용계정과목을 부가가치세 신고내역 등과 비교해 가공비용 등을 찾아낸다.

돌발퀴즈!

세무조사가 나온 다음 해는 세무조사는 안나오는가?
그럴 가능성이 높을 뿐이지, 반드시 안 나온다고 단정지을 수 없다.

Consulting 개인사업자들이 종합소득세 세무조사에 잘 대응하기 위해서는 다음과 같은 관리가 요구된다.

```
평소관리  · 매출누락은 하지 않도록 한다.
         · 가공경비를 계상하지 않도록 한다.
         · 업무무관경비를 지출하지 않도록 한다.

   ↓

결산관리  · 감가상각비 등을 고려해 결산을 진행한다.
         · 당기순이익의 크기에 따른 세금을 예측한다.

   ↓

소득세 신고관리  · 결산자료를 바탕으로 동종업계의 표준소득률과* 전년도 등의 신고수준과
                  비교분석을 한다.
                · 성실신고안내문 등의 내용을 참조해 최종적으로 신고수준을 결정한다.
```

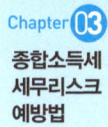

* 정부에서 정해놓은 동종업계의 평균신고소득률을 말한다. 국세청 홈페이지에서 각 업종에 대한 표준소득률을 검색할 수 있다.

실전연습 K씨는 부산에서 일식집을 경영하고 있다. 이번 5월 달에 종합소득세를 신고하려고 한다. 작년매출은 5억원이며 순이익은 2,000만원 정도가 되었다. K씨는 이 정도의 이익을 신고하면 세무조사를 받게 되는지 궁금해하고 있다.

다음과 같은 절차로 이 부분에 대한 문제를 해결해보자.

STEP1 쟁점은?

매출액은 5억원이나 순이익은 2,000만원에 불과하므로 세금납부액이 얼마 나오지 않는다. 예를 들어 소득공제액이 1,000만원이라면 과세표준은 1,000만원이므로 소득세는 대략 60만원에 불과하게 된다. 매출은 상당히 많은 편이나 산출세액은 미미하다. 따라서 낮은 신고율에 따라 세무조사의 가능성이 얼마나 될 것인지가 쟁점이 된다.

STEP2 K씨의 이익률은 적정한가?

이러한 상황에서 K씨의 신고수준이 과세관청이 보는 신고수준과 얼마나 차이가 나는지를 객관적으로 볼 수 있어야 한다.

이에 대해서는 국세청홈택스(www.hometax.go.kr)의 '기준(단순)경비율' 메뉴 란에서 해당 업종에 대해 조회하면 다음과 같은 정보를 얻을 수 있다.

코드번호	종목		적용범위 및 기준	단순경비율	기준경비율
	세분류	세세분류			
552103	음식점	일식음식점업	일반 일본음식·독립된 객실 없이 일식우동 등을 판매하는 소규모 업소·객실이 없는 생선회센타 포함	84.4%	8.2%

위 표 중 단순경비율란의 '84.4%'는 평균소득률을 예측할 때 의미가 있다. 즉 이 비율은 수입금액 중 동종업계의 평균경비율이 84.4%라는 것을 의미한다. 따라서 평균소득률은 100%에서 84.4%를 차감하면 15.6%가 나온다. 동종업계는 매출의 15.6% 정도를 과세소득으로 신고하고 있다는 것을 의미한다.

STEP3 결론은?

결국 K씨가 속한 업종의 평균소득률은 15.6%가 되는데 사례의 K씨 신고소득률은 4%에 불과하다. 따라서 동종업계의 신고수준에 한참 미달하므로 신고를 불성실하게 한 혐의로 세무조사 대상자가 될 수 있다. 이러한 소득률항목은 개인사업자의 신고성실도를 평가할 때 상당히 중요한 비중을 가지고 있다.

돌발퀴즈!

만일 K씨가 신고소득률을 20%로 맞춰 신고한 경우에는 세무조사가 나오지 않는가?
그렇지 않다. 신고소득률이 높더라도 복리후생비 등 특정계정과목상의 금액이 과도한 경우에는 부분조사 등을 통해 세금이 추징될 수 있다.

▶ 개인사업자의 부동산취득과 세무리스크 관리법

실무적으로 보면 개인사업자가 세무조사를 받는 경우는 생각보다 많지 않다. 매출금액이 크지 않거나 사업에 대한 불편함을 주지 않기 위해 조사를 하지 않는 경우가 많기 때문이다. 하지만 현금수입업종이나 고소득업종은 매출누락의 개연성이 높아 세무조사는 이들을 위주로 진행되는 경우가 많다. 그런데 평소에 세무조사에서 안전하다고 여겨지던 개인사업자가 고액의 부동산을 취득하면 세무리스크가 급격히 증가해 세무조사로 진행되는 경우가 많다. 왜 그런지 알아보자.

1. 사업자와 PCI시스템

PCI시스템(Property, Consumption and Income Analysis System)은 '소득-지출 분석 시스템'으로 사업자의 탈루소득을 적발하기 위해 만들어진 시스템을 말한다. 사업자의 탈루소득 대부분이 결과적으로 부동산, 주식 등의 취득이나 해외여행 등 호화소비지출로 나타나는 점에 착안해, 국세청에서 보유하고 있는 신고소득자료, 재산보유자료, 소비지출자료를 통합 비교·분석해 세금탈루혐의자를 전산으로 추출하게 되는 방식을 채택하고 있다. 이 모델을 그림으로 살펴보면 다음과 같다.

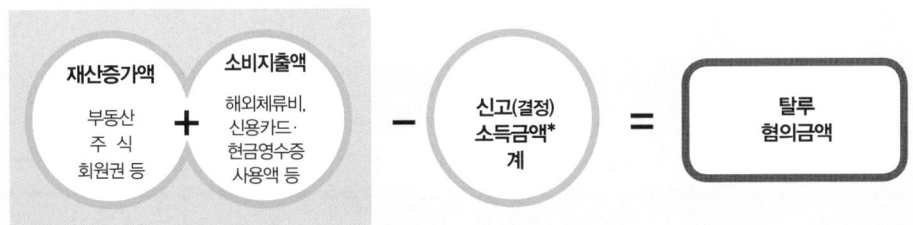

* 소득금액이란 수입에서 경비를 차감한 순소득을 말한다.

그림을 보면 납세자의 재산증가액·소비지출액과 납세자가 5년간 신고한 소득금액을 비교·분석해 탈루소득을 찾아냄을 알 수 있다. 그 결과 부동산이나 차량, 주식 또는 회원권 등 등기·등록되는 재산을 취득하거나 외국여행비, 체류기간 그리고 신용카드 사용액 등이 많으나 신고소득이 적으면 이에 의해 세무조사 대상자로 선정될 수 있다.

참고로 앞의 해외여행비는 하루기준 10만원 정도를 적용해 지출금액으로 환산한다고 한다.

☞ 실제 이러한 원리에 의해 세무조사 대상자로 선정되는 것으로 알려지자 고가의 주택취득보다는 전세를 살고, 신용카드 대신 현금을 쓰는 풍조가 생기고 있다고 한다.

2. PCI시스템 적용 사례

어떤 사업자가 최근 상가를 20억원에 취득했다고 하자. 그리고 5년간 해외체류비와 신용카드 사용액 등이 5억원이었다고 하자. 이렇게 지출한 금액이 25억원인데 5년간 신고한 소득금액(매출-경비)이 5억원이라면 20억원의 차이가 발생하게 된다. 과세관청은 이 차이금액*을 탈루혐의금액으로 보아 부동산취득자금에 대한 자금출처조사를 진행하거나 사업체에 대한 세무조사로 연결해 소득세 등을 탈루하였는지를 밝혀내게 된다. 최근에 전세보증금에 대한 자금출처조사도 이와 같은 맥락에서 찾아볼 수 있다.

* 실무적으로는 이 차이금액에서 등기부등본의 근저당설정내역에 나타난 채권금액을 차감한 금액을 기준으로 탈루혐의자를 가려내고 있다. 사례에서 부채로 조달된 금액이 10억원이라면 10억원의 차이금액이 나온다. 이 금액도 상당히 크기 때문에 여전히 세무리스크는 높다고 볼 수 있다.

3. PCI시스템에 대한 대책

이 시스템은 사업자들이나 법인의 대표이사 등 자금거래가 왕성한 층을 대상으로 언제든지 적용할 수 있다. 따라서 미리 대책을 만들어 놓을 필요가 있다.

- ☑ 지출 등을 대비해 신고소득률이 적정한지를 살펴본다.
- ☑ 부동산, 주식, 회원권 취득 시에는 자금출처조사의 가능성을 미리 점검해야 한다.
- ☑ 소득에서 지출 등을 차감한 금액이 큰 경우에는 부채 등을 활용해 이를 보완한다.
- ☑ 자금출처조사는 세대원별로 진행되기 때문에 세대원을 합해 재산 등을 관리해야 한다.

구분	자산증가액+신용카드 등 사용액(①)	신고소득금액(②)	차이(①-②)
A			
배우자			
자녀			
계			

실력 더하기 — 종합소득세 세무조사사례

종합소득세 세무조사도 다양한 관점에서 발생한다. 이하에서 종합소득세와 관련해 발생하기 쉬운 세무조사사례를 살펴보자.

1. 수입관련

☑ **매출누락의 경우**

상황	과세관청의 대응
· 부가가치세 과세업종 및 면세업종(의료업 등)을 불문하고 매출을 누락한 경우 · 해외에서 발생한 소득을 신고하지 않은 경우 등 ☞ 과세관청은 건당 1만불 초과 송금자료 등을 수집하고 있다.	· 세무조사 등을 통해 매출누락에 대해 집중적인 조사를 한다.

※ **주요 업종별 매출누락 유형**

매출누락은 수만 개의 업종에서 다양한 형태로 발생한다. 다음은 그 중 일부에 해당한다.

- 제조업 → 부산물누락, 특수관계가 있는 대리점에 저가매출 등
- 건설업 → 작업진행률 등의 조작에 의한 매출누락
- 프랜차이즈 → 가맹점 시설비와 물품공급 등에 따른 수수료 누락
- 오픈마켓 → 직원 등의 ID를 사용해 매출분산
- 현금수입업종 → 현금매출 누락
- 학원업 → 직원 등의 차명계좌를 이용한 누락
- 의료업 → 비급여 대상 진료분 누락 등

☑ **특수관계인 간에 거래를 한 경우**

상황	과세관청의 대응
· 특수관계인 간에 고가나 저가로 거래한 경우 · 무상으로 거래하는 경우	· 신고한 자료나 파생자료 또는 세무조사 등을 통해 관련 내용을 파악한다. · 소득세법상 부당행위계산의 부인규정을 적용한다. · 상증법을 적용해 증여세를 부과하기도 한다.

2. 비용관련

☑ 업무무관비용 및 가사비용의 경우

상황		과세관청의 대응
· 업무와 관련없는 비용을 장부에 계상한 경우 · 가사관련 비용을 장부에 계상한 경우		· 신고서 등을 분석해 모두 직부인한다. ☞ 휴일에 사용한 경비 등이 이에 해당한다.

☑ 가공비용의 경우(증빙이 없는 경우 포함)

상황		과세관청의 대응
· 거래실적이 없음에도 이를 장부에 반영한 경우		· 주로 가공세금계산서를 수취한 경우로 관련 사실을 확인한다. · 부가가치세 조사와 관련해 적발되는 경우가 많다.

☑ 재고자산 조절의 경우

상황		과세관청의 대응
· 장부상 재고자산을 조절해 이익을 축소해 신고한 경우		· 기말재고액을 조사해 신고내용을 경정한다.

☞ 재고자산이 중요한 업종은 별도의 재고대장을 만들어 관리하는 것이 좋다.

☑ 인건비의 경우

상황		과세관청의 대응
· 가족의 급여를 신고한 경우		· 실제 근무하는지 그리고 급여수준이 적정한지를 점검한다.

※ **배우자 및 직계존비속에 대한 인건비(일용직, 아르바이트 직원 포함) 지급명세**
과세관청은 성실신고확인사업자로부터 아래와 같은 명세서를 제출받아 과세자료로 활용을 하고 있다. 따라서 가족 등 특수관계인을 고용할 때에는 실제로 근무해야 하고 지급액도 다른 임직원에 비해 과다하지 않게 정해야 한다.

(단위 : 천원)

성명	주민등록번호	관계	입사일 (퇴사일)	담당 직무	지급액	지급명세서제출 금액

☑ 복리후생비 과다의 경우

상황	과세관청의 대응
· 복리후생비가 과다하게 잡힌 경우 · 복리후생비 계정에 접대비가 있는 경우	· 개인사용 경비가 들어 있는지를 점검한다. · 계정별 원장을 통해 접대성 경비 등이 들어 있는지를 확인한다.

☞ 복리후생비 계정에 접대비가 포함되어 있는 경우의 대책
· 접대비로 보아 접대비한도시부인을 해야 한다.
· 과소신고가산세율은 일반적으로 10%이다.

돌발퀴즈!

개인사업자의 적정 복리후생비율은 얼마나 될까?

법적으로 정해진 것은 없으나 그 비율이 인건비의 20% 정도를 벗어나는 경우에는 가공경비나 가사비용의 계상혐의로 보아 세금추징을 당할 수 있다(주의!).

☑ 감가상각비 오류의 경우

상황	과세관청의 대응
· 감가상각비를 세법상 한도를 초과해 신고한 경우 · 가공자산에 대한 감가상각비를 계상해 신고한 경우 · 소득세 감면받은 사업자가 감가상각비를 계상하지 않은 경우 등.	· 신고자료를 서면분석해 감가상각비가 정확히 계상되었는지를 확인한다. · 신고된 자료 외에 추가자료(감가상각비 명세서, 취득 계약서 등)를 요청받아 분석해 해명을 요구한다. · 세무조사 시 집중적으로 이에 대해 점검한다.

PART 03
개인
사업자편

Chapter 03
종합소득세
세무리스크
예방법

☞ 최근 감가상각내용연수를 잘 적용했는지 등에 대한 부분조사가 있었다. 특히 동일한 자산이라도 업종에 따라 내용연수가 달라진다는 점은 실무적으로 매우 주의해야 한다. 예를 들어 음식점업의 인테리어의 내용연수는 5년이 아닌 업종별자산 내용연수 8년을 적용해야 한다. 따라서 5년을 적용해 신고한 경우에는 과대상각으로 인해 세금이 추징될 수 있는 리스크가 있다.

 무형자산상각비의 경우

상황	➡	과세관청의 대응
· 영업권 등에 대해 세금계산서를 발행하지 않고 무형자산으로 등재해 감가상각비를 처리한 경우		· 무형자산으로 계상한 업체 중 일부를 골라 해명을 요구한다.

☞ 영업권소득을 받은 자는 기타소득으로 신고를 해야 한다. 이를 누락한 경우에는 관련 세금이 추징될 수밖에 없을 것이다. 최근 이에 대한 세금추징사례가 자주 발생하고 있다.

 이자비용 과다계상의 경우

상황	➡	과세관청의 대응
· 이자비용을 세법상의 한도*를 초과해 계상한 경우 · 공동사업자의 이자비용을 필요경비로 처리한 경우		· 신고한 서류 등을 검토해 관련 내용을 확인한다.

* 초과인출금 이자에 대해서는 필요경비로 인정하지 않는다. 초과인출금이란 부채의 합계액 중 사업용 자산의 합계액을 초과하는 금액을 말한다. 참고로 공동사업자가 부동산을 취득하기 위해 대출을 받은 경우에 발생하는 이자비용은 필요경비에 해당한다는 점을 알아두기 바란다(대법2011두15466, 2011.10.13.).

☞ 이외에도 다점포 경영자, 프랜차이즈, 네트워크병원, 유사개인법인 등에 대한 세무조사도 빈번하게 발생하고 있다. 종합소득세 신고에 대한 세무리스크를 예방하기 위해서는 해당 기업의 재무제표를 동종업계 및 전년도 등과 비교하는 분석을 진행해야 한다. 한편 업종별 세무상 쟁점 등에 대해서는 이 책의 자매서인《중소기업세무 가이드북(실전편)》과《기업회계 가이드북(컨설팅편)》을 참조하기 바란다.

| 실력 더하기 | 종합소득세 신고성실도를 높이는 방법 |

종합소득세에 대한 세무조사는 대부분 신고성실도 분석에 의해 발생한 경우가 많다. 그렇다면 종합소득세관련 신고성실도는 무엇인지 그리고 이를 높이는 방법에는 어떤 것들이 있는지 살펴보자.

1. 신고성실도란

이는 사업자의 종합소득세 신고의 내용이 성실한 것인지 아닌지를 구별하기 위한 일종의 비교척도를 말한다. 과세관청은 사업자들이 평소에 신고한 각종 신고서나 기타 자체적으로 수집한 각종 정보를 전산분석 시 반영해 이를 평가하고 있다. 구체적으로 종합소득세 신고 시 제출되는 표준손익계산서를 통해 어떤 정보가 추출되는지 알아보자.

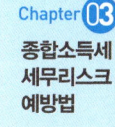

PART 03
개인
사업자편

Chapter 03
종합소득세
세무리스크
예방법

표준손익계산서		
계정과목	코드	금액
Ⅰ.매출액	01	: : :
1. 상품매출	02	: : :
2. 제품매출	03	: : :
3. 임대수입	06	: : :
Ⅱ. 매출원가	09	: : :
1.상품매출원가 (①+②-③-④)	10	: : :
① 기초재고액	11	: : :
② 당기매입액	12	: : :
③ 기말재고액	13	: : :
④ 타계정대체액	14	: : :
Ⅳ. 판매비와 관리비	21	: : :
1. 급여와 임금·제수당	22	: : :
2. 일용급여	23	: : :
3. 퇴직급여(충당부채 전입·환입액 포함)	24	: : :
4. 복리후생비	25	: : :
5. 여비교통비	26	: : :
6. 임차료	27	: : :

이 표는 손익에 관련된 많은 정보를 담고 있는데 과세관청은 이 표를 통해 매출액 대비 인건비율을 뽑아낸다든지 특정한 계정과목(예 : 복리후생비)에 대해 비율분석 등을 실시할 수 있다. 이에 따라 특정 업종의 사업자들 중에서 매출액 10억원이 넘는 사업자들을 선별하고 이들 중 복리후생비가 매출대비 10% 이상인 사업자만을 골라낼 수 있게 된다.

2. 신고성실도를 높이는 방법

신고성실도가 세무조사 대상자를 선정할 때 주요 잣대가 되므로 이에 대한 관리를 치밀하게 하는 것이 좋다. 신고성실도가 동종업계의 평균보다 높은 경우에는 그만큼 세무조사 위험성이 줄어들기 때문이다. 그렇다면 이를 위해서 어떻게 하는 것이 좋을지를 알아보자.

첫째, 표준소득률 및 소득률 추이를 관리한다.
표준소득률은 해당 업종의 사업자들이 평균적으로 소득금액을 얼마로 신고하는지를 나타내는 지표로 매년 정부에서 고시한다. 따라서 이 소득률과 사업자의 신고소득률 간에 차이가 발생한 경우에는 그만큼 성실도가 떨어진다고 볼 수 있다. 예를 들어 동종업계의 표준소득률이 20%인 상황에서 실제 신고률이 10%인 경우와 30%인 경우 어떤 영향을 주는지 살펴보자.

- 10%인 경우 → 표준소득률보다 50% 이상 낮으므로 신고성실도를 떨어뜨릴 가능성이 높다.
- 30%인 경우 → 표준소득률보다 50% 이상 높으므로 신고성실도가 올라갈 가능성이 높다.

둘째, 전년도의 재무제표와 비교해 추세 등을 분석한다.
재무제표 중 손익계산서는 세금을 결정하므로 이를 중점적으로 분석한다.

(단위 : 만원, %)

구분	20×6		20×7	
	금액	구성비	금액	구성비

매출액
−매출원가
=매출총이익
−판매관리비
  인건비
  복리후생비 등
=영업이익
+영업외수익
−영업외비용
=세전순이익
−소득세 등
=당기순이익				

분석은 전년도와 금액수준을 비교하는 한편 매출액 대비 각 항목의 구성비를 비교하는 식으로 한다. 그렇게 한 후 문제가 있는 계정과목을 집중적으로 분석한다. 예를 들어 매출액은 10% 증가했는데 인건비나 복리후생비가 크게 증가한 경우에는 이에 대한 이유를 분석해 그에 맞는 대책을 마련하는 것이 좋다.

☞ 소득률이 업종 평균보다 높더라도 특정과목이나 특정행위에 대해 부분조사를 거쳐 세금을 추징하는 사례들이 발생하고 있으므로 이에 유의한다. 예를 들어 휴일에 지출한 비용, 백화점에서 사용한 비용, 골프비 등은 사용내역을 불문하고 일괄적으로 이를 부인할 수 있다. 참고로 비용항목은 위와 같이 재무제표에 계상되는 비용항목에 대해 적격 영수증(세금계산서나 신용카드 매출전표 등)이 수취되고 사업용 계좌에서 인출하는 등 삼위일체가 되어야 사후적으로 문제가 없다.

셋째, 자료제출 등 협력의무를 위반하지 않도록 한다.
세금계산서 불부합 자료가 많이 발생하면 내부적으로 문제가 있다는 인상을 받을 수 있으므로 이러한 일들이 발생하지 않도록 내부관리를 정확히 해야 한다. 한편 국세청에서는 과세자료법이나 각 세무서의 '세원정보수집전담반' 또는 국세공무원들이 제출하는 밀알정보 그리고 탈세제보 등에 의해 수집된 각종 정보 등도 통합해 신고성실도를 산정하고 있으므로 이러한 내용에도 유의해야 한다.

※ 개인사업자 신고성실도 분석표

이 표는 개인별로 개인사업자에 대한 신고성실도를 분석하는 것을 말한다.

개인사업자 신고성실도 분석표

(단위: 천원)

일련번호	상호	성명	주민등록번호	업태	종목	업종별사업자수				선정기준적용검토
사업자등록번호	업종코드	개업일자	신고상황분석							
최종조사귀속연도	조사일자	추징세액계	귀속연도	자산총계	수입금액	소득금액	총부담세액	성실도 평가	신고소득률	수입금액증가율	건전도평가
								종합성실도	순위/사업자수	당해/전국	당해/전국	개(1,2,3)	판정
		성명	주민등록번호		업태		종목					
									/	/	/	(1,2,3)	
									/	/	/	(1,2,3)	
									/	/	/	(1,2,3)	

☞ 서식을 보면 업종별/사업자별로 성실도평가의 순위, 신고소득률의 순위, 수입금액 증가율의 순위 등이 매겨짐을 알 수 있다.

다음 표는 개인사업자 신고성실도 분석표 색인부(성명순)에 해당한다. 이렇게 세부적인 요소에 의해 앞의 신고성실도 등이 결정된다고 할 수 있다. 현재 신고성실도 분석시스템은 소득률 외에 다양한 변수를 통해 평가되고 있음을 알 수 있다.

(단위: 천원)

성명	사업장	주업종코드	신고유형	수입금액	신고소득금액	① 매출총이익률	② 인건비율	③ 임차료비율	④ 접대비비율	⑤ 소비성경비증가율	⑥ 재료비율	종합성실도
주민등록번호	주소	규모구분	자산총계	⑦ 제조원가비율	⑧ 투자효율	⑨ 지급이자비율	⑩ 총자산회전율	⑪ 외형증가율	⑫ 신고소득률	⑬ 신용카드매출비율	건전도평가	성실도순위
						/	/	/	/	/	/	
				/	/	/	/	/	/	/		/
				/	/	/	/	/	/	/		/

※ 각 비율평가항목 및 성실도순위 란에는 "당해 신고자비율(순위)/전국평균율(규모별 전사업자수)"를 기재함(모든 평가항목에 대해 전국 순위가 기록된다).

memo

| 실력 더하기 | 업종별 종합소득세 세무리스크 관리방법 |

개인사업자는 업종별로도 종합소득세 세무리스크를 관리할 수 있어야 한다. 과세관청의 조사는 업종별로 이루어지는 경우가 많기 때문이다. 이하에서는 종합소득세 신고구조를 통해 이러한 내용을 요약해보자.

구분		세무리스크 유형	관리방법
매출액		매출누락이 있는 경우	과세관청은 업종별로 탈루유형을 알고 있으므로 이의 누락에 주의해야 한다.
−매출원가		매출원가가 과다한 경우	업종평균과 차이가 나지 않도록 한다.
=매출총이익		업종평균과 차이가 나는 경우	매출총이익을 비교하도록 한다.
−판매비와관리비			
	인건비 퇴직급여 복리후생비 접대비 감가상각비 지급임차료 광고선전비	특정 항목의 금액이 업종평균과 차이가 나는 경우(예 : 복리후생비율이 타 업체보다 높은 경우)	동종업계의 신고수준 등을 미리 파악해야 한다.
=영업이익			
+영업외수익			
	이자수익		
	부산물처분이익	동일 업종의 대부분업체는 반영했으나 일부업체만 이를 누락한 경우	부수적인 수익 등을 누락하지 않도록 한다.
−영업외비용			
	무형자산상각비	특정한 항목이 있는 경우	그에 대한 세무처리를 확실히 해둔다(계약서 구비 등)
	이자비용		
=당기순이익			
±세무조정		세무조정 사항에 특이한 내용(예 : 전기오류수정손익 등)이 들어 있는 경우	세무조정 금액이 큰 경우에는 사전에 대비책을 마련해 두어야 한다.
=소득금액		업종 평균소득률에 미달하여 신고한 경우	표준소득률의 85% 이상 신고를 하도록 한다.
−종합소득공제			
=과세표준			
×세율			
=산출세액		세부담액이 업종평균에 미달하는 경우	업종평균을 감안해 신고한다.
−세액공제, 감면		부당하게 세액공제나 감면을 받은 경우	감면요건을 정확히 지켜야 한다.
=결정세액			
+가산세		제출 서류 등이 불완전한 경우	규정을 정확히 지킨다.
−기납부세액			
=차가감납부세액			

chapter 04

종합소득세 세무조사대책

종합소득세 신고안내문을 받은 경우

상황 개인사업자는 수시로 종합소득세와 관련된 안내문을 받는다. 종합소득세를 신고하기 전에 성실신고안내를 하기 위한 확정신고안내문, 신고 후 신고내용에 오류 등이 발생한 경우에 수정신고안내문이 보내진다. 만일 신고를 제때 하지 않았다면 기한후신고안내문이 보내진다. 이하에서 종합소득세 신고와 관련된 안내문을 받은 경우의 대처법을 알아보자.

Case K씨는 병원을 경영하고 있다. 세무회계사무소를 통해 세금신고를 대행하고 있는데, 관할 세무서로부터 다음과 같은 안내문을 받았다. 물음에 답하면?

사업장 현황신고에 참고할 사항

〈신고내용 분석결과 등〉
1. 귀하의 20○○년 귀속 신고소득율(20%)은 동종업종의 전국 평균비율에 비해 낮음.
2. 신용카드 매출비율(60%), 인건비 비율(15%) 및 광고선전비 비율(20%)은 동종업종 평균비율에 비해 높은 수준임.
3. 의약품 등 사용액 증가율(120%) 및 인건비 증가율(150%)에 비해 수입금액 증가율은 낮은 수준임.

☞ **물음 1**: 안내문은 어떠한 상황에서 보내진 것인가?
☞ **물음 2**: 만일 이 안내문을 받고도 성실신고를 하지 않으면 그 결과는 어떻게 될까?
☞ **물음 3**: 이러한 통지서를 받지 않으려면 어떻게 하는 것이 좋을까?

Solution 위의 물음에 순차적으로 답을 찾아보자.

· 물음 1의 경우

성실신고를 당부하는 안내문에 해당한다. 이러한 안내문은 미리 전산분석을 시행해 동종업계의 평균에 미달한 경우에 보내진 경우가 많다.

☞ 면세사업자는 부가가치세 신고 대신에 사업장현황신고(다음 해 2월 10일까지 신고)를 한다.

· 물음 2의 경우

이러한 안내문은 일종의 사전경고에 해당하는데, 이러한 상황에서도 성실신고를 하지 않으면 실제 세무조사 등으로 연결될 가능성이 있다.

☞ 최근 과세관청은 50만명이 넘는 사업자들을 대상으로 이러한 유형의 안내문을 보냈는데 신고소득률이 상당히 올랐다고 한다. 안내문을 받은 후에도 신고소득률이 여전히 낮은 사업체에 대해서는 실제 세무조사의 가능성이 매우 높아지는 것이 현실이기 때문이다.

· 물음 3의 경우

정답이 있을 수 없지만 미리 과세관청의 방침, 업계의 신고동향 등을 감안해 장부 및 증빙에 기초해 성실하게 신고하도록 한다. 이때 다음의 내용을 참조한다.

☑ 조기결산체계 수립
☑ 신고 시 동종업계의 평균 신고소득률 및 전년도의 재무제표 등으로 추세분석 실시 등
☑ 세무조사가 나올 확률 등을 고려해 신고수준 결정

Consulting 　개인사업자가 관할 세무서 등으로부터 종합소득세 신고와 관련해 안내문을 받는 경우가 많은데 대처법을 포함해 정리하면 다음과 같다.

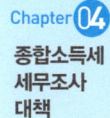

| 확정신고안내문 | • 종합소득세 확정신고를 앞두고 성실신고를 당부하는 안내문을 말한다.
→ 성실신고안내문에 나온 내용을 정확히 분석해 신고 시 반영한다. |

↓

| 수정신고안내문 | • 신고한 내용에 오류나 탈루 혐의가 있는 경우에 발송하는 안내문을 말한다.
→ 수정신고를 적극적으로 진행한다. 40%의 가산세는 피하도록 노력한다. |

↓

| 기한후
신고안내문 | • 종합소득세를 법정신고기한 내에 신고하지 않은 경우에 발송하는 안내문을 말한다.
→ 기한후신고를 적극적으로 진행한다. 40%의 가산세는 피하도록 노력한다. |

☞ 종합소득세 안내문 중 주로 과소신고에 따른 수정안내문이 쟁점이 된다.

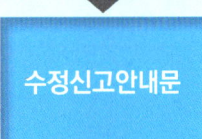 K기업은 종합소득세 성실신고안내문을 받았는데 이 안내문에는 다음과 같은 내용이 포함되어 있었다. 물음에 답하면?

· 사전 안내 성실신고 지원항목

본청개별 안내 (9개 유형)	1 적격증빙 과소수취	2 위장가공 자료 등 수취자	3 복리후생 비과대계상	4 지급이자 과대계상	5 재고자산 과다과소계상	6 소득률 저조 (복식부기)
금액	2억원 이상	-	-	-	-	-

☞ 물음 1 : 적격증빙 과소 수취는 무엇을 경고하고 있는가?
☞ 물음 2 : 적격증빙 과소 수취금액 '2억원 이상'은 어떻게 해서 나왔을까?
☞ 물음 3 : 이번 종합소득세를 신고할 때에는 어떤 점에 유의해야 할까?

물음에 대해 순차적으로 답을 찾아보면 다음과 같다.

· **물음 1의 경우**

적격증빙은 세금계산서, 계산서, 현금영수증, 신용카드 매출전표를 말한다. 따라서 신고된 비용항목의 합계액과 이러한 증빙의 합계액이 차이가 남을 보여주는 것은 가공경비의 계상혐의가 있음을 우회적으로 표현하고 있다.

· **물음 2의 경우**

표준손익계산서상의 매입금액과 부가가치세 신고 시에 제출된 세금계산서, 계산서, 현금영수증, 신용카드 매출전표로 신고된 금액의 차이로 계산한다.

표준손익계산서		부가가치세 신고		차이액
·매출원가 등 비용의 합계	−	· 세금계산서, 계산서, 신용카드 매출전표, 현금영수증 등의 합계액	=	가공계상 혐의금액

☞ **이 모형의 문제점**

표상의 차이액을 가공계상 혐의금액으로 보아 해명 등을 요구하는 것은 다소 문제가 있다. 실무에서는 부가가치세 신고 시 매입세액공제를 받을 수 없는 카드전표 등은 신고에서 제외하는 경우도 있고, 손익계산서상의 비용에는 세금계산서 등을 받을 수 없는 거래금액도 포함되어 있기 때문이다. 이러한 문제점 등 때문에 이 모형에 대한 신뢰도는 낮은 편이다.

· **물음 3의 경우**

적격증빙을 최대한 확보해 신고할 수밖에 없다. 다만, 적격증빙은 발급시기가 정해져 있으므로 사전에 이에 대한 내용이 정리가 되어야 한다. 즉 결산이 과세기간 종료일(12/31) 근처에서 조기에 진행되어야 한다. 그래야 부족한 증빙 등을 추가로 수취할 수 있게 된다.

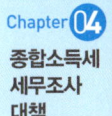

PART 03
개인
사업자편

Chapter 04
종합소득세
세무조사
대책

▶ 종합소득세 사전신고 안내와 사후검증

일반적으로 종합소득세에 대한 세무조사는 '종합소득세 사전신고 안내 → 신고서 사후검증 → 해명자료 요구 → 세무조사'의 순으로 진행된다. 이러한 내용들에 대해 좀 더 세부적으로 알아보면 다음과 같다.

1. 종합소득세 사전신고 안내

현재 과세관청은 개인사업자의 유형을 아래와 같이 세분화해 세원관리방법을 달리하고 있다. 이 중 S, D, K유형은 집중감시를 받을 가능성이 높기 때문에 신고 시 만전을 기할 필요가 있다. 참고로 영문자는 유형을 구분하기 위한 표시에 불과하다.

유형	대상	비고
S	성실신고확인대상자	수입금액 일정금액 초과
A	전년도 외부조정 신고자	
B	전년도 기장신고자	
C	전년도 복식부기-추계신고자	
D	기준경비율 적용 신고 안내자, 현금영수증 미가맹, 신용카드 상습발급 거부자	불성실신고자에 해당
E	복수소득 단순경비율 적용대상자	
F	단일소득 단순경비율 적용대상자(과세대상자)	
G	단일소득 단순경비율 적용대상자(과세미달자)	
H	단일소득 단순경비율 적용대상자 중 EITC[*1], CTC[*2] 안내 대상자	
K	성실신고 지원 안내문	아래 참조
Z	이자, 배당소득 2,000만원 초과자	금융재산 관리
V	월세소득자	
X	2 이상 근로소득이 있는 자	
Y	기타소득 300만원 초과자	
W	사적연금소득 1,200만원 초과자	

[*1] : EITC는 Earned Income Tax Credit의 약자로 근로장려세제를 말한다.
[*2] : CTC는 Child Tax Credit의 약자로 자녀장려세제를 말한다.

K유형은 과세관청의 집중적인 감시를 받는 유형으로, 각 사업자에 대해 개별적으로 전산분석을 실시해 다음과 같은 항목들이 신고 전 참고자료로 제공된다. 사업자들은 사전안내된 항목에 대해서는 반드시 확인해 신고 시 반영하는 것이 세무리스크를 줄이는 지름길이 된다.

- ☑ 매입금액 대비 적격증빙(세금계산서 등) 과소수취 혐의자료
- ☑ 복리후생비, 지급이자, 재고자산 가공계상 등 재무제표 분석자료
- ☑ 위장·가공자료 수취 등 과세자료 보유 내역
- ☑ 동종업종 평균소득률 대비 소득률 저조 여부 등

〈사전안내 성실신고 지원항목〉

본청개별 안내 (9개 유형)	1 적격증빙 과소수취	2 성실신고 확인서 미제출	3 위장가공 자료 등 수취자	4 복리후생비 과대계상	5 지급이자 과대계상	6 재고자산 과다과소 계상	7 해외임금 수취자	8 해외주식 투자 회수자	9 소득률 저조 (복식부기)

2. 사후검증 대상자

다음과 같은 사업자들에 대해서는 신고 후 사후검증 대상자로 선정해 집중 관리한다.

검증 대상자	세부 내역
· 사전 성실신고 안내자	사전 성실신고 안내자(2014년의 경우 40개 항목 안내, 53만명에게 발송)
· 성실신고확인대상자	신규편입 성실신고확인대상자, 불성실확인사업자
· 고소득자영업자	전문직사업자, 고소득 인적용역자, 현금수입업종 영위자 등

☞ 세무조사는 이러한 사업자 군에 대해 집중적으로 발생하므로 본인이 어디에 속하는지를 살펴보는 것도 좋을 것으로 보인다.

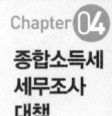

3. 사후검증 대상자 선정 등(종합소득세 사무처리규정)

종합소득세 사후검증 대상자 선정 등에 대해서는 종합소득세 사무처리규정에서 정하고 있다. 어떤 절차를 통해 대상자 선정 등이 되는지를 알아보자.

(1) 사후검증 대상자 선정(제49조)
① 지방청장(신고분석1과장) 및 주소지서장(소득세담당과장)은 현장 중심의 세원정보와 소득자료 등을 활용해 소득세 확정신고 내용의 적정성 여부를 검토하고 불성실신고 혐의가 있는 사업자를 대상으로 사후검증을 실시할 수 있다.
② 신고분석1과장 및 소득세담당과장은 사업자의 성실신고 체제가 확립될 수 있는 수준에서 사후검증 대상자를 선정해야 한다.
③ 신고분석1과장 및 소득세담당과장은 사후검증 대상자를 객관적이고 공정하게 선정하기 위하여 선정팀을 구성해야 하며, 심도 있는 사후검증을 위하여 종사직원의 업무량 등을 고려해 분석팀을 구성해야 한다.

(2) 사후검증 실시·활용(제50조)
① 지방청장(신고분석1과장) 및 주소지서장(소득세담당과장)은 소득세 확정신고 내용을 검증하는 경우 자체 실정에 맞는 계획을 세워 검증하여야 한다.
② 신고분석1과장 및 소득세담당과장은 사후검증 결과 불성실 신고 혐의가 있는 사업자에 대하여 구체적인 문제점을 제시하고 수정신고를 안내해야 한다.
③ 수정신고 권장 안내문에 따르지 않거나 불성실하게 해명하는 경우로 현장확인이 필요한 경우에는 현장확인 계획을 수립해 현장확인을 실시할 수 있다.
④ 사후검증 결과 누락혐의가 광범위하거나 수정신고 권장에도 불구하고 계속적으로 불성실신고 혐의가 있는 자로서 조사가 필요한 경우에는 정기·비정기 조사대상자 선정에 반영할 수 있다.
☞ 사후검증 결과 누락혐의가 광범위하거나 수정신고 권장에도 불구하고 계속적으로 불성실신고 혐의가 있는 자로서 조사가 필요한 경우에는 정기·비정기 조사대상자 선정에 반영할 수 있다는 점에 주의해야 한다.

(3) 과세자료의 처리(제77조)
① 소득세담당과장 또는 조사담당과장은 전산자료 등을 활용해 신속하게 과세자료를 처리하여야 한다. 다만, 자료처리를 위해 납세자의 해명이 반드시 필요한 경우에는

'종합소득세 과세자료 해명안내서[별지 제4-5호 서식]' 또는 「과세전적부심사사무처리규정」에 따른 '과세자료 해명안내 겸 과세예고 통지서'를 발송할 수 있다. 다만, 다음 각 호의 어느 하나에 해당하는 경우에는 '종합소득세 과세자료 해명안내서'의 발송을 생략할 수 있다.

1. 국세징수법 제14조에 규정하는 납기 전 징수 사유가 있거나 세법이 정하는 수시부과 사유가 있는 경우
2. 고지예정일로부터 국세부과 제척기간의 만료일 또는 국세징수권 소멸시효의 완성일이 3개월 이하인 경우
3. 고지예상세액이 3백만원 이하인 경우로 불복청구의 우려가 없는 경우

② 소득세담당과장 또는 조사담당과장은 제1항에 따른 과세자료 해명안내에 따라 납세자가 해명자료를 제출하는 경우 '납세자 해명자료[별지 제4-6호 서식]'에 의해 제출하도록 안내하여야 한다.

③ 납세자보호담당관(민원봉사실장)은 납세자가 '납세자 해명자료'를 제출하는 경우 접수번호 및 일자 등을 표기한 후 관련서류를 해당 소득세담당과장 및 조사담당과장에게 즉시 인계해야 한다.

④ 소득세담당과장 및 조사담당과장은 제3항에 따라 접수된 납세자 해명자료를 성실 검토한 후 해명자료 제출일로부터 30일 이내에 '해명자료에 대한 검토결과 통지서'[별지 제4-7호 서식]를 발송해야 한다. 다만, 「과세전적부심사사무처리규정」에 따른 '과세예고 통지서'를 발송하는 경우에는 '해명자료에 대한 검토결과통지서'의 발송을 생략할 수 있다.

⑤ 소득세담당과장은 납세자가 해명요구를 받고도 정해진 기일까지 해명자료를 제출하지 아니하거나 제출한 해명자료의 내용이 미비해 처리를 종결할 수 없는 경우로 현장확인이 필요한 것으로 판단되는 때에는 출장계획을 수립해 현장확인을 실시할 수 있다.

⑥ 소득세담당과장은 현장확인, 해명자료 및 신고내용 분석결과 조사대상자로 선정할 필요가 있다고 판단되는 경우 해당 과세자료를 조사담당과장에게 통보해야 한다.

⑦ 세무서장(소득세담당과장, 조사담당과장)은 「과세전적부심사사무처리규정」 제3조 제1항에 해당하는 경우에는 과세예고 통지를 해야 하며, 같은 규정 제3조 제2항에 해당하는 경우에는 과세예고 통지를 생략할 수 있다.

☞ 납세자 입장에서는 이러한 절차를 알아두면 실무에서 많은 도움을 받을 수 있다.

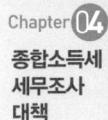

종합소득세 해명자료 제출안내문을 받은 경우

상황   개인사업자가 종합소득세와 관련하여 해명자료 제출안내문을 받은 경우는 주로 신고한 내용에 오류나 탈루가 발견될 때다. 이 업무는 신고한 내용을 검증하는 차원에서 진행된다. 만일 해명이 미흡한 경우에는 세무조사로 연결될 수 있는 만큼 관련 업무처리에 만전을 기해야 한다.

Case   경기도 수원에서 사업을 하고 있는 T씨는 2015~2017년 일용직지급명세서에 관한 해명자료 제출안내문을 받았다. 물음에 답하면?

○ 과세자료 발생 경위

(보기) 이 자료는 국세청이 보유한 자료와 귀하의 종합소득세 신고 내용이 달라서 발생한 자료입니다.

○ 과세자료 내용 (단위 : 원)

과세자료명	귀속연도	과세자료 발생처		과세자료금액	비 고
		상호 (성명)	사업자등록번호 (생년월일)		

○ 제출할 해명자료

(보기) 지급명세서, 금융거래 내용 등

☞ **물음 1** : 관할 세무서는 왜 이에 대해 소명을 요구했을까?
☞ **물음 2** : T씨는 무슨 자료를 제출해야 이에 대해 인정을 받을까?
☞ **물음 3** : 만일 일용직 급여가 허위라고 인정된다면 신고불성실에 따른 가산세는 얼마나 될까?
☞ **물음 4** : T씨가 허위임을 확인하고 스스로 수정신고를 하면 가산세는 감면될까?

Solution 물음에 대해 순차적으로 답을 찾아보면 다음과 같다.

· 물음 1의 경우

일용직에 대한 급여가 허위로 계상될 가능성이 높아 이를 확인하는 차원에서 안내문을 보낸 것으로 추정할 수 있다.

· 물음 2의 경우

일용직에 대한 급여가 정당하게 지급되었음을 입증해야 한다. 일용직 직원에 대한 인적사항 및 지급사실(통장사본 등)의 입증이 필요하다.

· 물음 3의 경우

일용직에 대한 허위 급여계상은 '부정행위'에 해당되는 경우가 일반적이다. 따라서 부정과소신고가산세 40%가 적용될 가능성이 높다.

· 물음 4의 경우

안 된다. 세무공무원이 조사에 착수한 것을 알고 수정신고한 경우 국세기본법 제49조 단서의 규정에 의하여 과소신고가산세의 감면이 배제된다.

Consulting 개인사업자가 종합소득세 신고와 관련해 해명자료 제출안내문(또는 소명 안내문)을 받은 경우 다음과 같이 대처하자.

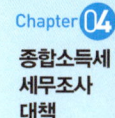

PART 03
개인
사업자편

Chapter 04
종합소득세
세무조사
대책

안내문 내용 파악	· 안내문에 나온 내용에 대해 확인이 필요한 경우에는 관할 세무서의 담당자나 세무전문가 등으로부터 확인한다. → 내용이 불명확한 경우에는 내부적으로 먼저 확인한 후 관할 세무서 담당자한테 연락을 취하는 것도 좋다.
해명자료 작성 및 제출	· 해명자료 제출안내문의 내용에 대한 사실관계 및 법률관계를 검토한다. · 해명서를 작성한 후 증거자료 등을 첨부해 제출한다. · 해명서는 관할 세무서에서 일 처리하는 기간에 맞춰서 제출한다(며칠 정도 연기가능).

과세 시 대응법	· 해명에도 불구하고 과세예고 통지서를 보내온 경우에는 과세전적부심사를 청구할 수 있다. · 과세전적부심사를 받아 주지 않은 경우에는 정식적인 불복절차(이의신청 등)를 밟아 대응할 수 있다.

※ 해명 안내문에 대한 대처법(요약)

☑ 해명자료 제출안내문을 받은 경우는 이를 받은 날로부터 통상 7~10일 이내에 해명자료를 제출한다.
☑ 시간이 더 필요한 경우에는 연기신청을 하도록 한다.
☑ 과세예고 통지서를 받은 경우에는 과세전적부심사청구를 한다.
☑ 고지서를 받으면 불복청구를 한다.

 실전연습 서울 영등포구에서 사업을 영위하고 있는 김영철씨가 다음과 같은 수정신고안내문을 받은 경우 어떻게 하는 것이 좋을지를 알아보자.

귀하의 2016년의 종합소득세 신고내용을 분석한 결과 아래와 같은 혐의내용이 발견되는 등 특별한 사정이 없는 한 수입금액 및 소득금액을 과소신고했을 가능성이 크다고 판단됩니다. 이에 개별분석대상자*로 선정하였음을 안내하오니 성실하게 수정신고해 주시기 바라며, 수정신고를 이행하지 않거나 불성실하게 신고한 경우 세무조사 대상자로 선정되는 등 불이익을 받을 수 있으니 이 점 양지하시기 바랍니다.

○ **불성실신고 혐의내용**

① 현금결제 시 할인혜택 제공 등으로 현금결제 비중이 상당함에도 신용카드 매출액에 현금매출 일부만을 더해 신고한 혐의
※ 실제 현장확인과 신용카드·현금영수증, 임차료 및 소득률 등을 분석한 결과 수입금액 탈루혐의가 짙음.
② 사적경비 및 가공경비 계상혐의
※ 사적경비를 이자비용, 복리후생비, 접대비, 차량유지비 등의 명목으로 계상혐의가 짙음.

---

* 해당 사업자가 개별적으로 세원관리를 받고 있음을 알려준다.

앞의 내용을 바탕으로 답을 찾아보자.

STEP1 각 항목에 대해 분석실시
①의 경우 수입금액 탈루에 대한 혐의가 있는 것을 말한다. 과세관청은 자신들이 가지고 있는 자료와 신고자료를 분석해 차이가 있음을 미리 확인한 경우가 있으므로 이 부분을 확인해 수정여부를 결정해야 한다. 만약 매출누락이 없는 경우라면 매출누락이 구조적으로 있을 수 없음을 주장하고 이를 뒷받침할 수 있는 자료를 제출한다. 이에는 계정별 원장과 각종 신고서, 세금계산서, 신용카드, 현금영수증 집계표 등이 있다.

②의 경우는 가공비용이나 사업과 관련없는 비용을 계상했는지의 여부에 관한 것이다. 실무에서 복리후생비나 차량유지비 등이 문제가 되는 경우가 많다. 업무용과 가사용을 구분하는 것이 쉽지 않은 경우가 많기 때문이다. 그래서 과세관청은 동업자를 기준으로 과다 계상혐의가 있는 사업자에 대해서는 수정신고가 제대로 되지 않으면 계정별 원장 등을 제출받아 경비를 부인하는 식으로 대응하는 경우가 있다. 예를 들어 복리후생비 중 휴일사용 카드지출분이나 골프비 지출분, 백화점 사용분 등을 제외하는 식이다.

STEP2 수정신고 대책수립
수정신고안내문을 보내오거나 전화상으로 수정신고 요구를 하는 경우에는 어느 정도 세금을 낼 것으로 기대하는 경우가 많으므로 수정신고를 하는 것이 조금 더 나은 방법이 된다. 개인사업자는 구조적으로 신고된 내용과 세법기준이 100% 일치하는 경우가 없기 때문이다. 즉 누구든지 걸리면 걸릴 수밖에 없는 것이 현실이다(법인도 마찬가지다).

STEP3 결론
수정신고를 하기로 한 경우 어떤 항목에 대해 얼마를 수정신고할 것인가 그리고 이에 대한 가산세는 어떻게 적용할 것인가에 대해 검토해야 한다. 앞의 김씨가 경비 중 2,000만원을 수정신고한다고 하자. 그의 소득세율은 35%이고 과소신고에 따른 가산세가 10%인 경우와 40%인 경우로 나눠 예상추징세액을 계산하면 다음과 같다. 단, 납부불성실산가산세는 제외한다.

(단위 : 원)

구분	①일반과소가산세 10%	②부정과소가산세 40%
과소신고소득금액	2,000만	
×소득세율	35%	
=산출세액	700만	700만
+일반 또는 부정 과소신고가산세	70만*	280만
=계	770만	980만

* 세법기준에 비해 소득세를 과소신고한 경우에는 과소신고가산세(10%)와 무기장가산세(20%) 중 큰 가산세액을 부과하고 있으므로 10%가 아닌 20%가 적용된다(주의!). 한편 이외에 납부불성실가산세(과소납부액×과소납부기간×3/10,000)가 별도로 부과된다.

이 표를 보면 소득세 본세가 700만원이 발생하고 과소신고에 따른 가산세가 별도로 부과된다. 과소신고에 따른 가산세는 조세범처벌법 제3조 제6항에 열거된 부정행위에 해당되고 이 행위를 적극적으로 한 경우 40%가 부과될 수 있으므로 이를 적용받지 않으려는 노력을 할 필요가 있다.

memo

【소득세사무처리규정 제4-3호 서식】(2013.04.01 개정)

기 관 명

종합소득세 해명자료 제출 안내

문서번호 : 소득 -

○ 성 명 :   귀하   ○ 생년월일 :

안녕하십니까? 귀하의 사업이 번창하길 기원합니다.

  귀하의 종합소득과 관련하여 아래와 같이 과세자료가 발생하여 알려드리니 이에 대한 해명자료를 <u>201 . .</u> <u>.</u>까지 제출하여 주시기 바랍니다.

○ 과세자료 발생 경위

(보기) 이 자료는 국세청이 보유한 자료와 귀하의 종합소득세 신고 내용이 달라 발생한 자료입니다.

○ 과세자료 내용   (단위 : 원)

과세자료명	귀속연도	과세자료 발생처		과세자료금액	비 고
		상 호 (성 명)	사업자등록번호 (생년월일)		

○ 제출할 해명자료

(보기) 지급명세서, 금융거래 내용 등

  제출 기한까지 회신이 없거나 제출한 자료가 불충분할 때에는 과세자료의 내용대로 세금이 부과될 수 있음을 알려드립니다.

년 월 일

기 관 장

위 내용과 관련하여 문의 사항이 있을 때에는 담당자에게 연락하시면 친절하게 상담해 드리겠습니다. 성실납세자가 우대받는 사회를 만드는 국세청이 되겠습니다.

◆담당자 : ○○세무서 ○○○과 ○○○ 조사관(전화 :   , 전송 :   )

210㎜×297㎜(신문용지 54g/㎡)

종합소득세 과세예고 통지서를 받은 경우

상황 종합소득세의 신고와 관련해 과세예고 통지서를 받은 경우 이에 대한 대처법을 살펴보자. 과세예고 통지서는 예상고지세액이 나와 있어 소명을 제대로 못하는 경우에는 바로 세금추징으로 이어진다. 세무리스크가 상당히 높은 상황임을 알 수 있다.

Case K씨는 다음과 같은 과세예고 통지서를 받았다. 물음에 답하면?

1. 과세예고 종류 :

과세예고 내용	

2. 결정할 내용(예상 총 고지세액 :   원)
 ※지방소득세(소득세·법인세의 경우 예상고지세액의 10%) 및 소득금액 변동 관련세액 별도

(단위 : 원)

구분	신고 과세표준	결정 과세표준	산출세액	예상 고지세액
법인·소득세				
부가가치세				
상속·증여세				
양도소득세				
기타세(원천·개별소비·주세 등)				

☞ **물음 1** : 종합소득세 등에 대한 과세예고 통지서는 언제 보내지는가?
☞ **물음 2** : 과세예고 통지서를 받은 후 관련 내용을 수정신고하면 되는가?
☞ **물음 3** : K씨는 과세전적부심사청구를 했지만 '불채택'결정을 받았다. 이제 어떤 식으로 대처해야 하는가?

Solution 물음에 대해 순차적으로 답을 찾아보면 다음과 같다.

· 물음 1의 경우

세무서장 또는 지방국세청장은 다음 각 호의 어느 하나에 해당해 과세할 때 과세표준이나 예상고지세액 등을 서면(과세예고 통지서)으로 납세자에게 통지하도록 되어 있다(과세전적부심사 사무처리규정 제3조 제1항). 참고하기 바란다.

- ☑ 세무조사를 마친 때*
- ☑ 세무서장·지방국세청장에 대한 지방국세청장 또는 국세청장의 업무감사결과에 따라 과세할 때
- ☑ 업무감사결과에 따라 현지시정 조치해 과세할 때
- ☑ 현장확인 결과에 따라 납세고지하려는 세액이 있는 때
- ☑ 실지조사 등에서 확인된 해당 납세자 외의 자에 대한 과세자료를 처리해 과세할 때
- ☑ 위 이외에 각종 과세자료 처리 결과 등에 따라 납세고지하려는 세액이 1백만원 이상인 때

* 세무조사 후에 세무조사결과 통지서가 통보되기도 한다.

· 물음 2의 경우

과세예고 통지서를 받은 후에는 수정신고를 할 수 없다. 이 경우에는 과세전적부심사청구제도를 이용해야 한다. 과세예고 통지는 과세자료가 명백한 상태에서 발송되므로 수정신고를 불허하고 있다.

· 물음 3의 경우

일단 과세전적부심사청구를 하여 불채택결정을 받은 후에는 정식적인 불복절차로 들어갈 수 있다.

| 과세전적부심사 불채택결정 | | · 이의신청 → 심사 또는 심판청구
· 심사 또는 심판청구 |

참고로 과세전적부심사를 청구하지 않은 경우에는 '납세고지서를 받은 날'부터 90일 이내에 심판청구, 심사청구, 이의신청을 제기할 수 있다.

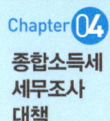

Consulting 종합소득세 신고와 관련해 과세예고 통지서를 받은 경우에는 다음과 같이 대책을 꾸미면 된다.

무신고의 경우
- 기한후신고를 한다.
  → 이때에는 장부를 작성해 신고하는 것이 세금을 줄일 수 있는 방법이 된다.

과소신고의 경우
- 수정신고는 할 수 없으며 과세전적부심사제도를 통해 구제를 받도록 한다.
  → 가산세 감면은 받을 수 없으나 부정신고가산세(40%)는 피하도록 노력한다.

과세자료 파생의 경우
- 과세전적부심사제도를 통해 구제를 받도록 한다.
  → 실제 거래임을 최대한 입증받도록 한다.

실전연습 P씨는 20×7년에 개업해 실적이 발생했으나 종합소득세 신고를 누락했다. 최근 과세관청에서 기준경비율을 적용해 과세예고 통지를 했다. 다음 자료를 보고 물음에 답하면?

〈자료〉
- 매출누락액 : 2억원
- 매출누락액에 대응되는 매입액 : 미확인
- 단순경비율 : 70%(소득률은 30%)
- 기타 사항은 무시하기로 함.

☞ **물음 1** : 과세관청이 과세예고 통지한 예상추징세액은? 단, 가산세는 제외한다.
☞ **물음 2** : 만약 P씨가 1억 5,000만원 상당액의 원가를 입증할 수 있다고 하자. 이 경우 산출세액은 얼마나 될까?

☞ **물음 3** : P씨는 과세전적부심사청구를 통해 원가를 인정받을 수 있을까?

물음에 대해 순차적으로 답을 찾아보면 다음과 같다.

· **물음 1의 경우**
누락된 수입금액(매출)에 대해 단순경비율을 적용해 산출세액을 계산하면 다음과 같다.

구분	금액	비고
수입금액	2억원	
×소득률	30%	100% − 단순경비율(70%) = 30%
=소득금액	6,000만원	
=과세표준	6,000만원	소득공제 등은 무시함.
×세율	24%	
−누진공제	522만원	
=산출세액	918만원	

· **물음 2의 경우**
누락된 매출액 및 원가 등을 장부에 반영한 후 산출세액을 계산하면 다음과 같다.

구분	금액	비고
수입금액	2억원	
−필요경비	1억 5,000만원	증빙 등으로 입증되는 금액
=소득금액	5,000만원	
=과세표준	5,000만원	소득공제 등은 무시함.
×세율	24%	
−누진공제	522만원	
=산출세액	678만원	

· **물음 3의 경우**

사례처럼 무신고 시 자료처리에 의한 고지인 경우 과세전적부심사 청구대상에 해당한다. 따라서 P씨는 과세전적부심사청구 시 장부를 작성해 신고할 수 있다.

참고로 다음 중 어느 하나의 사유에 해당하는 경우에는 과세전적부심사청구를 할 수 없다.
- ☑ 국세징수법 제14조에 규정된 납기 전 징수의 사유가 있거나 세법에서 규정하는 수시부과의 사유가 있는 경우
- ☑ 조세범처벌법 위반으로 고발 또는 통고처분하는 경우
- ☑ 세무조사 결과 통지 및 과세예고 통지를 하는 날부터 국세부과 제척기간의 만료일까지의 기간이 3개월 이하인 경우
- ☑ 그밖에 국제조세조정에 관한 법률에 따라 조세조약을 체결한 상대국이 상호합의 절차의 개시를 요청한 경우
- ☑ 무납부 경정 및 납부부족액 경정의 경우(신고는 했으나 납부하지 않은 경우를 말함)
- ☑ 감사원 감사결과 처분지시 또는 시정요구에 따라 고지하는 경우

memo

종합소득세 세무조사 사전 통지서를 받은 경우

상황 사업자의 종합소득세에 대해 세무조사가 시작될 예정이라고 하자. 해당 사업자는 어떤 절차를 거쳐서 조사를 받게 될까? 그리고 그에 대한 대비법은 무엇인가? 이하에서는 종합소득세의 세무조사에 대해 알아보자.

Case K사업자는 2014년에 신고한 종합소득세(통합조사)에 대한 세무조사 사전 통지서를 수령했다. 물음에 답하면?

납세자	상호 (성명)		사업자등록번호 (생년월일)	
	사업장 (주소)			
조사대상 세목		개인사업자 통합조사		
조사대상 과세기간		년 월 일 ~ 년 월 일		
조사 기간		년 월 일 ~ 년 월 일		
조사 사유				
조사제외 대상	세목 :	과세기간 :		범위 :

☞ **물음 1**: 통합조사는 무엇을 의미하는가?
☞ **물음 2**: 세무조사가 시작되기 전에 어떤 서류를 준비해야 하나?
☞ **물음 3**: 세무조사 후 수정신고를 하면 가산세 감면 및 조세특례제한법상 세액감면에 어떤 영향을 미치는가?

Solution 물음에 순차적으로 답을 찾아보면 다음과 같다.

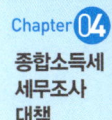

PART 03
개인
사업자편

Chapter 04
종합소득세
세무조사
대책

· **물음 1의 경우**

통합조사는 납세자의 편의와 조사의 효율성을 제고하기 위해 조사대상으로 선정된 과세기간에 대하여 그 납세자의 사업과 관련해 신고·납부의무가 있는 세목을 함께 조사하는 것을 말한다. 종합소득세의 경우 부가가치세, 원천세 등이 이에 해당한다. 이러한 세목은 종합소득세 신고와 모두 관련이 있다.

돌발퀴즈!

재산세제도 통합조사의 범위에 포함되는가?

양도소득세나 증여세 같은 재산세제는 이에 포함되지 않는다. 세무조사에 의해 관련 자료가 파생되면 별도로 확인작업을 진행해야 한다.

· **물음 2의 경우**

종합소득세에 대한 세무조사를 수감하기 위해서는 다음과 같은 자료를 준비해둬야 한다.

- 각종 신고서(종합소득세, 원천세, 부가가치세, 사업장현황 등)
- 계좌사본
- 각종 계약서
- 결산서(재무제표 등)
- 입출금결의서 및 전표 등

· **물음 3의 경우**

국세기본법 시행령 제29조(가산세 감면 제외 사유)에서는 과세표준과 세액을 '경정할 것을 미리 알고 제출한 경우' 가산세 감면을 제외한다고 하고 있다. 이때 '경정할 것을 미리 알고 제출한 경우'란 다음을 말한다.

☑ 해당 국세에 관하여 세무공무원이 조사에 착수한 것을 알고 과세표준수정신고서 또는 기한후과세표준신고서를 제출한 경우

☑ 해당 국세에 관하여 관할 세무서장으로부터 과세자료 해명 통지를 받고 과세표준 수정신고서를 제출한 경우

☞ 과세표준과 세액을 경정할 것으로 미리 알고 제출한 경우 중소기업에 대한 특별세액감면도 적용 배제한다(조세특례제한법 제128조 제3항).

Consulting 종합소득세에 대한 세무조사가 시작되는 경우 알아야 할 내용들을 정리해보자.

세무조사 시작 전
- 점검할 내용 : 국세부과 제척기간, 세무조사 이유, 세무조사 종류, 조사기간, 조사대상기간 등 파악
- 준비할 서류 : 종합소득세 신고서, 결산서, 지출결의서, 전표, 각종 계약서 등
  → 수시조사 등은 탈세제보에 의한 경우가 많다.

세무조사 진행 중
- 세무조사 시 쟁점사항 검토(세무대리인 위임 가능)
- 예상추징세액 검토(본인 및 관련자 등에 대한 처벌 등 포함)
  → 사안이 중대한 경우에는 반드시 그에 대한 대책을 강구해 의견서 등을 제출해야 한다.

세무조사 종결 시
- 확인서 제출 시 내용이 맞는지 확인한 후 서명
- 세무조사결과 통지서 수령 시 이의가 있는 경우 과세전적부심사청구 진행
- 고지서가 수령된 경우로써 이의가 있는 경우에는 이의신청 등 불복절차로 돌입
  → 종합소득세는 세무조사 진행 중에 추징세금을 확정하는 것이 좋다.

※ **종합소득세 세무조사 요약**
- ☑ 조사대상 선정기준 : 정기선정(정기조사), 비정기선정(수시조사)
- ☑ 조사기간 : 통상 20일 이내(세무서 10일, 지방청 20일)
- ☑ 조사관할 : 주소지 관할 세무서(지방청도 가능)

실전연습 K씨는 부동산임대업을 하고 있다. 그는 2015년부터~2017년까지 종합소득세 신고를 추계방식(기준경비율)로 신고했다. 2018년도에 관할 세무서의 세무조사로 인해 임대료 일부가 신고누락됨이 밝혀져 이에 부가가치세 수정신고를 했다. 한편 이렇게 수정신고 후 얼마 뒤에 종합소득세 고지서가 송달되었다. 이 경우 신고분에 대해 추계방식이 아닌 장부를 통해 신고할 수 있는가?

물음에 대해 순차적으로 답을 찾아보면 다음과 같다.

STEP1 쟁점은?

K씨는 매출누락에 대해 추계방식으로 과세를 당해 세금이 크게 느껴질 수 있다. 이러한 상황에서는 장부를 통해 신고하면 감가상각비 등을 장부에 반영할 수 있어 세금이 줄어들 가능성이 있다. 따라서 추계방식으로 신고된 것을 장부·기장방식으로 전환해 수정신고 등을 할 수 있는지가 쟁점이 된다.

STEP2 세법규정은?

세법은 납세자의 선택에 따라 추계방식으로 신고한 것을 임의로 장부·기장에 의한 방법으로 신고내용을 변경해 신고서를 제출하는 것은 수정신고 및 경정청구 대상에 해당하지 않는다고 하고 있다. 다만, 추계에 의하여 신고한 후에 납세자가 경정청구하거나 신고내용에 오류나 탈루가 있는 경우 관할 세무서에서 장부 및 기타 증빙서류에 근거해 실지조사 경정을 할 수 있다고 한다.

STEP3 결론은?

K씨의 입장에서는 장부·기장에 의한 방법으로 경정청구를 하고, 그에 따라 실지조사 경정이 이루어지도록 업무추진을 도모하도록 한다(담당 세무공무원에게 문의).

☞ 개인사업자가 소득세를 신고하는 방식에는 ① 장부 또는 ② 추계의 방법이 있다. 한편 과세관청이 결정이나 경정결정을 할 때에도 ① 또는 ②의 방법을 사용할 수 있다. 세무조사나 불복실무에서는 이러한 신고방법을 둘러싸고 다양한 쟁점이 발생한다. 아래의 관련 규정을 참조해 이 부분에 대한 쟁점을 정리해보자.

※ **추계신고자에 대한 실지조사경정 가능 여부 등**(소득세법 집행기준 80-143-10)

① 납세지 관할 세무서장 등이 종합소득과세표준과 세액을 경정함에 있어 거주자가 추계소득금액계산서에 의해 신고한 경우에도 해당연도 소득금액을 계산할 수 있는 장부 기타 증빙서류를 비치·기장하고 있는 경우에는 해당 장부 기타 증빙서류에 근거해 과세표준과 세액을 실지조사 경정한다.

② 과세표준 및 세액의 계산은 사업장별로 실지조사결정 또는 추계조사결정 등 그 결

정방법을 달리할 수는 있으나 해당연도의 동일한 사업장에 대해 실지조사결정과 추계조사결정방법을 혼합해 적용할 수 없다.

③ 추계에 의해 종합소득과세표준 확정신고한 납세자가 경정청구하거나 신고내용에 오류나 탈루가 있는 등의 결정·경정 사유가 있는 경우 납세자가 비치·기장한 장부 및 기타 증빙서류에 근거해 실지조사 경정할 수 있는 것이나, 납세자의 요구에 의하여 실지조사 경정하는 것은 아니다.

④ 당초 법정신고기한 내에 추계로 종합소득세과세표준 확정신고서를 제출하고, 이후에 장부·기장에 의한 방법으로 신고내용을 변경해 신고서를 제출하는 것은 수정신고 및 경정청구 대상에 해당하지 않는다.

⑤ 기장에 의해 과세표준확정신고를 한 후 상당한 금액의 수입금액 누락이 확인된 경우 소득금액이 추계에 의한 소득금액보다 많아진다는 사유로 당초의 기장에 의한 신고를 변경해 추계소득금액에 의해 수정신고 할 수 없다.

Tip 개인사업자 세무조사통계

(단위 : 명, 백만원)

구분	확정신고 인원	조사인원	부과세액
2013년	4,352,929	4,392	1,006,751
2014년	4,564,682	4,264	953,589
2015년	5,052,552	4,108	909,069
2016년	5,482,678	4,985	1,018,894

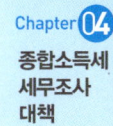

▶ 개인사업자의 세무조사대응 핵심 포인트

개인사업자들이 세무조사에 잘 대응하는 방법은 무엇인지, 조사의 진행순서에 따라 알아보자. 물론 이러한 내용은 절대적이 아님에 유의하자.

1. 세무조사 전 주요 검토사항

☑ **왜 조사를 하는가?**

조사사유가 뭔지를 잘 캐치해야 한다. 탈세제보에 의한 것인지, 기획조사에 의한 것인지 아니면 무작위 조사에 의한 것인지 등이 이에 해당한다. 이러한 사유를 잘 캐치해야 그에 맞는 대책을 꾸릴 수 있다.

☑ **조사기간은?**

세무조사는 20일 내에서 나오는 것이 보통이다. 따라서 이 보다 기간이 길어진 것은 그만큼 사안이 중대하다고 볼 수 있다.

☑ **어디서 조사하는 것인가?**

관할 세무서에서 하는지 아니면 관할 지방청에서 하는지에 따라 세무조사 강도가 다르기 때문에 이 부분도 중요하다. 요즘에는 관할이 다른 지방청의 세무조사도 시행되고 있다. 이를 교차조사라고 하는데 이는 담당 조사공무원들의 인맥에 의한 외풍을 차단하는 효과가 있는 것으로 평가받고 있다.

☑ **세무조사는 어느 장소에서 받아야 하는가?**

조사대상 업체에서도 할 수 있고 업체가 아닌 곳에서도 가능하다. 담당 공무원과 상의를 하면 된다.

☑ **준비서류는 무엇인가?**

세무조사에 필요한 각종 서류를 준비하는 것이 좋다. 이에는 계정별 원장, 재무제표, 사업용 계좌사본, 각종 계약서, 증빙서류철 등이 있다.

☞ 세무조사를 도와줄 세무대리인은 기장을 담당하는 세무대리인을 우선적으로 선정하되 여의치 않은 경우에는 제3자를 선임할 수 있다. 세무대리인은 쟁점에 대한 해결을 논리적으로 해결할 수 있는 실력이 있어야 할 것이다. 또한 사후적으로 쟁점이 발생한 경우 불복을 진행할 수 있으면 금상첨화가 될 것이다.

2. 세무조사 시 주요 검토사항

세무조사가 본격적으로 진행될 때에는 다양한 이슈들이 등장한다. 주요 이슈들을 점검하면 다음과 같다.

☑ **세무공무원은 당해 업체에 얼마나 많은 정보를 알고 있을까?**

세무조사가 나오기 전에 해당 업체의 각종 세무신고 내용, 사업자의 재산현황, 유명도 등에 대한 정보를 수집한다. 정보의 범위는 국세청 전산망과 자체 수집한 정보가 망라되어 있다고 보면 된다.

☑ **세무조사 기간이 연장될 가능성이 있는 경우에는 어떻게 해야 하는가?**

세무조사 기간이 연장되지 않도록 노력하는 것이 좋다. 참고로 세무조사 기간은 담당 공무원이 임의대로 연장할 수 없다. 연장사유에 해당하는지 먼저 점검하기 바란다(국세기본법 제81조의8, 조사사무처리규정 등 참조).

☑ **세무조사 범위가 확대될 가능성이 있는 경우에는 어떻게 해야 할까?**

세무조사 범위를 확대하기 위해서는 역시 법 등에 규정된 사유에 해당되어야 한다. 확대사유에 해당하는지를 점검하고 확대되지 않도록 노력해야 한다(국세기본법 제81조의9).

☑ **쟁점 사안이 발생한 경우에는 어떻게 해야 할까?**

불복을 하는 심정으로 다양한 각도로 검토해 의견서를 제출하는 것이 좋다. 과세쟁점에 대한 의견이 첨예하게 대립할 때에는 제3자*로부터 이에 대한 의견서를 받아볼 수 있도록 노력한다.

* 과세쟁점자문위원회 등이 있다. 조사공무원은 물론 납세자도 신청할 수 있다.

☑ **최단시간 내에 세무조사 수감을 끝내는 것이 유리한가?**

일단 세무조사는 빨리 종결지을수록 좋다. 어차피 낼 돈은 내고 사업에 전념하는 것이 좋기 때문이다. 다만, 낼 세금이 정당한지에 대해서는 별도로 검토되어야 할 것이다.

☑ **세무대리인을 중도에 교체할 수 있는가?**

세무조사 도중에 세무대리인을 교체해도 되나 이에 대해서는 부정적인 시선이 있으므로 조심할 필요가 있다. 세무조사 중에 제3자가 개입하는 것은 문제를 더 키울 수 있다.

☑ **매출누락 등이 확인되는 경우에는 어떻게 대책을 꾸릴까?**

매출누락 등이 확인된 경우에는 본세와 가산세 등을 합해 세금이 추징된다. 따라서 예상추징세액을 정확하게 계산해보고 이를 최소화하는 관점에서 대응책을 마련하는 것이 좋다.

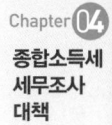

PART 03
개인
사업자편

Chapter 04
종합소득세
세무조사
대책

☑ 세금을 협상해 낼 수 있을까?

세무조사 시 적출되는 항목은 다양하고, 같은 항목이라도 여러 건수가 복합되어 적출된다. 따라서 사안이 비교적 경미한 것들은 제외하는 식으로 해 세금을 줄이는 노력도 나쁘지 않다.

☑ 추징세금을 0원으로 할 수는 없을까?

과세관청에서는 세무조사가 시작될 때 어느 정도의 실적을 기대하고 오는 경우가 많다. 따라서 사업자의 회계처리 투명성이 100%담보되지 않은 상황에서 얼마간의 세금 추징은 피할 수가 없는 것이 현실이다.

3. 세무조사가 끝난 후에 검토사항

☑ 확인서를 제출할 때 점검할 것은?

확인서는 조사공무원이 적출한 내용에 대해 납세자로 하여금 이를 인정케 하는 문서를 말한다. 자발적으로 확인서에 서명날인을 하면 증거력이 있기 때문에 서명날인하기 전에 관련 내용을 꼼꼼히 확인할 필요가 있다.

☞ 사후에 확인서의 내용을 부인하는 경우에는 다툼이 발생할 수 있다. 이에 대한 판례 등은 별도로 확인하기 바란다.

☑ 세무조사의 결과가 마음에 들지 않는다면 어떻게 해야 할까?

세무조사의 결과통지에 만족을 할 수 없다면 '과세전적부심사청구 → 이의신청·심사청구·심판청구 → 행정소송' 절차를 밟도록 한다.

☑ 납부할 자금이 부족한 경우 징수유예는 가능할까?

추징세금을 한꺼번에 내기가 힘든 경우에는 징수유예를 신청하는 것도 생각해볼 필요가 있다. 징수유예 사유에 해당하면 최대 9개월까지 납부유예를 할 수 있다.

memo

| 실력 더하기 | 종합소득세 불복사례 연구 |

불복사례를 자세히 분석하다 보면 왜 세무조사 등으로 세금이 추징되었는지 그리고 불복을 진행할 때 어떤 식으로 해야 승소할 수 있는지 등을 부수적으로 알 수 있다. 다음은 종합소득세와 관련해 발생한 불복사례다. 병원에서 발생한 매출누락에 대해 납세자와 과세관청이 대립함에 따라 조세심판원이 판결을 내린 사건에 해당한다.

[제목] 쟁점리스트를 근거로 수입금액 누락액을 산정해 종합소득세를 과세한 처분의 당부 등(조심 2014서1268, 2015.06.02.)

[요약] 청구인이 제시한 쟁점내원자들의 확인서 및 이메일에 의하면 상담 후 실제 수술은 받지 아니하였다는 취지의 내용이 기재되어 있는 점, 조사청이 세무조사 시 쟁점내원자 전원의 수술 차트를 확인하지는 아니한 점 등에 비추어 처분청은 쟁점내원자들의 수술 여부 등을 재조사함이 타당하고, 청구인이 쟁점내원자들에게 비용 할인을 조건으로 현금결제 또는 현금영수증 미발행을 유도한 것으로 나타나는 점, 청구인이 쟁점리스트를 신고용 수입금액 증빙자료와 별도로 구분해 작성·관리한 점 등에 비추어 처분청이 수입금액 신고누락액에 대해 부당과소신고가산세를 적용함이 타당함.

· **주문**

○○○이 2013.6.4. 및 2014.1.4. 청구인에게 한 종합소득세 2008년 귀속분 ○○○원, 2010년 귀속분 ○○○원 및 2012년 귀속분 ○○○원의 각 부과처분은 청구인이 제시한 내원환자의 확인서 등을 토대로 수입금액 신고누락 여부를 재조사해 그 결과에 따라 과세표준 및 세액을 경정하고, 나머지 심판청구는 이를 기각한다.

· **이유**

1. 처분개요

가. 청구인은 2008.6.10. 서울특별시 ○○○(이하 "쟁점사업장"이라 한다)을 개원해 ○○○을 영위 중인 개인사업자이다.

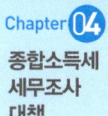

PART 03
개인
사업자편

Chapter 04
종합소득세
세무조사
대책

나. ○○○(이하 "조사청"이라 한다)은 2013.3.20.부터 2013.4.28.까지 기간 동안 청구인에 대한 개인제세 통합조사를 실시해 쟁점사업장을 방문·상담한 내원자들이 기재된 리스트(이하 "쟁점리스트"라 한다)를 기초로 2008년부터 2011년까지 기간 동안 ○○○원의 수입금액 신고누락 및 ○○○원의 증빙불비 필요경비를 적출한 과세자료를 처분청에 통보했고, 처분청은 이에 따라 2013.6.4. 청구인에게 종합소득세 2008년 귀속분 ○○○원, 2010년 귀속분 ○○○원을 각 경정·고지(이하 "제1처분"이라 한다)하는 한편, 처분청은 2013.12.3.부터 2013.12.13.까지 기간 동안 청구인에 대한 소득세 부분조사를 추가 실시해 2012년에 ○○○원의 수입금액을 신고누락한 것으로 보아 2014.1.4. 청구인에게 2012년 귀속 종합소득세 ○○○원을 경정·고지(이하 "제2처분"이라 한다)했다가 세액 ○○○원을 감액경정했다.

다. 청구인은 제1처분에 불복해 2013.8.30. 이의신청을 거쳐 2014. 1.22. 심판청구를 제기(2014서1268)했고, 제2처분에 불복해 2014.1. 15. 이의신청을 거쳐 2015.2.13. 심판청구(2014서1920)를 각 제기했다.

2. 청구인의 주장 및 처분청의 의견

가. 청구인의 주장
(1) 쟁점리스트는 시력 교정을 목적으로 쟁점사업장에 내원해 수술방법·비용·가능성 여부, 수술 후 최대시력, 회복기간, 안정성 등 상담내용을 기록한 것으로 병원 운영 및 관리 차원에서 기록한 것이지 실제 수입금액 관리대장이 아닌데도 처분청은 쟁점리스트를 수입금 관리대장으로 보아 쟁점리스트상 결제방법이 현금으로 기재된 내원자들 중 수입신고에 포함되지 아니한 내원자의 수술금액 전체를 수입금액 누락액으로 보아 과세했는바, 처분청이 이 건 과세처분의 근거로 제시한 쟁점리스트 중 현금영수증을 발급받지 못한 내원자들에 대한 수술비용 전체가 수입금액 누락액이라는 취지의 확인서와 범칙조사 심문서는 조사청 조사 당시 청구인이 유명 연예인과 방송인의 사진과 글을 무단으로 게재해 의사면허 자격정지 처분으로 휴업을 해야 하는 최악의 상황에서 경황이 없던 상태에서 작성되거나 진술한 것인 점, 쟁점리스트에 내원자의 수술비용 결제방법란에 신용카드(C) 또는 현금(H)으로 기재되어 있는데 조사청 조사 당시 일부 내원자들의 경우 실제 결제된 방법과 쟁점리스트에 기재된 내용이 서로 상이한 사례들이 확인되었고, 조사청이

영치한 쟁점사업장 환자 기록차트에 내원자들의 차트가 존재하지 않는데도 처분청은 수입금액 누락의 구체성 및 그 증거가치를 쉽게 부인할 수 없을 정도의 적격성을 갖춘 과세근거자료를 제시하지 못하고 있는 점 등에 비추어 쟁점리스트를 기초로 수입금액 누락액을 산정해 과세한 처분은 근거과세원칙에 위배되고, 그 결과 〈표1〉과 같이 상담 후 실제 수술을 하지 아니한 내원자들(이하 "쟁점내원자"라 한다)에 대한 수술비용이 수입금액 누락금액에 포함되어 해당 금액만큼 수입금액이 과다계상되었다.

(2) 쟁점리스트는 병원 운영 및 관리 차원에서 기록한 것으로 실제 수입금액 관리대장이 아니어서 쟁점사업장의 수입금액 누락이 이중장부 작성 및 허위기장에 해당되지 아니하는 점, 수입금액 누락을 사기, 기타 부정한 행위로 보기 위해서는 수입금액 누락액을 타인 명의의 계좌를 차용 또는 도용하는 등 조세의 부과와 징수를 현저히 곤란하게 하는 적극적인 행위가 수반되어야 할 것이나 청구인은 매출장부를 작성하는 과정에서 단순한 착오에 의해 수입금액이 일부 누락된 것인 점 등에 비추어 청구인의 수입금액 누락행위는 「국세기본법 시행령」 제27조 제2항 각 호에서 열거하고 있는 "사기 그 밖의 부정한 행위"에 해당되지 아니하므로 부당과소신고가산세를 적용한 처분은 부당하다.

나. 처분청의 의견
(1) 매출누락을 자인하는 납세자의 확인서를 작성·발급받아 이에 근거한 과세처분은 정당한 것(대법원 2002.12.6. 선고 2001두2560 판결, 같은 뜻임)인 바, 조사청은 조사 당시 청구인의 소명내역을 충분히 반영해 수입금액 누락액을 확인한 후 청구인으로부터 확인서를 징구했고, 조세범칙 심문시에도 청구인은 쟁점내원자를 포함한 수입금액 누락 사실을 시인했으므로 위 확인서와 심문조서를 근거로 한 과세처분은 근거과세원칙의 위배로 볼 수 없는 점, 청구인은 조사 당시 쟁점내원자가 상담만 하였다는 취지의 주장을 아니했고, 〈표2〉와 같이 이의신청시와 심판청구시 실제 수술받지 아니한 인원 및 금액이 상이한 등 청구주장은 일관성이 없이 자의적인 점, 2012년 귀속분의 경우 쟁점리스트에는 수술방법과 현금영수증 발행 여부가 명시되어 있고, 대금결제 방법이 명확히 구분 표시(결제란에 H는 현금, C는 신용카드, H+C는 현금과 신용카드 복합결제)되어 있는 바, 동 기재내용은 환자별로 일치하는 등 사실상 수입금액 관리대장으로 보이는 점 등에 비추어 처분청이 쟁점리스트의 현금결제 내원자들의 수술비용 중 청구인의 종합소득세 신고 당시 현금영수증 미발행 수입금액에 포함되어 있지 아니한 자들에 대해 수입금액 신고누락으로 보아 과세한 처분은 정당하다.

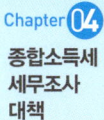

(2) 청구인은 수입금액을 은폐하기 위해 현금 할인을 조건으로 현금결제를 적극 유도하고 현금영수증을 미발행한 행위, 실제 수입금액 자료와 신고 수입금액 자료를 이중으로 작성해 관리한 행위, 실제 수입금액 자료를 은폐하기 위해 주기억 장치에서 관련 파일을 삭제하고 보조기억 장치에 보관하면서도 조사청 조사 당시 이를 제출하지 아니한 행위, 수입금액이 기록된 차트 내용을 수정하기 위해 차트 앞장을 재작성한 행위, 수입금액 누락 환자에 대해 쟁점사업장 내 차트보관실에 보관하지 않고 별도의 장소에 은닉한 행위 등을 통해 청구인은 2008년부터 2012년까지 기간 동안 ○○○원의 현금매출을 누락한 것으로 청구인의 행위는「국세기본법 시행령」제27조 제2항 각 호에서 열거하고 있는 "사기 그 밖의 부정한 행위"에 해당되는 것으로 보아야 할 것이므로 부당과소신고가산세를 적용한 처분은 정당하다.

3. 심리 및 판단

가. 쟁점
① 쟁점리스트를 근거로 신고누락 수입금액을 산정해 종합소득세를 과세한 처분의 당부
② 부당과소신고가산세를 적용해 과세한 처분의 당부

나. 관련 법령

다. 사실관계 및 판단
(1) 조사청의 조사복명서에 의하면 다음과 같은 사실이 나타난다.
(가) 조사청은 쟁점사업장의 2008년부터 2012년까지 기간 동안의 수술자 명단을 확보해 확인했는 바, 쟁점리스트는 수술환자 및 금액을 일자별로 관리한 것으로 청구인은 비보험 수입금액에 대해 수술 전 현금 할인과 현금영수증 미발행을 전제로 현금 결제를 적극 유도한 후 현금영수증 미발행 환자를 신고하지 않고 수입금액 관리자료를 삭제, 차트를 은닉하고 있는 혐의가 있었고, 쟁점리스트의 수술자 명단은 2008년 개원 이후 수술환자를 일자별로 기록한 것으로 특히 2012년 파일은 결제수단, 현금영수증 및 영수증 발행과 관련한 ○, × 등 구체적인 표기로 관리되고 있어 수입금액 신고누락의 구체적 혐의가 있는 것으로 기재되어 있다.

(나) 청구인은 쟁점사업장의 일일 수입금액을 매일 보고받고 있으며 실제 매출액은 전산

을 하지 않은 수술 환자들에 대해서 신고하지 않는 등 신고 수입금액 자료를 이중으로 작성하고 있고, 실제 수입금액 자료를 작성 후 이를 은폐하기 위해 주기억 장치에서 삭제하고 보조기억장치로 관리하고 있다고 되어 있다.

(다) 조사 착수 시 수입금액 누락규모가 큰 2009년 자료분에 대해 수술환자 차트 전체를 예치하여 확인한 바, 전체 수술환자 1,494건 중 ○○○의 차트가 없어 추후 은닉 차트 제출을 요구한 결과 조사 착수 20일 경과 후 제출하는 등 세무조사를 대비하기 위해 고의적으로 차트를 은닉한 것으로 확인되었고, 2009년 누락된 차트의 수입금액 합계금액은 2009년 누락 수입금액의 합계액과 유사한 것으로 확인되었으며, 조사 착수 시 쟁점사업장 PC의 주기억장치에는 수입금액과 관련된 자료는 기 삭제되어 있는 사실을 확인한 것으로 되어 있다.

(라) 조사청 조사 착수와 동시에 예치한 차트와 수술환자별 내역을 대사한 바 누락된 차트를 제외하고 내용이 일치했고, 추후 제출한 차트 역시 당초 쟁점리스트 내용과 일치하여 쟁점리스트 수술자 명단의 내용을 차트를 통해 확인했으며, 2013.3.26. 조사청은 청구인에게 수술일자, 성명, 주민등록번호, 수술방법, 수술금액(비용), 상담 담당자, 내원경로 등 기 확보된 쟁점리스트 중 2008년~2011년 수술자 명단에 대한 소명을 요청하자, 청구인은 수술환자별 금액 및 수술일자, 결제수단 등에 대한 검토를 하고 일부 내용을 수정해 조사청에 제출했고, 조사청에서 수정내용 등을 최종 확인 후 누락금액을 산정한 것으로 되어 있다.

(2) 청구인에 대한 범칙혐의자 심문조서의 주요내용은 다음과 같다.

(3) 처분청의 부분조사 종결보고서의 주요내용은 다음과 같다.
(가) 조사청에서 통보된 2012년 귀속 수입금액 관리대장과 비교해 일반 진료수입 과소신고 혐의 및 현금영수증 과태료 부과대상금액을 확정하기 위해 청구인의 쟁점사업장이 부분조사 조사대상으로 선정된 것으로 되어 있다.

(나) 쟁점리스트와 신고금액을 대사한 결과 신용카드 및 현금영수증 발행분은 과소신고 혐의가 없고, 쟁점리스트상 현금 수입금액은 ○○○원이나, 청구인이 신고한 현금영수증 미발행 현금수입은 ○○○원을 과소신고한 것으로 되어 있다.

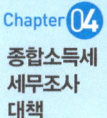

(4) 청구인은 처분청이 수입금액 누락액으로 본 ○○○ 중 203명의 내원자들은 상담 후 실제 수술은 받지 아니 했으므로 이들에 대한 수술비용 ○○○원은 수입금액 누락액에서 제외되어야 한다고 주장하며 내원자들이 위와 같은 내용으로 작성한 확인서(193명) 및 이메일(10명)을 각 제시하였다.

(5) 이상의 사실관계 및 관련 법령 등을 종합해, 먼저, 쟁점①에 대하여 살피건대, 처분청은 쟁점리스트에 기재된 내원객들을 모두 수술환자로 보아 수입금액 누락금액을 산정하였는 바, 청구인이 제출한 쟁점내원자 작성의 확인서 및 이메일을 보면 상담 후 실제 수술은 받지 아니하였다는 취지의 확인내용으로 이들에 대한 수술기록의 차트가 없다는 주장이고, 조사청의 세무조사과정에서 2009년 수입금액 신고누락 대상 수술환자 차트에 대해서는 확인했으나 쟁점내원자 모두의 수술 차트를 직접 확인하지는 못한 점 등에 비추어 처분청이 청구인 제시의 확인서 등을 토대로 쟁점내원자들의 수술 여부 등을 재조사해 그 결과에 따라 과세표준 및 세액을 경정하는 것이 타당한 것으로 판단된다.

(6) 다음으로, 쟁점②에 대하여 살피건대, 청구인은 부당과소신고가산세를 적용해 과세한 처분이 부당하다고 주장하나, 쟁점내원자를 제외하면 현금영수증을 발행하지 아니한 수입금액 누락사실을 청구인이 세무조사과정에서 인정한 바 있고, 쟁점내원자들에게 현금결제 또는 및 현금영수증 미발행자들에 대한 비용 할인을 적극 권유한 것으로 나타나는 점, 청구인이 쟁점리스트를 신고용 수입금액 증빙자료와 별도로 이중으로 작성해 관리한 점 등에 비추어 처분청이 청구인의 신고누락 수입금액에 대하여 부당과소신고가산세를 적용해 과세한 처분은 잘못이 없는 것으로 판단된다.

4. 결론

이 건 심판청구는 심리결과 청구주장이 일부 이유 있으므로 「국세기본법」 제81조, 제65조 제1항 제2호 및 제3호에 의해 주문과 같이 결정한다.

☞ 불복에서 승소하기 위해서는 조세심판원이나 법원 등이 어떤 논리에 의해 결정이나 판결을 내리는지에 대한 연구를 할 필요가 있다.

PART 04

법인사업자편

이번 '법인사업자'편에서는 법인이 부닥치는 각종 세무리스크에 대한 내용을 심도있게 분석한다. 법인의 세무리스크는 앞에서 본 개인사업자와 그 흐름은 같지만 개인기업에서는 볼 수 없는 주주나 대표이사에 대한 세법상의 규제가 추가된다. 따라서 이러한 내용을 잘 모르고 세법을 위반하는 경우에는 세무조사 시 상당한 문제점이 파생할 수 있다.

《핵심주제》

Chapter 01 법인세 세무리스크 예방법
이 장에서 다루고 있는 핵심주제들은 다음과 같다.
- 매출계정과목과 관련된 세무리스크 예방법을 알아본다.
- 비용계정과목과 관련된 세무리스크 예방법을 알아본다.
- 자산·부채·자본계정과목과 관련된 세무리스크 예방법을 알아본다.
- 법인세 신고관련 세무리스크 예방법을 알아본다.
- 법인세 세무조사사례에 대해 알아본다.
- 부당행위계산의 부인과 세무조사와의 관계에 대해 알아본다.

Chapter 02 법인세 세무조사대책
이 장에서 다루고 있는 핵심주제들은 다음과 같다.
- 신고안내문을 받은 경우의 대처법을 알아본다.
- 해명자료 제출안내문을 받은 경우의 대처법을 알아본다.
- 과세예고 통지서를 받은 경우의 대처법을 알아본다.
- 세무조사 사전 통지서를 받은 경우의 대처법을 알아본다.
- 소득금액 변동 통지서 처리법을 알아본다.
- 법인세 불복사례를 알아본다.

chapter 01

법인세
세무리스크 예방법

매출계정관련 세무리스크

상황 법인사업자와 관련해 발생하는 세무조사 쟁점들은 앞에서 본 개인사업자들과는 비교가 되지 않는다. 법인은 주주나 임원 등 특수관계인을 중심으로 다양한 규제가 있기 때문이다. 따라서 법인은 물론 주주나 대표이사 등 임원에게 어떤 제도가 적용되는지 등을 미리 검토할 필요가 있다. 이하에서는 주로 법인사업자의 매출과 관련된 세무리스크 예방법부터 살펴보자.

Case 서울 영등포구에 소재한 K법인이 정기세무조사를 받고 있다. 그런데 조사 과정에서 1억원 상당의 매출누락이 적출되었다. 물음에 답하면?

☞ 물음 1 : 이 누락된 매출액으로 인해 예상되는 세금은?
☞ 물음 2 : 누락된 매출액에 대한 대금이 세무조사 전에 회사로 입금된 경우와 대표이사가 차명계좌 등을 이용해 횡령한 경우의 소득처분은?
☞ 물음 3 : 세무조사 중에 다른 사업연도의 매출누락이 확인되었다. 그래서 K법인은 이를 입금시키고 이에 대해 법인세수정신고를 하려고 한다. 이때 소득처분은?
☞ 물음 4 : 만일 매출누락액을 대표이사의 상여로 소득처분하였다면 이 경우 K법인이 취할 조치는?

Solution 물음에 대해 순차적으로 답을 찾아보면 다음과 같다.

· 물음 1의 경우

법인이 매출을 누락하면 부가가치세와 법인세 그리고 근로소득세가 추징될 수 있다. 이때 부가가치세와 법인세에는 신고불성실가산세(통상 40%), 납부불성실가산세(일일

3/10,000)가 추가된다. 다만, 근로소득세의 경우 소득금액 변동 통지서를 받은 달의 다음 달 10일까지 신고 시 가산세는 부과되지 않는다.

· 물음 2의 경우

누락된 매출액에 대한 대금이 세무조사 전(경정할 것을 알기 전) 사내에 들어왔다면 이는 대표이사의 상여에 해당하지 않는다. 그리고 가수금계정으로 입금해 관리한 경우에도 마찬가지다(대법 82누 239, 1983.7.12.). 하지만 차명계좌 등을 이용해 대표이사가 횡령한 경우에는 대표자 상여에 해당한다.

· 물음 3의 경우

매출누락한 금액을 회사로 입금시킨 경우에는 원칙상 개인의 상여 등으로 볼 것은 아니다. 하지만 과세관청은 세무조사 중에 매출누락이 발견되어 이에 대한 대금을 입금시키고 수정신고하는 경우에는 개인의 상여로 보는 불이익을 주고 있다.

※ 관련 예규 : 서면인터넷방문상담2팀-1842, 2005.11.18.

법인이 관할 세무서장으로부터 세무조사를 받는 중 조사대상사업연도가 아닌 사업연도의 세금계산서 불부합자료에서 매출누락이 확인되는 경우, 해당 매출누락에 대한 매출누락금액 상당액을 회수하고 동 금액을 손금불산입해 2005. 2.19. 이후 수정신고 하는 경우 법인세법 시행령 제106조 제4항 단서 규정에 의해 동 금액을 사내유보로 처분할 수 없는 것임(→ 상여 등으로 처분).

· 물음 4의 경우

대표자에 대한 '소득금액 변동 통지서를 받은 날'에 상여를 지급한 것으로 보아 원천징수를 하고 다음 달 10일까지 원천징수이행상황신고서를 제출해야 한다.

Consulting 법인세 신고와 관련해 매출부분에서 발생하는 주요 세무상의 쟁점은 다음과 같다. 이러한 내용에 유의해야 사후에 문제가 없다.

| 매출누락 | · 회계의 투명성이 잘 갖추어지지 않은 기업에서 자주 발생한다.
· 주로 소비자를 대상으로 하는 법인기업에서도 이러한 현상이 자주 발생한다. |

| 가공매출 | · 주로 거래상대방의 소득조절을 위해 동원되는 경우가 많다.
· 특수관계인 간에 또는 거래상 이해관계가 있는 경우에 자주 동원된다.
  → 한쪽은 매출이고 다른 한쪽은 원가(비용)로 처리가 된다. |

| 매출분산 | · 특수관계 법인을 세워 매출을 분산하는 경우가 있다.
  → 일감몰아주기에 해당하는 경우 상증법상 증여로 보아 과세하고 있다. |

☞ 법인의 매출관련 세무리스크는 주로 중소기업은 매출누락, 대기업은 매출분산과 관련해 발생한다.

실전연습 ㈜서울은 건설업을 영위하고 있는 회사로 전년도 매출을 누락해 이번에 자발적으로 수정신고를 하려고 한다. 담당자의 실수로 신고에서 누락되었으나 매출대금은 정상적으로 회사에 입금되었음이 확인되었다. 아래 자료를 바탕으로 물음에 답하면?

〈자료〉
· 전년도 매출누락 : 5,000만원(부가가치세 별도, 세금계산서 미발행)
· 전년도 법인세 신고내역

  -법인세 과세표준 : 2억원
  -산출세액 : 2,000만원
  -감면세액 : 없음.

· 신고불성실가산세율 10% 적용
· 수정신고 시 신고불성실가산세 감면율 50% 적용
· 납부불성실가산세 계산 시 과소납부기간 150일 적용

☞ **물음 1** : 부가가치세 관련 예상추징세액은?
☞ **물음 2** : 법인세관련 예상추징세액은?
☞ **물음 3** : 법인세수정신고에 따른 세무조정은?

물음에 대해 순차적으로 답을 찾아보자.

· **물음 1의 경우**

부가가치세의 경우 본세 및 신고불성실가산세(10%), 납부불성실가산세 그리고 세금계산서 미발급가산세(2%)가 부과된다. 이를 정리하면 다음과 같다.

구분	금액	비고
· 본세	500만원	5,000만원×10%
· 세금계산서 불성실가산세	100만원	공급가액×2/100(2%)
· 신고불성실가산세	25만원	· 일반과소신고 : 10% · 감면율 : 50%
· 납부불성실가산세	22만 5,000원	과소납부기간 : 150일 ※500만원×150일×3/10,000
계	647만 5,000원	

· **물음 2의 경우**

법인세의 경우 본세 및 신고불성실가산세(10%), 납부불성실가산세가 부과된다. 다만, 이때 신고불성실가산세는 이 가산세와 무기장가산세(20%) 중 큰 가산세액이 부과되므로 결과적으로 20%의 무기장가산세를 적용하게 된다. 이를 정리하면 다음과 같다.

구분	금액	비고
· 본세	1,000만원	· 5,000만원×20%
· 무기장가산세	200만원	· 무기장가산세 : 20%
· 납부불성실가산세	45만원	과소납부기간 : 150일 ※1,000만원×150일×3/10,000
계	1,245만원	

☞ 법인이 세법의 기준보다 과소신고한 경우에는 과소신고가산세와 무기장가산세 중 큰 가산세액이 부과됨에 주의할 필요가 있다.

☑ 부정과소신고의 경우 → Max[부정과소신고가산세 40%, 무기장가산세 20%]=40%가 적용

☑ 일반과소신고의 경우 → Max[일반과소신고가산세 10%, 무기장가산세 20%]=20%가 적용

일반과소신고의 경우 자발적으로 수정신고를 하더라도 무기장가산세가 적용되어 감면을 받지 못하는 불합리한 점이 있다. 입법적으로 개선이 필요한 대목이다(자발적으로 수정신고한 경우에는 무기장가산세를 적용배제하는 식으로 해야 함).

· 물음 3의 경우

(주)서울은 매출누락액이 5,000만원(부가가치세 별도)에 해당하므로 이에 대해 다음과 같이 세무조정해 매출누락이 발생한 연도의 법인세를 수정신고해야 한다.

☑ 매출누락 : 익금산입 50,000,000(유보)

→ 매출이 누락되었으므로 익금산입을 한다. 그리고 익금산입액은 세무상 자산인 외상매출금의 증가액이므로 유보로 소득처분을 한다. 이러한 내용은 세무실무에 해당하므로 초보자들은 건너뛰어도 문제없다(아래 참고사항 포함).

※ 참고 : 법인세추납액에 대한 세무조정

어떤 회사가 기업회계기준에 따라 2017년 사업연도에 해당되는 법인세 등 2,000만원을 2018년 사업연도의 이익잉여금처분계산서에서 전기이월이익잉여금 감소로 처리하였다. 이 경우 세무조정은?

· 회사가 회계처리한 내용
(차) 전기이월이익잉여금 2,000만원   (대) 현   금   2,000만원
  (법인세추납액)

이에 대해서는 다음과 같이 세무조정을 한다(제도46012-11371, 2001.6.7. 등 참조).

· 전기이월이익잉여금 : 〈손금산입〉 2,000만원(기타)
· 전기이월이익잉여금(법인세추납액) : 〈손금불산입〉 2,000만원(기타사외유출)

먼저 회사가 전기이월이익잉여금으로 처리한 결과 법인의 자산이 줄어들었으므로 손금산입을 한다. 한편 회계상 자본과 세무상 자본이 일치하므로 소득처분은 '기타'로 한다.

다음으로 손금산입된 전기이월이익잉여금(법인세추납액)은 법인의 손금으로 인정되지 않은 항목이므로 이를 손금불산입하고 법인세추납액은 외부로 유출되었으므로 기타사외유출로 처리한다.

Tip 매출누락이 재무제표 등에 미치는 영향

- ☑ 손익에 대한 영향 → 매출이 과소계상되며, 매출원가는 일반적으로 그대로 계상되므로 이익이 축소된다.
- ☑ 세금에 대한 영향 → 이익이 과소계상되므로 세금도 줄어들게 된다.
- ☑ 자산에 대한 영향 → 매출누락액이 회사로 입금된 경우에는 자산의 증가가 발생한다.
- ☑ 부채에 대한 영향 → 매출누락액을 가수금이나 선수금(부채)으로 계상하는 경우 부채가 증가한다.
- ☑ 세무조사에 대한 영향 → 매출누락 적출을 위해 가수금(선수금)의 생성원인, 가지급금의 인출, 상계 등을 집중 조사한다.

memo

비용계정관련 세무리스크

상 황

법인이 세무조사를 받을 때에 수입금액만큼이나 쟁점이 되는 부분이 바로 비용부분이다. 비용이 세법한도를 초과했는지, 부당하게 지출되었는지 아니면 업무무관비용이 계상되었는지 등이 쟁점이 되는 경우가 많기 때문이다. 특히 법인과 특수관계에 위치한 주주나 대표이사 등을 위해 지출한 비용은 사적으로 집행된 비용으로 세무조사 시 부인될 가능성이 높다. 이하에서 이들에 대해 살펴보자.

Case

K법인은 제조업을 영위하고 있다. 이 법인은 사업연도 중에 다음과 같이 거래를 했다. 물음에 답하면?

〈자료〉
· 외주가공비 지급
(차변) 외주가공비 1억원　　　(대변) 보통예금 1억 1,000만원
　　　 선급부가세 1,000만원

☞ **물음 1** : 이 거래가 가공이라면 K법인은 어떤 불이익을 받는가?
☞ **물음 2** : 이 거래가 가공이라면 K법인과 거래한 상대방은 어떤 불이익을 받는가?
☞ **물음 3** : 이 거래를 통해 K법인에서 인출된 1억원이 거래처 상대방의 대표이사에게 전달된 경우 어떤 문제가 있는가?

Solution　위의 물음에 대해 순차적으로 답을 찾아보면 다음과 같다.

· **물음 1의 경우**
가공매입에 해당하므로 부가가치세 및 법인세에 대한 세금추징이 발생할 수 있다. 부가가치세의 경우 매입세액불공제 및 허위수취에 따른 가산세(2%)가 뒤따르게 된다. 법인세의 경우 원가과대계상에 따른 부정과소신고가산세(40%) 등이 뒤따르게 된다.

· 물음 2의 경우

거래상대방은 가공매출(분식)이 발생해 부가가치세와 법인세 등이 과다납부 되었기 때문에 경정청구를 해 이를 돌려받아야 할 것이다. 세법은 가공매출에 의해 납부된 부가가치세 등은 경정청구를 통해 돌려받을 수 있도록 하고 있으나, 자료상으로 확정된 경우에는 환급을 받을 수 없도록 하고 있다.

· 물음 3의 경우

대표이사에 대한 상여처분은 기본이고 형법상 횡령이나 배임 등에 해당되어 별도의 처벌을 받을 수도 있다.

Consulting 법인이 지출한 비용과 관련된 세무상 쟁점과 이에 대한 예방법은 다음과 같다.

과다지출	· 접대비나 기부금, 업무용 차량비용 등을 세법상 한도를 초과해 지출하는 경우 · 감가상각비나 대손상각비 등을 세법상 한도를 초과해 계상하는 경우 → 한도를 초과하지 않도록 결산 및 법인세 신고를 하도록 한다.
부당지출	· 대표이사 등의 가족에게 급여를 부당하게 지급하는 경우 · 대표이사 등을 위해 회사비용을 사용하는 경우 → 특수관계자를 위한 부당비용을 지출하지 않도록 관리한다.
업무무관지출	· 개인적으로 회사비용을 사용하는 경우 · 휴일이나 공휴일에 회사비용을 사용하는 경우(백화점 등에서 사용) → 업무무관비용에 대해서는 각별히 주의해 지출을 통제해야 한다.

☞ 법인이 사용한 카드내역 등을 분석해 특정 지출항목, 예를 들어 상품권 발행리스트를 수집해 관련 내역을 확인해 세금을 추징하는 사례들도 등장한다. 특히 복리후생비 등에 계상된 상품권은 구체적으로 누가 전달받았는지, 이에 대한 해명을 하지 못하면 대표이사의 상여로 처분되는 경우도 있다. 기타 다음 항목들에 대해서도 주의해야 한다.

- ☑ 예식비·한의원·귀금속·의류구입비
- ☑ 회사차량을 기업주 가족이 사용(2016년부터 승용차비용 규제, 284페이지 참조)
- ☑ 기업주 개인의 재산관리 비용을 법인의 비용으로 처리
- ☑ 법인명의 골프·헬스회원권 등을 임직원 전용으로 사용 등

실전연습 서울 중구에 위치하고 있는 K법인은 아파트를 시공해 분양하는 회사다. 아파트의 분양을 촉진하고자 2018년 8월부터 계약하는 100세대에 대해 발코니를 무상으로 설치하여 주는 조건을 제시했다(2018년 8월 전에 분양된 세대에 대해서는 미적용함). 이 회사의 회계담당자인 L씨는 1세대당 1,000만원이 지출되는 발코니 무상설치비용을 판매부대비용으로 처리했다. 그러나 관할 세무서에서는 이에 대해 접대비로 보아 시부인하려고 한다. 어떻게 대처해야 할까?

STEP1 쟁점은?

발코니 무상설치비용이 접대비에 해당하는 경우에는 접대비 한도초과액에 해당되어 법인세(가산세포함)가 추징될 수 있다. 따라서 무상설치비용이 판매부대비용인가, 접대비인가의 구분이 쟁점이 된다.

☞ 만약 무상지출된 10억원 상당액이 접대비 한도초과액에 해당한다면 이에 법인세율 10~25%을 곱해 법인세를 계산하고, 이에 가산세 10%와 납부불성실가산세를 추가해 납부해야 한다.

STEP2 세법규정은?

우선 세법은 다음과 같은 기준을 두어 판매부대비용과 접대비를 구분하고 있다.

구분	판매부대비용	접대비
업무관련성	업무와 관련해 지출	업무와 관련해 지출
대상	불특정인	특정인
목적	판매촉진	거래관계 유지
세무처리	수입금액에서 차감	적격증빙 미비 시 전액 비용부인 및 한도초과액 손금불산입

판매부대비용이 되기 위해서는 '불특정인'을 대상으로 판매촉진의 성격으로 지출되어야 한다. 과세관청은 분양촉진을 위해 종전과 다른 분양조건으로 사전공시에 의해 신규계약자 대신 부담하는 중도금 대출이자 및 발코니 무상설치비용은 판매부대비용으로 보고 있다(법인세과-373, 2009. 3.31.).

STEP3 결론은?

K법인이 8월부터 계약하는 100세대에 대해 발코니를 무상으로 설치하여 주는 조건을 '불특정인'을 대상으로 '사전공시'해 지출한 경우라면 판매부대비용에 가깝다고 판단을 내릴 수 있다. 하지만 특정인을 대상으로 지출한 경우라면 접대비에 해당한다고 할 수 있다.

☞ 아파트 신규분양과 관련해 중도금 무이자, 연체이자 탕감, 발코니 확장비 지원, 취득세 지원, 셔틀버스 지원 등 다양한 사례들이 발생하는데, 위와 같은 기준에 따라 판매부대비용인지 접대비인지 판단을 내리는 것이 좋을 것으로 보인다. 참고로 다각도로 검토해도 여전히 세무리스크가 존재하는 경우에는 서면답변제도 등을 통해 그에 대한 근거를 최대한 확보를 해두는 것이 좋다. 실무적으로 과세관청으로부터 유권해석을 받거나 세무전문가의 검토의견서를 받아 업무처리를 하는 것도 좋은 방법이다.

> **Tip 법인의 거증책임(법인세법 기본통칙4-0…2)**
>
> 법인세의 납세의무가 있는 법인은 모든 거래에 대해 거래증빙과 지급규정, 사규 등의 객관적인 자료에 의해 이를 당해 법인에게 귀속시키는 것이 정당함을 입증해야 한다. 다만, 사회통념상 부득이하다고 인정되는 범위 내의 비용과 당해 법인의 내부통제기능을 감안해 인정할 수 있는 범위 내의 지출은 그러하지 아니하다.
>
> ☞ 법인과 관련된 모든 입출금 거래에 대해서는 법인이 그에 대한 정당함을 입증해야 함을 알려주고 있다. 따라서 지출 시에는 향후 입증을 대비하기 위해 지출에 대한 정당한 근거(품의서 등) 및 증빙 등을 최대한 구비해둬야 한다.

자산·부채·자본계정관련 세무리스크

상황 법인의 자산과 부채 및 자본계정과 관련해서도 다양한 세무상 쟁점이 발생한다. 예를 들어 자산의 경우 특수관계인에 대한 매출채권 지연회수, 가지급금의 발생, 부채의 경우 가수금 처리, 자본의 경우 자본금과 잉여금을 둘러싼 다양한 쟁점들이 등장하고 있다. 이하에서 이들과 관련해 발생하는 세무리스크 예방법에 대해 살펴보자.

Case K기업(법인)은 A에게 자금 1억원을 대여했다. 물음에 대해 답을 하면?

☞ **물음 1**: K기업과 A가 세법상 특수관계인에 해당한다면 최소한 이자를 얼마나 받아야 하는가?
☞ **물음 2**: K기업과 A가 세법상 특수관계인에 해당하지 않는다면 최소한 이자를 얼마나 받아야 하는가?
☞ **물음 3**: K기업의 재무상태표상에는 주주임원종업원단기대여금(주임종단기대여금)이 10억원이 있다. 이 자금에 대한 세법상의 성격은 무엇인가?

Solution 물음에 대해 순차적으로 답을 찾아보면 다음과 같다.

· **물음 1의 경우**

법인이 특수관계인에게 자금을 대여(차입)함에 있어서 시가에 해당하는 이자율은 가중평균차입이자율을 원칙으로 하되, 가중평균차입이자율을 적용할 수 없거나 법인의 선택 등에 의하여 당좌대출이자율(현재 4.6%)을 시가로 할 수 있다. 따라서 최소한 4.6% 정도의 이자는 받아야 한다.

돌발퀴즈!

K기업은 특수관계에 있는 기업으로부터 물품을 구입하기 위해 선급금을 지급했다. 이 경우 금전의 무상대여에 해당하는가?

그렇지 않다. 다음 예규로 알아보자.

"법인이 물품이나 용역의 구매를 위해 특수관계인에게 통상적인 상관례의 범위 내에서 선급금을 지급하고 물품 또는 용역의 대가와 상계하는 경우는 법인세법 시행령 제46조 제2항 제7호 및 동법 동령 제47조 제1항의 금전의 무상대여에 해당하지 아니한다(법인22601-2302, 1987.08.26.)."

· 물음 2의 경우

특수관계가 없는 경우 이와 같은 규제는 없다. 따라서 무이자의 방식도 세법상 문제가 없다. 특수관계가 아닌 경우에는 이해관계가 일치하지 않아 정상적인 거래라고 여겨지기 때문이다.

· 물음 3의 경우

업무무관 가지급금이 될 가능성이 높다. 가지급금은 지출되었으나 그 성격이 밝혀지지 않은 경우에 결산 전에 세우는 임시계정항목으로 결산 시 그 내역을 확인해 적정한 계정과목으로 대체하게 된다. 사례의 경우에는 해당 가지급금을 결산 시 주주 등에 대한 대여금으로 대체한 것으로 볼 수 있다. 실무적으로 이러한 가지급금은 대부분 업무무관 가지급금에 해당한다.

☞ 이에 대한 불이익 등에 대해서는 바로 뒤에서 살펴보자.

Consulting 자산과 부채 그리고 자본에서 발생한 세무리스크와 그에 대한 예방법을 정리하면 다음과 같다.

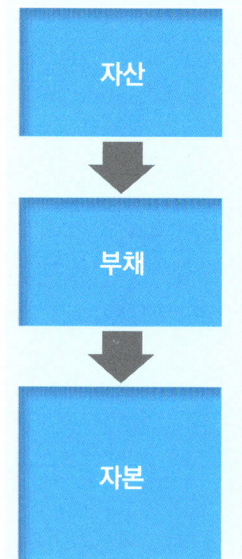

자산	• 가지급금이 과다한 경우 • 매출채권이 과다한 경우(매출채권의 임의포기는 접대비에 해당) • 가공자산이 있는 경우 → 특수관계자 간의 자금거래 등은 최소화하는 것이 좋다.
부채	• 가수금이 많은 경우(매출누락의 혐의 가능성이 있음) • 가공비용과 가공가수금을 장부에 계상한 후 가지급금과 가수금을 상계시키는 경우 • 채무면제익, 부채의 자본전환 등이 있는 경우 → 부채 중 가수금은 그 원인이 매출누락인 경우가 있다. 주의해야 한다.
자본	• 증자나 감자 등이 불균등한 경우 • 자기주식을 취득하는 경우 • 합병 등이 발생한 경우 • 주식을 명의신탁한 혐의가 있는 경우 등 → 자본과 관련된 세무리스크는 주로 주주와 관련성이 있다. 법인세와 증여세가 동시에 부과되는 경우가 있으므로 주의해야 한다.

☞ 자본에 대한 세무회계상 쟁점과 대책은 이 책의 자매서인《기업회계 가이드북》,《중소기업세무 가이드북》을 참조하자.

실전연습 L법인은 경기도 수원시에 위치하고 있다. 이 법인에는 미처분잉여금이 많아 이 법인의 대주주이자 대표이사인 성실해씨는 이에 대한 처리방안에 대해 많은 관심을 가지고 있다. 물음에 답하면?

☞ **물음 1**: 배당할 때 주주 간에 차등배당하면 과세문제는?
☞ **물음 2**: 자기주식을 취득하면 세무조사의 가능성이 있는가?
☞ **물음 3**: 대표이사를 위한 보장성보험에 가입하면 잉여금이 줄어들 것인가?

위의 물음에 대해 순차적으로 답을 찾아보자.

· 물음 1의 경우

특정주주만 배당을 받은 경우 주주 간 증여세 문제가 있다. 하지만 기획재정부는 이에 대해 "균등한 조건에 의하여 지급받을 배당금을 초과하는 금액을 소득세법상 배당소득으로 보아 소득세가 과세되는 경우에는 상속세및증여세법 제2조 제2항에 따라 증여세를 과세하지 않는다"라고 해석(재재산-927, 2011.10.31.)하고 있다. 따라서 차등배당을 해도 세법상 문제가 없으므로 기업에서는 이를 배당전략으로 삼을 수 있다. 하지만 앞으로는 이 전략의 유용성이 줄어들 것 같다. 최근 정부와 국회에서는 상증법 제41조의2(초과배당에 따른 이익의 증여)를 신설하여 이에 대해 증여세 등을 과세하도록 하였기 때문이다. 이에 따르면 법인의 최대주주가 포기한 배당금을 그와 특수관계에 있는 주주가 자신의 지분보다 초과하여 받은 금액을 증여받은 것으로 본다. 다만, 초과배당금액에 대한 증여세액이 초과배당금액에 대한 소득세 상당액보다 적은 경우에는 위 규정을 적용하지 아니한다.

· 물음 2의 경우

자기주식으로 가지급금을 상계할 수 있다. 따라서 자기주식을 취득하였다고 해서 세무조사가 나온다는 것은 앞뒤가 맞지 않는다. 다만, 과세관청의 기획조사 등에 의해 조사의 가능성은 열려 있다고 할 수 있다.

· 물음 3의 경우

대표이사를 위한 보장성보험료는 원칙적으로 비용에 해당한다(단, 적립된 부분이 있다면 이는 자산에 해당. 단, 종신보험이나 수익자가 대표자인 보장성보험에 대한 보험료는 손금불산입, 상여처분될 수 있음). 따라서 이는 당기순이익을 낮추기 때문에 궁극적으로 당기의 잉여금을 낮추는 역할을 한다. 하지만 과거에 발생한 잉여금을 낮추는 것과는 거리가 멀다.

☞ 법인이 대표이사를 위한 보장성보험에 가입한 경우가 있다. 그런데 이 상품의 만기가 종신이거나 또는 일반적인 정년(60세)을 넘어서는 식으로 되어 경우에는 자칫 개인이 부담할 성질의 보험료를 회사가 대납한 것으로 보아 법인 및 개인에 불이익을 줄 가능성이 있다. 예를 들어 시중에 나온 만기 90세 및 만기 시 만기환급금이 없는 경영자정기보험의 경우 지출보험료를 업무무관비용으로 보아 손금불산입(상여처분)으로 처리할 가능성도 있다는 것이다. 하지만 가입한 기업의 입장에서는 정상적인 경영의 범주에 해당하는 것으로 보아 세금추징 시 불복 등을 제기할 가능성이 높다. 실무적으로 이러한 논란이 없어지기 위해서는 입법을 통한 개선책이 마련되거나 대법원 판례 등이 생산되어야 할 것으로 보인다.

▶▶ 가지급금과 가수금의 세무리스크 예방법

많은 법인기업에서 자주 발생하는 가지급금과 가수금은 회계처리의 불투명성에 기인한 경우가 많다. 회계처리가 투명한 경우에는 이러한 미결산계정과목이 잘 발생하지 않기 때문이다. 이렇듯 가지급금 등 자체가 회계처리의 불투명성을 내포하고 있기 때문에 세법은 이를 규제하는 측면에서 다양한 제도를 두고 있다. 이하에서는 (주)부실의 사례를 통해 가지급금과 가수금에 대한 세무리스크는 무엇인지 그리고 그에 대한 대처방법은 무엇인지 순차적으로 알아보자.

가지급금과 가수금의 세무리스크 발생사례

(주)부실의 12/31 현재 재무상태표상의 자산과 부채 현황은 다음과 같다. (주)부실은 현재 어떤 세무리스크를 안고 있을까?

구분		금액	비고
자산	유동자산	10억원	· 업무무관 가지급금 3억원 포함함. · 가지급금 미수이자는 계상하지 않았음.
	비유동자산		
부채	유동부채	10억원	· 가수금 1억원 포함(원인 불명)
	비유동부채		

물음에 대한 답을 찾기 위해 알아야 할 내용들을 살펴보자.

먼저, 가지급금과 가수금이 발생하는 이유는 무엇일까? 가지급금은 본래 기업의 자금이 지출이 되었지만 거래의 내용이 불분명하거나 거래 과정이 확정되지 않았을 때 사용하는 임시계정과목을 의미한다. 따라서 결산 시 그 내역을 확인해 적정한 계정과목으로 대체해야 한다. 예를 들어 대표이사에게 대여한 경우라면 주주임원종업원단기대여금으로 대체하는 식이 된다. 한편 가수금은 이와 반대로 자금이 기업에 유입되었지만 그 내역이 밝혀지지 않았을 때 사용하는 임시계정과목에 해당한다. 이 역시 결산 시 적정한 계정과목으로 대체되는데, 통상 차입금으로 대체되는 것이 일반적이다.

다음으로, 가지급금과 가수금에 대한 세법상의 불이익 내용은 무엇일까?
세법은 가지급금이 업무와 관련해 발생한 경우에는 정당한 것으로 보아 규제하지 않는다. 예를 들어 급여가불 등이 그렇다. 하지만 기업의 자금이 해당 기업과 특수관계에 있는 자(임직원, 주주, 관계회사 등)에게 대여되면 이를 업무무관 가지급금으로 보아 세법상 인정이자(4.6%)만큼 법인의 익금으로 처리하고 해당 금액을 대표이사 등의 상여로 처분한다. 이외에도 가지급금을 업무무관자산으로 보아 지급이자 손금불산입규정을 추가로 적용한다. 한편 가수금의 경우에는 본질이 차입금에 해당하므로 이자만 정당하게 지출되면 세법상의 규제를 할 이유가 없다. 하지만 가수금의 본질이 매출누락에서 비롯된 경우라면 세무조사 시 이에 대한 집중적인 조사가 진행될 가능성이 높다.

이상의 내용을 토대로 (주)부실이 안고 있는 문제점을 살펴보자.
이 기업의 유동자산에는 업무무관 가지급금 3억원과 원인불명인 가수금 1억원이 포함되어 있다. 그런데 업무무관 가지급금에 대해서는 세법상 인정이자를 계산해 결산 시 반영하거나 세무조정을 통해 해당 이자만큼 익금산입하고 상여로 처분하는 식으로 세무처리를 해야 한다. 그 결과 법인과 개인의 세금이 증가할 가능성이 높다. 물론 지급이자에 대한 손금불산입 세무처리도 병행해야 한다. 만일 이러한 업무처리를 하지 않은 경우에는 사후검증에 의해 해명해야 하는 상황도 발생할 수 있다. 한편 가수금의 경우에는 발생원인이 불명이므로 매출누락의 가능성도 있다. 만일 매출누락으로 확인된 경우에는 과소신고가산세(10% 또는 40%) 등을 피할 수 없게 된다.

가지급금과 가수금의 세무리스크 예방법
먼저 가지급금에 대한 세무리스크 예방법을 알아보자.
가지급금은 기업의 세무리스크를 높이는 역할을 하므로 이 금액이 발생하지 않도록 하는 것이 가장 좋다. 하지만 현실적으로 이 금액이 제로인 경우는 많지 않으므로 실무자들은 우선적으로 이의 발생원천을 정확히 관리할 필요가 있다. 그래야 원인별로 대처할 수 있기 때문이다. 한편 업무무관 가지급금이 발생하면 미리 4.6%상당액의 이자를 받기로 약정하고 결산 때 이를 이자수익으로 계상하는 것이 좋다. 이렇게 해두면 당장 대표이사 등에 대한 상여처분은 면할 수 있다. 하지만 세법은 정당한 사유(채권을 회수할 수 있도록 조치를 취한 경우 등을 말함)없이 이자발생일이 속하는 사업연도 종

료일로부터 1년 내에 미수이자를 회수하지 않으면 이를 익금산입하는 동시에 상여나 배당 등으로 처분하므로 주의해야 한다. 특수관계가 소멸한 경우에는 가지급금 원금과 미수이자를 모두 익금산입하는 동시에 상여나 배당 등으로 처분한다. 가지급금 원금과 미수이자가 익금산입되고 상여처분되는 경우에는 법인세와 근로소득세가 크게 증가하는 위험이 있다.

한편 실무적으로 가지급금을 없애려면 다음과 같은 원리를 통해 가지급금과 상계할 수 있는 대안을 마련하는 것이 좋다.

차변	대변
① 자산증가 ② 부채감소 ③ 자본감소 ④ 비용발생	자산감소(가지급금)

이런 원리에 따라 가지급금을 없애는 방법을 구체적으로 정리하면 다음과 같다.
① 자산을 증가시키는 방법 : 현금입금(대표이사 등)
② 부채를 감소시키는 방법 : 대표이사 가수금과 상계
③ 자본을 감소시키는 방법 : 자기주식, 배당금과 상계
④ 비용을 발생시키는 방법 : 급여, 상여, 퇴직금과 상계하는 방법

(주)부실의 경우 가지급금 3억원은 이런 방법을 통해 없앨 수 있다. 특히 가수금 1억원이 있는 바, 이를 상계재원으로 사용할 수도 있을 것이다. 참고로 자본감소의 경우 법인이 주주에게 지급할 의무가 있는 감자대가를 실제 지급하지 않고 가지급금과 바로 상계하는 것은 해당 주주가 감자대가를 지급받아 법인에게 가지급금을 상환하는 것과 경제적 실질이 동일하다. 따라서 자본감소로도 가지급금을 없앨 수 있다.

다음으로 가수금에 대한 세무리스크 예방법을 알아보자.
가수금은 차입금으로 인정되어야 하므로 실제 자금 유입이 되었다면 반드시 차입약정서를 작성해 투명성을 확보하는 것이 좋다. 물론 법인이 대표이사 등에게 이자를 지급한 경우에는 원천징수의무가 있다는 점에 유의해야 한다(27.5%). 그렇다면 대표이사

등이 이자를 받지 않는 방식으로 차입하면 이 경우에는 문제는 없을까?

소득세법 제41에서는 배당소득, 사업소득 또는 기타소득에 대해서만 부당행위계산의 부인제도를 적용하도록 하고 있다. 따라서 무이자로 자금대여를 하더라도 이자소득에 대해서는 이 규정을 적용하지 않으므로 무이자방식의 차입을 적극 검토하는 것이 좋다. 참고로 최근에는 가수금에 대한 조사가 강화되고 있다. 가수금이 발생하는 원인이 매출누락이나 가공경비 등과 관련 있는 경우도 많고 상속·증여 등과도 관련이 있기 때문이다.

☞ 실무에서 이러한 유형의 세무리스크의 예방이나 금융상품을 유치하기 위해 컨설팅을 무리하게 하는 경우가 있다. 실무적으로 아래와 같은 유형들이 있는데 이에 대해서는 과세관청이 언제든지 칼을 뽑을 자세를 유지하고 있다. 따라서 각 기업들은 아래와 같은 전략을 수행할 때에는 반드시 세무전문가의 확인을 받아 처리하도록 한다.

- 자기주식으로 가지급금을 상계한 경우
- CEO를 대상으로 보험료를 지출하는 경우
- 자녀를 이사로 등재시켜 보험에 가입한 경우
- 유족보상금을 과도하게 책정한 경우
- 직무발명보상금을 과도하게 지급하는 경우
- 대표이사 등의 상표권 등을 해당 법인이 과도하게 매입한 경우
- 명의신탁주식을 환원하는 경우
- 차등배당(불균등배당)을 과도하게 하는 경우
- 법인전환을 한 경우
- 연구소를 설립해 세액공제를 받은 경우
- 비영리법인을 대상으로 마케팅을 하는 경우(→ 비영리법인에 대한 세무감시는 영리법인보다 느슨하지만 영리법인에 준하는 것처럼 세무감시가 강화될 수 있다. 무리한 마케팅은 금물이다)
- 국세부과 제척기간을 이용해 금융상품을 유치한 경우 등

법인세 신고관련 세무리스크

상황 법인이 매년 행하는 법인세 신고는 세무조사 관점에서 매우 중요하다. 이 신고서를 토대로 다양한 분석이 진행되고 그에 따라 해명요구 또는 세무조사가 나오기 때문이다. 이하에서는 법인세 신고와 관련해 최소한 알아둬야 할 세무리스크 예방법을 알아보자.

Case K법인의 20×4년 회계자료가 다음과 같다. 물음에 답하면?

① 매출 : 30억원(부가가치세 제외)
② 매입 : 20억원(기초재고액과 기말재고액은 없음)
③ 인건비 등 제 경비 : 7억원

☞ **물음 1** : 기업회계상 당기순이익은 얼마인가?
☞ **물음 2** : 만일 위의 제 경비 중 부당하게 지출된 경비가 1억원이 포함되어 있다면 기업회계상 당기순이익은 변동하는가? 세법은 이에 대해 어떻게 규제하는가?
☞ **물음 3** : 이 기업이 속한 업종의 표준소득률은 13% 정도가 된다. K기업의 신고수준은 어떻게 되는가? 물음2의 연장선상에서 답변을 해보라.

Solution 위의 물음에 순차적으로 답을 찾아보면 다음과 같다.

· **물음 1의 경우**

회계상 당기순이익은 매출에서 비용을 차감해 계산한다. 따라서 당기순이익은 다음과 같다.

> • 매출−비용 = 30억원−(20억원*+7억원) = 3억원

* 매출원가는 기초재고액과 당기매입액에서 기말재고액을 차감해서 계산한다. 기초재고액과 기말재고액이 없으므로 당기매입액이 전액 비용(매출원가) 처리된다.

· 물음 2의 경우

변동이 없다. 기업회계는 경영실상을 반영하게 되므로 경비의 부당성을 따지지 않는다. 이렇듯 기업회계의 관점에서 비용으로 지출되는 금액이 늘어나면 당기순이익을 줄이게 된다. 하지만 세법은 경비의 지출에 대한 타당성을 따져 이의 지출이 부당한 경우 세법상 비용으로 인정하지 않게 된다. 이렇게 되면 세법상의 과세소득이 증가된다.

> • 세법상 매출−세법상 비용 = 30억원−[20억원+(7억원−1억원*)] = 30억원−26억원 = 4억원

* 부당하게 지출된 필요경비를 제외한다(필요경비불산입).

· 물음 3의 경우

K기업의 이익 3억원을 매출로 나누면 이익률이 10%가 나온다. 따라서 동종업계의 신고수준에 다소 미달한 것으로 볼 수 있다. 하지만 부당하게 지출된 경비를 반영하면 소득금액이 4억원(3억원+1억원)이 되어 소득률이 13.3%으로 증가한다. 따라서 이를 포함해보면 K기업의 소득률은 동종업계와 큰 차이가 없는 것으로 나타난다.

돌발퀴즈!

국세청에서 발표하고 있는 표준소득률은 당기순이익을 기준으로 할까, 소득금액(당기순이익에 세무조정금액을 반영한 금액)을 기준으로 할까?
표준소득률은 소득금액을 기준으로 발표하고 있다.

Consulting 법인이 법인세 신고와 관련해 세무조사에 잘 대응하기 위해서는 다음과 같은 관리가 요구된다.

평소관리	· 매출누락은 하지 않도록 한다. · 가공경비를 계상하지 않도록 한다. · 대표이사 등이 사적으로 업무무관경비를 지출하지 않도록 한다.

결산관리	· 감가상각비 등을 고려해 결산을 진행한다. · 당기순이익의 크기에 따른 세금을 예측한다.

법인세 신고관리	· 결산자료를 바탕으로 동종업계 및 전년도 등과 신고수준을 비교한다. · 성실신고안내문 등의 내용을 참조해 최종적으로 신고수준을 결정한다. · 세액공제나 세액감면을 받은 경우 감면조건 및 사후관리조건에 주의해야 한다. · 증자나 증여 등에 의해 주식변동이 있는 경우 그 내역을 정확히 신고해야 한다.

※ 법인세 신고 시 점검할 것들

☑ 기업회계기준과 세법의 차이점에 대해 이해해야 한다.
☑ 동종업계의 신고수준 등을 점검한다.
☑ 세법상 규제제도에 대해 정통해야 한다. 특히 특수관계인 간의 거래에 대해서는 매우 주의해야 한다.
☑ 가지급금 항목이 발생하지 않도록 하거나 최소화 시켜야 한다.
☑ 조세감면을 받을 때에는 감면요건 및 사후관리를 위반하지 않도록 한다.

실전연습 ㈜LB는 다음과 같이 법인세 신고를 준비하고 있다. 물음에 답하면?

· 세차감 전의 당기순이익 : 20억원
· 업무무관비용 : 5억원
· 중소기업 특별세액감면율 : 10%

☞ **물음 1** : 위와 같은 내용을 토대로 법인세를 신고한 경우의 예상되는 법인세는?
☞ **물음 2** : 세무조사 후 업무무관비용을 세무조정해 법인세를 수정신고한 경우의 예상되는 법인세는? 납부불성실가산세는 제외하되 신고불성실가산세는 10%를 적용한다.
☞ **물음 3** : (주)LB는 이번 법인세 신고 때 업무무관비용을 손금불산입해 신고하는 것이 유리한가?

물음에 대해 순차적으로 답을 찾아보면 다음과 같다.

· **물음 1의 경우**
세차감 전의 당기순이익이 20억원이고 중소기업 특별세액감면율(10%)을 적용하여 법인세를 계산하면 다음과 같다.

구분	금액	비고
당기순이익	20억원	
=각사업연도소득금액	20억원	
=과세표준	20억원	
×세율	20%	
−누진공제	2,000만원	
=산출세액	3억 8,000만원	
−감면세액	3,800만원	10%
=결정세액	3억 4,200만원	

참고로 중소기업 특별세액감면은 업종과 기업규모 그리고 소재지역 등을 기준으로 감면율(5~30%)이 달리 적용되고 있다(조세특례제한법 제7조 등).

☑ 업종 → 도매업, 지식기반산업 등으로 한정
☑ 기업규모 → 소기업과 중기업으로 구분(소기업은 업종별로 120억원, 80억원, 50억원, 30억원, 10억원 이하인 경우를 말한다)
☑ 본점 소재지역 → 수도권은 주로 소기업에 한해, 비수도권은 소기업과 중기업에 대해 적용

· 물음 2의 경우

세무조사 후 업무무관비용을 세무조정해 법인세를 수정신고한 경우의 예상되는 법인세는 다음과 같다.

구분	당초	경정	비고
당기순이익	20억원	20억원	
+업무무관비용	0	5억원	
=각사업연도소득금액	20억원	25억원	
=과세표준	20억원	25억원	
×세율	20%	20%	
−누진공제	2,000만원	2,000만원	
=산출세액	3억 8,000만원	4억 8,000만원	
−감면세액	3,800만원	3,800만원	증가된 과세표준에 대해서는 중소기업 특별세액감면 적용배제함(단, 자발적 수정신고 시는 감면 적용가능).
=결정세액	3억 4,200만원	4억 4,200만원	
+가산세	0	1,000만원	추가납부세액×10%(가정)=1억원×10%=1,000만원(자발적 수정신고 시는 가산세 감면가능)
=납부세액	3억 4,200만원	4억 5,200만원	

☞ 그밖에 지방소득세가 추가과세된다.

· 물음 3의 경우

세무조사 후에 업무무관비용임이 밝혀진 경우에는 본세와 가산세 등을 추가로 납부해야 한다. 따라서 이 기업의 경영자는 추후 세무조사 때 가산세의 부담이 얼마나 될 것인지에 따라 현재 시점에서 이를 반영해 신고할 것인지, 무시하고 신고할 것인지 등을 결정할 것이다.

실력 더하기 — 법인세 세무조사사례

법인세에 대한 세무조사는 앞의 개인사업자보다는 훨씬 다양하게 전개된다는 특징을 가지고 있다. 아래에서 법인사업자와 관련된 세무조사사례를 살펴보자.

1. 매출관련

 매출누락의 경우

상황	과세관청의 대응
· 매출을 누락한 경우 · 가공매출을 계상한 경우 등	· 법인세 신고서를 분석한다. · 세무조사 등을 통해 매출누락에 대해 집중적인 조사를 한다.

 역외거래의 경우

상황	과세관청의 대응
· 해외에서 기업소득 등이 발생했으나 국내로 입금을 하지 않은 경우 · 법인이 해외에 있는 기업주의 가족 등에게 법인자금을 송금한 경우 등	· 법인세 신고자료와 기업 및 기업주의 외환거래자료 등을 비교·분석한다. · 법인의 각종 해외투자 및 송금현황과 회수내역을 분석해 불성실신고 혐의가 있는 법인은 엄정하게 사후관리한다.

☞ 과세관청은 역외거래에 대해 미신고된 소득이나 재산에 대해서 조사 등을 강화해 세금을 추징한다는 방침을 세워 이를 추진하고 있다. 다만, 국제거래 및 국외에서 발생한 소득과 세법상 신고의무가 있는 국외재산(상속·증여 포함)으로 법정신고기한 내에 미신고·과소신고한 경우 2015.10.1.부터 2016.3.31.까지 6개월 동안 지방국세청에 자진신고한 경우에는 가산세를 감면한다.

 특수관계인 간에 거래한 경우

상황	과세관청의 대응
· 특수관계인 간에 고가나 저가로 거래한 경우 · 무상으로 거래한 경우 · 고정자산을 특수관계인이 무상으로 사용수익한 경우	· 신고한 자료나 파생자료 또는 세무조사 등을 통해 관련 내용을 파악한다. · 법인세법상 부당행위계산의 부인규정을 적용한다. · 상증법을 적용해 증여세를 부과하기도 한다.

2. 비용관련

☑ 가공비용의 경우

상황	과세관청의 대응
· 자료상 등으로부터 가공세금계산서를 받아 비용처리한 경우	· 세금계산서 분석 등을 통해 가공혐의있는 거래처에 대해 거래처 추적조사를 실시한다.

☑ 인건비(임원 등)의 경우

상황	과세관청의 대응
· 가족의 급여를 가공으로 계상한 경우 · 임원의 급여나 퇴직급여를 세법상 한도를 초과해 계상한 경우	· 가공인건비에 대해서는 전액 부인한다. · 임원의 인건비는 관련 규정을 분석해 한도초과액이 발생하면 이를 부인한다. ☞ 인건비의 비중이 높은 경우에는 집중적인 감시를 받을 가능성이 높다.

☞ 임원 인건비(급여, 상여, 퇴직금 등)에 대해서는 세법상 한도가 정해져 있다. 사전에 정관이나 지급규정을 정비해둬야 사후에 문제가 없다.

☑ 접대비의 경우

상황	과세관청의 대응
· 접대성 경비를 다른 계정과목으로 분산처리한 경우 · 사적으로 접대비를 사용한 경우	· 신용카드 사용액에 비해 접대비 계상액이 작은 경우, 접대비를 다른 경비로 분산처리한 것으로 보아 분석한다. · 사적으로 사용한 접대비가 있는지를 점검한다.

☞ 접대비를 다른 계정과목으로 돌려 처리하는 방식은 아주 고전적인 방식에 해당한다.

☑ 법인자금을 사적으로 사용한 경우

상황	과세관청의 대응
· 법인의 신용카드를 기업주 및 그 가족이 개인용도로 사용한 경우 · 상품권 등을 개인목적으로 사용한 경우	· PCI시스템 등을 이용해 기업주의 세금신고상황과 재산취득·소비지출, 법인명의 신용카드 사용내역 등을 분석한다. · 상품권 구입명단 등을 활용해 사적으로 사용했는지 등을 검증*한다.

* 상품권의 경우 이를 수령한 자에 대한 해명이 안되면 경비부인 등을 당하게 된다.

회사 돈으로 보험에 가입한 경우

상황	과세관청의 대응
· 개인이 부담할 성질의 것을 법인이 부담한 경우	· 보험이 업무와의 관련성이 있는지를 검토한다. · 업무와 관련없는 보험은 부당행위계산의 부인제도* 등을 적용하게 된다.

* 세법은 특수관계자(가족 등)와 사업상 거래를 통해 부당하게 조세를 회피한 경우 행위자와 그 행위에 의해 이익을 본 자에게 세부담을 무겁게 하는 불이익을 준다. 이를 '부당행위계산의 부인제도'라고 한다.

 기타의 경우

상황	과세관청의 대응
· 업무용 승용차비용이 세법상 한도를 초과하거나, 허위로 차량운행일지를 제출한 경우 등 · 공동사업자 간에 경비를 자의적으로 안분한 경우 · 리베이트에 대한 회계처리가 누락된 경우 등	· 신고서 등으로 서면분석한다. · 리베이트 등은 세무조사 시 집중 조사한다.

3. 자산관련

 가지급금의 경우

상황	과세관청의 대응
· 가지급금에 대한 인정이자를 누락한 경우 · 출자자에게 가지급금을 지급하고 타계정으로 처리한 경우 등	· 가지급금에 대한 인정이자를 신고서에 반영했는지를 검토한다. · 신고서 등을 통해 가지급금을 현금이나 대여금 등으로 위장하고 있는지를 검토한다.

☞ 가지급금이 발생하면 조기에 이를 회수하는 노력을 하는 것이 사후적으로 좋다.

 계열사 자금대여의 경우

상황	과세관청의 대응
· 특수관계인에 대한 대여금을 변칙회계처리한 경우 · 계열기업에 대한 자금지원을 정상거래로 위장처리한 경우	· 가지급금 인정이자 및 지급이자 세무조정 누락 법인을 추출해 분석한다.

☞ 계열사 간에 자금대여액이 큰 경우에는 세무조사 시 집중타겟이 될 수밖에 없다. 부당행위에 해당되는 경우 인정이자 등에 대한 세금추징을 할 수 있기 때문이다. 한편

특수관계에 있는 기업에게 자금대여나 투자를 했는데 손실이 발생해 이를 손비로 처리한 경우에도 세무조사에 의해 세금이 추징될 수 있다. 세무조사 과정에서 손실액이 부인되면 세금추징액도 상상 외로 커지므로 당사자들은 자금거래 전이나 손실처리 전에 반드시 이에 관련된 세무문제를 검토하는 것이 좋다(최근 이에 대한 조사사례가 대기업 군을 중심으로 많이 발생하고 있다).

☑ 재고자산을 조절한 경우

상황	과세관청의 대응
· 기말재고액 등을 조절해 원가를 조작하는 경우 · 재고자산 등을 이용해 손익을 조절하는 식으로 분식한 경우	· 제조·도매업 법인으로 기초·기말재고가 없어 원가 부실계상의 혐의가 있는 법인에 대해서는 사전안내를 한다. · 신고를 하는 경우에는 신고서상의 내용을 확인한다.

☞ 재고의 중요성이 큰 제조업이나 건설업, 유통업은 재고관리에 만전을 기해야 나중에 낭패를 당하지 않는다. 주의하기 바란다.

4. 부채관련
☑ 가수금이 있는 경우

상황	과세관청의 대응
· 고액의 가수금을 보유하고 있는 경우 · 가수금을 장부에 가공계상한 경우 등	· 가수금이 과다한 경우에는 매출누락에 의한 것인지, 가공에 의한 것인지 등을 검토한다. ☞ 가수금 거래 시 차입약정서를 작성해 투명성을 확보한다. 또한 이자지급 시에는 반드시 원천징수를 이행하도록 한다(27.5%). 단, 가급적 무이자방식으로 일처리를 하면 원천징수를 하지 않아도 된다.

☞ 가수금도 자본으로 전입하는 것이 가능하다(상법421조 제2항).

☑ 부채를 출자전환한 경우

상황	과세관청의 대응
· 부채를 자본으로 출자전환한 경우	· 법인세법상 부당행위 등에 해당되는지 등을 확인한다.

5. 자본관련

☑ 증자나 합병·분할 등이 있는 경우

상황	과세관청의 대응
· 자본을 증자하거나 합병 또는 분할 등이 있는 경우	· 불공정한 증자나 합병 등이 있는지를 점검한다. · 합병 등에 의해 조세감면을 받은 경우 사후관리 요건을 위반했는지 등을 점검한다. ☞ 합병과정 등에서 조세감면을 받은 경우 이를 확인하는 세무조사가 자주 등장한다. 주의하기 바란다.

☑ 자기주식을 취득한 경우

상황	과세관청의 대응
· 법인이 자기주식을 취득한 경우	· 자기주식이 정당하게 취득되었는지를 점검한다. · 정당하게 취득되지 않으면 업무무관 가지급금으로 본다. ☞ 자기주식 취득은 가지급금과 상계할 수 있어 자칫 탈세흔적을 없애는 수단으로 활용될 수 있다. 따라서 이러한 관점에서 세무조사 대상자로 분류되는 경우가 종종 있다.

☑ 명의신탁 주식을 보유하고 있는 경우

상황	과세관청의 대응
· 명의신탁주식을 보유하고 있는 경우	· 명의자의 주식취득자금에 대한 금융거래 확인조사 그리고 명의자의 재산·소득상황 등을 조사한다. · 조세회피가 있었는지 등을 확인하기 위해 배당금 수령 및 종합소득세 신고내용 등을 확인한다. · 명의신탁과 관련된 쌍방의 진술서 및 확인서 등을 확보한다.

☞ 이외에 주식평가, 가업승계, 차등배당, 과점주주, 대주주 등과 관련된 세무조사사례도 다수 발생한다. 참고로 법인에 대한 세무조사는 상증법도 적용되는 경우가 많은데 이는 법인과의 거래를 통해 특정 주주 등에게 부의 무상이전(증여)이 일어나는 경우가 많기 때문이다. 세법은 이러한 변칙적인 증여를 잡기 위해 완전포괄주의방식에 의해 증여세를 부과하고 있지만 최근 대법원에서는 과세요건 등이 명확하지 않은 상태에서는 과세할 수 없다는 판결을 계속적으로 내리고 있다(대법원 2013두13266 참조, 세무조사 및 불복 포인트).

6. 법인세 신고관련

☑ 신고소득률이 하락한 경우

상황	과세관청의 대응
· 최근 3년간 신고내용 전산분석 결과 동일업종 및 동일규모의 다른 법인에 비해 신고소득은 떨어지고 비용지출은 증가한 경우 · 세무조사 후 신고소득률이 떨어진 경우 · 개인사업자가 법인전환 후 신고소득률이 떨어진 경우 등	· 직전 사업연도 대비 증감사항을 분석해 이상 항목을 도출하고 그 원인의 분석 및 문제점을 검토한다. · 법인전환 후 신고소득률이 개인사업자에 비해 현저히 하락한 법인에 대해 성실신고안내를 한다. · 최근 조사 받은 법인이 사업실상과 다르게 불성실하게 신고한 혐의가 있을 경우 다시 조사대상자로 선정한다.

☑ 부당한 세액공제나 세액감면을 받은 경우

상황	과세관청의 대응
· 부당한 방법으로 중소기업 특별세액감면 등을 받은 경우 · 연구인력개발비 등에 대해 부당하게 세액공제를 받은 경우*	· 중소기업 특별세액감면 등의 요건을 정확히 지켰는지를 점검한다. · 연구인력개발비 세액공제를 받은 법인 중 연구개발 전담부서가 없는 법인에 대해 안내한다. · 제출된 신고서류 등을 정밀분석한다. ☞ 최근 연구소를 설립해 세액공제를 받은 기업에 대한 세무조사가 자주 발생하고 있다. 주의하기 바란다.

* 세액공제대상이 아닌 퇴직금·연금보험료·연구소 소속 운전기사 등에 대한 인건비 등은 공제대상이 아닌데도 불구하고 이를 세액공제받은 경우 등을 말한다. 참고로 한국산업기술진흥협회(www.koita.or.kr)에서 전담부서 및 인증일·취소일 등에 대한 다양한 조회를 통해 이러한 문제점을 발견할 수 있다.

☞ 기타 지방세에 대해서는 다음과 같은 조사사례들이 있다.

☑ 부동산취득 → 취득세 비과세, 과세표준의 범위(신축, 자본적 지출 등), 취득세 중과세율 적용 등

☑ 과점주주 → 간주취득에 대한 취득세 과세 등

☑ 지방소득세 → 법인 지방소득세 사업장별 안분계산 등

☞ 참고로 이러한 법인세관련 해명요구는 최근에 신설되거나 개정된 항목에 집중적으로 발생할 가능성이 있다. 이에 대한 업무처리가 잘되고 있는지 기획점검 등을 수시로 할 수 있기 때문이다. 예를 들어 업무용승용차 비용이 그렇다. 주의하기 바란다.

| 실력 더하기 | 부당행위계산의 부인과 세무조사의 관계 |

부당행위계산의 부인제도는 개인사업자나 법인이 특수관계인과의 거래를 통해 세부담을 줄이는 경우 세법에 맞게 소득금액을 재계산할 수 있도록 하는 제도를 말한다. 즉 거래행위가 세법기준에 맞지 않는 경우 이를 부인하고 세법에 맞게 재계산을 해 세금을 부과한다는 것이다. 이 제도가 적용되면 법인 등은 물론이고 그와 거래를 맺은 자에게 다양한 세금문제가 파생하는데, 이 규정이 다소 추상적이어서 과세관청과 마찰이 잦다는 점이 문제점으로 부각되고 있다. 이하에서 이에 대해 알아보자.

1. 부당행위계산의 부인 요건

사업자나 법인들이 이 규정을 적용받기 위해서는 다음과 같은 요건을 모두 충족해야 한다.

☑ **특수관계인 사이에 거래를 할 것**
특수관계인은 주로 다음과 같은 관계에 있는 자를 말한다.

> 1. 혈족·인척 등 친족관계(본인이 개인인 경우만 해당)
>   ① 6촌 이내의 혈족
>   ② 4촌 이내의 인척
>   ③ 배우자(사실상의 혼인관계에 있는 자를 포함한다)
>   ④ 친생자로서 타인에게 친양자 입양된 자 및 그 배우자·직계비속
> 2. 임원·사용인 등 경제적 연관관계
>   ① 임원과 그 밖의 사용인
>   ② 본인의 금전이나 그 밖의 재산으로 생계를 유지하는 자
>   ③ 2-①, 2-②의 자와 생계를 함께 하는 친족
> 3. 주주·출자자 등 경영지배관계

☑ **이 둘의 거래로 인해 조세부담이 감소되었다고 인정될 것**
☑ **특정한 거래로 인해 현저한 이익이 분여되었을 것**
여기서 '현저한 이익'이란 일반적으로 시가와 거래가액의 차액이 시가의 5% 이상 또는 3억원 이상 차이가 나는 경우를 말한다.

2. 부당행위의 유형과 적용 결과

부당행위계산의 부인규정이 어떤 행위에 적용되는지 그리고 이를 적용한 결과는 어떻게 되는지 아울러 살펴보자.

(1) 부당행위의 유형

실무적으로 자주 부닥치는 부당행위의 유형은 다음과 같다.

유형	내용
① 출자관계에서 발생되는 유형	㉠ 시가를 초과하는 가액으로 현물출자를 받았거나 그 자산을 과대상각한 경우 ㉡ 무수익자산을 현물출자받았거나 그 자산에 대한 비용을 부담한 경우 ㉢ 출자자 등의 출연금을 대신 부담한 경우
② 자산의 매입·양도에서 발생되는 유형	㉠ 출자자 기타 특수관계인으로부터 무수익자산을 매입하거나 그 자산에 대한 비용을 부담한 경우 ㉡ 출자자 등으로부터 불량자산을 차환하거나 불량채권을 양수한 경우 등
③ 이율, 요율, 임대차관계에서 발생되는 유형	㉠ 출자자 등에게 금전, 기타자산 또는 용역을 무상으로 또는 낮은 이율·요율이나 임대료로 대부 또는 제공한 때. 다만, 주주 등이나 출연자가 아닌 임원(소액주주인 임원을 포함한다) 및 사용인에게 사택을 제공하는 경우를 제외한다. ㉡ 금전 기타 자산 또는 용역을 시가보다 높은 이율·요율이나 임차료로 차용하거나 제공받은 경우
④ 자본거래에서 발생하는 유형	특수관계인인 법인간의 합병에 있어서 주식 등을 시가보다 높거나 낮게 평가해 불공정한 비율로 합병한 경우 등

(2) 부당행위계산의 부인규정을 적용한 결과

기업의 행위가 부당행위계산의 부인규정에 해당하는 경우에는 당해 법인(사업자)이 취한 행위 및 계산은 부인되며, 당해 법인이 부당하게 계상한 금액과 세법에 의해 적법하게 계산한 금액과의 차액을 법인의 각사업연도 소득금액계산상 익금에 산입한다. 또한 부당행위계산의 부인에 의해 익금에 산입된 금액은 이익의 귀속자에 따라 다음과 같이 소득처분을 한다(단, 사법상의 거래는 유효하다. 탈세는 무효에 해당한다).

구분	내용
·배당	출자자에게 귀속되는 경우
·상여	임직원에게 귀속되는 경우
·기타사외유출	법인이나 사업영위 개인에게 귀속되는 경우
·기타소득	상기 이외의 자에게 귀속되는 경우

3. 부당행위계산의 부인규정에 대한 대처법

부당행위계산의 부인규정을 적용할 때에는 ① 건전한 사회 통념 및 상거래 관행과 ② 시가를 기준으로 한다.

1) '① 건전한 사회 통념 및 상거래 관행'에 대처하는 방법

(1) '건전한 사회 통념 및 상거래 관행'이란

이러한 개념에 대해서는 법에서 정한 바가 없으며 대부분 대법원의 판례를 통해 정해지고 있는 실정이다. 대법판례는 회사의 거래가 정상적인 사인 간의 거래·건전한 사회통념상 관행으로 보아 경제적 합리성을 충족했는지의 여부로 이를 판단한다. 한마디로 경제적 합리성이 있는지, 없는지로 이를 따진다는 것이다.

☞ 이러한 추상적인 개념을 법에 적용하다 보니 법을 적용받은 기업들이 힘들어진다. 가급적 추상적인 개념에 따라 법을 해석하는 일들이 없어져야 할 것이다.

(2) 대처법

과세관청이 이러한 잣대로 회사의 거래에 대해 부당행위로 몰고 가면 기업의 입장에서는 세무리스크가 증가될 수밖에 없다. 이럴 때에는 어떻게 해야 할까? 이에 대해서는 역시 대법원의 판결 내용을 참조하여 해결책을 강구할 수밖에 없을 것 같다.

> "부당행위계산의 부인이라 함은 법인이 특수관계에 있는 자와의 거래에 있어 정상적인 경제인의 합리적인 방법에 의하지 아니 하고 법인세법 시행령 제88조 제1항 각 호에 열거된 여러 거래형태를 빙자해 남용함으로써 조세부담을 부당하게 회피하거나 경감시켰다고 하는 경우에 과세권자가 이를 부인하고 법령에 정하는 방법에 의하여 객관적이고 타당하다고 보이는 소득이 있는 것으로 의제하는 제도로, 경제인의 입장에서 볼 때 부자연스럽고 불합리한 행위계산을 함으로 인하여 경제적 합리성을 무시하였다고 인정되는 경우에 한해 적용되는 것이고, <u>경제적 합리성의 유무에 대한 판단은 거래행위의 여러 사정을 구체적으로 고려해 과연 그 거래행위가 건전한 사회 통념이나 상관행에 비추어 경제적 합리성을 결한 비정상적인 것인지의 여부에 따라 판단하되, 비특수관계인 간의 거래가격, 거래 당시의 특별한 사정 등도 고려해야 한다</u>(대법원 2008.7.24. 선고 2008두3197 판결 등 참조)."

결국 기업의 입장에서는 해당 거래행위가 그렇게 될 수밖에 없었음을 입증하는 것이 매우 중요함을 알 수 있다. 예를 들어 특수관계에 있는 회사의 회원권을 구입했는데 과세관청이 이를 계열사에 대한 부당한 자금지원으로 몰고 간 경우 해당 거래를 할 수 밖에 없었던 정황, 예를 들어 거래상대방은 유동비율이 개선되는 등 자금압박을 받지 않아 부당지원을 할 필요가 없는 등의 정황을 객관적인 자료와 함께 제시해 해당 거래가 정상적인 거래였음을 주장해야 한다는 것이다.

☞ 이러한 부당행위에 대한 과세문제는 세무조사 또는 불복 때 납세자와 과세관청 간에 가장 첨예하게 대립하는 항목 중 하나다.

2) '② 시가'에 대처하는 방법

부당행위를 주로 시가를 기준으로 판단하는 것을 말한다.

(1) '시가'란

여기서 '시가'란 특수관계인이 아닌 제3자간에 거래되는 가격을 말한다. 이때 시가가 불분명한 경우에는 '감정가액(주식 등은 제외) → 상증법상의 규정'을 순차적으로 적용하여 시가를 산정한다. 한편 자산(금전은 제외)을 제공하거나 제공받는 경우에 있어서 앞의 시가규정을 적용할 수 없는 경우에는 다음의 규정에 의해 계산한 금액을 시가로 한다.

$$(당해\ 자산의\ 시가 \times 50\% - 전세금\ 또는\ 보증금) \times 정기예금이자율$$

(2) 대처법

시가에 대한 객관적인 자료를 최대한 확보해두도록 한다. 예를 들어 특수관계인 간에 임대차계약을 하는 경우에는 주변의 시세와 차이가 나지 않도록 중개인을 통해 거래하거나 감정평가를 받는 방법 등이 있을 수 있다. 다만, 감정을 받았다고 해서 무조건 시가로 인정하는 것은 아니다. 감정평가액에 대한 신뢰도가 없는 경우도 있기 때문이다.

☞ 개인사업자의 사업소득에 대한 부당행위계산의 부인규정은 법인과 거의 유사하게 적용되고 있다.

chapter 02

법인세 세무조사대책

법인세 신고안내문을 받은 경우

상황 법인도 수시로 신고와 관련된 안내문을 받는다. 예를 들어 부가가치세나 법인세 등을 신고하기 전에 성실신고안내문, 신고 후에는 수정신고안내문, 무신고 시에는 기한후신고안내문이 보내지기도 한다. 이하에서 법인세 신고와 관련된 각종 안내문에 대한 대처법을 알아보자.

Case K법인은 전년도에 신고한 법인세신고서상에 매출누락 및 가공경비의 계상혐의가 있다는 식으로 작성된 법인세 수정신고안내문을 받았다. 이 법인의 CEO인 김태평씨는 이에 어떤 식으로 대처해야 하는지 난감해 하고 있다. 물음에 답하면?

☞ **물음 1** : 수정신고는 반드시 해야 하는가? 하지 않는 경우에 예상되는 불이익은?
☞ **물음 2** : 매출누락에 따른 신고불성실가산세율은 10%인가, 40%인가?
☞ **물음 3** : 수정신고안내문에 따라 수정신고하는 경우 신고불성실가산세 감면 및 중소기업 특별세액감면은 받을 수 없는가?

Solution 물음에 대해 순차적으로 답을 찾아보면 다음과 같다.

· **물음 1의 경우**

수정신고안내문에 나오는 문구는 확실한 증거에 의한 경우가 아니라 과세관청이 컴퓨터 등의 분석에 의한 추정에 불과할 수 있다. 따라서 K법인이 제대로 신고를 했다면 수정신고를 할 이유가 없다. 실질이 그렇기 때문이다. 하지만 신고가 제대로 되지 않았다면 현장방문이나 세무조사로 연결될 수 있으므로 수정신고를 하는 것도 나쁘지는 않을 것으로 보인다.

☞ 투명하게 신고했음에도 불구하고 이러한 안내문을 받은 경우 이에 대한 소명을 적극적으로 하면 좋을 것이다. 예를 들어 원자재 값이 올라 소득률이 떨어졌다면 이에 대한 입증자료를 만들어 담당공무원을 설득하는 것도 나쁘지 않다.

· **물음 2의 경우**

매출누락에 대한 수정신고 시 신고불성실가산세는 10%가 될 수도 있고, 40%가 될 수도 있다. 40%가 되는 경우는 부정한 행위를 고의적, 적극적으로 함으로써 국세를 포탈하거나 환급, 공제받은 때다. 다만, 단순 매출누락은 10%다. 따라서 단순누락인지 부정행위에 의한 매출누락인지 여부를 과세관청이 구체적인 사실에 근거해 사실 판단해야 하는 사항이므로 안내문을 발송한 해당관서에 문의해야 한다.

· **물음 3의 경우**

수정신고안내에 따라 수정신고를 하는 경우에 가산세 감면과 중소기업 특별세액감면은 받을 수 없다. 자발적으로 수정신고를 하는 것과 차이를 두기 위해서 배제하고 있다.

Consulting 법인이 관할 세무서 등으로부터 수시로 과세와 관련해 안내문을 받는 경우가 많은데 대처법과 함께 정리하면 다음과 같다.

확정신고안내문	· 법인세 확정신고를 앞두고 성실신고를 당부하는 안내문을 말한다. → 안내문을 잘 분석해 이에 대한 내용을 신고서에 반영하는 것이 좋다.
수정신고안내문	· 신고한 내용에 오류나 탈루 혐의가 있는 경우에 발송하는 안내문을 말한다. → 빠른 시일 내에 자발적으로 수정신고를 하는 것이 좋다. 이때 가급적 신고관련 가산세는 40%가 안 되도록 노력한다.
기한후 신고안내문	· 법인세를 법정신고기한 내에 신고하지 않은 경우에 발송하는 안내문을 말한다. → 장부를 작성하여 기한후신고를 하도록 한다.

☞ 법인세와 관련된 신고안내문은 주로 확정 및 수정신고안내와 관련해 발생한다.

실전연습 (주)신기루는 물류사업을 영위하는 법인이다. 그런데 어느 날 관할 세무서에서 다음과 같은 법인세 수정신고안내문을 보내왔다. 물음에 답하면?

귀사가 제출한 법인세 신고서와 부속 서류 등을 검토한 결과 아래와 같이 신고 누락 또는 오류 사항이 있는 것으로 분석되어 알려드리니 확인하신 후 201 . . .까지 수정신고를 하시거나 해명자료를 제출해주시기 바랍니다.

○ 검토 결과

과목	금액(원)	소득처분	누락 또는 오류 사항	관련법령
복리후생비	1억원	상여	접대성 경비	
예상세액	총세액 :	법인세 :	부가가치세 :	기타세 :

☞ **물음 1** : 이런 안내문은 어떠한 상황에서 보내온 것인가?
☞ **물음 2** : 만일 이 안내문을 받고도 성실신고를 하지 않으면 그 결과는 어떻게 될까?
☞ **물음 3** : 이러한 통지서를 받지 않으려면 어떻게 하는 것이 좋을까?

물음에 순차적으로 답을 찾아보자.

· **물음 1의 경우**
(주)신기루가 신고한 법인세신고서 등을 서면분석하거나 자료를 제출받아 분석한 결과 접대성 경비를 복리후생비로 둔갑시켜 세금을 신고한 것에 대한 수정신고를 안내하고 있다.

☞ 예를 들어 과세관청은 법인카드로 구입한 상품권 구입 리스트를 입수해 이에 대한 사용처에 대한 해명을 요구하고 이에 대한 해명이 안 되는 경우 과세하는 쪽으로 방향을 잡는 경우도 있다.

· **물음 2의 경우**
이러한 안내문은 납세자에게 자발적으로 신고의 기회를 주는 것인데, 만일 이에 대해 불응하거나 해명자료를 제출하지 않으면 세무조사로 연결하는 등 궁극적으로 세무리스크가 올라가게 된다.

☞ 따라서 즉각적인 조치를 취하는 것이 좋다.

· **물음 3의 경우**
가장 좋은 것은 성실신고를 하는 것이다(아래 사례 참조). 미리 과세관청의 방침, 업계의 신고동향 등을 감안해 장부 및 증빙에 기초하여 신고하도록 한다.

※ **성실신고를 하는 경우의 절세효과**
법인이 소득금액 10억원을 은닉해 신고누락하고 5년 뒤 탈세로 추징되는 경우의 세금을 비교해보자(국세청). 단, 법인세와 소득세의 한계세율을 각각 20%, 38%로 적용한다.

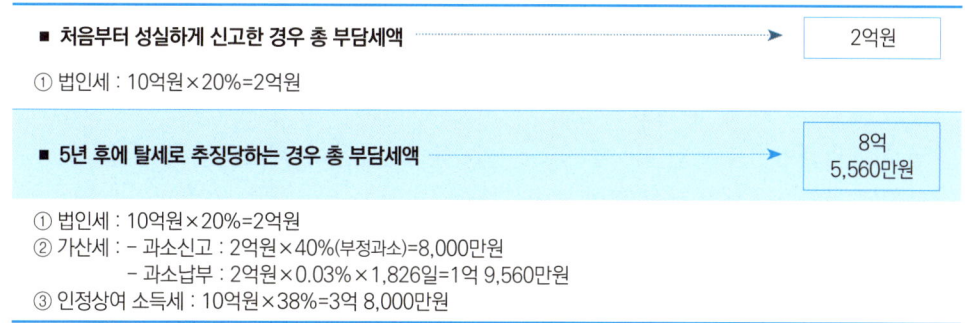

■ 처음부터 성실하게 신고한 경우 총 부담세액 ▶ 2억원
① 법인세 : 10억원×20%=2억원

■ 5년 후에 탈세로 추징당하는 경우 총 부담세액 ▶ 8억 5,560만원
① 법인세 : 10억원×20%=2억원
② 가산세 : - 과소신고 : 2억원×40%(부정과소)=8,000만원
         - 과소납부 : 2억원×0.03%×1,826일=1억 9,560만원
③ 인정상여 소득세 : 10억원×38%=3억 8,000만원

처음부터 성실하게 신고한 경우보다 약 4배 이상 많은 세금을 부담하게 되는 결과가 나왔다.

▶▶ 법인세 과세자료 처리

법인세 과세자료는 어떤 절차에 따라 처리되는지 참고로 알아보자. 아래의 내용은 법인세 사무처리규정 제112조에 나와 있는 내용이다.

① 수보자료는 처리담당자를 지정해 전산에 입력하고 과세자료 처리담당자에게 배부해야 하며 담당자 부재 시 재지정할 수 있다.
② 전산정보관리관은 담당자가 미지정된 세수일실의 우려가 있는 자료 등의 명세를 매월 세무서별로 출력해 자료처리에 도움이 되도록 협조하여야 한다.
③ 다음 각 호의 어느 하나에 해당하는 경우에는 납세자의 모든 자료를 일괄처리해야 한다.
　1. 해당 사업자에 대한 세무조사를 실시할 때
　2. 수시부과사유가 발생하여 수시부과할 때
　3. 부도·폐업 또는 법원 경매개시 등으로 세수일실의 우려가 있는 자로서 조세채권 확보가 가능한 사업자의 자료.
④ 납세자의 해명이 필요한 자료는『과세자료 해명안내문(별지 제13호 서식)』을 발송해 해명결과에 따라 처리해야 한다. 다만, 과세자료의 내용이 명확하여 해명이 필요 없다고 인정되는 경우에는『과세자료 해명안내문』발송을 생략할 수 있다.
⑤ 납세자가 해명자료를 제출한 경우에는 해명자료를 성실하게 검토해 그 결과에 따라 처리하고, 처리유형에 관계없이 그 처리결과를『해명자료 검토결과 통지서(별지 제12호 서식)』에 따라 통지하여야 한다. 다만, 해명자료검토결과에 대해「과세전적부심사 사무처리규정」에 따라『과세예고 통지서』를 발송하는 경우에는『해명자료 검토결과 통지서』발송을 생략할 수 있다.
⑥ 자료처리담당자는 법인이 해명요구를 받고도 해명자료를 제출하지 아니하거나, 해명자료만으로는 자료처리를 종결할 수 없는 경우로서 현장확인이 필요하다고 판단되는 경우 제4조 및 제5조에 따라 현장확인을 실시할 수 있다.
⑦ 법인세과장은 과세자료, 해명자료 및 신고내용 등의 분석결과 광범위한 확인이 필요해 실지조사를 갈음하는 현장확인이 요구되는 등 세무조사 대상으로 선정할 필요가 있다고 판단되는 경우 관서장의 결재를 받아 조사과에 조사의뢰해 처리할 수

있다.
⑧ 조사대상선정 담당과장은 전산으로 과세자료 발생현황을 조회해 과세자료 과다발생자, 고액자료발생자 등을 조사대상자로 선정할 수 있다.
⑨ 다른 규정에서 구체적으로 처리요령을 명시한 자료, 이 규정에서 구체적인 처리요령을 정하지 아니한 업무지시에 따른 과세자료·자체탈세정보자료·세원정보자료·탈세제보자료는 해당규정이나 지침에서 정하는 바에 따른다.
⑩ 이 규정에서 정한 과세자료의 관리 및 처리요령 중 과세자료누적관리시스템의 개발 및 변경으로 이 규정과 다른 방법에 따라 처리되는 경우 그 요령에 따라 처리하고, 부가가치세 과세자료의 입력·통수보·처리·관리는 「부가가치세 사무처리규정」에 따라 처리한다.

☞ 이러한 사무처리규정을 보면 과세자료의 발생의 원천과 그에 따른 해명을 어떤 식으로 요구하는지 그리고 납세자는 어떤 식으로 대응해야 하는지 등을 알 수 있다.

memo

【법인세 사무처리규정 별지 제8호 서식】

기 관 명

개별(전산)분석 안내법인 수정신고 안내

문서번호 : 법인 -

○ 법인명 :   ○ 대표자 :   귀하

안녕하십니까?
　국세청에서는 이번 법인세 정기신고를 앞두고 귀사가 신고할 때 누락하기 쉬운 항목을 분석하여 사전 안내하였습니다.
　귀사가 제출한 법인세 신고서와 부속 서류 등을 검토한 결과 아래와 같이 신고 누락 또는 오류 사항이 있는 것으로 분석되어 알려드리니 확인하신 후 201 .   . .까지 수정신고를 하시거나 해명자료를 제출하여 주시기 바랍니다.

○ 검토 결과

과 목	금 액(원)	소득처분	누락 또는 오류 사항	관련법령
합 계				
예상세액	총세액 : 법인세 : 부가가치세 : 기타세 :			

기한까지 수정신고를 하지 않거나 해명자료를 제출하지 않으면 검토 결과대로 세금이 부과됩니다.

　　　　　　　　　　　　　　　　　　　　　　　　　　　년　　월　　일

기 관 장

위 내용과 관련하여 문의 사항이 있을 때에는 담당자에게 연락하시면 친절하게 상담해 드리겠습니다. 성실납세자가 우대받는 사회를 만드는 국세청이 되겠습니다.
◆담당자 : ○○세무서 ○○○과 ○○○ 조사관(전화 :   , 전송 :   )

210㎜×297㎜(신문용지 54g/㎡)

법인세 해명자료 제출안내문을 받은 경우

상황

법인사업자가 해명자료 제출안내문을 받은 경우는 부가가치세나 법인세를 신고한 후다. 신고한 내용에 오류 등이 발생해 이를 검증하는 차원에서 이 안내문이 보내진다. 따라서 만일 해명이 미흡한 경우에는 세무조사로 연결될 수 있는 만큼 관련 업무처리에 만전을 기해야 한다.

Case

서울 구로구에 위치한 L법인은 프로그램 개발업을 영위하고 있다. L법인은 다음과 같이 개발계약을 체결했다. 그런데 관할 세무서에서는 이와 관련하여 해명자료를 요구했다. 물음에 답하면?

---

* 총계약금액 : 10억원
* 계약기간 : 5개월
* 지급방법
  · 계약금 30% : 계약체결 시 지급
  · 중도금 30% : 작업공정의 70% 완성 시 지급
  · 잔금 40% : 작업공정의 100% 완성 시 지급

☞ **물음 1** : 관할 세무서는 왜 이에 대해 해명을 요구했을까?
☞ **물음 2** : 이 경우 세금계산서의 발급방법은 어떻게 될까?
☞ **물음 3** : L법인은 작업이 완료되지 않았음에도 불구하고 이에 대해 세금계산서를 발행했다. 이 경우 어떤 문제가 있는가?
☞ **물음 4** : 물음3의 연장선상에서 L법인은 어떤 식으로 해명을 해야 하는가?

Solution

물음에 대해 순차적으로 답을 찾아보면 다음과 같다.

· 물음 1의 경우

일단 세금계산서 발행금액이 크기 때문에 실제 거래가 있었는지 그리고 세금계산서가 정확하게 수수되었는지 등을 확인하기 위한 것이라고 추정할 수 있다.

· 물음 2의 경우

이 사례는 부가가치세법상 완성기준조건부계약*에 해당한다. 따라서 계약 시와 작업공정이 70%, 100%가 완성될 때마다 세금계산서가 발급되어야 한다. 이 계약은 기성고(공정도)에 따라 대금이 지급되는 계약을 말하는데 부가가치세법에서는 이러한 계약의 경우 '대가의 각 부분을 받기로 한 때'를 공급시기로 하고 있기 때문이다.

* 완성도기준조건부계약은 공급자가 기성고 청구를 하고, 공급받는 자가 이를 확인하는 절차를 밟아야 이 계약으로 인정받는다. 이러한 절차가 없다면 완성기준조건부계약이라고 할 수 없다.

☞ 실무적으로 이러한 내용들을 꿰차고 있지 못하면 세무리스크가 고스란히 존재하게 된다.

· 물음 3의 경우

기성고 청구와 이에 대한 확인이 없는 경우는 완성도기준지급조건부 공급으로 볼 수 없다. 따라서 이 경우에는 일반적인 용역의 공급시기인 '역무의 제공이 완료된 때'를 공급시기로 해야 한다(국심 2001전3249, 2002.2.23.).

· 물음 4의 경우

해명을 요구한 관할 세무서는 세금계산서발급이 진짜 거래에 의한 것인지, 그렇다면 법에 따라 제대로 발급되었는지 등을 검토하게 될 것이다. 따라서 이러한 관점에서 소명서를 작성한 후 관련서류(계약서 등)를 첨부해 제출하도록 한다. 소명서는 별도의 형식이 있는 것은 아니므로 자유롭게 작성해 제출해도 될 것으로 보인다. 다음의 샘플로 이를 확인하기 바란다.

※ 소명서 샘플

소명서

1. 소명이유
2. 사실관계
3. 기타

※ 첨부서류

Consulting 법인이 법인세 신고와 관련해 해명자료 제출안내문(또는 소명 안내문)을 받은 경우 다음과 같이 대처하자.

안내문 내용 파악
- 안내문에 나온 내용에 대해 관할 세무서의 담당자를 통해 최종 확인한다.
- 세무전문가를 통해 알아보는 것도 하나의 방법이다.
  → 법인은 문제가 되는 금액이 대표이사의 상여로 처분되는 경우가 많으므로 최대한 이러한 문제까지 검토해야 한다.

↓

해명자료 작성 및 제출
- 안내문에 대한 사실관계 및 법률관계를 검토한다.
- 해명서를 작성한 후 증거자료 등을 첨부해 제출한다.
- 해명서는 관할 세무서에서 일 처리하는 기간에 맞춰서 제출한다(며칠 정도 연기가능).

↓

과세 시 대응법
- 해명에도 불구하고 과세예고 통지서를 보내온 경우에는 과세전적부심사를 청구할 수 있다.
- 과세전적부심사를 받아 주지 않은 경우에는 정식적인 불복절차(이의신청 등)를 밟아 적극적으로 대응할 수 있다.

※ 해명 안내문에 대한 대처법(요약)

 해명자료의 제출안내문을 받은 경우에 이를 받은 날로부터 통상 7~10일 이내에 해명 자료를 제출한다.

- ☑ 시간이 더 필요한 경우에는 연기신청을 하도록 한다.
- ☑ 과세예고 통지서를 받은 경우에는 과세전적부심사청구를 한다.
- ☑ 고지서를 받으면 불복청구를 한다.

실전연습 JS법인은 관할 세무서에서 시행하고 있는 법인세 사후검증에서 다음과 같이 3억원의 가공원가를 계상하고 그 상대계정으로 대표자 가지급금을 차감했다는 사실이 적출되었다. JS법인이 매입 3억원에 대해 손금불산입한 후 유보로 법인세를 수정신고하는 것이 가능할까?

> (차변) 매입 3억원 / (대변)대표자 가지급금 3억원

위의 물음에 대해 순차적으로 답을 찾아보면 다음과 같다. 초보자의 입장에서는 내용이 다소 어려울 수 있으므로 건너뛰어도 문제가 없다.

STEP1 쟁점은?
사례의 가공매입은 당연히 손금불산입 사항이다. 그런데 쟁점은 이에 대한 소득처분이 '유보'인지, '상여'인지에 따라 추가적인 소득세 문제가 달라진다는 것이다. JS법인 입장에서는 유보처분이 되어야 대표이사에 대한 세금문제가 없다.

STEP2 세법규정은?
가공원가 계상혐의에 따른 신고자료 해명안내문을 받고 해당 사업연도의 가공원가에 대해 수정신고를 하는 경우에는 아래의 '경정이 있을 것을 미리 알고 사외유출된 금액을 익금산입하는 경우'에 해당한다. 따라서 이 경우에는 유보로 소득처분을 할 수 없다.

※ 관련 규정 : 법인세법 시행령 제106조 【소득처분】
내국법인이 수정신고기한 내에 매출누락, 가공경비 등 부당하게 사외유출된 금액을 회수하고 세무조정으로 익금에 산입해 신고하는 경우의 소득처분은 사내유보로 한다. 다만, 다음 각 호의 어느 하나에 해당되는 경우로 경정이 있을 것을 미리 알고 사외유출

된 금액을 익금산입하는 경우에는 그러하지 아니하다.
- ☑ 세무조사의 통지를 받은 경우
- ☑ 세무조사가 착수된 것을 알게 된 경우
- ☑ 세무공무원이 과세자료의 수집 또는 민원 등을 처리하기 위해 현지출장이나 확인 업무에 착수한 경우
- ☑ 납세지 관할 세무서장으로부터 과세자료 해명안내 통지를 받은 경우
- ☑ 수사기관의 수사 또는 재판 과정에서 사외유출 사실이 확인된 경우
- ☑ 그밖에 위와 유사한 경우로 경정이 있을 것을 미리 안 것으로 인정되는 경우

STEP3 결론은?

가공원가 계상혐의에 따른 신고자료 해명안내문을 받고 해당 사업연도에 대한 가공원가에 대하여 수정신고를 하는 경우에는 '경정이 있을 것을 미리 알고 사외유출된 금액을 익금산입하는 경우'에 해당해 사내유보로 처분할 수 없다. 따라서 상여로 처분하는 것이 타당하다.

☞ 사업연도 중에 주식변동이 발생한 경우에도 이에 대한 해명요구가 많다. 특히 비상장기업과 관련해 주식의 상속이나 증여, 양도 등이 발생해 증여세나 양도소득세 등을 신고한 경우 신고한 가액이 세법상의 평가액과 차이가 난 경우에는 이를 부인하고 세법상의 평가액으로 과세함에 주의해야 한다.

memo

【법인세 사무처리규정 별지 제10호 서식】　　（2010.07.23 개정）

기 관 명

법인세 신고관련 해명자료 제출 안내

문서번호 : 법인 -

○ 법인명 :　　　　　　　　○ 대표자 :　　　　귀하

안녕하십니까?
귀사의 사업이 번창하길 기원합니다.

　귀사가 제출한 201 . . . ~ 201 . . . **사업연도** 법인세 신고 서류를 검토한 결과 확인할 사항이 있어 아래의 자료를 요청하니 201 . . . **까지** 제출하여 주시기 바랍니다. (요청 근거 : 「법인세법」 제60조 제6항 및 같은 법 제122조 또는 「상속세 및 증여세법」 제84조)

○ 제출할 자료

| |
| |
| |
| |

년　월　일

기 관 장

위 내용과 관련하여 문의 사항이 있을 때에는 담당자에게 연락하시면 친절하게 상담해 드리겠습니다. 성실납세자가 우대받는 사회를 만드는 국세청이 되겠습니다.

◆담당자 : ○○세무서 ○○○과 ○○○ 조사관(전화 :　　　, 전송 :　　　)

210㎜×297㎜(신문용지 54g/㎡)

【법인세 사무처리규정 별지 제13호 서식】　　　(2010.07.23 개정)

기 관 명

법인세 해명자료 제출 안내

문서번호 : 법인 -

○ 법인명 :　　　　　　　　　　○ 대표자 :　　　　귀하

안녕하십니까?　귀사의 사업이 번창하길 기원합니다.

귀사의 사업과 관련하여 아래와 같이 과세자료가 발생하여 알려드리니 이에대한 해명자료를 201 . . 까지 제출하여 주시기 바랍니다.

○ 과세자료 발생 경위

○ 과세자료 내용　　　　　　　　　　　　　　　　　　　　　　(단위 : 원)

과세자료명	귀속연도	과세자료 발생처		과세자료금액	비고
		상 호 (성 명)	사업자등록번호 (생년월일)		

○ 제출할 해명자료

제출 기한까지 회신이 없거나 제출한 자료가 불충분할 때에는 과세자료의 내용대로 세금이 부과될 수 있음을 알려드립니다.

년　월　일

기 관 장

위 내용과 관련하여 문의 사항이 있을 때에는 담당자에게 연락하시면 친절하게 상담해 드리겠습니다. 성실납세자가 우대받는 사회를 만드는 국세청이 되겠습니다.

◆담당자 : ○○세무서 ○○○과 ○○○ 조사관(전화 :　　　　, 전송 :　　　　)

210㎜×297㎜(신문용지 54g/㎡)

주식 등 변동에 관한 해명 안내문

○ 소재지 :

○ 법인명 :   ○ 대표자 :

1. 평소 국세행정에 협조하여 주신데 대하여 감사 드립니다.
2. 귀 법인이 제출한 주식 등 변동상황명세서를 검토한 결과 아래와 같은 부분에서 주식거래 사실관계가 불분명하여 귀 법인의 성실한 세금 신고 및 납부 사실을 확인하는데 어려움이 있습니다.
   그래서 미비 또는 불분명한 사항을 확인할 수 있도록 아래 보완할 사항의 자료를   년 월 일까지 우편으로 제출하여 주시면 고맙겠습니다.
3. 만약 보완자료를 기한 내에 제출하지 아니하거나, 제출한 자료가 미비한 경우에는 세금신고 및 납부의 성실 여부 확인이 어려워 실지조사를 받게 되는 경우가 있을 수 있으므로 적극 협조하여 주시기 바랍니다.

※ 보완자료의 제출은 주식변동의 구체적인 거래내용 확인을 위하여 귀법인에게 협조를 구하는 것입니다. 실지조사의 번거로운 절차 없이도 귀하의 성실신고·납부 여부를 확인할 수 있도록 협조하여 주시면 고맙겠습니다.

아   래

미비 또는 불분명한 사항	보완을 요하는 사유 및 제출하여야 할 자료
	* 제출하여야 할 자료는 구체적으로 표시 * 관련자료의 사본을 제출하는 경우 본인의 원본대조필을 하도록 안내(예시문 참조)

20 . . .

○○지방국세청장

☐ 우편으로 제출하실 주소
 - 우편번호 : ○○○-○○○
 - 주   소 : ○○시 ○○구 ○○0동
 - 보내실곳 : ○○지방국세청장(조사○국 ○과)
  ※ 위와 관련한 의문이나 애로사항이 있으시면 ○○지방국세청 조사○국○과○ 담당 ○○○ (전화: -   )에게 문의하여 주시기 바랍니다.

법인세 과세예고 통지서를 받은 경우

상황

법인세와 관련해 과세예고 통지서를 받은 경우의 대처법을 살펴보자. 과세예고 통지서는 예상고지세액이 나와 있어 이에 대한 소명을 제대로 못하면 바로 세금추징으로 이어지므로 세무리스크가 매우 높은 상황이라고 할 수 있다.

Case

H법인은 다음과 같은 과세예고 통지서를 받았다. 물음에 답하면?

1. 과세예고 종류 : 실지조사에 따른 파생자료. 단순자료처리

| 과세예고 내용 | 가공매입에 따른 부가가치세, 법인세 과세예고 |

2. 결정할 내용(예상 총 고지세액 :   원)
※지방소득세(소득세·법인세의 경우 예상고지세액의 10%) 및 소득금액 변동 관련세액 별도

(단위 : 원)

구분	신고 과세표준	결정 과세표준	산출세액	예상 고지세액
법인·소득세				
부가가치세				
상속·증여세				
양도소득세				
기타세(원천·개별소비·주세 등)				

☞ **물음 1** : 이 과세예고 통지서를 보내온 이유는?
☞ **물음 2** : 이 통지서의 내용으로 볼 때 예상되는 문제점은?
☞ **물음 3** : H법인은 이에 어떤 식으로 대처해야 하는가?

Solution

위의 물음에 대해 순차적으로 답을 찾아보면 다음과 같다.

· 물음 1의 경우

과세예고 종류와 내용으로 보건데, H법인의 거래처 상대방에 대한 세무조사를 진행 중에 가공매출 즉 H법인이 가공매입을 했음이 밝혀져 이에 대해 과세예고를 한 것으로 추정할 수 있다.

· 물음 2의 경우

H법인이 가공매입한 경우 부가가치세와 법인세가 추징될 가능성이 높다. 부가가치세는 매입세액불공제 처분과 가산세가 부과될 수 있다. 가산세의 경우 부정과소신고가산세가 40%로 부과될 것으로 보인다. 한편 가공매입액에 대해서는 H법인의 대표이사에게 상여처분이 되어 근로소득세가 부과될 수 있다.

돌발퀴즈!

만약 H법인이 과세예고 통지를 받은 이후에 가공매입금액을 전액 회수한 경우라면 상여처분이 아닌 유보처분을 할 수 있는가?

아니다. 이때에는 유보가 아닌 상여로 처분하도록 하고 있다(서면인터넷방문상담2팀-809, 2005.6.13.). 이렇게 한 이유는 비자발적인 수정신고를 한 것에 대한 불이익을 주기 위해서다.

· 물음 3의 경우

일단 과세예고 통지가 되면 과세전적부심사청구를 해 일처리를 해야 한다. 만일 이 청구에서 명백한 자료 등에 의해 과세예고 통지가 잘못되었다면 직권시정이 되나 청구인의 주장이 채택되지 않으면 고지서가 발송되게 된다. 따라서 이러한 상황이 오면 정식적인 불복을 제기하면 된다.

과세전적부심사 불채택결정		· 이의신청 → 심사 또는 심판청구 · 심사 또는 심판청구

Consulting 법인세 신고와 관련해 과세예고 통지서를 받은 경우에는 다음과 같이 대책을 꾸미면 된다.

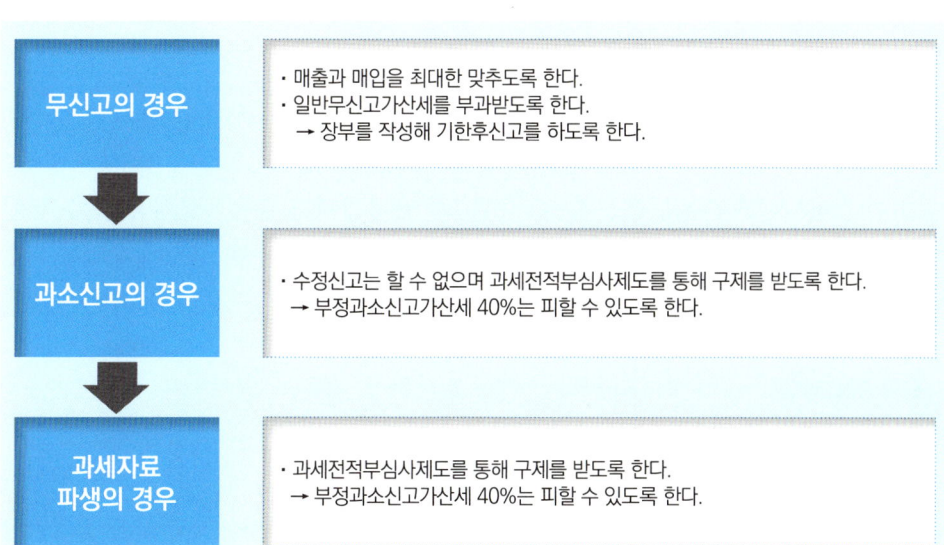

실전연습 LK법인은 법인통합조사 결과, 법인세 및 부가가치세에 대한 과세예고 통지를 받았다. 물음에 답하면?

☞ 물음 1 : LK법인은 조기결정신청서를 제출했다. 이 신청서는 어떤 경우에 제출하는가?
☞ 물음 2 : 과세예고 통지된 금액이 1억원 정도 되어 이에 대한 납부기한을 연장하고 싶은데 LK법인도 징수유예제도를 활용할 수 있는가?
☞ 물음 3 : 징수유예신청은 언제까지 해야 하는가?

물음에 대해 순차적으로 답을 찾아보면 다음과 같다.

· 물음 1의 경우

납부불성실가산세를 줄이려는 목적 하에 고지서를 앞당겨 받을 때 신청한다.

· 물음 2의 경우

이 경우에는 먼저 아래와 같은 징수유예 사유에 해당하는지를 점검할 필요가 있다.
- ☑ 재해 또는 도난으로 재산에 심한 손실을 입은 경우
- ☑ 사업에 현저한 손실을 입은 경우
- ☑ 사업이 중대한 위기에 처한 경우
- ☑ 납세자 또는 그 동거가족의 질병이나 중상해로 장기치료가 필요한 경우 등

만일 이에 해당된다고 판단되는 경우에는 관할 세무서에 징수유예신청을 할 수 있다(미리 담당 공무원과 연락을 취해 알아보면 좋다). 징수유예 승인이 된 경우에 승인된 기간(최대 9개월) 내에서 납부세액을 분할해 납부할 수 있다.

· 물음 3의 경우

징수유예신청은 고지된 국세의 납부기한 개시 3일 전까지 징수유예 신청서에 그 사유를 입증하는 서류 및 납세담보제공서를 첨부해 관할 세무서장에게 신청한다. 신청서를 받은 관할 세무서장은 납세자의 신청이 있으면 그 사실을 조사해 가부를 결정하고 납세자에게 통지해야 한다.

돌발퀴즈!

징수유예에 따른 납부불성실가산세는 부과되는가?
부과되지 않는 것이 원칙이다.

법인세 세무조사 사전 통지서를 받은 경우

상 황

법인에 대해 세무조사가 시작될 예정이라고 하자. 해당 법인은 어떤 절차를 거쳐서 조사를 받게 될까? 그리고 그에 대한 대비법은 무엇인가? 이하에서는 법인의 세무조사와 관련해 기본적인 내용 등에 대해 알아보자.

Case

수도권에 위치한 (주)L은 제조업을 영위하고 있다. 당해연도 기준으로 L기업의 주요 현황은 다음과 같다. 물음에 답하면?

구분	내용	비고
매출	1,000억원	
세무조사 수감연도	5년 전	
성실도 분석	ⓢ, 중, 하	
소득률	7%	동종업계 평균 5%

☞ 물음 1 : 법인세 조사대상자는 구체적으로 어떻게 선정하는가?
☞ 물음 2 : L기업은 정기선정의 방법 중 어떤 방법에 의해 세무조사 대상자로 선정될 수 있는가?
☞ 물음 1 : L기업이 정기선정이나 비정기선정에 의해 세무조사를 받을 가능성은?

Solution 물음에 순차적으로 답을 찾아보면 다음과 같다.

· 물음 1의 경우

일반적으로 정기선정의 경우 ① 신고성실도 평가 ② 5년 주기 순환조사 ③ 무작위추출 방식으로 세무조사 대상자를 선정한다. 한편 납세자에 대한 구체적인 탈세제보가 있는

경우 등은 비정기선정에 의한 세무조사 대상자가 될 수 있다.

☞ 비정기선정은 수시조사로 불리기도 하며 세무조사의 강도가 정기선정보다 세다.

※ 관련 규정 : 법인 세무조사 선정기준(법인세 사무처리규정 제163조)
- ☑ 법인 정기조사 대상 선정 시 연간 수입금액 3,000억원 이상의 법인은 5년 주기 순환조사를 원칙으로 선정한다.
- ☑ 위 외의 법인은 신고성실도 평가에 의한 선정을 원칙으로 하되, 연간 수입금액 50억원 미만의 신고성실도 하위그룹 법인은 무작위추출방식에 의한 선정을 병행할 수 있다.
- ☑ 장기간 세무조사를 받지 아니해 성실신고 여부 검증이 필요한 일정 규모 이상의 법인은 신고성실도 평가결과와 관계없이 정기조사 대상으로 선정할 수 있다.

· 물음 2의 경우

법인사업자의 경우에는 연간 매출액 3,000억원이 넘으면 5년 주기 순환조사를 원칙으로 하고, 그 미만인 경우에는 신고성실도 평가를 원칙으로 하되 무작위추출방식을 병행해 선정한다. 따라서 L기업의 경우 후자에 따라 조사대상자로 선정된다.

돌발퀴즈!

조사를 받게 되면 지방청조사국에서 받을까, 관할 세무서에서 받을까?

법인의 경우 500억원 이상이면 지방청조사국에서 담당하는 것이 원칙이다(일선 세무서로 위임 가능). 따라서 L기업은 매출액이 1,000억원이므로 지방청에서 조사하는 것이 원칙이다.

· 물음 3의 경우

L기업의 세무신고 내용에서는 특별한 이상 징후를 발견하기가 힘들다. 따라서 구체적인 탈세제보 등이 없는 경우에는 세무조사의 가능성은 낮다고 할 수 있다.

Consulting 법인세에 대한 세무조사가 시작되는 경우 알아야 할 내용들을 정리해보자.

단계	내용
세무조사 시작 전	• 점검할 내용 : 국세부과 제척기간, 세무조사의 이유, 중복조사 여부, 세무조사의 종류, 조사기간, 조사대상 사업연도 등 파악 • 준비할 서류 : 법인세신고서, 재무제표, 전표, 지출결의서, 각종 계약서 등
세무조사 진행 중	• 세무조사 시 쟁점사항 검토(세무대리인 위임 가능) • 예상추징세액 검토(본인 및 관련자 등에 대한 처벌 등 포함) → 법인의 경우 법인 및 대표이사나 주주 등에 대한 쟁점사안이 다수 발생하는데 이러한 관점에서 논리적인 의견서를 작성해서 제출한다.
세무조사 종결 시	• 확인서 제출 시 내용이 맞는지를 확인 • 세무조사결과 통지서 수령 시 이의가 있는 경우 과세전적부심사청구를 진행 • 고지서가 수령된 경우로써 이의가 있는 경우에는 이의신청 등 불복절차로 돌입

PART 04
법인사업자편

Chapter 02
법인세 세무조사 대책

※ **법인세 세무조사 요약**
 조사대상 선정기준 : 정기선정(정기조사), 비정기선정(수시조사)
 조사기간 : 통상 20일 이내(세무서 20일, 지방청 40일)
 조사관할 : 본점주소지 관할 세무서(지방청도 가능)

실전연습 K법인은 2013년~2016년 귀속 사업연도에 대한 세무조사를 받았다. 자료가 다음과 같을 때 물음에 답하면?

〈자료〉
• 추징 사유 : 매출누락, 가지급금이자 미계상, 경비 한도초과 등
• 추징 법인세(지방소득세 포함) : 5억원
• 상여처분 : 대표이사 1억원, 종업원 A씨 3천만원

☞ **물음 1** : 추징법인세에 대한 회계처리 및 세무조정은 어떻게 해야 하는가?
☞ **물음 2** : 상여처분에 대한 원천징수와 소득세 신고는 어떻게 해야 하는가?

위의 물음에 대한 답을 순차적으로 찾아보자. 실무적으로 좀 어려운 부분이므로 초보자들은 건너뛰어도 문제가 없다.

· 물음 1의 경우

법인세추납액에 대한 회계처리는 두 가지 안이 존재할 수 있다. 세무조정은 회사의 회계처리의 방식에 따라 이루어진다.

· 1안

회계처리	세무조정
(차변) 법인세추납액(영업외비용) 5억원 (대변) 보통예금 5억원	· 법인세추납액 5억원 : 손금불산입(기타사외유출)

· 2안

회계처리	세무조정
(차변) 전기오류수정손실(이익잉여금) 5억원 (대변) 보통예금 4억원	· 전기오류수정손실 5억원 : 손금산입(기타) · 전기오류수정손실 5억원 : 손금불산입(기타사외유출)

회계처리는 법인세추가납부액(법인세추납액)을 당기의 비용으로 처리한 경우와 잉여금의 감소로 처리한 경우로 구분할 수 있는데, 어떤 안으로 처리하든지 간에 법인세추납액은 당기의 손금에 해당되지 않으며 소득처분은 사외유출이 된다. 실무적으로 2안에 의해 처리된 경우가 많다.

· 물음 2의 경우

대표이사와 종업원A씨에 대해서는 소득금액 변동 통지서를 받는 날을 상여지급일로 보고 원천징수를 해 다음 달 10일까지 원천세를 신고해야 한다. 이에 대한 자세한 내용은 바로 뒤에서 살펴보자.

※ 법인사업자의 세무조사대응 핵심 포인트

법인사업자가 세무조사를 수감하는 경우 이에 대한 대응 포인트는 Part 03 개인사업자(326페이지)에서 본 것과 유사하다. 다만, 법인은 개인사업자와는 달리 임원이나 주주, 관계회사 등 이해관계인이 많아 다양한 쟁점들이 추가로 발생할 수 있다. 따라서 개인에 비해 세무리스크가 상당히 높으므로 사전에 세무진단 등을 통해 미리 이를 줄이려는 작업들을 진행하는 것이 중요하다. 한편 실제 세무조사가 발생하여 세무조사 축소 등을 위해 금품을 주고받는 경우에는 세무조사를 다시 하도록 하는 법안이 신설(국세기본법 제81조의4 제2항 제5호)된 한편 형법 등에 의해 처벌을 받을 수 있음에 유의해야 한다.

Tip 법인세 세무조사통계

(단위 : 개, 백만원)

구분	신고인원(법인)	조사건수	부과세액
2013년	538,134	5,128	6,612,839
2014년	576,138	5,443	6,430,795
2015년	623,411	5,577	5,511,726
2016년	673,374	5,445	5,383,682

memo

▶법인 신고성실도 분석시스템(세무조사 대상자 선정기준)

법인세 세무조사 대상자를 선정할 때 법인의 신고성실도도 중요한 역할을 한다. 이하에서는 과세관청이 발표한 법인 신고성실도 분석에 대한 내용을 대략적으로 알아보자.

1. 법인의 세무조사 선정기준
현재 법인에 대한 세무조사 선정기준은 다음과 같다.

구분	조사대상자 선정기준
· 연간 수입금액이 3,000억원 이상인 경우	5년 주기 순환조사 원칙
· 연간 수입금액이 3,000억원 미만인 경우	신고성실도 평가(원칙) 및 무작위추출방식 병행

위의 기준에서 연간 수입금액이 3,000억원에 미달하는 경우에는 신고성실도 평가(원칙)와 무작위추출방식에 의해 선정을 하게 된다. 참고로 무작위추출에 의한 선정은 일정규모 이상 납세자를 대상으로 추출하는 방식으로 컴퓨터에 의한 난수방식을 적용해 선정대상 인원의 3배수를 추출하고 난수가 큰 순서대로 제외기준 해당 여부 등을 검토해 선정하는 방식을 말한다.

2. 법인 신고성실도 분석시스템
법인 신고성실도 분석시스템은 일명 'CAF(Compliance Analysis Function)'라고도 하는데 국세통합시스템(TIS)에 구축된 각종 세금신고내용과 과세정보를 토대로 통계기법과 전산감사기법을 응용해 분석하는 식으로 고안이 되었다. 이 시스템은 '업종별-규모별' 등으로 분석범위를 정한 후 분석지표에 맞춰 시뮬레이션을 하면 모든 기업의 신고성실도('상·중·하')를 평가할 수 있다.

예를 들어 (주)성실은 제조업(정밀기계 제조)을 영위하는 업종인데 작년의 매출액이 100억원이었다고 하자. (주)성실의 신고성실도는 어떻게 평가되는지 알아보자. 일단 (주)성실의 신고성실도는 업종이나 규모 등이 비슷한 기업 군을 기준으로 비교해야 의

미가 있다. 따라서 먼저 (주)성실과 동일하거나 유사한 조건을 가진 기업 군을 표본집단으로 선정해야 한다. 이를 위해 (주)성실과 같은 사업 즉 정밀기계를 제조하는 업체 군을 선정한 후 매출규모가 비슷한 기업 군을 다시 선정한다. 이러한 표본집단이 완성되었다면 이들을 대상으로 다양한 분석지표(소득률, 소득 증가율, 매출액신장률, 세부담율, 접대비 등 비용항목, 기업주 사적경비 지출 등)를 가지고 전산분석하면 다음과 같은 결과를 얻을 수 있다.

신고성실도	업체 명	비고
상	(주)성실 등	1위
중	(주)중간 등	50위
하	(주)불성실 등	100위

이렇게 하여 나온 평가자료를 통해 (주)불성실을 세무조사 대상자로 선정할 수 있게 된다. 결국 이러한 시스템에 의해 세무조사 대상자로 선정되지 않기 위해서는 동종업계 평균 이상 소득을 신고하고 과세자료가 파생되지 않도록 내부관리를 확실히 하는 것이 좋다.

☞ 참고로 과세관청은 세무조사나 세원관리 과정에서 나타난 다음과 같은 세금탈루 유형을 신고성실도 평가요소에 반영한다고 한다(국세청 자료).

① 기업주와 생계 가족의 생활수준·소비성향[*1], 재산변동 상황[*2]을 법인 신고내용과 연계해 탈루혐의 분석

[*1] 결손법인 기업주의 빈번한 해외 골프여행 등
[*2] 기업주의 배우자 등이 특별한 소득 없이 고가아파트를 다수 취득하는 경우 등

② 해외법인 등을 내세워 부도·가공수출·클레임 발생 등의 명목으로 이루어지는 기업재산 해외유출 혐의, 수출분 신고수입금액 및 무역외 투자수익 누락혐의 등 국제거래 분석
③ 신용평가기관의 기업평가방법 중 하나인 재무분석 모델을 응용해 분식회계 추정

　기법 개발
④ 업무와 관련 없는 사적인 지출을 법인의 비용으로 계상한 혐의* 분석

　* 치과·성형외과·한의원 진료비 등 사적인 지출을 법인의 비용으로 계상

⑤ 접대비 등 소비성 경비를 타계정으로 분산·처리한 혐의 분석
⑥ 재무제표 계정과목을 기업회계기준과 달리 분류하는 등* 계정과목의 이상적 변동 및 왜곡혐의 분석

　* 특수관계인에 대한 대여금, 미수금 등을 기타계정으로 신고하거나 다른 계정과 합산해 신고하는 경우 등

⑦ 대표자(기업주)·주주 및 그 친족 또는 계열사 등 특수관계인 간 내부거래금액이 과다한 기업의 건전성 분석 등

> **Tip 법인에 대한 성실신고확인제도**
>
> 그동안 개인사업자들에게만 적용되는 성실신고확인제도가 2018년 1월부터 법인에게도 적용된다. 다만, 모든 법인에 대해 적용되는 것이 아니라, 법인세법 시행령 제39조 제3항에서 규정하는 법인(상시 근로자 수가 5인 미만이고, 지배주주 및 특수관계자의 지분합계가 전체의 50%를 초과한 부동산임대업 등이 주업인 법인)과 2018년 영 개정 이후에 성실신고확인 대상 개인사업자가 현물출자 등의 방법으로 법인전환한 후의 3년 이내에 있는 법인 등에 대해 적용한다. 주로 임대법인이 이 제도의 적용대상자가 된다. 이러한 성실신고확인 대상이 되는 법인사업자들은 입출금에 대한 타당성을 세무대리인으로부터 검증받게 되므로 평소 세무회계처리에 각별히 유의해야 세법상의 불이익을 최소화할 수 있을 것이다.

memo

소득금액 변동 통지서 처리법

상황 세무조사에 의해 매출누락이나 가공경비 등이 발생하면 일차적으로 법인에게 법인세를 증가시키는 불이익을 주는 한편 소득이 임직원이나 주주, 기타 제3자에게 귀속되는 경우에는 그 자의 소득으로 처분해 개인에게 소득세를 부과한다. 이때 과세관청에서 소득금액 변동 통지서가 발송되는데, 이는 개인의 소득처분에 대한 세금을 추징할 때 등장하는 서류에 해당한다. 이하에서 이와 관련된 업무처리법을 알아보자.

Case 서울 영등포에 위치한 (주)세무는 최근 2016년 귀속소득에 대한 법인세 세무조사를 받았다. 세무조사 후 관할 세무서로부터 다음과 같은 소득금액 변동 통지서를 받았다. 물음에 답하면?

⑤ 소득종류 (배당·상여·기타)	⑥ 사업 연도	⑦ 귀속 연도	⑧ 소득 금액	소득자 ⑨ 성명	⑩ 주민등록번호	⑪ 주소
상여	2018	2017년	1억원	김말똥	–	
					–	

☞ **물음 1**: 이 통지서를 7월에 받았다면 언제까지 이에 대한 원천세를 신고해야 하나?
☞ **물음 2**: 2016년 대표자의 근로소득원천징수영수증은 언제까지 수정해 제출해야 하나?
☞ **물음 3**: 만일 법에서 정한 기한 내에 신고하면 가산세는 없는가?

Solution 물음에 대해 순차적으로 답을 찾아보자.

PART 04 법인사업자편

Chapter 02 법인세 세무조사 대책

· 물음 1의 경우

세법은 '소득금액 변동 통지서를 받은 날'에 상여처분한 근로소득을 지급한 것으로 본다. 따라서 소득금액 변동 통지서를 7월에 수령했다면 8월 10일까지 원천징수이행상황신고 및 납부를 하는 것이 원칙이다.

· 물음 2의 경우

8월 10일에 원천징수이행상황신고를 할 때 7월에 상여처분된 내역을 2016년 귀속 근로소득원천징수영수증에 반영해 이를 첨부서류로 제출한다.

· 물음 3의 경우

이상과 같이 법인이 8월 10일까지 적법하게 일처리를 한 경우에는 원천징수관련 가산세가 적용되지 않는다.

만일 대표자에게 다른 소득, 예를 들어 사업소득이 있다면 언제 신고를 해야 하는가?

세법은 '소득금액 변동 통지서를 받은 날이 속하는 달의 다음다음 달 말일'까지 주소지 관할 세무서에 추가로 신고·납부하도록 하고 있다. 참고로 이렇게 신고기한 내에 신고하면 신고불성실가산세, 납부불성실가산세를 적용하지 않는다.

 세무조사 후에 발생하는 소득금액 변동 통지서에 대한 업무처리는 다음과 같다.

소득금액 변동 통지서 수령	· 소득금액 변동 통지서는 주로 세무조사 후 개인에게 소득이 귀속되는 경우에 발송된다.

원천징수의무와 신고	· 이 통지서를 수령한 법인은 이를 수령한 날을 소득의 지급시기로 보아 원천징수를 하고 다음 달 10일까지 이에 대한 신고를 해야 한다. · 근로소득 외에 다른 소득이 있는 경우에는 소득금액 변동 통지서를 받은 날이 속하는 달의 다음다음 달 말일까지 자진신고를 해야 한다.
↓	
원천징수세액의 대납	· 대표이사 등에게 귀속이 확실한 경우 : 해당금액을 법인이 대납 시 상여 등으로 처분된다. · 대표이사 등에게 귀속이 불확실 경우 : 해당 금액을 법인이 대납 시 기타사외유출로 처분된다.

 K법인은 이번에 정기세무조사를 받은 결과 매출누락이 적출되어 대표이사에게 1억원 상당액이 상여처분되었다. 얼마 뒤에 소득금액 변동 통지서가 법인과 대표이사에게 각각 도달되었다. 물음에 답하면?

☞ **물음 1** : 상여처분에 대한 소득세는 언제까지 신고해야 하는가?
☞ **물음 2** : K법인의 대표이사는 해당 금액을 인정할 수가 없다. 개인이 불복을 제기할 수 있는가?
☞ **물음 3** : 만일 K법인의 대표이사가 내야 할 세금을 법인이 대납한 경우에는 세법상 어떤 문제가 있는가?

물음에 대해 순차적으로 답을 찾아보자.

· **물음 1의 경우**
다음 달 10일까지 원천세를 신고해야 한다. 이때 소득처분된 상여를 반영해 해당연도의 귀속 원천징수영수증을 첨부서류로 제출해야 한다.

돌발퀴즈!

만일 위의 대표이사는 퇴직하고 없다고 하자. 이 경우 현재의 대표이사에게 상여처분을 해야 하는가?
그렇지 않다. 매출누락 등을 한 당시의 대표자에게 상여처분해야 한다.

· **물음 2의 경우**

소득금액 변동 통지서에 대한 불복제기는 해당 법인이 하는 것이 원칙이다. 다만, 국세기본법 기본통칙 55-0-8에서는 법인세의 결정·경정에 의해 그 소득을 상여처분함에 따라 소득세 과세처분을 받은 자에 대하여 법인세 과세처분의 확정 여부와 관계없이 독립하여 상여처분에 대하여 다툴 수 있다고 하고 있으므로 명확한 유권 해석을 통해 일처리를 도모하는 것이 좋을 것으로 보인다.

· **물음 3의 경우**

상여로 처분된 근로소득세는 대표이사 등이 자신의 돈으로 이를 납부하는 것이 원칙이다. 하지만 회사가 이를 대납한 경우가 있는데 이때 세무처리의 내용을 알아보자.

① **대표이사에게 귀속이 분명한 경우에 대납한 경우**

☑ **특수관계가 지속되는 경우**

법인이 특수관계인인 대표자에게 귀속되었음이 분명한 상여처분금액에 대해 소득세를 대신 납부하고 비용처리한 경우에는 이를 손금불산입하고 대표자에 대한 상여로 처분한다.

☑ **특수관계가 소멸한 경우**

대표자에게 귀속된 것이 분명해 상여처분된 금액에 대한 소득세를 특수관계가 소멸된 이후에 법인이 대납하고 손금산입한 경우 이를 손금불산입하고 기타소득으로 처분한다(서면2팀-825, 2007.05.02.).

② **대표이사에게 귀속이 불분명한 경우에 대납한 경우**

사외에 유출되었으나 그 귀속이 불분명하여 대표자에게 귀속된 것으로 보아 처분한 경우 당해 법인이 그 처분에 따른 소득세 등을 대납하고 이를 손비로 계상한 경우에는 기타사외유출로 처분한다(법인세법 시행령 제106조 제1항 제3호, 법인세법 집행기준 67-106-2).

☞ 법인의 대표이사에게 직접 귀속되지 않은 경우에는 회사가 대납하더라도 세법상 규제가 없다.

■ 소득세법 시행규칙 [별지 제22호서식(1)]

소득금액 변동 통지서(1)
(법 인 통 지 용)

※ 아래의 유의사항을 읽고 작성하여 주시기 바라며, [ ]에는 해당되는 곳에 √표를 합니다.　　　　　　(앞쪽)

수령자	① 법 인 명		② 사업자등록번호	
	③ 주　　소			
	④ 대표자성명			

소득자별 ┌ [ ]배　당 ┐
　　　　 │ [ ]상　여 │ 소득금액 변동내용
　　　　 └ [ ]기타소득 ┘

⑤ 소득종류 (배당·상여·기타)	⑥ 사업연도	⑦ 귀속연도	⑧ 소득금액	소 득 자		
				⑨ 성명	⑩ 주민등록번호	⑪ 주　소
					-	
					-	
					-	
					-	

「소득세법 시행령」 제192조제1항에 따라 위와 같이 소득금액 변동사항을 통지합니다.

년　월　일

세 무 서 장　[직인]

유의사항

1. 소득금액 변동 통지서를 받은 법인은 통지받은 소득에 대한 소득세를 원천징수하여 통지서를 받은 달의 다음 달 10일까지 납부하여야 합니다.
2. 소득금액 변동 통지서를 받은 법인은 종합소득과세표준확정신고 대상 소득자의 소득금액이 변동됨으로써 소득세를 추가로 납부하여야 하는 경우에는 즉시 해당 소득자에게 이 통지서를 받은 날이 속하는 달의 다음 다음 달 말일까지 주소지 관할 세무서에 추가신고 자진납부하여야 함을 알려주시기 바랍니다.

실력 더하기 — 법인세 불복사례 연구

다음은 법인세 불복사례에 해당한다. 법인세관련 불복은 주로 부당행위계산의 부인 규정과 관련해 많이 발생한다. 청구인(납세자)과 과세관청 그리고 이를 심판하는 조세심판원 등은 어떤 논리에 따라 자신들의 주장을 펼치고 있는지, 한번씩 살펴보기 바란다.

[제목]	특수관계자에게 임차료를 과다지급한 것으로 보아 부당행위계산부인을 적용하여 과세한 처분의 당부 (조심2015전2176, 2015.06.30.)
[요약]	청구법인은 특수관계자에게 지급한 쟁점토지 및 건물의 임차료가 감정평가법인의 감정가액을 초과하지 아니하므로 적정하다고 주장하나, 감정평가법인이 감정가액을 산출하기 위해 비교대상으로 선정한 물건이 쟁점토지 및 건물과 그 현황이 유사하다고 보기 어렵고, 20XX.X.XX.에 소급하여 감정평가를 실시한 것으로 나타나는 점 등에 비추어 처분청이 쟁점토지 및 건물에 대한 임차료의 시가가 불분명한 것으로 보아 과세한 처분은 잘못이 없음.
[결정유형]	기각

[주문]
심판청구를 기각한다.

[이유]

1. 처분개요

가. 주식회사 ○○○(이하 "○○○"이라 한다)은 2003년 특수관계자인 이○○(○○○의 공동대표)로부터 ○○○ 토지 42,059㎡(이하 "쟁점토지"라 한다)를 임차○○○ 한 다음, 그 지상에 공장용 건물 14,968㎡(이하 "쟁점건물"이라 한다)를 신축했으며, 2004년부터 특수관계자인 ○○○트 주식회사(이하 "○○○"라 한다)에게 쟁점토지와 건물을 임대○○○하고 있다.

나. 처분청은 2014년 1월부터 임차료 관련 부분조사를 실시한 결과, 2013사업연도에 청구법인 ○○○이 특수관계자인 이○○에게 쟁점토지에 대한 임차료를, 청구법인 ○○○

가 특수관계자인 ○○○에게 쟁점토지와 건물에 대한 임차료를 「법인세법 시행령」 제89조 제4항 제1호의 적정임차료 ○○○보다 과다하게 지급한 것으로 보아 그 차액 ○○○을 손금불산입해 2015.1.9. 청구법인 ○○○에게 2013사업연도 법인세 ○○○원, 청구법인 ○○○에게 2013사업연도 법인세 ○○○원을 각 경정·고지했다.

다. 청구법인들은 이에 불복해 2015.3.10. 심판청구를 제기했다.

2. 청구법인들의 주장 및 처분청의 의견

가. 청구법인들의 주장
「법인세법 시행령」 제89조 제2항은 부당행위계산 부인규정을 적용함에 있어 시가가 불분명한 경우에는 첫 번째로 감정평가법인이 감정한 가액을 적용하도록 하고 있고, 같은 조 제4항은 자산 또는 용역의 제공에 있어서 시가와 감정평가액을 적용할 수 없는 경우에 한해 자산시가의 100분의 50에 상당하는 금액에서 임차보증금을 차감한 금액에 정기예금이자율을 곱해 산출된 금액을 임차료로 계산하도록 하고 있다.

그러나 처분청은 쟁점토지와 건물에 대한 임대사례를 찾을 수 없다고 하면서도 청구법인들이 제시한 감정평가액을 도외시 한 채 「법인세법 시행령」 제89조 제4항 제1호의 규정을 적용해 쟁점토지의 적정임차료를 ○○○원으로, 쟁점토지와 건물의 적정임차료를 ○○○원으로 각 산정하였는 바, 이는 감정평가에 의하여 산정한 임차료의 6% 내지 12%에 지나지 않는 터무니없는 가액이다.

청구법인들이 제시한 감정평가액은 비록 소급감정평가액이지만 인근 부동산의 임대사례를 기준으로 임대사례의 특수한 사정이나 개별적 동기가 반영되는 사정보정, ○○○은행 생산자물가지수를 이용한 시점수정, 환경조건과 접근조건 등을 반영하는 가치형성요인 비교방법 등을 채택해 임대사례비교법으로 임대료를 평가하고 이를 적산법에 의한 평가방법으로 다시 한 번 그 합리성을 검증한 것이므로 객관적이고 합리성 있는 것으로 보아야 한다.

결과적으로 청구법인 ○○○이 이○○에게 지급한 쟁점토지에 대한 임차료와 청구법인 ○○○가 청구법인 ○○○에게 지급한 쟁점토지와 건물에 대한 임차료는 감정평가액을 초과하지 아니하므로 이 건 처분은 부당하다.

나. 처분청의 의견

청구법인들은 2015.1.22. 소급감정한 감정평가액(기준시점: 2014.8.1.)을 제시하며 쟁점토지와 건물의 임차료가 적정하므로 처분청이 부당행위계산 부인규정을 적용해 법인세를 과세한 처분은 부당하다고 주장하나, 청구법인들이 제시한 소급감정평가액은 다음과 같은 이유로 객관적이고 합리적인 방법에 의하여 산정된 것으로 볼 수 없으므로 시가로 인정할 수 없고, 따라서 이 건 처분은 정당하다.

먼저, 주식회사 ○○○(이하 "○○○"이라 한다)은 ○○○ 공장(토지 5,104㎡, 건물 600㎡)을 비교임대사례로 선정했으나, 동 물건은 감정평가서에 기재된 바와 같이 택지개발예정지구 인근에 위치하고 있고, ○○○지역으로의 접근이 용이해 쟁점토지와 건물보다 임대료가 높은 수준에 형성되어 있으며, 신축건물로 쟁점건물보다 가치가 높으므로 직접적인 비교대상으로 보기 어렵다.

다음으로, ○○○이 비교임대사례로 선정한 ○○○ 외 지역은 쟁점토지와 건물이 위치한 지역과 위치적 유사성이 크게 결여되어 있고, ○○○는 중앙행정기관의 이전 및 도로정비, 고속도로 및 철도 등 교통접근성 향상, 인구 증가 등의 사유로 도심지뿐만 아니라 외곽 및 인근 지역의 공시지가 · 매매가액 · 임대료 등 가치가 크게 상승했으며, ○○○지역과의 접근성이 매우 양호하여 ○○○시 외곽에 위치한 쟁점토지와 건물과는 단순 비교가 불가함에도, 지리적으로 인접한 지역을 제외하고 100km나 떨어진 지역과 비교한 것이므로 비교대상을 객관적인 방법으로 선정하였다고 보기 어렵다.

3. 심리 및 판단

가. 쟁 점

특수관계자에게 임차료를 「법인세법 시행령」 제89조 제4항 제1호의 적정임차료보다 과다하게 지급한 것으로 보아 그 차액을 부당행위계산 부인해 손금불산입한 처분의 당부

나. 관련 법령

다. 사실관계 및 판단

(1) 2013사업연도에 청구법인 ○○○은 특수관계자인 이○○에게 쟁점토지(42,059㎡)에 대한 임차료로 ○○○원을, 청구법인 ○○○는 특수관계자인 청구법인 ○○○에게 쟁점

토지(42,059㎡)와 건물(14,968㎡)에 대한 임차료로 ○○○원을 각 지급하였으며, 처분청은 2014년 1월부터 임차료 관련 부분조사를 실시한 결과, 청구법인들이 특수관계자에게 임차료를 「법인세법 시행령」 제89조 제4항 제1호의 적정임차료인 ○○○원보다 과다하게 지급한 것으로 보고, 그 차액을 부당행위계산 부인하여 손금불산입했다.

(2) 조사보고서에 의하면, 처분청은 세무조사시 인근에 있는 11개 업체를 조사했으나 임대사례가 없는 사실을 확인했고, 부동산 중개사무소에 쟁점토지와 건물의 시세 등에 대하여 문의한 결과, 수도권 규제완화로 공장을 지방으로 이전하는 사례가 없어 당시 시세를 알 수 없고 더욱이 쟁점토지와 건물은 ○○○시에서도 외진 곳에 위치해 거래가 없는 사실도 확인한 것으로 나타난다.

(3) 청구법인들은 쟁점토지와 건물의 임차료(연 ○○○원)는 감정평가액(연 ○○○원)을 초과하지 아니하므로 적정한 가액이라며, 2개 감정평가법인이 2015.1.22. 소급작성한 감정평가서 2부를 증빙으로 제출했다.

(4) 감정평가법인이 쟁점토지와 건물의 비교대상 임대사례로 선정한 물건의 현황은 다음과 같다.

(5) 이상의 사실관계 및 관련 법령 등을 종합하여 살피건데, 청구법인들은 특수관계자에게 지급한 쟁점토지와 건물의 임차료가 감정평가법인이 감정한 가액을 초과하지 아니하므로 적정하다고 주장하나, 처분청 조사결과 인근에는 유사한 임대사례가 없는 것으로 조사된 점, 이 건 감정평가액은 감정평가법인이 임대사례비교법을 적용해 쟁점토지와 건물의 임차료를 소급감정한 것으로서, 임대사례비교법은 대상물건과 유사한 다른 물건의 임대사례와 비교해 대상물건의 현황에 맞게 사정보정과 시점수정 등을 가해 임대료를 산정하는 방법인데, 감정평가법인이 비교대상으로 선정한 물건은 쟁점토지 및 건물과 그 현황이 유사하다고 보기 어려운 점 등에 비추어 이 건 감정평가액은 쟁점토지 및 건물의 임차 당시 시가를 적절하게 반영한 것으로 볼 수 없다고 할 것이다. 따라서, 처분청이 쟁점토지 및 건물에 대한 임차료의 시가가 불분명한 것으로 보아 「법인세법 시행령」 제89조 제4항 제1호에 따라 적정임차료를 산정하고 이를 초과한 금액을 손금불산입해 법인세를 과세한 처분은 잘못이 없는 것으로 판단된다.

4. 결론

이 건 심판청구는 심리결과 청구주장이 이유 없으므로 「국세기본법」 제81조 및 제65조 제1항 제2호에 의하여 주문과 같이 결정한다.

☞ 조세불복과 관련된 심판청구 사례는 조세심판원, 법원 판례는 조세심판원과 대법원 홈페이지 등을 통해 검색이 가능하다. 거듭 말하지만 불복에서 승소하기 위해서는 기본적인 사실관계 및 이에 대한 입증 그리고 유리한 판례 등을 수집할 수 있어야 한다.

memo

| 부록 | 불복이유서 작성요령 |

다음은 조세심판원이 제공하고 있는 심판청구 시 불복이유서에 대한 작성요령이다. 이를 작성할 때에는 아래의 내용을 참조해 논리적으로 접근하는 것이 좋을 것으로 보인다.

불복이유서 작성요령

불복이유서 등의 기재방법에 대하여 국세기본법 등에서 어떻게 기술해야 하는지의 명문규정은 없지만 청구주장사실이 정확히 전달될 수 있도록 명확하게 작성하여야 합니다. 그러기 위해서는 ① 청구취지와 ② 청구이유를 구분해 작성하고 청구이유를 입증할 수 있는 ③ 증거서류를 첨부하는 것이 좋습니다.

가. 청구취지의 기재요령

1) 청구인이 불복한 결과 얻고자 하는 결론부분이며, 받아들여질 경우 심판결정서의 주문이 되는 부분입니다. 따라서 처분청이 한 처분 중 어느 부분이 부당한지를 특정시켜야 합니다. 고지처분세액 전부를 취소하는 것인지 아니면 고지처분세액 중 청구인이 잘못이라고 인정되는 일부분에 대한 세액을 취소해 달라는 것인지를 특정시켜 기재해야 합니다.

2) 청구취지는 대략 다음과 같은 순서로 특정해 기술하면 됩니다.

① 처분한 세무서장
② 처분받은 송달일자
③ 처분된 대상자
④ 처분된 과세기간
⑤ 처분된 세목
⑥ 처분된 내용의 요약
⑦ 불복의 범위

3) 청구취지 작성례

> "×××세무서장이 2004.4.20. 청구인들에게 한 2003.3.3. 상속분 상속세 5,000,000원의 부과처분 중 채무로 공제하지 아니한 2,000,000원에 상당하는 세액에 대한 처분을 취소한다"라는 결정을 구함.

나. 청구이유의 기재요령

1) 청구이유란

청구취지의 목적달성을 위한 것이므로 국세심판관이 쉽게 이해할 수 있도록 조리있게 서술하고 그에 따른 입증을 해야 합니다. 이유에는 단순히 이유의 진술만으로는 부족하고 그에 따른 합리적인 증거자료를 첨부해야 합니다.

그리고 국세심판의 사건심리에 있어서는 사실판단 및 법령의 해석을 한 후에 당해 사건에 이를 적용할 수 있는지의 순서로 검토하므로 심판청구 시에도 이런 순서로 구분해 이유를 진술해야 합니다.

2) 청구이유의 진술순서 및 요령

가) 사실관계(처분의 대상사실 및 신고내용)

세무서에서 세금을 부과하는데 있어 대상이 되는 사실관계를 기재합니다. 사업자의 경우는 청구인의 사업명·사업종목·사업의 수입사실 등 과세요건에 관계되는 사실들을 기술하고, 양도소득세의 경우는 양도재산의 소재지·양도자산의 지목·지적·취득일자와 양도일자 등이며, 법인세의 경우는 법인의 소재지·법인의 목적·사업종목·사업내용 등이 됩니다.

> "청구인은 서울특별시 마포구 신수동 ○○○번지에서 건축자재도매업을 경영하는 자로서 2003년 귀속 도매수입에 관하여 2004.5.30. 장부 및 증빙서류에 의거 종합소득세를 신고했다."

나) 처분의 내용

처분대상사실 및 신고내용에 대해 처분청이 어떠한 사유 및 원인으로 과세하게 되었는지를 구체적으로 확인하여 명백하게 기술하는 것이 필요합니다.

> · 법인세의 경우 : 감면을 배제한 사유. 손금불산입한 사유
> · 양도소득세의 경우 : 실지거래가액에 의하여 소득금액을 계산하게 된 사유
> · 상속세의 경우 : 채무액을 공제부인한 사유
> · 부가가치세의 경우 : 매입세익을 불공제한 사유 등

이와 같은 기준에 의하여 작성된 예를 보면 다음과 같습니다.

> "…청구인의 도매업에 대하여 첫째, 상품수불부가 불비하고 세금계산서를 발행하지 아니해 장부에 신빙성이 없다는 이유로 장부기재내용을 부인하고 추계조사결정해 종합소득세 5,000,000원을 결정고지했다.
>
> "…부동산을 양도하고 기준시가로 신고한 데 대하여 투기거래에 해당된다는 사유로 기준시가를 부인하고 실지거래가액에 의하여 양도소득금액을 계산하여 양도소득세 1,000,000원을 경정고지했다."

다) 주장사실(과세처분의 위법성)

당초처분의 대상사실과 당초처분의 원인사실에 잘못이 있는 경우 그 사실을 주장하여 기술하면서 주장내용을 인정받게 할 증거자료를 제시해야 합니다.

당초처분의 잘못을 지적할 때도 처음부터 끝까지 서술식으로 기술하기 보다는 주장사실의 요점을 잘 정리해 3~4줄로 압축해 기술한 다음 그에 따른 세부적 내용을 그 아래에 주장하면 효과적입니다.

여기서 유의할 점은 심판청구에 있어서 판단의 대상은 어디까지나 세무서의 처분이지 이의신청 결정이유는 아니므로 이의신청 기각이유에 대하여서만 반박해 기술하면 안 되고 당초처분의 부당성을 먼저 기술하고 나중에 추가해 이의신청 결정이유의 부당성을 기술하는 것이 좋습니다.

당초처분 이유에 근거법령이 제시되고 있는 경우에는 청구인이 판단하고 있는 법령의 해석에 관한 기준을 제시하고 대법원판례, 각종 심판례, 예규 등을 참고자료로 제시합니다.

당초처분 이유에 근거법령이 제시되어 있지 않은 경우에는 처분대상사실과 주장사실에 적용될 법령을 청구인이 제시하여 과세처분이 근거법령에 위반된 것이라든지, 주장사실이 청구인이 제시한 근거법령에 의한 것이어서 타당하다는 기술을 하면 됩니다.

3) 청구이유 작성 시 유의사항

우선 심판청구의 대상인지를 판단한 후 심판청구서를 작성하여야 합니다. 신고납부세목(부가가치세, 법인세, 소득세)의 경우 납세자가 스스로 과세표준을 신고했으나, 납부하지 아니한 것에 대하여 처분청이 납부통지한 경우는 경정청구를 우선 거쳐야 하고 경정청구가 거부된 경우에 이를 근거로 심판청구를 해야 하며, 그렇지 않을 경우 심판청구가 각하될 수 있습니다.

또한 심판청구는 의견진술 신청 시 구두로 진술할 기회가 주어지지만 서면심리 위주로 진행되므로 문장으로 청구인의 주장내용이 설득력있게 전달하는 것이 중요합니다.

따라서 심판관이 이해하기 쉽도록 시간적 순서에 따라 작성하는 것이 유리하며, 사실관계가 쟁점인 경우 가급적 누가 언제 무엇을 어떻게 왜 했다는 식으로 작성하고 문장 말미에 이러한 사실관계를 뒷받침하는 증거를 표시해 청구인의 주장이 증거에 의하여 뒷받침되고 있음을 표시해 주는 것이 좋습니다. 간혹 청구이유를 장황하게 적시한 이후 증거서류만을 다량으로 첨부한 경우가 있는데 심판관이 청구이유와 증거를 대조하는 과정에서 그 중요성을 인식하지 못할 수도 있으므로, 핵심적인 증거는 다음과 같이 청구이유서에 적시해 두는 것이 좋습니다.

> '청구인은 2006.12.14. 서울특별시 관악구 신림동 00 대지 00㎡를 취득했습니다(증2제호증 매매계약서, 등기부등본).

또한, 유사한 사건에 대하여 대법원 판결 및 국세심판 결정례가 있는 경우에는 이를 적시하는 것이 유리한데, 그 내용을 보고 심판관은 그 진위를 확인하게 됩니다. 만일 청구일자 또는 사건번호가 오기된 경우 심판관이 그 내용을 확인할 수 없으므로 유사 사건 결정을 인용하는 경우 청구기관, 사건번호, 선고 또는 결정일을 정확하게 기재해야 합니다.

다른 법률과 달리 세법은 자주 개정되고 있습니다. 과세처분은 그 당시 시행되고 있는 법령에 의하여 부과되므로 처분당시 적용 법률을 기재해야 하고 현행 또는 처분보다 이전의 법령을 기재하는 일이 없도록 주의해야 합니다.

다. 증거자료의 제출

증거자료는 청구인의 주장사실에 대한 입증자료로써 청구이유서 뒤에 첨부하는데, 기술한 내용순서에 따라 첨부목록을 작성하고 번호(제○○호증)를 부여하는 것이 좋습니다.

증거는 가급적 객관적 증거를 위주로 제출하는 것이 좋습니다. 각 증거의 신빙성에는 차이가 있을 수 있으므로, 등기부등본, 호적등본 등 공문서, 공공기관의 문서, 예금거래내역, 재무제표 기타 장부 등을 중심으로 제출하는 것이 좋습니다. 관련인의 인우보증서, 확인서 등 증인의 진술을 기재한 서면을 제출할 경우에는 실존인물인지를 확인할 수 있도록 확인서 후면에 인감증명서 또는 주민등록증 사본, 전화번호 등 연락처를 첨부합니다.

한편 증거물인 서면을 사본으로 제출하는 경우가 있는데, 이 경우 원본의 존재와 상이하지 않다는 점을 심판관이 알기 어려우므로, 원본 증거를 처분청에 제출한 후 처분청의 심판청구 담당자로부터 '원본과 상위없음' 직인을 맡아 제출합니다. 또한 장부 중 일부 및 예금거래내역 중 일부분이 청구대상 사실관계와 관련이 있는 경우에는 해당 부분을 심판관이 명확하게 인식할 수 있도록 밑줄 등으로 표시해 제출하는 것이 좋습니다.

제출할 증거를 청구인이 소지하지 않고 타기관이 가지고 있는 경우에는 청구인은 국세심판원에 증거소지기관에게 질문을 하게 하거나 증거물의 제출을 요구하도록 요청할 수 있고, 경우에 따라서 현장을 보아야 사실판단이 될 수 있을 때에는 현지 확인조사를 요구할 수 있습니다.

라. 의견진술신청 시 유의사항
심판청구 시 의견진술신청을 하고 심판관회의 시 심판장에 출석해 심판청구서에 기재하지 못한 사실 등을 진술할 수 있습니다. 이때에는 진술요지를 미리 준비하고 심판관에게 배포하면 더욱 좋습니다.

또한 심판관회의 시 이미 심판관들은 사건개요를 모두 알고 있고 진술에는 시간적 제약이 있으므로, 심판청구서에 기재된 동일한 내용을 의견진술하기 보다는 이러한 사건이 발생하게 된 정황이나 참작할 만한 사유 특히 서면으로 전달하기 어려운 내용 위주로 진술하는 것이 좋습니다.

마. 청구변경 시 유의사항
간혹 심리도중 청구인이 청구취지 및 이유를 변경하는 경우가 있습니다. 이 경우 기존 청구를 대체하는 주장인지 또는 기존 주장에 대하여 추가하는 경우인지를 명확하게 해야만 합니다. 한편 기존 주장 중에 오기나 간과한 부분 등도 심리중간에 바로잡아 주는 것이 주장의 신뢰성을 더하는 데 도움이 될 것으로 판단됩니다.

가령 기존의 주장이 받아들여지지 않을 것을 전제로 하는 예비적 주장의 경우에는 예비적 주장임을 명시하지 않을 경우 주장이 모순되는 것으로 오해할 수 있으므로 이를 반드시 표시해주셔야 합니다(출처 : 조세심판원).

■ 국세기본법 시행규칙 [별지 제32호서식] (2015.03.06 개정)

이의신청서

접수번호	접수일	처리기간	30일

신청인	성 명		주민등록번호 (사업자등록번호)	
	상 호		전화번호 (휴대전화번호)	
	주소 또는 사업장 소재지	(☏ -) 전자우편(e-mail) :		

처 분 청		조 사 기 관	

처분통지를 받은 날(또는 처분이 있은 것을 처음으로 안 날) :   년   월   일
 ※ 결정 또는 경정의 청구에 대해 아무런 통지를 받지 못한 경우에는 결정 또는 경정 기간이 경과한 날

통지된 사항 또는 처분의 내용(과세처분인 경우에는 연도, 기분, 세목 및 세액 등을 기재합니다)

 ※_____년도_____기분_____세_____원 부과처분

불복의 이유(내용이 많은 경우에는 별지에 기재하여 주십시오)

「국세기본법」 제66조 및 같은 법 시행령 제54조에 따라 위와 같이 이의신청합니다.

년   월   일

신청인   (서명 또는 인)

세무서장
지방국세청장   귀하

위임장	「국세기본법」 제59조제1항에 따라 아래 사람에게 위 이의신청에 관한 사항을 위임합니다 (다만, 이의신청의 취하는 별도의 위임을 받은 경우에 한정하여 할 수 있습니다).					
	위 임 자 (신 청 인)	대 리 인				
		구 분	성 명	사업장 소재지	사업자등록번호 (전자우편)	전화번호 (휴대전화번호)
	(서명 또는 인)	세 무 사 공인회계사 변 호 사	(서명 또는 인)	(☏ -)		

첨부서류	1. 불복이유서(불복의 이유를 별지로 작성한 경우에 한정하여 첨부합니다) 2. 불복이유에 대한 증거서류(첨부서류가 많은 경우 목록을 별도로 첨부하여 주십시오)	수수료 없 음

210mm×297mm(백상지 80g/㎡(재활용품))

■ 국세기본법 시행규칙 [별지 제29호서식] (2015.03.06 개정)

심사청구서

접수번호		접수일		처리기간	90일

청구인	성 명		주민등록번호 (사업자등록번호)	
	상 호		전화번호 (휴대전화번호)	
	주소 또는 사업장 소재지	(우 -) 전자우편(e-mail) :		

처 분 청		조 사 기 관	

처분통지를 받은 날(또는 처분이 있은 것을 처음으로 안 날) :   년   월   일
　※ 결정 또는 경정의 청구에 대해 아무런 통지를 받지 못한 경우에는 결정 또는 경정 기간이 경과한 날
통지된 사항 또는 처분의 내용(과세처분인 경우에는 연도, 기분, 세목 및 세액 등을 기재합니다)

　※ _____년도_____기분_____세_____원 부과처분

이의신청을 한 날	년 월 일	이의신청 결정통지를 받은 날 (또는 결정기간이 경과한 날)	년 월 일

불복의 이유(내용이 많은 경우에는 별지에 기재하여 주십시오)

「국세기본법」제62조 및 같은 법 시행령 제50조에 따라 위와 같이 심사청구를 합니다.

　　　　　　　　　　　　　　　　　　　　　　　　　　　　　　　　　　년   월   일
　　　　　　　　　　　　　　청구인　　　　　　　　　　　　　　　(서명 또는 인)

　　　　국세청장　 귀하

「국세기본법」제59조제1항에 따라 아래 사람에게 위 심사청구에 관한 사항을 위임합니다.
　(다만, 심사청구의 취하는 별도의 위임을 받은 경우에 한정하여 할 수 있습니다).

위임장	위임자 (청구인)	대 리 인				
		구 분	성 명	사업장 소재지	사업자등록번호 (전자우편)	전화번호 (휴내선화번호)
	(서명 또는 인)	세 무 사 공인회계사 변 호 사	(서명 또는 인)	(우 -)		

첨부서류	1. 불복이유서(불복의 이유를 별지로 작성한 경우에 한정하여 첨부합니다) 2. 불복이유에 대한 증거서류(첨부서류가 많은 경우 목록을 별도로 첨부하여 주십시오)	수수료 없 음

210mm×297mm(백상지 80g/㎡(재활용품))

■ 국세기본법 시행규칙 [별지 제35호서식] (2015.03.06 개정)

심판청구서

접수번호		접수일		처리기간	90일

청구인	성 명		주민등록번호 (사업자등록번호)	
	상 호		전화번호 (휴대전화번호)	
	주소 또는 사업장 소재지	(우 -) 전자우편(e-mail) :		

처 분 청		조 사 기 관	

처분통지를 받은 날(또는 처분이 있은 것을 처음으로 안 날) :   년   월   일
　　※결정 또는 경정의 청구에 대해 아무런 통지를 받지 못한 경우에는 결정 또는 경정 기간이 경과한 날

통지된 사항 또는 처분의 내용(과세처분인 경우에는 연도, 기분, 세목 및 세액 등을 기재합니다)

　　※_____년도_____기분_____세_____원 부과처분

이의신청을 한 날	년 월 일	이의신청의 결정통지를 받은 날 (결정통지를 받지 못한 경우에는 결정기간이 경과한 날)	년 월 일

불복의 이유(내용이 많은 경우에는 별지에 기재하여 주십시오)

「국세기본법」 제69조 및 같은 법 시행령 제55조에 따라 위와 같이 심판청구를 합니다.

　　　　　　　　　　　　　　　　　　　　　　　　　　　　　　년   월   일

　　　　　　　　　　　청구인　　　　　　　　　　　　　　　　　　(서명 또는 인)

조세심판원장 귀하

위임장	「국세기본법」 제59조제1항(관세에 관한 사항인 경우에는 「관세법」 제126조제1항)에 따라 아래 사람에게 위 심판청구에 관한 사항을 위임합니다 (다만, 심판청구의 취하는 별도의 위임을 받은 경우에 한정하여 할 수 있습니다).				
	위 임 자 (청 구 인)	대 리 인			
		구 분	성 명	사업장 소재지	사업자등록번호 (전자우편)	전화번호 (휴대전화번호)
	(서명 또는 인)	세 무 사 공인회계사 변 호 사 관 세 사	(서명 또는 인)	(우 -)		

첨부서류	1. 불복이유서(불복의 이유를 별지로 작성한 경우에 한정하여 첨부합니다) 2. 불복이유에 대한 증거서류(첨부서류가 많은 경우 목록을 별도로 첨부하여 주십시오)	수수료 없 음

210㎜×297㎜(백상지 80g/㎡(재활용품))

개인·개인사업자·법인CEO도 꼭 알아야 하는
세무조사실무 가이드북-실전편

초 판 1쇄 2016년 1월 4일
　　　2쇄 2018년 2월 12일

지은이 신방수
펴낸이 전호림 **기획제작** 두드림미디어 **펴낸곳** 매경출판(주)
등 록 2003년 4월 24일(No. 2-3759)
주 소 우)100-728 서울특별시 중구 퇴계로 190 (필동1가) 매경미디어센터 9층
홈페이지 www.mkbook.co.kr
전 화 02)2000-2647(사업팀) 02)2000-2866(내용 문의 및 상담)
팩 스 02)2000-2609 **이메일** dodreamedia@navcr.com
인쇄·제본 (주)M-print 031)8071-0961

ISBN 979-11-5542-369-1 (03320)
값 30,000원